中级财务会计
学习指导书

Study Guide to Intermediate Financial Accounting

+ 温美琴 施元冲 主编

人民邮电出版社

北 京

图书在版编目（CIP）数据

中级财务会计学习指导书 / 温美琴，施元冲主编
. -- 北京 ：人民邮电出版社，2016.9（2018.7重印）
21世纪会计系列教材
ISBN 978-7-115-43100-4

Ⅰ．①中… Ⅱ．①温… ②施… Ⅲ．①财务会计－高
等学校－教学参考资料 Ⅳ．①F234.4

中国版本图书馆CIP数据核字(2016)第193188号

内 容 提 要

本书是获江苏省"十二五"高等学校重点专业类建设支持的《中级财务会计（第2版）》（书号：978-7- 115-43102-8）一书的配套学习指导书。全书共六篇二十章，与《中级财务会计（第2版）》的篇章一一对应，每章包括：学习目的与要求、重要概念、重点与难点、内容概要解析、同步练习、参考答案等模块。同时，书后附有三套模拟试题，以供读者自行检验。

本书以高等院校会计学专业本科学生为主要对象，可作为财务管理、审计学、工商管理等经济管理类其他专业学生学习财务会计的辅助教材，还可供会计从业人员进修培训之用；同时，对于会计理论工作者和会计实务工作者也具有参考价值。

- ◆ 主　　编　温美琴　施元冲
　　责任编辑　刘向荣
　　责任印制　沈　蓉　彭志环
- ◆ 人民邮电出版社出版发行　北京市丰台区成寿寺路 11 号
　　邮编　100164　电子邮件　315@ptpress.com.cn
　　网址　http://www.ptpress.com.cn
　　固安县铭成印刷有限公司印刷
- ◆ 开本：787×1092　1/16
　　印张：17.25　　　　　　　　　　2016 年 9 月第 1 版
　　字数：411 千字　　　　　　　　2018 年 7 月河北第 4 次印刷

定价：42.00 元

读者服务热线：(010)81055256　印装质量热线：(010)81055316
反盗版热线：(010)81055315
广告经营许可证：京东工商广登字 20170147 号

前 言 Preface

　　财务会计是一门应用性很强的课程，需要理论联系实际地学习，才能更好地掌握各会计要素的确认、计量、记录和报告的原则与方法。由温美琴、施元冲主编的《中级财务会计》于 2014 年出版，经过修订，得到了广大读者的普遍认可与好评。同时，读者也希望有一本与之配套的习题集进行课后练习，以巩固和提高学习效果。应广大读者的要求，我们组织编写了这本习题集，作为《中级财务会计（第 2 版）》（书号：978-7-115-43102-8）的辅助教材，配合财务会计课程的教学，提供更加丰富的学习内容和相关信息，以利于学习者循序渐进地学习，强化实践应用能力和自主学习能力。

　　本书的体例为：学习目的与要求、重要概念、重点与难点、内容概要解析、同步练习、参考答案及模拟试题。其中："内容概要解析"概括、简练地梳理了各章主要内容，对重要观点和疑点、难点进行解析；"同步练习"包括单项选择题、多项选择题、判断题、计算及账务处理题、案例分析题，内容覆盖本课程教学重点及难点，难易形成合适的梯度。所有练习题均提供参考答案，有助于学习者自我检测。

　　南京财经大学会计学院温美琴教授和施元冲副教授担任本书的主编，负责拟订编写大纲、设计体例和结构，并负责总纂、修改和定稿。各章的分工如下：第一章、第二章由温美琴教授执笔；第三章由吴艾莉副教授执笔；第四章、第五章由张正勇副教授执笔；第六章、第十六章、第十七章由彭喜斌副教授执笔；第七章、第八章由夏雪花博士执笔；第九章、第十二章由韩小芳副教授执笔；第十章、第十四章由于金梅副教授执笔；第十一章、第十三章由钱淑芬副教授执笔；第十五章由施元冲副教授执笔；第十八章、第十九章、第二十章由贺伊琦副教授执笔。

　　本书的出版得到了江苏省高校品牌专业建设工程一期项目的资助；得到了南京财经大学方方面面的大力支持；同时，本书的编写参阅了大量已有的成果，谨此一并深表谢意！

　　在本书的编写过程中我们力求做到重点突出、表述准确、参考答案正确，但由于我们水平有限，书中难免有疏误之处，恳请广大读者批评指正，以便我们再版时予以修正。

编者

2016 年 8 月

目 录 Contents

第一篇 绪论

会计准则与会计规范 | 第一章

一、学习目的与要求

通过本章学习，应了解我国会计的演变过程，理解促使我国会计准则向国际会计惯例趋同的基本影响因素，熟悉我国会计规范体系的构成，掌握我国会计准则的基本体系。

二、重要概念

四柱清册　中式簿记　会计制度　资本市场　WTO　会计制度模式　会计准则模式　会计法规体系　会计法　基本准则　具体准则

三、重点与难点

重点：掌握我国会计准则的基本体系；我国会计规范体系的基本构成。

难点：资本市场对会计准则的影响；会计准则的具体应用；国际财务报告准则对我国会计准则的影响。

四、内容概要解析

（一）我国会计发展的历史演进

公元前 1100 年至公元前 250 年左右的西周和春秋战国时期，我国就有了"会计"的称谓，那时会计主要为朝廷服务，称为"官厅会计"。到宋代，已经形成一套系统的会计方法——四柱清册。之后，民间会计开始超越官厅会计，到明末清初，产生了具有中国特色的中式簿记"龙门账"。20 世纪初，西方现代复式簿记传入我国，这一时期形成了中式簿记与西式簿记并存的局面。

新中国成立之前，各行业、各企业的会计制度都不统一，既没有全国性的会计准则来规范各行业的会计工作，又没有各行业的统一会计制度规范系统内各单位的会计工作。新中国成立初的三年，主要解决会计制度不统一的问题。1978 年后，随着经济体制改革和对外开放的深入、外资引入、现代企业制度的改革和中国加入 WTO，我国会计制度的设计出现了新的局面。1985 年，颁布了《中华人民共和国中外合资经营企业会计制度》；1992 年，《股份制试点企业会计制度》《企业会计准则——基本准则》和 13 个分行业会计制度相继出台；1997 年，第一个具体准则《企业会计准则——关联方关系及其交易的披露》出台；2000 年，《企业会计制度》出台；2006 年，《企业会计准则》出台，这一准则的出台标志着我国开始全面实行会计准则模式，并全面向国家会计惯例靠拢。2014 年，财政部先后又修订了 6 项已经发布的会计准则，且同期间还发布了三项具体会计准则。随着会计环境的变化，我国的会计准则也将逐渐走向完善。

（二）我国会计准则体系

会计准则又称会计标准，是会计核算工作的基本规范，它就会计核算的原则和会计处理方法及程序做出规定，为会计制度的制定提供依据。2006 年我国颁布了 1 项基本准则、38 项具体准则。基本准则是对会计处理的一般要求所做出的原则性规定，在整个准则体系中起统驭作用。我国《企业会计准则——基本准则》（2006）共十一章五十条，主要规范会计的目标、会计的基本假设、会计信息质量要求、会计要素的确认计量和报告原则等。具体准则又称应用性准则，它是根据基本准则的要求，规范企业发生的交易或者事项的会计处理，为企业处理会计实务问题提供具体而统一的标准。我国《企业会计准则——具体准则》（2006）大致分为基本业务会计准则、特殊业务和特殊行业会计准则及会计报告准则三类。除了准则主体外，这套准则体系还包括应用指南和讲解两部分。《企业会计准则——应用指南》作为会计准则体系的重要组成部分，由两部分组成，一是会计准则解释，二是会计科目和主要账务处理。

2014 年 1 月至 7 月，财政部先后发布了经其修订后的《企业会计准则——基本准则》《企业会计准则第 2 号——长期股权投资》《企业会计准则第 9 号——职工薪酬》《企业会计准则第 30 号——财务报表列报》《企业会计准则第 33 号——合并财务报表》《企业会计准则第 37 号——金融工具列报》等，且同期间还发布了全新的《企业会计准则第 39 号——公允价值计量》《企业会计准则第 40 号——合营安排》《企业会计准则第 41 号——在其他主体中权益的披露》三项具体会计准则。

（三）我国现行会计规范体系

会计规范体系是会计法律、法规、制度等的总称，是指国家权力机关或其他授权机构制定的，用于指导和约束会计实践工作、规范会计基础工作、规定会计主体和相关人员会计责任等规范性文件的总和。它具有三个方面的特征：一是结构性，即它是由各种会计规范构成的，各种会计规范之间具有一定的结构和内在联系；二是功能性，即各种会计规范都有其特定的作用，指导和约束会计行为，且具有明显的整体功能；三是互补性，即组成会计规范体系的各种规范之间相互联系、相互作用和相互补充，从而保证了这一体系的严密性和完整性。

总体来说，我国的会计规范体系主要由会计法律制度和会计职业道德两部分组成，如图 1-1 所示。其中，会计法律制度包括会计法律、会计行政法规和会计规章制度三个层次，具有成文性、强制性等特点。会计法律制度是指国家立法机关为管理会计工作而按立法程序制定和颁布的规范性文件的总称。会计法律有狭义与广义之分。狭义的会计法律是指由立法机关颁发的法律；广义的会计法律不仅指由立法机关颁发的法律，还包括由执法机关（各种政府部门）制定和颁发的会计法规。在实践中，会计法律泛指广义的会计法律。会计行政法规是指以《会计法》为制定依据，由国务院制定并颁布的适用于全国范围的会计规范，其法律效力低于《会计法》但高于其他规章和规范性文件。会计规章制度主要是由国务院各部委制定并颁布实施的，包括会计准则和会计制度。其中会计准则包括基本准则和具体准则，会计制度包括企业、事业单位会计制度。因其具体性和可操作性，在实际中会计准则和会计制度是应用最为广泛的。

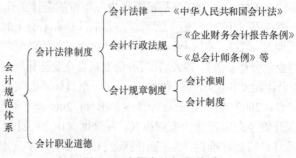

图 1-1　我国会计规范体系

会计职业道德是会计人员在会计事务中正确处理人与人之间经济关系的行为规范的总和，是一般社会道德在会计工作中的具体体现，是引导、制约会计行为，调整会计人员与社会、不同利益集团以及会计人员之间关系的社会规范。它反映了整个国家的社会道德要求，更反映了会计这个职业特殊的道德要求，其约束力来自于社会舆论、人类良知及传统习俗，而不是国家强制力。会计职业道德存在于会计工作者的思想意识和社会舆论之中，更多地表现为习惯性和自律性，并对会计法律制度的有效施行起着明显的保证作用。

（四）我国会计管理机构

在我国，会计职业的控制管理采用行政管理和行业自律管理两种方式。行政管理主要是政府部门（包括财政部及各地方的财政厅、局和中国证券监督管理委员会）对会计人员和会计工作的管理，以加强政府对会计的管制，规范会计行为，保证会计信息的质量；行业自律管理是由中国会计学会、中国注册会计师协会、中国总会计师协会等会计专业团体在各自行业范围内，对相关会计人员和会计工作实施的管理。

（五）我国会计职业

会计职业是指会计的专业工作领域。会计职业与经济发展水平有着密切的关系，经济越发展，则会计工作领域越宽广，会计工作的内容也越丰富。我国会计职业领域十分广泛，从目前看，会计职业主要存在于三个领域，即企业会计领域、政府及非营利组织会计领域和公众会计领域。企业会计较为复杂，既包括对外会计，如财务会计、税务会计；又包括对内会计，如管理会计、成本会计等。政府及非营利组织会计与企业会计属于会计学的两个不同分支，是对政府部门和各种非营利组织各项资金的拨入和使用进行确认、计量、记录和报告。政府及非营利组织会计主要包括财政总预算会计、行政单位会计和非营利组织会计等。公众会计主要提供包括审计、咨询与会计服务等业务，在我国主要指注册会计师行业。注册会计师是指通过全国注册会计师统一考试，在中国注册会计师协会注册登记获得从业资格的会计人员。与企业会计不同，注册会计师是向社会提供各类会计服务，其工作内容主要包括审计与鉴证和管理咨询两大类。

五、同步练习

（一）单项选择题

1．"会计"一词在我国最早出现于（　　）。

    A．西周时期　　　B．秦汉时期　　　C．唐宋时期　　　D．明清时期

2．在宋朝时期，我国会计采用的是（　　）。

    A．复式记账法　　B．单式记账法　　C．四柱结算法　　D．增减记账法

3．现代会计起源于（　　）。

    A．19世纪末　　　B．20世纪初　　　C．1494年　　　　D．1949年

4．我国第一部参照国际惯例设计的会计制度是（　　）。

    A．《中外合营经营企业会计制度》　　　　B．《企业会计制度》

    C．《外商投资企业会计制度》　　　　　　D．《股份制试点企业会计制度》

5．1997年，我国财政部发布的第一项具体会计准则是（　　）。

    A．《非货币性交易》准则　　　　　　　　B．《现金流量表》准则

    C．《收入》准则　　　　　　　　　　　　D．《关联方关系及其交易的披露》准则

6．企业会计准则体系中具有统驭地位、起统驭作用的是（　　）。

    A．基本准则　　　B．具体准则　　　C．应用指南　　　D．解释公告

7．下列不属于我国企业会计准则体系的是（　　）。

    A．基本准则　　　B．具体准则　　　C．会计制度　　　D．解释公告

8．一般认为，企业现代会计的两大分支是财务会计和（　　）。

    A．成本会计　　　　B．管理会计　　　　C．纳税会计　　　　D．预算会计

9．在我国，制定会计准则和会计制度的机构是（　　）。

    A．国家税务总局　　B．财政部　　　　C．主管部门　　　　D．企业自身

10．《小企业会计准则》开始执行的时间是（　　）1月1日。

    A．2012年　　　　B．2013年　　　　C．2011年　　　　D．2014年

11．下列各项中，不属于小企业会计准则附录的内容是（　　）。

    A．总说明　　　　B．会计科目　　　　C．主要账务处理　　D．财务报表

12．在我国，（　　）是制定其他会计法规的依据和指导一切会计工作的准绳，是一切会计法规的母法。

    A．会计准则　　　B．总会计师条例　　　C．会计制度　　　D．会计法

（二）多项选择题

1．我国宋朝采用"四柱清册"的会计方法，其中"四柱"即现时会计术语的（　　）。

    A．期初结存　　　B．本期收入　　　　C．本期付出

    D．期末结存　　　E．成本计算

2．下列说法正确的有（　　）。

    A．会计是适应生产活动发展的需要而产生的

    B．会计是生产活动发展到一定阶段的产物

    C．会计从产生、发展到现在经历了一个漫长的发展历史

    D．近代会计史将复式簿记著作的出版和会计职业的出现视为两个里程碑

    E．经济越发展，会计越重要

3．会计产生的基本条件有（　　）。

    A．生产部门能够提供剩余产品　　　　B．会计职业化　　C．记账方法

    D．有文字、数字和计量工具　　　　E．商业贸易发展到一定水平

4．在会计史上被认为具有里程碑意义的事件包括（　　）。

    A．财务会计与管理会计的分离　　　　B．爱丁堡会计师协会成立

    C．卢卡·巴其阿勒的会计著作问世　　D．复式簿记的产生

    E．传统会计工艺与电子计算机的结合

5．我国第一部参照国际惯例设计的《中外合资经营企业会计制度》对以下（　　）内容等进行了规范。

    A．明确了会计核算的一般原则

    B．将资产、负债、资本、成本及损益定为会计的基本要素

    C．确定了"资产＝负债＋资本"的平衡公式

    D．允许企业经过批准后可以采用加速折旧法

    E．明确了收入确认原则

6．我国会计准则制定的组织架构是在财政部会计准则委员会下还设有（　　）。

    A．会计理论专业委员会　　　　B．企业会计专业委员会

    C．政府与非营利组织会计专业委员会　　D．准则委员会办公室

    E．财政部会计准则委员会会计准则咨询专家组

7．我国会计准则制定的一般程序包括（　　）。

    A．立项阶段　　　　　　　　B．起草阶段

    C．讨论备忘录　　　　　　　D．公开征求意见阶段

    E．发布阶段

8．我国 2006 年 2 月颁布的会计准则体系包括以下（　　　）等内容。

    A．1 项基本准则　　　　　　　　　　B．38 项具体会计准则

    C．41 项具体会计准则　　　　　　　　D．36 项具体会计准则

    E．企业会计准则应用指南

9．关于《企业会计准则——基本准则》，下列说法正确的有（　　　）。

    A．规范了会计的目标　　　　　　　　B．规范了会计的基本假设

    C．规范了会计的核算方法　　　　　　D．规范了会计信息质量要求

    E．规范了会计要素确认、计量和报告的原则

10．我国会计规范体系一般由（　　　）内容构成。

    A．会计法　　　　B．会计准则　　　　C．会计制度

    D．会计行政法规　　　　　　　　　　E．会计职业道德

11．企业会计准则体系各层次之间的关系为（　　　）。

    A．基本准则是纲　B．具体准则是目　C．应用指南是目

    D．解释公告是补充　　　　　　　　　E．会计法是纲

12．以下关于会计准则体系说法中，正确的有（　　　）。

    A．基本准则统驭具体准则的制定，也是处理会计实务中具体准则尚未规范的新业务的依据

    B．应用指南是对具体准则的一些重点、难点问题做出的操作性规定

    C．基本准则规范了财务会计目标、会计基本假设等基本问题

    D．具体准则类似于国际会计准则理事会的《编报财务报表的框架》

    E．解释公告是就实务中遇到的问题而对准则做出的具体分析

（三）判断题

1．会计在产生的初期，只是作为"生产职能的附带部分"，之后随着剩余产品规模的缩小，会计逐渐从生产职能中分离出来，成为独立的职能。（　　　）

2．小企业会计准则体系由小企业会计准则和应用指南两部分组成。（　　　）

3．企业可根据自身情况，选择执行《企业会计准则》或《小企业会计准则》，或以一个准则为主，同时选择另外一个准则的有关原则。（　　　）

4．集团公司内部母子公司分属不同规模的情况下，集团内小企业可以执行《小企业会计准则》。（　　　）

5．符合《中小企业划型标准规定》所规定的微型企业标准的企业参照执行《小企业会计准则》。（　　　）

6．在我国，会计规章制度主要是由国务院各部委制定并颁布实施的，包括会计法和会计准则。（　　　）

7．《中外合资经营企业会计制度》是新中国第一部参照国际惯例设计的会计制度。（　　　）

8．我国财政部发布的第一项具体会计准则是《企业会计准则——关联方关系及其交易的披露》。（　　　）

9．《企业会计准则——应用指南》一般由会计准则解释和解释公告两部分构成。（　　　）

10．在我国，具体会计准则是对会计处理的一般要求所做出的原则性规定。（　　　）

（四）案例分析题

1．余先生在企业创办一年之后，面临一个非常棘手的问题，工商局、税务局的工作人员都指责他的企业没有按照我国会计准则的要求建立企业的会计制度，记账随意性很大，财政局的工作人员又提出企业的财会人员没有经过资格认证。余先生觉得非常委屈。因为公司是自己开的，企业应该有自主权，为什么会计非要按照国家规定的会计准则去做？会计人员为什么要有资格认证？

请问：你认为余先生的说法是否有道理？

2．费先生开设了一家公司，投资 10 万元，因为公司业务较少，再加上为了减少办公费用，他决定不请会计，自己记账。2014 年年末设立时没有发生业务，除了记录银行存款 10 万元之外，没有其他账簿记录。2015 年支付了各种办公费 28 000 元，取得收入 88 000 元，购置了计算机等设备

20 000 元，房屋租金 15 000 元，支付工资 25 000 元，费先生只是记了银行存款日记账，企业现在的账面余额也是 10 万元。他认为没有赚钱所以没有缴税，2016 年 1 月 15 日税务局检查认为该公司账目混乱，有偷税嫌疑。

请问：你如何看待这件事？费先生在什么地方错了？应该如何改进？

3．请从图书馆或互联网上找一家知名公司的年度报告，回答以下问题：

（1）在这家公司的资产负债表上，哪项资产的金额最大？为什么公司在这项资产上做了大笔投资？资产负债表上的项目，哪三项发生最大的百分比变动？

（2）该公司利润表上是净利润还是净亏损？净利润或净亏损占营业收入的比重为多少？利润表上的项目，哪三项发生最大的百分比变动？

（3）从报表附注中选择三项内容，并说明它们对信息使用者做出的决策有何影响？

（4）假定你是银行工作人员，这家公司要求借一笔相当于总资产 10%的借款，期限是 90 天，你认为这家公司有信用风险吗？为什么？

（5）你认为这家公司的优势和劣势何在？

参考答案

（一）单项选择题

1	2	3	4	5	6	7	8	9	10	11	12
A	C	B	A	D	A	C	B	B	B	A	D

（二）多项选择题

1	2	3	4	5	6	7	8	9	10	11	12
ABCD	ABCDE	AC	ABCDE	ABCDE	ABCDE	ABDE	ABE	ABDE	ABCDE	ABCD	ABCE

（三）判断题

1	2	3	4	5	6	7	8	9	10
√	√	×	×	√	×	√	√	×	×

（四）案例分析题

1．余先生的说法没有道理。企业虽然有经营自主权，但是企业会计工作必须按照国家会计准则以及相关的规定来进行处理。根据我国《会计法》以及相关法律，对于会计工作、会计人员、会计机关有一定要求；根据会计准则又对于会计核算工作有具体要求。根据我国会计准则和会计法规，企业应当根据会计准则建立企业会计制度，所提供的会计信息符合可靠性、可比性等原则，企业采用的会计政策、会计方法也应当保持连续性、一贯性，不得随意变更。会计准则是会计人员从事会计工作的规则和指南，企业应当遵循。

我国对会计人员实行资格认证从根本上是为了提高会计人员的素质，提高会计工作的质量。

2．该公司的会计系统不完整。按照《公司法》和《会计法》，公司作为一个会计主体，应该有具有会计证的人记账，应当根据涉及的经济业务设置相应的会计科目，并按照借贷记账法进行记录。费先生仅记录银行存款日记账是片面的，不能反映公司经营活动的来龙去脉，也无法得知每一笔银行存款变动的对应关系。

根据 2014 年、2015 年该公司发生的业务，还需要在"实收资本""管理费用""主营业务收入""固定资产""累计折旧""应付职工薪酬""主营业务成本""本年利润"等账户中登记入账，并根据账簿记录核算全年的利润。尽管公司的银行存款余额没有变动，但是由于购置了计算机等固定资产，按照权责发生制的原则，应对资产耗费在收益期内逐年摊销或者提取折旧，从而正确计算当年的利润。

3．因选择的案例公司情况各异，同学们可根据自己所掌握的专业知识，对案例公司的具体情况进行评判。

财务会计的基本理论 | 第二章

一、学习目的与要求

通过本章学习，应了解财务会计的本质与特征；熟悉财务会计目标、会计信息质量要求；掌握会计基本假设和会计确认、计量和报告的基本内容，并能在会计实务中熟练运用这些会计理论。

二、重要概念

财务会计 会计目标 会计假设 权责发生制 会计信息质量特征 会计要素 资产 负债 所有者权益 收入 费用 利润 会计确认 会计计量 会计报告

三、重点与难点

重点：对财务会计概念、财务报告目标的理解；会计假设所起的作用；权责发生制的具体应用；会计信息质量特征以及在会计实务中的具体应用；会计要素的确认、计量等。

难点：会计假设对会计政策选择的影响；会计信息质量特征对会计要素确认、计量和报告的影响；会计计量属性的应用等。

四、内容概要解析

（一）财务会计的本质及其目标

1. 财务会计本质及其特征

财务会计是以货币为主要计量单位，以提高经济效益为主要目标，以公认会计原则为指导，运用簿记系统的专门方法对企业资金运动进行全面、连续、系统的反映和监督，旨在为企业的会计信息使用者提供有关企业财务状况、经营成果及现金流量等信息的对外报告会计。

财务会计具有以下主要特征：

（1）财务会计以企业外部信息使用者为主要服务对象；

（2）财务会计以提供财务报告作为信息传递的手段；

（3）财务会计采用其特定的会计处理程序和方法；

（4）财务会计以公认的会计原则为指导。

2. 财务会计信息使用者

会计信息的使用者主要包括投资者、债权人、政府部门、企业管理当局、顾客、社会公众、企业职工以及一些利益相关者。这些使用者出于不同的目的，对会计信息的关注点各不相同。

3. 财务会计目标

对于财务会计目标的内涵，在会计理论界尚未形成一个权威的、可为学术界普遍认同的观点，关于财务会计目标的研究目前仍然处于各抒己见、尚未定论的阶段。综观会计理论界对财务会计目标的研究，归纳起来占据主导地位的主要有两大流派，即"受托责任观"和"决策有用观"。受托责任和决策有用是互为关联的会计目标。其中，受托责任是基础，决策有用是要求。但是完整来看，受托责任是会计产生和发展的根本动因，提供反映受托责任的信息是会计的首要目标。

对于会计目标，我国《企业会计准则——基本准则》规定，财务会计的目标是向财务报告使用者提供与企业财务状况、经营成果和现金流量等有关的会计信息，反映企业管理层受托责任的履行情况，有助于财务会计报告使用者做出经济决策。由此可见，我国财务会计的基本目标是"受托责任观"和"决策有用观"的融合。

（二）会计基本假设与会计基础

1. 会计基本假设

会计基本假设是企业会计确认、计量和报告的前提，是指会计人员面对变化不定的社会环境，根据对客观的正常情况或趋势的合乎情理的判断而形成的一系列不需要证明就可以接受的合理推断。我国《企业会计准则——基本准则》规定，会计基本假设包括会计主体、持续经营、会计分期和货币计量。会计核算对象的确定、会计政策的选择、会计数据的收集都要以这一系列的基本假设为前提。

（1）会计主体。会计主体又称会计实体，是会计核算的服务对象，或者说是会计人员进行核算采取的立场及空间活动的范围界定，企业应当对其本身发生的交易或者事项进行会计确认、计量和报告，反映企业本身所从事的各项生产经营活动。会计主体不同于法律主体。一般来说，法律主体必然是一个会计主体。但是，会计主体不一定是法律主体。

（2）持续经营。持续经营是指在可以预见的将来，企业将会按当前的规模和状态继续经营下去，不会停业，也不会大规模削减业务。在持续经营前提下，会计确认、计量和报告应当以企业持续、正常的生产经营活动为前提。只有在持续经营的前提下，才能保证会计信息处理的一致性和稳定性。

（3）会计分期。会计分期是指将一个企业持续经营的生产经营活动划分为一个个连续的、长短相同的期间。会计分期的目的，在于通过会计期间的划分，将持续经营的生产经营活动划分成连续、相等的期间，据以结算盈亏，按期编报财务报告，从而及时向财务报告使用者提供有关企业财务状况、经营成果和现金流量的信息。

在会计分期假设下，企业应当划分会计期间，分期结算账目和编制财务报告。会计期间通常分为年度和中期。中期是指短于一个完整的会计年度的报告期间。我国企业会计准则规定，会计年度的起讫日期是公历 1 月 1 日起到 12 月 31 日止，称为历年制会计年度。

（4）货币计量。货币计量是指会计主体在进行会计确认、计量和报告时采用货币作为统一的计量单位，记录和报告会计主体的经营情况。我国《企业会计准则——基本准则》规定，企业会计核算应当以人民币作为记账本位币。有外币收支的企业，也可以选定某种外币作为记账本位币，但编制的会计报表应当折算为人民币反映。以货币作为统一计量单位，包含着币值稳定假设，但实际上货币本身的价值是有可能变动的。按照国际会计惯例，当货币本身的价值波动不大，或前后波动能够抵销时，会计核算中可以不考虑这些波动因素，即认为币值是稳定的。但在发生恶性通货膨胀时，就需要采用特殊的会计准则（物价变动会计准则）来处理有关的会计事项。

2. 会计基础

我国《企业会计准则——基本准则》规定，企业会计的确认、计量和报告应当以权责发生制为基础。权责发生制要求，凡是当期已经实现的收入和已经发生或应当负担的费用，无论款项是否收付，都应当作为当期的收入和费用处理；反之，凡是不属于当期的收入和费用，即使款项已在当期收付，也不应当作为当期的收入和费用处理。

（三）会计信息质量要求

我国《企业会计准则——基本准则》规定，会计信息质量要求主要包括可靠性、相关性、可理解性、可比性、实质重于形式、重要性、谨慎性和及时性等。

1. 可靠性

可靠性也称客观性、真实性，是指企业应当以实际发生的交易或者事项为依据进行确认、计量和报告，如实反映符合确认和计量要求的各项会计要素及其他相关信息，保证会计信息真实可靠、内容完整。会计信息的可靠性程度取决于客观性、可核性及中立性三方面的因素。

2．相关性

相关性也称有用性，是指企业提供的会计信息应当与投资者等财务报告使用者的经济决策需要相关，有助于财务报告使用者对企业过去、现在或者未来的情况做出评价或者预测。会计信息的相关性程度取决于预测价值及反馈价值两方面的因素。

3．可理解性

可理解性也称明晰性，是指企业提供的会计信息应当清晰明了，便于投资者等财务报告使用者理解和使用。财务报告所提供的会计信息应当清晰明了，易于理解，只有这样，才能提高会计信息的有用性，实现财务报告的目标，满足向财务报告使用者提供对其决策有用信息的要求。

4．可比性

可比性要求企业提供的会计信息应当相互可比。可比性主要包括两层含义。一是同一企业在不同时期的纵向可比，即要求同一企业不同时期发生的相同或者相似的交易或者事项，应当采用一致的会计政策，不得随意变更。确需变更的，应当在附注中予以说明。二是不同企业在相同会计期间的横向可比，即要求不同企业同一会计期间发生的相同或者相似的交易或者事项，应当采用规定的会计政策，确保会计信息口径一致、相互可比，以使不同企业按照一致的确认、计量和报告要求提供有关会计信息。

5．实质重于形式

实质重于形式是指企业应当按照交易或者事项的经济实质进行会计确认、计量和报告，不应仅以交易或者事项的法律形式为依据。例如，以融资租赁方式租入的资产，虽然从法律形式来讲企业并不拥有其所有权，但是由于租赁合同中规定的租赁期相当长，接近于该资产的使用寿命，租赁期结束时承租企业有优先购买该资产的选择权，在租赁期内承租企业有权支配资产并从中受益等，因此，从其经济实质来看，企业能够控制融资租入资产所创造的未来经济利益，在会计确认、计量和报告上就应当将以融资租赁方式租入的资产视为企业的资产，列入企业的资产负债表。

6．重要性

重要性是指企业提供的会计信息应当反映与企业财务状况、经营成果和现金流量有关的所有重要交易或者事项。具体来说，对于重要的经济业务，应单独核算，分项反映，力求准确，并在财务报告中做重点说明；对于次要的经济业务，在不影响会计信息真实性的情况下，可适当简化会计核算或合并反映。

7．谨慎性

谨慎性又称稳健性，是指企业对交易或者事项进行会计确认、计量和报告应当保持应有的谨慎，不应高估资产或者收益、低估负债或者费用。例如，在会计核算中对应收账款估计可能发生的坏账损失计提坏账准备、对期末存货的计价采用成本与可变现净值孰低法、对固定资产折旧采用加速折旧法等，都体现了会计信息质量的谨慎性要求。

8．及时性

及时性是指企业对于已经发生的交易或者事项，应当及时进行确认、计量和报告，不得提前或者延后。

（四）会计要素及其确认与计量

1．会计要素及其确认

（1）资产是指企业过去的交易或者事项形成的，由企业拥有或者控制的，预期会给企业带来经济利益的资源。根据资产的定义，资产具有以下几方面的特征：资产是由企业过去的交易或者事项形成的；资产应为由企业拥有或者控制的资源；资产预期会给企业带来经济利益。

将一项资源确认为资产，需要符合资产的定义，同时还应满足以下两个条件：一是与该资源有关的经济利益很可能流入企业；二是该资源的成本或者价值能够可靠地计量。

（2）负债是指企业过去的交易或者事项形成的，预期会导致经济利益流出企业的现时义务。根据负债的定义，负债具有以下几方面的特征：负债是由企业过去的交易或者事项形成的；负债是企业承担的现时义务；负债预期会导致经济利益流出企业。

将一项现时义务确认为负债，需要符合负债的定义，同时还需要满足以下两个条件：一是与该义务有关的经济利益很可能流出企业；二是未来流出的经济利益的金额能够可靠地计量。

（3）所有者权益是指企业资产扣除负债后，由所有者享有的剩余权益。公司的所有者权益又称为股东权益。所有者权益的来源包括所有者投入的资本、直接计入所有者权益的利得和损失（其他综合收益）、留存收益等，通常由股本（或实收资本）、资本公积、盈余公积和未分配利润构成。

所有者投入的资本是指所有者投入企业的资本部分。它既包括构成企业注册资本或者股本部分的金额，也包括投入资本超过注册资本或者股本部分的金额，即资本溢价或者股本溢价，这部分投入资本在我国企业会计准则体系中被计入了资本公积，并在资产负债表中的资本公积项目下反映。直接计入所有者权益的利得和损失，是指不应计入当期损益、会导致所有者权益发生增减变动的、与所有者投入资本或者向所有者分配利润无关的利得和损失。留存收益是企业历年实现的净利润留存于企业的部分，主要包括累计计提的盈余公积和未分配利润。

所有者权益体现的是所有者在企业中的剩余权益，因此，所有者权益的确认主要依赖于其他会计要素，尤其是资产和负债的确认；所有者权益金额的确定也主要取决于资产和负债的计量。

（4）收入是指企业在日常活动中形成的、会导致所有者权益增加的、与所有者投入资本无关的经济利益的总流入。根据收入的定义，收入具有以下几方面的特征：收入是企业在日常活动中形成的；收入会导致经济利益的流入，该流入与所有者投入资本无关；收入会导致所有者权益的增加。

收入的确认除了应当符合定义外，还至少应当符合以下条件：一是与收入相关的经济利益应当很可能流入企业；二是经济利益流入企业的结果会导致资产的增加或者负债的减少；三是经济利益的流入额能够可靠地计量。

（5）费用是指企业在日常活动中发生的、会导致所有者权益减少的、与向所有者分配利润无关的经济利益的总流出。根据费用的定义，费用具有以下几方面的特征：费用是企业在日常活动中形成的；费用会导致经济利益的流出，该流出与向所有者分配利润无关；费用会导致所有者权益的减少。

费用的确认除了应当符合定义外，也至少应当符合以下条件：一是与费用相关的经济利益应当很可能流出企业；二是经济利益流出企业的结果会导致资产的减少或者负债的增加；三是经济利益的流出额能够可靠地计量。

（6）利润是指企业在一定会计期间的经营成果。利润包括收入减去费用后的净额、直接计入当期利润的利得和损失等。其中收入减去费用后的净额反映的是企业日常活动的业绩，直接计入当期利润的利得和损失反映的是企业非日常活动的业绩。

利润反映的是收入减去费用、利得减去损失后的净额的概念，因此，利润的确认主要依赖于收入和费用以及利得和损失的确认，其金额的确定也主要取决于收入、费用、利得和损失金额的计量。

2．会计计量

（1）会计要素计量属性。会计计量是在一定的计量尺度下，运用特定的计量单位，选择合理的计量属性，确定应予记录的经济事项金额的会计记录过程。我国《企业会计准则——基本准则》规定的计量属性包括历史成本、重置成本、可变现净值、现值和公允价值等。

① 历史成本。在历史成本计量下，资产按照其购置时支付的现金或者现金等价物的金额，或者按照购置资产时所付出的对价的公允价值计量。负债按照其因承担现时义务而实际收到的款项或者资产的金额，或者承担现时义务的合同金额，或者按照日常活动中为偿还负债预期需要支付的现金或者现金等价物的金额计量。

② 重置成本。在重置成本计量下，资产按照现在购买相同或者相似资产所需支付的现金或者现金等价物的金额计量。负债按照现在偿付该项债务所需支付的现金或者现金等价物的金额计量。

③ 可变现净值。在可变现净值计量下，资产按照其正常对外销售所能收到现金或者现金等价物的金额扣减该资产至完工时估计将要发生的成本、估计的销售费用以及相关税金后的金额计量。

④ 现值。在现值计量下，资产按照预计从其持续使用和最终处置中所产生的未来净现金流入量的折现金额计量。负债按照预计期限内需要偿还的未来净现金流出量的折现金额计量。

⑤ 公允价值。在公允价值计量下，资产和负债按照市场参与者在计量日发生的有序交易中，出售资产所能收到或者转移负债所需支付的价格计量。

（2）各种计量属性之间的关系。在各种会计要素计量属性中，历史成本通常反映的是资产或者负债过去的价值，而重置成本、可变现净值、现值以及公允价值通常反映的是资产或者负债的现时成本或者现时价值，是与历史成本相对应的计量属性。

（3）计量属性的应用原则。企业在对会计要素进行计量时，一般应当采用历史成本。在某些情况下，为了提高会计信息质量，实现财务报告目标，企业会计准则允许采用重置成本、可变现净值、现值、公允价值计量的，应当保证所确定的会计要素金额能够取得并可靠计量；如果这些金额无法取得或者无法可靠计量，则不允许采用其他计量属性。

（五）财务报告

1．财务报告的概念

财务报告，是指企业对外提供的反映企业某一特定日期的财务状况和某一会计期间的经营成果、现金流量等会计信息的文件。

2．财务报表的构成

财务报告包括财务报表和其他应当在财务报告中披露的相关信息和资料。其中，财务报表由报表本身及其附注两部分构成，附注是财务报表的有机组成部分，而报表至少应当包括资产负债表、利润表和现金流量表等报表。考虑到小企业规模较小，外部信息需求相对较低。因此，小企业编制的报表可以不包括现金流量表。全面执行企业会计准则体系的企业所编制的财务报表，还应当包括所有者权益（股东权益）变动表。

资产负债表是反映企业在某一特定日期的财务状况的会计报表。

利润表是反映企业在一定会计期间的经营成果的会计报表。

现金流量表是反映企业在一定会计期间的现金和现金等价物流入和流出的会计报表。

附注是对在会计报表中列示项目所做的进一步说明，以及对未能在这些报表中列示项目的说明等。

财务报表是财务报告的核心内容，但是除了财务报表之外，财务报告还应当包括其他相关信息。如企业可以在财务报告中披露其承担的社会责任、对社区的贡献、可持续发展能力等信息，这些信息对于使用者的决策也是相关的，尽管属于非财务信息，无法包括在财务报表中，但是如果有规定或者使用者有需求的，企业应当在财务报告中予以披露，有时企业也可以自愿在财务报告中披露相关信息。

五、同步练习

（一）单项选择题

1．财务会计主要以（　　）作为信息传递的手段。

　　A．原始凭证和记账凭证　　　　　　　　B．序时账簿和分类账簿

　　C．会计报表为核心的财务报告　　　　　D．证、账、表为核心的通知公告

2．会计信息更多地强调相关性，会计计量在坚持历史成本之外，也会较多地采用除历史成本之外的计量属性。该财务报告目标是定位于（　　）。

　　A．受托责任观　　B．资产负债观　　C．决策有用观　　D．收入费用观

3．财务会计的核算和监督内容主要是（　　）的经济业务。

　　A．企业单位　　B．事业单位　　C．政府部门　　D．全包括

4．在会计核算中产生权责发生制和收付实现制两种记账基础的会计基本假设是（　　）。

　　A．会计分期　　B．会计主体　　C．货币计量　　D．持续经营

5. 关于货币计量假设，下列说法中不正确的是（　　　）。

    A. 货币计量假设并不表示货币是会计核算中唯一的计量单位

    B. 假定货币的币值是基本稳定的

    C. 存在多种货币的情况下，我国境内企业均要求以人民币作为记账本位币

    D. 货币计量假设为历史成本计量奠定了基础

6. 某企业将预收的货款计入"预收账款"科目，在收到款项的当期不确认收入，而在实际发出商品时确认收入，这主要体现的会计基本假设是（　　　）。

    A. 会计主体　　　　B. 持续经营　　　　C. 会计分期　　　　D. 货币计量

7. 下列说法中，体现了实质重于形式要求的是（　　　）。

    A. 对融资租入的固定资产视同自有固定资产核算

    B. 发出存货的计价方法一经确定，不得随意改变，如有变更需在财务报告中说明

    C. 对有的资产、负债采用公允价值计量

    D. 期末对存货采用成本与可变现净值孰低法计价

8. 收入、费用的确认，应当以其实际发生作为确认计量标准的会计核算基础或要求是（　　　）。

    A. 相关性　　　　B. 收付实现制　　　　C. 权责发生制　　　D. 及时性

9. 确定会计核算空间范围的基本前提是（　　　）。

    A. 持续经营　　　　B. 会计主体　　　　C. 货币计量　　　　D. 会计分期

10. 会计分期的前提是（　　　）。

    A. 持续经营　　　　B. 会计主体　　　　C. 货币计量　　　　D. 会计分期

11. 企业将劳动资料划分为固定资产和低值易耗品，是基于（　　　）会计核算质量要求。

    A. 重要性　　　　B. 可比性　　　　C. 谨慎性　　　　D. 可理解性

12. 下列对会计基本假设的表述中，准确的是（　　　）。

    A. 持续经营和会计分期确定了会计核算的空间范围

    B. 一个会计主体必然是一个法律主体

    C. 货币计量为确认、计量和报告提供了必要的手段

    D. 会计主体确立了会计核算的时间范围

13. 企业计提固定资产折旧首先是以（　　　）假设为前提的。

    A. 会计主体　　　B. 会计分期　　　C. 持续经营　　　D. 货币计量

14. 企业应当以实际发生的交易或者事项为依据进行会计确认、计量和报告，如实反映符合确认和计量要求的各项会计要素及其他相关信息，保证会计信息真实可靠、内容完整。这体现会计核算质量要求中的（　　　）要求。

    A. 及时性　　　　B. 可理解性　　　　C. 相关性　　　　D. 可靠性

15. 下列说法中，能够保证同一企业会计信息前后各期可比的是（　　　）。

    A. 为了提高会计信息质量，要求企业所提供的会计信息能够在同一会计期间不同企业之间进行相互比较

    B. 存货的计价方法一经确定，不得随意改变，如需变更，应在财务报告中说明

    C. 对于已经发生的交易或事项，应当及时进行会计确认、计量和报告

    D. 对于已经发生的交易或事项进行会计确认、计量和报告时不应高估资产或者收益、低估负债或者费用

16. 企业提供的会计信息应有助于财务会计报告使用者对企业过去、现在或者未来的情况做出评价或者预测，这体现了会计信息质量要求中的（　　　）要求。

    A. 相关性　　　　　　　　　　　　　B. 可靠性

    C. 可理解性　　　　　　　　　　　　D. 可比性

17. 企业将融资租入固定资产按自有固定资产的折旧方法计提折旧，遵循的是（　　）要求。

    A．谨慎性　　　B．实质重于形式　　C．可比性　　　D．重要性

18. 甲企业 2016 年 5 月份购入了一批原材料，会计人员在 7 月份才入账，该事项违背的会计信息质量要求是（　　）要求。

    A．相关性　　　B．客观性　　　C．及时性　　　D．明晰性

19. 甲公司对乙公司投资，占乙公司表决权资本的 18%，乙公司生产产品依靠甲公司提供的配方，并规定乙公司不得改变其配方，故甲公司确认对乙公司具有重大影响。此项业务处理是依据（　　）的会计信息质量要求。

    A．重要性　　　B．实质重于形式　　C．谨慎性　　　D．相关性

20. 企业在取得资产时，一般应按（　　）计量。

    A．历史成本　　　B．重置成本　　　C．可变现净值　　D．公允价值

21. 企业提供的会计信息应当清晰明了，便于财务会计报告使用者理解和使用。这体现的是（　　）。

    A．相关性　　　B．可靠性　　　C．及时性　　　D．可理解性

22. 下列各项业务中，能使资产和所有者权益总额同时增加的是（　　）。

    A．支付现金股利　　　　　　　　B．向银行借入款项存入银行存款账户

    C．资本公积转增资本　　　　　　D．可供出售金融资产公允价值上升

23. 下列项目中，属于利得的是（　　）。

    A．销售商品流入的经济利益　　　　B．技术服务流入的经济利益

    C．贷款流入的经济利益　　　　　　D．出售无形资产流入的经济利益

24. 下列各项中，不属于企业收入要素范围的是（　　）。

    A．销售商品收入　　　　　　　　　B．出租无形资产收入

    C．转让投资性房地产收入　　　　　D．接受现金捐赠收入

25. 依据企业会计准则的规定，下列有关收入和利得的表述中，正确的是（　　）。

    A．收入源于日常活动，利得也可能源于日常活动

    B．收入会影响利润，利得也一定会影响利润

    C．收入源于日常活动，利得源于非日常活动

    D．收入会导致所有者权益的增加，利得不一定会导致所有者权益的增加

26. 关于损失，下列说法中正确的是（　　）。

    A．损失是指由企业日常活动所发生的，会导致所有者权益减少的经济利益的流出

    B．损失只能计入所有者权益项目，不能计入当期损益

    C．损失是指由企业非日常活动所发生的、会导致所有者权益减少的、与向所有者分配利润无关的经济利益的流出

    D．损失只能计入当期损益，不能计入所有者权益项目

27. 下列计价方法中，不符合历史成本计量属性的是（　　）。

    A．发出存货计价所使用的先进先出法

    B．可供出售金融资产期末采用公允价值计价

    C．固定资产计提折旧

    D．发出存货计价所使用的移动加权平均法

28. 以下计量属性不能用于负债计量的是（　　）。

    A．历史成本　　　B．可变现净值　　C．现值　　　D．公允价值

29. 下列各项业务中，通常应采用"可变现净值"作为计量属性的是（　　）。

    A．对固定资产计提固定资产减值准备　　B．对存货计提存货跌价准备

    C．对应收账款计提坏账准备　　　　　　D．对无形资产计提无形资产减值准备

30．下列属于财务报告特点的是（　　　）。

  A．财务报告主要是对外报告   B．资产负债表是其核心内容

  C．主要反映企业某一时点的财务状况 D．财务报告就是财务报表

（二）多项选择题

1．下列各项中属于我国财务报告主要目标的有（　　　）。

  A．向财务报告使用者提供决策有用的信息

  B．反映企业管理层受托责任的履行情况

  C．与同行业信息做比较

  D．客观地反映企业的财务和经营状况

  E．提供企业管理所需要的信息

2．下列属于财务报告使用者的有（　　　）。

  A．潜在投资者 B．政府 C．贷款人 D．供应商 E．社会公众

3．下列组织中，可以作为一个会计主体进行核算的有（　　　）。

  A．合伙企业 B．子公司 C．企业集团 D．企业生产车间 E．行政单位

4．下列有关会计主体说法正确的有（　　　）。

  A．法律主体一定是会计主体

  B．基金管理公司管理的证券投资基金，也可以成为会计主体

  C．对于拥有子公司的母公司来说，企业集团应作为一个会计主体来编制财务报表

  D．会计主体一定是法律主体

  E．分公司和子公司一样都是法律主体，也是会计主体

5．在会计实务中，会计信息提供的时点包括（　　　）。

  A．月末 B．季末 C．年末 D．半年末 E．清算期结束后

6．按权责发生制原则要求，下列收入或费用应归属本期的有（　　　）。

  A．对方暂欠的本期销售产品的收入 B．预付明年的保险费

  C．本月收回的上月销售产品的货款 D．尚未付款的本月借款利息

  E．预付明年的水电费

7．某企业 2016 年 5 月销售商品一批，增值税发票已经开出，商品已经发出，并办妥托收手续，但此时得知对方企业在一次交易中发生重大损失，财务发生困难，短期内不能支付货款，为此该企业本月未确认收入，这是根据（　　　）会计核算质量要求。

  A．实质重于形式 B．重要性 C．谨慎性 D．相关性 E．可比性

8．某企业的下列做法中，不违背会计核算可比性要求的有（　　　）。

  A．鉴于某项固定资产已经改扩建，决定重新确定其折旧年限

  B．因预计发生年度亏损，将以前年度计提的存货跌价准备全部予以转回

  C．因客户的财务状况好转，将坏账准备的计提比例由应收账款余额的 30%降为 15%

  D．鉴于本期经营亏损，将已达到预定可使用状态的工程借款的利息支出予以资本化

  E．将发出存货的计价由加权平均法改为先进先出法，未说明变更理由

9．下列各项中，体现会计核算的谨慎性要求的有（　　　）。

  A．或有事项确认负债、资产条件的差异 B．采用双倍余额递减法对固定资产计提折旧

  C．对固定资产计提减值准备   D．对交易性金融资产期末采用公允价值计量

  E．对应收账款计提坏账准备

10．上市公司的下列会计行为中，符合会计信息质量谨慎性要求的有（　　　）。

  A．本期将购买办公用品的支出直接计入当期费用

  B．对固定资产提取减值准备

C．每一中期末都要对外提供中期报告

D．在资产负债表中单独列示一年内到期的长期负债

E．中期财务报告附注应当以年初至本中期末为基础编制，披露相关重要交易或事项

11．反映企业经营成果的会计要素包括（　　）。

A．收入　　B．费用　　C．资产　　D．所有者权益　　E．利润

12．在企业会计实务中，下列事项中能够引起资产总额增加的有（　　）。

A．分配生产工人职工薪酬

B．转让交易性金融资产确认的净收益

C．计提未到期持有至到期债券投资的利息

D．长期股权投资权益法下实际收到的现金股利

E．收到前欠货款

13．下列项目中不应作为负债确认的有（　　）。

A．因购买货物而暂欠外单位的货款

B．按照购货合同约定以赊购方式购进货物的货款

C．计划向银行借款 100 万元

D．因经济纠纷导致的法院尚未判决且金额无法合理估计的赔偿

E．预收的销货款

14．根据现行企业会计准则的规定，A 公司下列（　　）支出不能作为费用要素确认。

A．销售原材料的成本 50 万元

B．采用经营租赁方式出租固定资产计提折旧 20 万元

C．水灾导致一批商品发生霉烂的损失 30 万元

D．用银行存款 40 万元购买工程物资

E．支付广告费

15．下列各项中，符合资产会计要素定义的有（　　）。

A．计划购买的原材料　　B．库存商品　　C．受托代销商品

D．预收款项　　E．待处理财产损失

16．下列项目中，使负债增加的有（　　）。

A．发行公司债券　　B．发行股票　　C．取得银行借款

D．支付现金股利　　E．用银行存款购买公司债券

17．下列关于所有者权益的说法中正确的有（　　）。

A．所有者权益是指企业资产扣除负债后由所有者享有的剩余权益

B．直接计入资本公积的利得和损失属于所有者权益

C．所有者权益金额应单独计量，取决于资产和负债的计量

D．所有者权益金额应单独计量，不取决于资产和负债的计量

E．所有者权益项目应当列入利润表

18．下列说法中正确的有（　　）。

A．不能导致经济利益流入企业的资源不属于资产

B．处置无形资产净收益不属于企业收入，而是计入损益的利得

C．意外灾害导致的存货净损失不属于企业费用，而是直接计入当期损益的损失

D．直接计入所有者权益的经济利益不属于企业收入

E．处置无形资产净收益不属于企业收入，而是直接计入所有者权益的利得

19．下列项目中，能够引起资产和负债同时增减变动的有（　　）。

A．计提管理部门固定资产折旧

B. 固定资产尚未达到预定可使用状态之前，符合资本化条件时计提的借款利息

C. 发放股票股利

D. 采用折价发行债券，款项已存入银行

E. 用银行存款支付融资租入固定资产租金

20. 下列事项中，业务发生时不会引起企业所有者权益总额发生变动的有（　　）。

A. 发放股票股利　　B. 用盈余公积弥补以前年度亏损　　　C. 发放现金股利

D. 注销库存股　　　E. 回购本公司股份

21. 下列项目中，属于收入的特征的有（　　）。

A. 日常活动中形成的　　　　　　　　B. 与所有者投入资本无关的经济利益的总流入

C. 会导致所有者权益的增加　　　　　D. 有形和无形均可

E. 能够给企业带来经济利益

22. 下列项目中属于所有者权益的有（　　）。

A. 盈余公积　　　B. 商誉　　　C. 未分配利润

D. 本年利润　　　　　　　　E. 其他综合收益

23. 会计计量属性主要包括（　　）。

A. 历史成本　　　B. 重置成本　　　C. 可变现净值

D. 现值　　　　　　　　E. 公允价值

24. 我国企业会计准则规定，全面执行企业会计准则体系的企业所编制的财务报表至少应当包括（　　）。

A. 资产负债表　　　B. 利润表　　　C. 现金流量表

D. 所有者权益变动表　　　　　　　E. 附注

25. 下列计价方法中，符合历史成本计量属性的有（　　）。

A. 发出存货计价所使用的个别计价法

B. 期末存货计价所使用的市价法

C. 发出存货计价所使用的先进先出法

D. 发出存货计价所使用的移动平均法

E. 交易性金融资产采用公允价值进行后续计量

26. 未来现金流量现值适用于（　　）。

A. 接受捐赠的固定资产，捐赠方没有提供有关凭据的，同类或类似固定资产不存在活跃市场的，其入账价值的确定

B. 盘盈的固定资产，同类或类似固定资产不存在活跃市场的，其入账价值的确定

C. 出售固定资产

D. 确定资产可收回金额

E. 接受捐赠的无形资产，捐赠方没有提供有关凭据的，同类或类似无形资产不存在活跃市场的，其入账价值的确定

27. 下列各项中，企业不应作为资产在年末资产负债表中反映的有（　　）。

A. 尚未批准处理的盘亏设备

B. 债务重组过程中的应收债权

C. 已全额计提减值准备的无形资产

D. 委托代销的商品

E. 法院正在审理中的因被侵权而很可能获得的赔偿款

28. 会计初次确认主要是指将普通经济信息确定为会计信息的活动，在会计上体现为（　　）。

A. 编制会计凭证　　　　　　　B. 登记账簿　　　C. 编制会计报表

D．进行期末账项调整　　　　　　E．成本计算

（三）判断题

1．财务会计是以提供财务信息为主的信息系统。（　　）

2．管理会计与财务会计相同，都要在统一的会计制度的约束下，为会计信息的使用者提供信息。（　　）

3．法律主体往往是会计主体，会计主体不一定是法律主体。（　　）

4．由于持续经营假设，产生了权责发生制和收付实现制的区别。（　　）

5．货币计量假设隐含了币值稳定假设。（　　）

6．我国企业会计准则规定，所有单位都应以权责发生制为基础进行会计核算。（　　）

7．无论何种情况下，企业都应按照持续经营的基本假设选择会计核算的原则和方法。（　　）

8．判断一项会计事项是否具有重要性，主要取决于会计制度的规定，而不是取决于会计人员的职业判断。所以，同一事项在某一企业具有重要性，在另一企业则也具有重要性。（　　）

9．按照谨慎性原则企业可以合理估计可能发生的损失和费用，因此企业可以任意提取各种准备。（　　）

10．会计人员人为估计固定资产的折旧年限，违反了会计的可靠性信息质量要求。（　　）

11．折旧、摊销等会计处理方法体现了谨慎性原则。（　　）

12．在实务中，为满足会计信息质量的及时性要求，可能在有关交易或事项的信息全部获取之前就进行了会计处理，这样可能会影响到会计信息的可靠性。（　　）

13．负债增加则资产一定增加。（　　）

14．利得和损失一定会影响当期损益。（　　）

15．企业本期净资产的增加额一定是企业当期实现的净利润金额。（　　）

16．谨慎性要求企业尽可能低估资产、少计收入。（　　）

17．满足会计信息可比性的要求，就要求企业不能变更会计政策。（　　）

18．经营性租入的资产，因其在本企业使用，故属于本企业资产。（　　）

19．企业在对会计要素进行计量时，既可采用历史成本计量属性，也可采用其他计量属性。（　　）

20．企业发生的办公费和业务招待费，不会给企业带来未来经济利益，因此应于发生时直接确认为费用，计入当期损益。（　　）

21．出售无形资产取得收益会导致经济利益的流入，所以，它属于准则所定义的"收入"范畴。（　　）

22．利润是企业在日常活动中取得的经营成果，因此它不应包括企业在偶发事件中产生的利得和损失。（　　）

23．费用的流出包括向所有者分配的利润。（　　）

24．在企业负债金额既定的情况下，企业本期净资产的增减额就是企业当期的利润额或发生的亏损额。（　　）

25．利得就是指计入营业外收入的金额。（　　）

26．财务会计报告包括会计报表及其附注和其他应当在财务会计报告中披露的相关信息和资料。（　　）

27．如果可以判断企业不能持续经营，仍可以持续经营的基本假设编制财务报告。（　　）

28．财务报表至少应当包括资产负债表、利润表、现金流量表等报表。小企业编制的报表可以不包括现金流量表。（　　）

（四）计算题

1．某企业12月发生下列经济业务：

（1）销售产品70 000元，其中30 000元已收到并存入银行，其余40 000元尚未收到；

（2）收到现金800元，系上月提供的劳务收入；

（3）用现金支付本月的水电费 900 元；

（4）本月应计劳务收入 1 900 元；

（5）用银行存款预付下年度房租 18 000 元；

（6）用银行存款支付上月借款利息 500 元。

（7）预收销售货款 26 000 元，已通过银行收妥入账；

（8）本月负担年初已支付的保险费 500 元；

（9）上月预收货款的产品本月实现销售收入 18 000 元；

（10）本月负担下月支付的修理费 1 200 元。

要求：（1）按权责发生制原则计算 12 月份的收入、费用；

（2）按收付实现制原则计算 12 月份的收入、费用。

2．某企业本月收入、费用资料如下：

（1）销售产品一批，售价 50 000 元，货款存入银行；

（2）预付从本月开始的半年租金 12 000 元；

（3）本月应计提短期借款利息 3 000 元；

（4）收到上月销售应收的销货款 6 000 元；

（5）收到购货单位预付货款 15 000 元，下月交货；

（6）计提本月设备折旧费 22 000 元；

（7）销售产品一批，售价 100 000 元，货款尚未收到；

（8）本月无形资产摊销 1 300 元。

要求：根据权责发生制和收付实现制，分别确定本月的收入和费用，并将其填在表格内括号中。

单位：元

业务号	权责发生制		收付实现制	
	收入	费用	收入	费用
（1）				
（2）				
（3）				
（4）				
（5）				
（6）				0
（7）				
（8）				0
合计				

3．万达公司 2015 年期初及期末的资产总额及负债总额如下：

	期初	期末
资产	800 000 元	900 000 元
负债	200 000 元	100 000 元

要求：根据下列三种情况，分别计算该公司本年度的有关数据：

（1）本年度股东投资不变，营业费用为 150 000 元，试问本年度利润和营业收入各是多少？

（2）年度中增加投资 40 000 元，其利润是多少？

（3）年度中收回投资 20 000 元，但又增加投资 30 000 元，其利润是多少？

（五）案例分析题

1．某市甲股份有限公司系合资企业。生产的产品既在国内销售，又往国外销售，随着业务量的不断拓展，外销业务不断扩大，经过几年的努力，到 2015 年 10 月，外销业务占整个业务的 80% 以上，而且主要集中在德国等欧洲国家。企业财务部门考虑收入业务主要是德国等欧元区国家，而且每天按外汇牌价折算人民币也非常烦琐，于是便向公司董事会提出会计核算由人民币为记账本位币改为以欧元为记账本位币。

请问：你认为甲公司的做法正确吗？为什么？

2. 现有甲、乙两人同时投资一个相同的商店。假设一个月以来，甲取得了 20 000 元的收入，乙取得了 17 500 元的收入，都购进了 10 000 元的货物，都发生了 5 000 元的广告费。假设均没有其他收支。月末计算收益时，甲将 5 000 元广告费全部作为本月费用，本月收益为 5 000 元（20 000-10 000-5 000）；而乙认为 5 000 元广告费在下月还将继续起作用，因而将它分两个月分摊，本月承担一半即 2 500 元。因而乙本月收益也为 5 000 元（17 500-10 000-2 500）。

请问：（1）你认为甲、乙两人本月的收益是相同的吗？为什么？

（2）如果规定广告费必须全部计入当月费用，则甲、乙的收益又是如何？

3. 杨明、季欢两人合伙创建了 Z 公司，最近公司发生了下列经济业务，并由会计做了相应的会计处理。

（1）6 月 10 日，杨明从公司出纳处拿了 380 元现金给自己的孩子购买玩具，会计将 380 元记为公司的办公费支出，理由是：杨明是公司的合伙人，公司的钱也有杨明的一部分。

（2）6 月 15 日，会计将 6 月 1~15 日的收入、费用汇总后计算出半个月的利润，并编制了财务报表。

（3）6 月 20 日，公司收到某外资企业支付的业务咨询费 2 000 美元，会计没有将其折算为人民币反映，而直接记到美元账户中。

（4）6 月 30 日，计提固定资产折旧，采用年数总和法，而本月前计提折旧均采用直线法。

（5）6 月 30 日，公司购买了一台电脑，价值 12 000 元，为了少记利润，少缴税，将 12 000 元一次性全部计入当期管理费用。

（6）6 月 30 日，收到达成公司的预付款 3 000 元，会计将其作为 6 月份的收入处理。

（7）6 月 30 日，在公司编制的对外报表显示"应收账款"60 000 元，但没有"坏账准备"项目。

（8）6 月 30 日，预付下季度报刊费 300 元，会计将其作为 6 月份管理费用处理。

请问：上述 Z 公司的会计在处理这些经济业务时是否完全正确？若有错误，主要违背了哪些会计假设或会计原则？

参考答案

（一）单项选择题

1	2	3	4	5	6	7	8	9	10	11	12	13	14	15
C	C	A	A	C	C	A	C	B	B	A	C	C	D	B
16	17	18	19	20	21	22	23	24	25	26	27	28	29	30
A	B	C	B	A	D	D	D	D	C	C	B	B	B	A

（二）多项选择题

1	2	3	4	5	6	7	8	9	10	11	12	13	14
AB	ABCDE	ABCE	ABC	ABCDE	AD	AC	AC	ABCE	ADE	ABE	ABC	CD	CD
15	16	17	18	19	20	21	22	23	24	25	26	27	28
CE	AC	ABC	ABCD	BDE	ABCD	ABC	ACDE	ABCDE	ABCDE	ACD	ABDE	ACE	ABDE

（三）判断题

1	2	3	4	5	6	7	8	9	10	11	12	13	14
√	×	√	×	√	×	×	×	×	√	×	√	×	×

15	16	17	18	19	20	21	22	23	24	25	26	27	28
×	×	×	×	×	√	×	×	×	×	×	√	×	√

（四）计算题

1．（1）权责发生制：收入＝70 000＋1 900＋18 000＝89 900（元）

　　　　　　　　费用＝900＋500＋1 200＝2 600（元）

　　（2）收付实现制：收入＝30 000＋800＋26 000＝56 800（元）

　　　　　　　　费用＝900＋18 000＋500＝19 400（元）

2.　　　　　　　　　　　　　　　　　　　　　　　　　　　　　　　　　　单位：元

业务号	权责发生制		收付实现制	
	收入	费用	收入	费用
（1）	50 000		50 000	
（2）		2 000		12 000
（3）		3 000		0
（4）	0		6 000	
（5）	0		15 000	
（6）		22 000		0
（7）	100 000		0	
（8）		1 300		0
合计	150 000	28 300	71 000	12 000

3．（1）本年利润＝期末所有者权益－期初所有者权益－新增净投资

　　　　　　　　＝(900 000-100 000)-(800 000- 200 000)-0＝200 000（元）

　　　　营业收入＝本年利润＋营业费用＝200 000＋150 000＝350 000（元）

　　（2）本年利润＝(900 000-100 000)-(800 000-200 000)-40 000＝160 000（元）

　　（3）本年利润＝(900 000-100 000)-(800 000-200 000)-(30 000-20 000)＝190 000（元）

（五）案例分析题

1．甲公司的做法正确。会计核算需选择货币作为会计核算的计量单位，用货币形式来反映企业的生产经营活动的全过程，从而全面反映企业的财务状况和经营成果。

人民币是我国的法定货币，在我国境内具有广泛的流动性，因此，《会计法》和《企业会计准则》均规定"会计核算以人民币为记账本位币"。同时对于外币业务较多的企业，《会计法》和《企业会计准则》也规定"业务收支以人民币以外的货币为主的单位，可以选定其中一种币作为记账本位币，但是编报的财务会计报告应当折算为人民币。"

甲股份有限公司生产的产品主要销往德国等地，货币收支主要以欧元为主，因此可以选择欧元为记账本位币。

但应当注意：记账本位币一经确定，不得随意变动，同时年末编制财务会计报告时，应当按照一定的外汇汇率折算为人民币反映。

2．（1）从经营过程看，甲显然比乙要好，在其他因素相同的情况下，甲比乙取得了更多的收入，但从收益计算的结果看，甲与乙是一样的。可见，收益结果未能客观地反映经营过程，原因就在于对广告费采用了不同的处理方法。正是由于收益计算的基础或依据不一样，使得甲、乙两者的收益结果不具有可比性，也就是说，我们不能因为他们各自计算出的收益一样就断定两者的经营效益相同。可以想象，如果每一个企业都利用各自不同的会计处理方法，那么就无法用他们提供信息来判断哪家企业的生产经营活动与效益更好。这就是会计核

算中要使不同企业采用相同的核算方法以便使提供的会计信息具有可比性的原因。

可比性原则要求不同企业都要按照国家统一规定的会计核算方法与程序进行，以便会计信息使用者进行企业间的比较。

（2）如果规定广告费必须全部计入当月费用，则甲的收益仍为 5 000 元，而乙的收益则为 2 500 元（17 500－10 000－5 000）。此时，由于他们是采用相同的处理方法，因而结果具有可比性，即我们可以据此结果得出结论：本月甲的经营效益要比乙好。

3．Z 公司的会计人员在处理经济业务时不完全正确，分析如下：

（1）杨明从公司取钱用于私人开支，不属于公司的业务，不能作为公司的办公费支出。会计人员违背了会计主体假设；

（2）6 月 15 日，编制 6 月 1-15 日的财务报表是临时性的。我国会计分期假设规定的会计期间为年度、半年度、季度和月份；

（3）我国有关法规规定，企业应以人民币作为记账本位币，但企业业务收支以外币为主，可以选择某种外币作为记账本位币。而 Z 公司直接将 2 000 美元记账，需看其究竟以何种货币为记账本位币；

（4）计提折旧，前后期采用不同的计算方法，违背了会计的可比性原则；

（5）购买电脑应作为资本性支出，不能一次性计入当期费用，而且属于人为操纵利润，违背了真实性原则；

（6）预收的款项不能作为当期的收入，应先计入负债，等商品发出后才能再确认收入，违背了权责发生制原则；

（7）按照谨慎性原则，应对应收账款计提坏账准备，但该公司未提；

（8）预付报刊费，应在受益期间内摊销，不能计入支付当期的费用，违背了权责发生制原则。

第二篇 资产

货币资金 | 第三章

一、学习目的与要求

通过本章学习，使学生了解货币资金管理的规定，了解各种银行转账结算方式的内容，掌握银行存款余额调节表的编制，并熟练掌握货币资金业务的会计处理。

二、重要概念

货币资金　库存现金　银行存款　其他货币资金　未达账项　银行汇票　商业汇票　银行本票

三、重点与难点

重点：货币资金、库存现金、银行存款、其他货币资金及未达账项的概念；货币资金管理的规定等。

难点：银行转账结算方式；银行存款的核算；其他货币资金的核算；银行存款的清查。

四、内容概要解析

（一）现金

1. 现金管理制度

包括现金使用范围、库存现金的限额和现金收支规定。现金限额一般按照单位 3 到 5 天日常零星开支所需确定，交通不便地区可按多于 5 天、但不得超过 15 天的日常零星开支的需要确定。现金收支不得从本单位的现金收入中直接支付，即不得"坐支"现金。

2. 现金的账务处理

企业应当设置"库存现金"科目，企业内部各部门周转使用的备用金，可以单独设置"备用金"科目核算。月度终了，现金日记账的余额应当与现金总账的余额核对，做到账账相符。

3. 现金的清查

如果账款不符，发现的有待查明原因的现金短缺或溢余，应先通过"待处理财产损溢"科目核算。按管理权限报经批准后，分别以下情况处理：

（1）如为现金短缺，属于应由责任人赔偿或保险公司赔偿的部分，计入其他应收款；属于无法查明的其他原因，计入管理费用；

（2）如为现金溢余，属于应支付给有关人员或单位的，计入其他应付款；属于无法查明原因的，计入营业外收入。

（二）银行存款

1．银行存款的账务处理

银行存款是企业存放在银行或者其他金融机构的货币资金。

为了反映和监督企业银行存款的收入、支出和结存情况，企业应当设置"银行存款"科目，借方登记企业银行存款的增加，贷方登记企业银行存款的减少，期末借方余额反映期末企业实际持有的银行存款的余额。

企业应该设置银行存款总账和银行存款日记账，分别进行银行存款的总分类核算和明细分类核算。"银行存款日记账"，根据收付款凭证，按照业务的发生顺序逐笔登记，每日终了，应结出余额。

2．银行存款的核对

企业应当设置银行存款总账和银行存款日记账，分别进行银行存款的总分类核算和明细分类核算。

"银行存款日记账"应定期与"银行对账单"核对，至少每月核对一次。企业银行存款账面余额与银行对账单余额之间如有差额，应通过编制"银行存款余额调节表"调节。

（1）未达账项。银行存款的核对（"银行存款日记账"应定期与"银行对账单"核对，调整未达账项）。

① 企业已收，银行未收。（企业银行存款日记账大于银行对账单余额）

② 企业已付，银行未付。（企业银行存款日记账小于银行对账单余额）

③ 银行已收，企业未收。（企业银行存款日记账小于银行对账单余额）

④ 银行已付，企业未付。（企业银行存款日记账大于银行对账单余额）

（2）银行存款余额调节表的编制。

第一，企业已记，银行未记，调银行。

第二，银行已记，企业未记，调企业。

（3）银行存款余额调节表只用于核对账目，不能作为记账的依据。

（三）其他货币资金

1．其他货币资金内容

其他货币资金是企业除现金、银行存款以外的其他各种货币资金，主要包括银行汇票存款、银行本票存款、信用卡存款、信用证保证金存款、存出投资款、外埠存款等。

2．其他货币资金的账务处理

（1）银行汇票存款。

定义：指由出票银行签发并由其在见票时按实际结算金额无条件支付给收款人或持票人的一种票据。银行汇票的出票银行就是银行汇票的付款人。单位和个人的各种款项的结算均可使用银行汇票。银行汇票可用于转账，填明"现金"字样的银行汇票可用于支取现金。

汇票办理：汇款单位（申请人）向出票银行填写"银行汇票申请书"，填明收款人名称、汇票金额、申请人名称、申请日期等事项并签章（与预留在银行的签章要一致）；出票银行受理银行汇票申请书，收妥款项后签发银行汇票，并用压数机压印出票金额，将银行汇票和解讫通知书一并交给申请人；申请人将银行汇票和解讫通知书一并交给汇票上记明的收款人；收款人受理申请人交付的银行汇票时，应在出票金额以内，根据实际需要的款项办理结算，并将实际结算的金额和多余金额准确、清晰地填入银行汇票和解讫通知书的有关栏内，到银行办理款项入账手续；持票人向银行提示付款时，必须同时提交银行汇票和解讫通知，缺少任何一联，银行不予受理。

背书转让：收款人可以将银行汇票背书转让给被背书人，但以不超过出票金额的实际结算金额为准。未填写实际结算金额或实际结算金额超过票面金额的银行汇票，不得背书转让。

提示付款期：自出票日起一个月，超期的汇票银行将不予受理。

汇票丧失：失票人可以凭人民法院出具的其享有票据权利的证明，向出票银行请求付款或退款。

账务处理：企业填写申请书并将款项交存银行时，借记"其他货币资金——银行汇票"，贷记"银行存款"；用汇票购货并收到有关发票时，借记"材料采购（或原材料或库存商品）"和"应交税费——应交增值税（进项税额）"，贷记"其他货币资金——银行汇票"；采购完毕收回余款时，借记"银行存款"，贷记"其他货币资金——银行汇票"；销货单位收到汇票、填制进账单到开户银行办理入账手续时，根据进账单和销货发票，借记"银行存款"，贷记"主营业务收入"和"应交税费——应交增值税（销项税额）"。

（2）银行本票存款

定义：指银行签发的，承诺自己在见票时无条件支付确定的金额给收款人或持票人的一种票据。单位和个人在同一票据交换区域需要支付的各种款项，均可使用银行本票。银行本票可以用于转账，注明"现金"字样的银行本票可以用于支取现金。

分类：定额本票和不定额本票。定额本票面额为 1 000 元、5 000 元、10 000 元、50 000 元。

本票的办理：申请人向银行填写"银行本票申请书"，申请人或收款人为单位的，不得申请签发现金银行本票；出票银行受理银行本票申请书，收妥款项后签发银行本票，在本票上签章后交给申请人；申请人应将银行本票交给本票上记明的收款人，收款人可以将本票背书转让给被背书人。

提示付款期：自出票日起最长不得超过两个月。在有效付款期内，银行见票即付。超过提示付款期的，银行不予受理。

本票丧失：失票人可以凭人民法院出具的其享有票据权利的证明，向出票银行请求付款或退款。（同汇票）

账务处理：企业填写申请书并将款项交存银行时，借记"其他货币资金——银行本票"，贷记"银行存款"；用本票购货并收到有关发票时，借记"材料采购（或原材料或库存商品）"和"应交税费——应交增值税（进项税额）"，贷记"其他货币资金——银行本票"；销货单位收到本票、填制进账单到开户银行办理入账手续时，根据进账单和销货发票，借记"银行存款"，贷记"主营业务收入"和"应交税费——应交增值税（销项税额）"；企业要求退回本票款时，借记"银行存款"，贷记"其他货币资金——银行本票"；用银行本票款直接购买办公用品时，借记"管理费用"，贷记"其他货币资金——银行本票"。

（3）信用卡存款

定义：指企业为取得信用卡而存入银行信用卡专户的款项。信用卡是银行卡的一种。凡在中国境内金融机构开立基本账户的单位均可申领单位卡，可申领若干张，单位卡账户的资金一律从基本户转入，不得交存现金，不得将销货收入的款项存入其账户；持卡人在特约单位购物、消费，但是单位卡不得用于 10 万元以上的商品交易、劳务供应款项的结算，不得支取现金；特约单位需要将当日受理的信用卡签购单进行汇总，计算手续费和净额，并填写汇（总）计单和进账单，连同签购单一并送交收单银行办理进账。

分类：按是否向发卡银行交存备用金可分为贷记卡和准贷记卡两类。贷记卡可直接在信用额度内先消费、后还款，首月最低的还款额不得低于其当月透支金额的 10%；准贷记卡的持卡人需先存存一定金额的备用金，当备用金账户余额不足支付时，可在发卡银行规定的信用额度内透支，透支期限最长为 60 天。

账务处理：企业填写"信用卡申请表"，连同支票和有关资料一并送存发卡银行，根据银行盖章退回的进账单第一联，借记"其他货币资金——信用卡"，贷记"银行存款"；企业用信用卡购物或支付有关费用时，根据付款凭证和相关发票账单，借记"管理费用"等科目，贷记"其他货币资金——信用卡"；需续存资金时，借记"其他货币资金——信用卡"，贷记"银行存款"；如不使用要销卡时，将余额转入基本户，不得支取现金，借记"银行存款"，贷记"其他货币资金——信用卡"。

（4）信用证保证金存款

定义：指采用信用证结算方式的企业为开具信用证而存入银行信用证保证金专户的款项。企业向银行申请开立信用证，应当按规定向银行提交开证申请书、信用证申请人承诺书和购销合同。

账务处理：企业填写"信用证申请表"，将信用证保证金交存银行时，根据银行盖章退回的申请书回单，借记"其他货币资金——信用证保证金"，贷记"银行存款"；企业接到开证行通知，根据供货单位信用证结算凭证及所附发票账单，借记"材料采购（或原材料或库存商品）"和"应交税费——应交增值税（进项税额）"，贷记"其他货币资金——信用证保证金"；将未用完的信用证保证金余额转回开户行时，借记"银行存款"，贷记"其他货币资金——信用证保证金"。

（5）存出投资款

定义：指企业为购买股票、债券、基金等根据有关规定存入在证券公司指定银行开立的投资款专户的款项。

账务处理：企业向证券公司划出资金时，应按实际划出的金额，借记"其他货币资金——存出投资款"，贷记"银行存款"；购买股票、债券、基金等时，借记"交易性金融资产"等科目，贷记"其他货币资金——存出投资款"。

（6）外埠存款

定义：指企业为了到外地进行临时或零星采购而汇往采购地银行开立采购专户的款项。

外埠账户的办理：企业将款项汇往外地时，应填写汇款委托书，委托开户银行办理汇款；汇入银行以汇款单位名义开立临时采购账户，该账户的存款不计利息、只付不收、付完清户，除了采购人员可以从中提取少量现金外，一律采用转账结算。

账务处理：企业将款项汇往外地开立采购专用账户，根据汇出款项凭证编制付款凭证时，借记"其他货币资金——外埠存款"，贷记"银行存款"；收到采购人员转来供应单位发票等报销凭证时，借记"材料采购（或原材料或库存商品）"和"应交税费——应交增值税（进项税额）"等科目，贷记"其他货币资金——外埠存款"；采购完毕，收回剩余款项时，根据银行的收账通知，借记"银行存款"，贷记"其他货币资金——外埠存款"。

五、同步练习

（一）单项选择题

1．企业收到承租方交来现金 500 元，系出租包装物押金。应编制的会计分录是（　　）。

    A．借：库存现金 500　　贷：主营业务收入 500

    B．借：库存现金 500　　贷：其他业务收入 500

    C．借：库存现金 500　　贷：其他应收款 500

    D．借：库存现金 500　　贷：其他应付款 500

2．下列项目中，企业可以用现金支付的是（　　）。

    A．支付个人劳动报酬　　　　　　　　B．偿还银行小额借款

    C．支付前欠某单位 1 200 元货款　　　D．退还某单位多付货款 1 500 元

3．职员李四出差归来，报销差旅费 1 500 元，退回剩余现金 500 元。应编制的会计分录是（　　）。

    A．借：库存现金 2 000　　贷：其他应收款 2 000

    B．借：管理费用 2 000　　贷：其他应收款 2 000

    C．借：其他应收款 2 000　　贷：库存现金 500　管理费用 1 500

    D．借：管理费用 1 500　库存现金 500　贷：其他应收款 2 000

4．某企业在现金清查中发现库存现金较账面余额多出 200 元。经反复核查，长款原因仍然不明，经批准后应转入（　　）科目。

    A．库存现金　　B．营业外收入　　C．待处理财产损溢　　D．其他应付款

5．经查明原因，转出应由出纳员赔偿的现金短款 200 元。应编制的会计分录是（　　）。

    A．借：其他应收款 200　　贷：库存现金 200

    B．借：其他应收款 200　　贷：待处理财产损溢 200

    C．借：应收账款 200　　贷：待处理财产损溢 200

    D．借：应收账款 200　　贷：库存现金 200

6. 一个单位只能在一家金融机构开设一个（　　　）。

    A．一般存款户　　　B．专用存款　　　C．临时存款产　　　D．基本存款账户

7. （　　　）是收款人、付款人（或承兑人）签发，由承兑人承兑，并于到期日向收款人或被背书人支付款项的票据。

    A．银行本票　　　B．银行汇票　　　C．支票　　　D．商业汇票

8. 信用卡存款应在（　　　）科目核算。

    A．其他应收款　　　B．银行存款　　　C．其他货币资金　　　D．短期投资

9. 银行存款日记账由（　　　）登记。

    A．会计负责人　　　B．会计人员　　　C．出纳人员　　　D．业务经办人员

10. 支票的提示付款期限自出票日起（　　　），但中国人民银行另有规定的除外。

    A．3 天　　　B．5 天　　　C．10 天　　　D．15 天

11. 支票用于（　　　）。

    A．同城结算　　　B．异地结算　　　C．同城或异地结算　　　D．国际结算

12. 普通支票可以用于（　　　）。

    A．转账　　　B．支取现金　　　C．支取现金或转账　　　D．异地结算

13. 某企业收到面额为 20 000 元的转账支票一张，系东方公司归还的前欠货款。企业已将支票和填制的进账单送到银行办理收款手续，此时应当编制的会计分录是（　　　）。

    A．借：银行存款 20 000　　贷：应收账款 20 000

    B．借：应付账款 20 000　　贷：银行存款 20 000

    C．借：银行存款 20 000　　贷：应付款 20 000

    D．借：应收账款 20 000　　贷：银行存款 20 000

14. 现金支票可以用于（　　　）。

    A．转账　　　B．支取现金　　　C．异地结算　　　D．支取现金或转账

15. 存出投资款应在（　　　）科目核算。

    A．其他应收款　　　B．银行存款　　　C．其他货币资金　　　D．短期投资

16. 企业在进行现金清查时，查出现金溢余，并将溢余数记入"待处理财产损溢"科目。后经进一步核查，无法查明原因，经批准后，对该现金溢余正确的会计处理方法是（　　　）。

    A．将其从"待处理财产损溢"科目转入"管理费用"科目

    B．将其从"待处理财产损溢"科目转入"营业外收入"科目

    C．将其从"待处理财产损溢"科目转入"其他应付款"科目

    D．将其从"待处理财产损溢"科目转入"其他应收款"科目

17. 企业现金清查中，经检查仍无法查明原因的现金短款，经批准后应计入（　　　）。

    A．财务费用　　　B．管理费用　　　C．销售费用　　　D．营业外支出

18. 下列各项中，不通过"其他货币资金"科目核算的是（　　　）。

    A．信用证保证金存款　　　　　　B．备用金

    C．存出投资款　　　　　　　　　D．银行本票存款

19. 下列项目中，不属于货币资金的是（　　　）。

    A．库存现金　　　B．银行存款　　　C．其他货币资金　　　D．应收账款

20. 对于银行已经收款而企业尚未入账的未达账项，企业应做的处理为（　　　）。

    A．以"银行对账单"为原始记录将该业务入账

    B．根据"银行存款余额调节表"和"银行对账单"自制原始凭证入账

    C．在编制"银行存款余额调节表"的同时入账

    D．待有关结算凭证到达后入账

（二）多项选择题

1. 货币资金包括（　　）。

　　A. 库存现金　　　B. 银行存款　　　C. 股票　D. 银行汇票存款　E. 信用卡存款

2. 关于现金管理，下列说法正确的有（　　）。

　　A. 在国家规定的范围内使用现金结算　　B. 库存限额一经确定，不得变更

　　C. 收入的现金必须当天送存银行　　　　D. 每天下班时必须对现金进行清点

　　E. 必须每天登记现金日记账

3. 下列各项中，通过"其他货币资金"账户核算的有（　　）。

　　A. 外埠存款　　　B. 银行汇票存款　　C. 备用金

　　D. 银行本票存款　　　　　　　　　　　E. 短期债券投资

4. 《支付结算办法》中规定的结算纪律为（　　）。

　　A. 不准签发没有资金保证的票据或远期支票，套取银行信用

　　B. 不准签发、取得和转让没有真实交易和债权债务的票据，套取银行和他人资金

　　C. 不准无理拒绝付款，任意占用他人资金

　　D. 不准违反规定开立和使用账户

　　E. 不属于现金开支范围的业务一律通过银行办理转账结算

5. 下列行为中，不符合结算有关规定的有（　　）。

　　A. 用现金支付出差人员的差旅费

　　B. 用现金支付向供销社采购的农副产品款

　　C. 用信用卡结算 10 万元以上的商品交易款项

　　D. 签发的支票金额超过企业的银行存款余额

　　E. 从基本存款账户支取现金发放职工工资

6. 商业汇票的签发人可以是（　　）。

　　A. 购货单位　　　B. 销货单位　　　C. 购货单位开户银行

　　D. 销货单位开户银行　　　　　　　　E. 被背书人

7. 下列票据可以背书转让的有（　　）。

　　A. 现金支票　　　B. 转账支票　　　C. 银行汇票　D. 银行本票　E. 商业汇票

8. 下列票据中，银行见票即付的有（　　）。

　　A. 未超过一个月的银行汇票　　　　　B. 未超过一个月的银行定额本票

　　C. 未超过两个月的银行不定额本票　　D. 到期的商业承兑汇票

　　E. 到期的银行承兑汇票

9. 企业银行存款日记账与银行对账单不符的主要原因有（　　）。

　　A. 存在企业已付银行未付的账项　　　B. 存在企业已收银行未收的账项

　　C. 存在银行已付企业未付的账项　　　D. 存在银行已收企业未收的账项

　　E. 企业或银行记账错误

10. 按照《现金管理暂行条例》，下列经济业务属于现金使用范围的有（　　）。

　　A. 支付差旅费 500 元　　　　　　　B. 支付购买材料款 1 200 元

　　C. 支付职工工资 3 500 元　　　　　D. 购买办公用品 200 元

　　E. 李某报销医药费 1 500 元

（三）判断题

1. 现金清查，是以实地盘点法核对库存现金实有数与账存数的。（　　）

2. 盘点现金出现溢余，可以在"其他应付款"账户的贷方反映，待日后短缺时用于抵扣。（　　）

3. 无法查明原因的现金短缺，根据管理权限批准后计入"营业外支出"账户。（　　）

4．银行存款余额调节表是调整企业银行存款账面余额的原始凭证。（　　）

5．对于银行已经入账而企业尚未入账的未达账项，企业应当根据"银行对账单"编制自制凭证予以入账。（　　）

6．企业银行存款账面余额与银行对账单余额因未达账项存在差额时，应按照银行存款余额调节表调整银行存款日记账。（　　）

7．库存现金的清查包括出纳人员每日的清点核对和清查小组定期和不定期的清查。（　　）

8．"库存现金"账户反映企业的库存现金，包括企业内部各部门周转使用、由各部门保管的定额备用金。（　　）

9．采用定额制核算备用金的企业，备用金使用部门日常凭单据报销差旅费时，会计部门应按报销金额冲减"其他应收款"科目。（　　）

10．企业内部涉及货币资金管理和控制的业务人员应实行定期轮岗制度。（　　）

（四）计算及账务处理题

1．某企业3月份业务如下。

（1）3月12日，企业开出现金支票一张，从银行提取现金3 600元，企业用现金支付企业水电费400元，张明去北京采购材料，不方便携带现款，故委托当地银行汇款5 850元到北京开立采购专户，并从财务预借差旅费2 000元，财务以现金支付。

（2）3月18日，张明返回企业，交回采购有关的供应单位发票账单，共支付材料款项5 850元，其中，材料价款5 000元，增值税850元。张明报销差旅费2 200元，财务以现金补付余款。

（3）3月21日，企业收到上海公司上月所欠货款47 000元的银行转账支票一张。企业将支票和填制的进账单送交开户银行。

（4）3月25日，采购员持银行汇票一张前往深圳采购材料，汇票价款8 000元，购买材料时，实际支付材料价款6 000元，增值税1 020元。

（5）3月26日，张明返回企业时，银行已将多余款项退回企业开户银行。

（6）3月30日，企业对现金进行清查，发现现金短缺600元。原因正在调查。

（7）3月30日，发现短缺的现金是由于出纳员小华的工作失职造成的，应由其负责赔偿，金额为300元，另外300元无法查清，经批准转作管理费用。

要求：根据上述业务编制会计分录。

2．某企业2015年1月31日在工商银行的银行存款余额为256 000元，银行对账单余额为265 000元，经查对有下列未达账项。

（1）企业于月末存入银行的转账支票2 000元，银行尚未入账。

（2）委托银行代收的销货款12 000元，银行已经收到入账，但企业尚未收到银行收款通知。

（3）银行代付本月电话费4 000元，企业尚未收到银行付款通知。

（4）企业于月末开出转账支票3 000元，持票人尚未到银行办理转账手续。

要求：

（1）根据所给资料填制以下银行存款余额调节表；

（2）如果调节后双方的银行存款余额仍不相符，则应如何处理？

（3）该企业在2015年1月31日可动用的银行存款的数额是多少？

银行存款余额调节表

2015年1月31日

项目	金额	项目	金额
企业账面存款余额	256 000	银行对账单余额	265 000
加：银行已收，企业未收		加：企业已收，银行未收	
减：银行已付，企业未付		减：企业已付，银行未付	
调节后的存款余额		调节后的存款余额	

（五）案例分析题

星海公司出纳员小王由于刚参加工作不久,对于货币资金业务管理和核算的相关规定不甚了解,所以出现一些不应有的错误,有两件事情让他印象深刻,至今记忆犹新。第一件事是在 2002 年 6 月 8 日和 10 日两天的现金业务结束后例行的现金清查中,分别发现现金短缺 50 元和现金溢余 20 元的情况,对此他经过反复回忆也弄不明白原因。为了保全自己的面子,同时又考虑到两次账实不符的金额又很小,他决定采取下列办法进行处理:现金短缺 50 元,自掏腰包补齐;现金溢余 20 元,暂时收起。第二件事是星海公司经常对其银行存款的实有额心中无数,甚至有时会影响到公司日常业务的结算,公司经理因此指派有关人员检查一下小王的工作,结果发现,他每次编制银行存款余额调节表时,只根据公司银行存款日记账的余额加或减对账单中企业的未入账款项来确定公司银行存款的实有数而且每次做完此项工作以后,小王就立即将这些未入账的款项登记入账。

问题: 1. 小王对上述两项业务的处理是否正确? 为什么?

2. 你能给出正确答案吗?

参考答案

（一）单项选择题

1	2	3	4	5	6	7	8	9	10	11	12	13	14	15	16	17	18	19	20
D	A	D	B	B	D	D	C	C	C	A	C	A	B	C	B	B	B	D	D

（二）多项选择题

1	2	3	4	5	6	7	8	9	10
ABDE	ABCDE	ABD	ABCD	BCD	AB	BCDE	ABCE	ABCDE	ACDE

（三）判断题

1	2	3	4	5	6	7	8	9	10
√	×	×	×	×	×	√	×	×	√

（四）计算及账务处理题

1.（1）提取现金:

借:库存现金　　　　　　　　　　　　　　3 600

　　贷:银行存款　　　　　　　　　　　　　　3 600

支付水电费:

借:管理费用　　　　　　　　　　　　　　400

　　贷:库存现金　　　　　　　　　　　　　　400

开设采购专户:

借:其他货币资金——外埠存款　　　　　　5 850

　　贷:银行存款　　　　　　　　　　　　　　5 850

借差旅费:

借:库存现金　　　　　　　　　　　　　　2 000

　　贷:银行存款　　　　　　　　　　　　　　2 000

借:其他应收款——张明　　　　　　　　　2 000

　　贷:库存现金　　　　　　　　　　　　　　2 000

（2）借:原材料　　　　　　　　　　　　　5 000

　　　　应交税费——应交增值税（进项税额）　850

　　　　贷:其他货币资金——外埠存款　　　　5 850

报销：

借：管理费用		2 200
贷：库存现金		200
其他应收款——张明		2 000

（3）借：银行存款　　　　　　　　　　　　　　　　　47 000

　　　贷：应收账款——上海公司　　　　　　　　　　　47 000

（4）办理汇票：

借：其他货币资金——银行汇票存款　　　　　　　　　8 000

　　贷：银行存款　　　　　　　　　　　　　　　　　8 000

借：原材料　　　　　　　　　　　　　　　　　　　　6 000

　　应交税费——应交增值税（进项税额）　　　　　　1 020

　　　贷：其他货币资金——银行汇票存款　　　　　　　7 020

（5）借：银行存款　　　　　　　　　　　　　　　　　980

　　　贷：其他货币资金——银行汇票存款　　　　　　　980

（6）借：待处理财产损溢　　　　　　　　　　　　　　600

　　　贷：库存现金　　　　　　　　　　　　　　　　　600

（7）借：其他应收款——小华　　　　　　　　　　　　300

　　　管理费用　　　　　　　　　　　　　　　　　　300

　　　贷：待处理财产损溢　　　　　　　　　　　　　　600

2.（1）

银行存款余额调节表

2015 年 1 月 31 日

项目	金额	项目	金额
企业账面存款余额	256 000	银行对账单余额	265 000
加：银行已收，企业未收	12 000	加：企业已收，银行未收	2 000
减：银行已付，企业未付	4 000	减：企业已付，银行未付	3 000
调节后的存款余额	264 000	调节后的存款余额	264 000

（2）企业或银行存在错账，应该立即与银行当面对账。

（3）该企业在 2015 年 1 月 31 日可动用的银行存款的数额是 264 000 元。

（五）案例分析题

　　一是如为现金短缺，属于应由责任人赔偿的部分，借记"其他应收款——应收现金短缺款"或"现金"等科目，贷记"待处理财产损溢——待处理流动资产损溢"科目；属于应由保险公司赔偿的部分，借记"其他应收款——应收保险赔款"科目，贷记"待处理财产损溢——待处理流动资产损溢"科目；属于无法查明的其他原因，根据管理权限，经批准后处理，借记"管理费用——现金短缺"科目，贷记"待处理财产损溢——待处理流动资产损溢"科目。

　　二是如为现金溢余，属于应支付给有关人员或单位的，应借记"待处理财产损溢——待处理流动资产损溢"科目，贷记"其他应付款——应付现金溢余"科目；属于无法查明原因的现金溢余，经批准后，借记"待处理财产损溢——待处理流动资产损溢"科目，贷记"营业外收入——现金溢余"科目。

　　银行存款实有数与企业银行存款日记账余额或银行对账单余额并不总是一致，原因一般有两个方面：第一，存在未达账项；第二，企业或银行双方可能存在记账错误。小王在确定企业银行存款实有数时，只考虑了第一个方面的因素，而忽略了第二个方面的因素。如果企业或银行没有记账错误的话，小王的方法可能会确定出银行存款的实有数，但如果未达账项确定不全面或错误的话，也不会确定出银行存款实有数的。另外，小王以对账单为依据将企业未入账的未达账项记入账内也是错误的。因为银行的对账单不能作为记账的原始凭证，企业收款或付款必须取得收款或付款的原始凭证才能记账。这是记账的基本要求。

金融资产 第四章

一、学习目的与要求

通过本章学习，了解金融资产的概念与分类；掌握各类金融资产初始计量与后续计量的不同要求，处置金融资产的会计处理，金融资产减值测试的方法和会计处理；重点掌握交易性金融资产、持有至到期投资和可供出售金融资产取得的会计处理；持有期间确认现金股利或债券利息收益的会计处理；按公允价值计量的金融资产确认公允价值变动的会计处理。

二、重要概念

金融资产　交易性金融资产　持有至到期投资　贷款和应收款项　可供出售金融资产　公允价值变动损益　摊余成本　实际利率法　金融资产减值　坏账准备

三、重点与难点

重点：取得交易性金融资产的会计处理；交易性金融资产公允价值变动的会计处理；取得持有至到期投资的会计处理；应收票据和应收账款的会计处理；取得可供出售金融资产公允价值变动的会计处理；坏账准备的计提方法。

难点：金融资产的分类与重分类；持有至到期投资利息收入的确认方法；处置金融资产的会计处理；持有至到期投资减值准备的计提方法；可供出售金融资产的减值及其会计处理。

四、内容概要解析

（一）金融资产的定义和分类

（1）金融资产主要包括库存现金、银行存款、应收账款、应收票据、其他应收款项、股权投资、债权投资和衍生金融工具形成的资产等。

（2）金融资产的分类与金融资产的计量密切相关。因此，企业应当在初始确认金融资产时，将其划分为下列四类：

① 以公允价值计量且其变动计入当期损益的金融资产；

② 持有至到期投资；

③ 贷款和应收款项；

④ 可供出售金融资产。

金融资产的分类一旦确定，不得随意变更。

（二）交易性金融资产

（1）企业应设置"交易性金融资产"科目，核算为交易目的而持有的债券投资、股票投资、基金投资等交易性金融资产的公允价值，并按照交易性金融资产的类别和品种，分别"成本""公允价值变动"进行明细核算。

（2）交易性金融资产应当按照取得时的公允价值计量作为初始入账金额，相关交易费用应当直接计入当期损益。其中，交易费用是指可直接归属于购买、发行或处置金融工具新增的外部费用。企业取得以公允价值计量且其变动计入当期损益的金融资产所支付的价款中，包含已宣告但尚未发放的现金股利或已到付息期但尚未领取的债券利息的，应当单独确认为应收项目。

（3）交易性金融资产持有期间被投资单位宣告发放的现金股利，或在资产负债表日按分期付息、一次还本债券投资的票面利率计算的利息，借记"应收股利"或"应收利息"科目，贷记"投资收益"科目。

（4）资产负债表日，交易性金融资产的公允价值高于其账面价值的差额，借记"交易性金融资产——公允价值变动"科目，贷记"公允价值变动损益"科目；公允价值低于其账面价值的差额做相反的会计分录。

（5）企业处置交易性金融资产的主要会计问题，是正确确认处置损益。交易性金融资产的处置损益，是指处置交易性金融资产实际收到的价款，减去所处置交易性金融资产账面余额后的差额。同时，将该交易性金融资产持有期间已确认的累计公允价值变动净损益确认为处置当期投资收益，借记或贷记"公允价值变动损益"科目，贷记或借记"投资收益"科目。

（三）持有至到期投资

（1）企业应当设置"持有至到期投资"科目，核算持有至到期投资的摊余成本，并按照持有至到期投资的类别和品种，分为"成本""利息调整""应计利息"进行明细核算。

（2）持有至到期投资应当按照取得时的公允价值和相关交易费用之和作为初始入账金额。如果实际支付的价款中包括已到付息期但尚未领取的债券利息，应单独确认为应收项目。

企业应当采用实际利率法，按摊余成本对持有至到期投资进行后续计量。其中，实际利率法是指按照金融资产或金融负债（含一组金融资产或金融负债）的实际利率计算其摊余成本及各期利息收入或利息费用的方法。

（3）企业因持有至到期投资部分出售或重分类的金额较大，且不属于企业会计准则所允许的例外情况，使该投资的剩余部分不再适合划分为持有至到期投资的，企业应当将该投资的剩余部分重分类为可供出售金融资产，并以公允价值进行后续计量。重分类日，该投资剩余部分的账面价值与其公允价值之间的差额计入所有者权益，在该可供出售金融资产发生减值或终止确认时转出，计入当期损益。

（四）贷款和应收款项

贷款和应收款项的会计处理原则，与持有至到期投资大体相同，具体如下。

（1）金融企业按当前市场条件发放的贷款，应按发放贷款的本金和相关交易费用之和作为初始确认金额。一般企业对外销售商品或提供劳务形成的应收债权，通常应按从购货方应收的合同或协议价款作为初始确认金额。

（2）贷款持有期间所确认的利息收入，应当根据实际利率计算。实际利率应在取得贷款时确定，在该贷款预期存续期间或适用的更短期间内保持不变。实际利率与合同利率差别较小的，也可按合同利率计算利息收入。

（3）企业收回或处置贷款和应收款项时，应将取得的价款与该贷款和应收款项账面价值之间的差额计入当期损益。

（4）应收账款指企业因销售商品、产品或提供劳务而形成的债权，具体说来，应收账款是指企业因销售商品、产品或提供劳务等原因，应向购货客户或接受劳务的客户收取的款项或代垫的运杂费。

（5）应收票据是指企业持有的还没有到期、尚未兑现的商业票据。商业票据的付款期限最长不得超过6个月。

（五）可供出售金融资产

（1）可供出售金融资产是股票投资的，发生的交易费用记入"可供出售金融资产——成本"科目中；如果是债券投资，处理思路与持有至到期投资一样，要设置"成本""利息调整"等明细科目，交易费用记入"利息调整"明细科目，"成本"明细科目登记债券的面值。

（2）企业取得可供出售金融资产所支付的价款中包含已宣告但尚未发放的现金股利或已到付息期

但尚未领取的债券利息应当单独确认为应收项目（应收股利或应收利息），不计入交易性金融资产的初始确认金额。

（3）可供出售金融资产持有期间取得的现金股利或债券利息（不包括取得该金融资产时支付的价款中包含的已到付息期但尚未领取的债券利息或已宣告但尚未发放的现金股利），应当确认为投资收益。

（4）可供出售金融资产的价值应按资产负债表日的公允价值计量，且公允价值的变动计入其他综合收益。

（5）处置可供出售金融资产时，应将取得的处置价款与该金融资产账面余额之间的差额，计入投资收益；同时，将原直接计入其他综合收益的公允价值累计变动额对应处置部分的金额转出，计入投资收益。如果在处置可供出售金融资产时，已计入应收项目的现金股利或债券利息尚未收回，还应从处置价款中扣除该部分现金股利或债券利息之后，确认处置损益。

（六）金融资产减值

（1）企业应当在资产负债表日对以公允价值计量且其变动计入当期损益的金融资产以外的金融资产的账面价值进行检查，有客观证据表明该金融资产发生减值的，应当计提减值准备。

在资产负债表中，持有至到期投资通常应按账面摊余成本列示其价值。但有客观证据表明持有至到期投资发生了减值的，应当将其账面价值与预计未来现金流量现值之间的差额确认为减值损失，计入当期损益。

（2）企业应当定期或者至少于每年年度终了，对应收款项进行减值测试，预计可能发生的减值损失。对于有确凿证据表明确实无法收回或收回的可能性不大的应收款项，应作为坏账，转销应收款项。经常使用的坏账准备计提方法有应收款项余额百分比法和账龄分析法。

（3）可供出售金融资产发生减值时，即使该金融资产没有终止确认，原直接计入其他综合收益中的因公允价值下降形成的累计损失，也应当予以转出，计入当期损益。转出的累计损失，等于可供出售金融资产的初始取得成本扣除已收回本金、已摊余金额、当前公允价值和原已计入损益的减值损失后的余额。

五、同步练习

（一）单项选择题

1. 蓝田公司于 2016 年 6 月 10 日购买运通公司股票 3 000 000 股，成交价格每股 9.4 元，作为可供出售金融资产；购买该股票另支付手续费等 450 000 元。10 月 20 日，收到运通公司按每 10 股 6 元派发的现金股利。11 月 30 日该股票市价为每股 9 元，2016 年 12 月 31 日以每股 8 元的价格将股票全部售出，则该可供出售金融资产影响 2016 年投资收益的金额为（　　）元。

  A. −6 450 000　　　B. 1 800 000　　　C. −2 850 000　　　D. −4 650 000

2. 甲公司于 2016 年 2 月 10 日购入某上市公司股票 100 000 股，每股价格为 15 元（其中包含已宣告但尚未发放的现金股利每股 0.5 元），甲公司购入的股票暂不准备随时变现，划分为可供出售金融资产，甲公司购买该股票另支付手续费等 100 000 元，则甲公司该项投资的入账价值为（　　）元。

  A. 1 450 000　　　B. 1 500 000　　　C. 1 550 000　　　D. 1 600 000

3. 2016 年 1 月 2 日，A 公司从股票二级市场以每股 3 元的价格购入 B 公司发行的股票 500 000 股，划分为可供出售金融资产。2016 年 3 月 31 日，该股票的市场价格为每股 3.2 元。2016 年 6 月 30 日，该股票的市场价格为每股 2.9 元。A 公司预计该股票的价格下跌是暂时的。2016 年 9 月 30 日，B 公司因违反相关证券法规，受到证券监管部门查处。受此影响，B 公司股票的价格发生大幅度下跌，该股票的市场价格下跌到每股 1.5 元。则 2016 年 9 月 30 日 A 公司正确的会计处理是（　　）。

  A. 借：资产减值损失   750 000

    贷：可供出售金融资产——减值准备   700 000

      其他综合收益   50 000

  B. 借：资产减值损失   750 000

    贷：可供出售金融资产——减值准备   750 000

  C. 借：资产减值损失   750 000

    贷：其他综合收益   750 000

  D. 借：其他综合收益   750 000

    贷：可供出售金融资产——公允价值变动   750 000

  4. 在已确认减值损失的金融资产价值恢复时，下列金融资产的减值损失不得通过损益转回的是（ ）。

    A. 持有至到期投资的减值损失   B. 可供出售债务工具的减值损失

    C. 可供出售权益工具的减值损失   D. 贷款及应收款项的减值损失

  5. 甲公司 2016 年 6 月 1 日销售一批产品给大海公司，价款为 300 000 元，增值税为 51 000 元，双方约定大海公司应于 2016 年 9 月 30 日付款。甲公司 2010 年 7 月 10 日将应收大海公司的账款出售给招商银行，出售价款为 260 000 元，甲公司与招商银行签订的协议中规定，在应收大海公司账款到期，大海公司不能按期偿还时，银行不能向甲公司追偿。甲公司已收到款项并存入银行。甲公司出售应收账款时下列说法正确的是（ ）。

    A. 减少应收账款 300 000 元   B. 增加财务费用 91 000 元

    C. 增加营业外支出 91 000 元   D. 增加短期借款 351 000 元

  6. 下列金融资产中，应作为可供出售金融资产核算的是（ ）。

    A. 企业从二级市场购入准备随时出售的普通股票

    B. 企业购入有意图和能力持有至到期的公司债券

    C. 企业购入的 A 公司 90% 的股权

    D. 企业购入有公开报价但不准备随时变现的 A 公司 5% 的股权

  7. 下列各项中，不应计入相关金融资产或金融负债初始入账价值的是（ ）。

    A. 发行长期债券发生的交易费用   B. 取得持有至到期投资发生的交易费用

    C. 取得交易性金融资产发生的交易费用 D. 取得可供出售金融资产发生的交易费用

  8. 长城股份有限公司于 2016 年 2 月 28 日以每股 15 元的价格购入某上市公司股票 1 000 000 股，划分为交易性金融资产，购买该股票另支付手续费 200 000 元。6 月 22 日，收到该上市公司按每股 1 元发放的现金股利。12 月 31 日该股票的市价为每股 18 元。2016 年该交易性金融资产对长城公司营业利润的影响额为（ ）元。

    A. 2 800 000   B. 3 200 000   C. 3 800 000   D. −200 000

  9. 2016 年 1 月 1 日，甲上市公司购入一批股票，作为交易性金融资产核算和管理。实际支付价款 100 万元，其中包含已经宣告的现金股利 1 万元，另发生相关费用 2 万元，均以银行存款支付。假定不考虑其他因素，该项交易性金融资产的入账价值为（ ）万元。

    A. 100   B. 102   C. 99   D. 103

  10. 甲公司 2016 年 7 月 1 日将其于 2014 年 1 月 1 日购入的债券予以转让，转让价款为 2 100 万元，该债券系 2014 年 1 月 1 日发行的，面值为 2 000 万元，票面年利率为 3%，到期一次还本付息，期限为 3 年。甲公司将其划分为持有至到期投资。转让时，利息调整明细科目的贷方余额为 12 万元，2016 年 7 月 1 日，该债券投资的减值准备金额为 25 万元。甲公司转让该项金融资产应确认的投资收益为（ ）万元。

    A. −87   B. −37   C. −63   D. −13

  11. 甲股份有限公司于 2016 年 4 月 1 日购入面值为 1 000 万元的 3 年期债券并划分为持有至到期投资，实际支付的价款为 1 500 万元，其中包含已到付息期但尚未领取的债券利息 20 万元，另支付相关税费 10 万元。该项债券投资的初始入账金额为（ ）万元。

    A. 1 510   B. 1 490   C. 1 500   D. 1 520

12. 2016 年 6 月 1 日，甲公司将持有至到期投资重分类为可供出售金融资产，在重分类日该债券的公允价值为 50 万元，其账面余额为 48 万元（未计提减值准备）。2016 年 6 月 20 日，甲公司将可供出售的金融资产出售，所得价款为 53 万元。则出售时确认的投资收益为（　　）万元。

    A．3　　　　　　　　B．2　　　　　　　　C．5　　　　　　　　D．8

13. 下列金融资产中，应按公允价值进行初始计量，且交易费用不计入初始入账价值的是（　　）。

    A．交易性金融资产　　　　　　　　B．持有至到期投资

    C．应收款项　　　　　　　　　　　D．可供出售金融资产

（二）多项选择题

1. 下列关于可供出售金融资产，正确的说法有（　　）。

    A．相对于交易性金融资产而言，可供出售金融资产的持有意图不明确

    B．可供出售金融资产应当按取得该金融资产的公允价值作为初始确认金额，相关交易费用计入投资收益

    C．支付的价款中包含了已宣告发放的现金股利的，应单独确认为应收项目

    D．企业持有上市公司限售股权且对上市公司不具有控制、共同控制或重大影响的，该限售股权可划分为可供出售金融资产，也可划分为以公允价值计量且其变动计入当期损益的金融资产

2. 下列有关金融资产减值损失的计量，正确的处理方法有（　　）。

    A．对于持有至到期投资，有客观证据表明其发生了减值的，应当根据其账面价值与预计未来现金流量现值之间的差额计算确认减值损失

    B．如果可供出售金融资产的公允价值发生较大幅度下降，或在综合考虑各种相关因素后，预期这种下降趋势属于非暂时性的，可以认定该可供出售金融资产已发生减值，应当确认减值损失

    C．对于已确认减值损失的可供出售债务工具，在随后的会计期间公允价值已上升且客观上与确认原减值损失后发生的事项有关的，原确认的减值损失应当予以转回，计入当期损益

    D．对于已确认减值损失的可供出售权益工具投资发生的减值损失，不得转回

3. 下列关于金融资产的后续计量说法不正确的有（　　）。

    A．贷款和应收款项以摊余成本进行后续计量

    B．如果某债务工具投资在活跃市场没有报价，则企业视其具体情况也可以将其划分为持有至到期投资

    C．贷款在持有期间所确认的利息收入必须采用实际利率计算，不能使用合同利率

    D．贷款和应收款项仅指金融企业发放的贷款和其他债权

4. 下列金融资产中，应按摊余成本进行后续计量的有（　　）。

    A．交易性金融资产　　　　　　　　B．持有至到期投资

    C．贷款及应收款项　　　　　　　　D．可供出售金融资产

5. 下列关于金融资产重分类的表述中，正确的有（　　）。

    A．初始确认为持有至到期投资的，不得重分类为交易性金融资产

    B．初始确认为交易性金融资产的，不得重分类为可供出售金融资产

    C．初始确认为可供出售金融资产的，不得重分类为持有至到期投资

    D．初始确认为贷款和应收款项的，不得重分类为可供出售金融资产

6. 将某项金融资产划分为持有至到期投资，应满足的条件有（　　）。

    A．到期日固定　　　　　　　　　　B．回收金额固定或可确定

    C．企业有明确意图和能力持有至到期　　D．有活跃市场

7. 下列各项中，应计入当期损益的有（　　）。

　　A．金融资产发生的减值损失

　　B．交易性金融资产在资产负债表日的公允价值变动额

　　C．持有至到期投资取得时的交易费用

　　D．可供出售金融资产在资产负债表日的公允价值变动额

8. 下列各项中，影响持有至到期投资期末摊余成本计算的有（　　）。

　　A．确认的减值准备　　　　　　　　B．分期收回的本金

　　C．利息调整的累计摊销额　　　　　D．对到期一次付息债券确认的票面利息

9. 下列各项关于金融资产的表述中，正确的有（　　）。

　　A．以公允价值计量且其变动计入当期损益的金融资产不能重分类为持有至到期投资

　　B．可供出售权益工具投资可以划分为持有至到期投资

　　C．持有至到期投资不能重分类为以公允价值计量且其变动计入当期损益的金融资产

　　D．持有至到期投资可以重分类为以公允价值计量且其变动计入当期损益的金融资产

10. 企业因持有至到期投资部分出售或重分类的金额较大，且不属于企业会计准则所允许的例外情况，使该投资的剩余部分不再适合划分为持有至到期投资的，企业应将该投资的剩余部分重分类为可供出售金融资产，下列关于该重分类过程的说法中正确的有（　　）。

　　A．重分类日该剩余部分划分为可供出售金融资产按照公允价值入账

　　B．重分类日该剩余部分的账面价值和公允价值之间的差额计入其他综合收益

　　C．在出售该项可供出售金融资产时，原计入其他综合收益的部分相应的转出

　　D．重分类日该剩余部分划分为可供出售金融资产按照摊余成本进行后续计量

11. 企业发生的下列事项中，影响"投资收益"科目金额的有（　　）。

　　A．交易性金融资产在持有期间取得的现金股利

　　B．贷款持有期间所确认的利息收入

　　C．处置权益法核算的长期股权投资时，结转持有期间确认的其他综合收益金额

　　D．取得可供出售金融资产发生的交易费用

（三）判断题

1. 资产负债表日，可供出售金融资产的公允价值低于其账面余额时，应该计提可供出售金融资产减值准备。（　　）

2. 可供出售金融资产如发生减值，应计入资产减值损失，如属于暂时性的公允价值变动，则计入其他综合收益。（　　）

3. 可供出售权益工具投资发生的减值损失，不得通过损益转回。（　　）

4. 企业应当在资产负债表日对所有的金融资产的账面价值进行检查，金融资产发生减值的，应当计提减值准备。（　　）

5. 可供出售金融资产公允价值变动形成的利得或损失，除减值损失和外币货币性金融资产形成的汇兑差额外，应当直接计入其他综合收益，在该金融资产终止确认时转出，计入当期损益。（　　）

6. 会计期末，如果交易性金融资产的成本高于市价，应该计提交易性金融资产跌价准备。（　　）

7. 企业处置贷款和应收款项时，应将取得的价款与该贷款或应收款项账面价值之间的差额计入投资收益。（　　）

8. 处置持有至到期投资时，应将实际收到的金额与其账面价值的差额计入公允价值变动损益。（　　）

9. 持有至到期投资、贷款和应收款项、可供出售金融资产不能重分类为以公允价值计量且其变动计入当期损益的金融资产；持有至到期投资和可供出售债务工具之间，满足一定条件时可以重分类，但不得随意进行重分类。（　　）

（四）计算及账务处理题

1．甲公司为上市公司，2015 年至 2016 年对乙公司股票投资有关的材料如下。

（1）2015 年 5 月 20 日，甲公司以银行存款 300 万元（其中包含乙公司已宣告但尚未发放的现金股利 6 万元）从二级市场购入乙公司 10 万股普通股股票，另支付相关交易费用 1.8 万元。甲公司将该股票投资划分为可供出售金融资产。

（2）2015 年 5 月 27 日，甲公司收到乙公司发放的现金股利 6 万元。

（3）2015 年 6 月 30 日，乙公司股票收盘价跌至每股 26 元，甲公司预计乙公司股价下跌是暂时性的。

（4）2015 年 7 月起，乙公司股票价格持续下跌；至 12 月 31 日，乙公司股票收盘价跌至每股 20 元，甲公司判断该股票投资已发生减值。

（5）2016 年 4 月 26 日，乙公司宣告发放现金股利每股 0.1 元。

（6）2016 年 5 月 10 日，甲公司收到乙公司发放的现金股利 1 万元。

（7）2016 年 1 月起，乙公司股票价格持续上升；至 6 月 30 日，乙公司股票收盘价升至每股 25 元。

（8）2016 年 12 月 24 日，甲公司以每股 28 元的价格在二级市场售出所持乙公司的全部股票，同时支付相关交易费用 1.68 万元。

假定甲公司在每年 6 月 30 日和 12 月 31 日确认公允价值变动并进行减值测试，不考虑所得税因素，所有款项均以银行存款收付。

要求：

（1）根据上述资料，逐笔编制甲公司相关业务的会计分录；

（2）分别计算甲公司该项投资对 2015 年度和 2016 年度营业利润的影响额。

（"可供出售金融资产"科目要求写出明细科目）

2．A 公司于 2015 年 1 月 1 日从证券市场购入 B 公司 2008 年 1 月 1 日发行的债券，债券是 5 年期，票面年利率是 5%，每年 1 月 5 日支付上年度的利息，到期日为 2013 年 1 月 1 日，到期日一次归还本金和最后一期的利息。A 公司购入债券的面值为 1 000 万元，实际支付的价款是 1 015.35 万元，另外，支付相关的费用 10 万元，A 公司购入以后将其划分为持有至到期投资，购入债券实际利率为 6%，假定按年计提利息。

2015 年 12 月 31 日，B 公司发生财务困难，该债券的预计未来的现金流量的现值为 930 万元（不属于暂时性的公允价值变动）。

2016 年 1 月 2 日，A 公司将该持有至到期投资重分类为可供出售金融资产，且其公允价值为 925 万元。

2016 年 2 月 20 日 A 公司以 890 万元的价格出售所持有的 B 公司债券。

要求：

（1）编制 2015 年 1 月 1 日，A 公司购入债券时的会计分录；

（2）编制 2015 年 1 月 5 日收到利息时的会计分录；

（3）编制 2015 年 12 月 31 日确认投资收益的会计分录；

（4）计算 2015 年 12 月 31 日应计提的减值准备的金额，并编制相应的会计分录；

（5）编制 2016 年 1 月 2 日持有至到期投资重分类为可供出售金融资产的会计分录；

（6）编制 2016 年 2 月 20 日出售债券的会计分录。

3．A 公司与下述公司均不存在关联方关系。A 公司 2016 年的有关交易或事项如下。

（1）2016 年 1 月 2 日，A 公司从深圳证券交易所购入甲公司股票 1 000 万股，占其表决权资本的 1%，对甲公司无控制、共同控制和重大影响。支付款项 8 000 万元，另付交易费用 25 万元，准备近期出售。2016 年 12 月 31 日公允价值为 8 200 万元。

（2）2016 年 1 月 20 日，A 公司从上海证券交易所购入乙公司股票 2 000 万股，占其表决权资本的 2%，对乙公司无控制、共同控制和重大影响。支付款项 10 000 万元，另付交易费用 50 万元，不准备近期出售。2016 年 12 月 31 日公允价值为 11 000 万元。

（3）2016 年 2 月 20 日，A 公司取得丙公司 30% 的表决权资本，对丙公司具有重大影响。支付款项 60 000 万元，另付交易费用 500 万元，其目的是准备长期持有。

（4）2016 年 3 月 20 日，A 公司取得丁公司 60% 的表决权资本，对丁公司构成非同一控制下企业合并。支付款项 90 000 万元，另付评估审计费用 800 万元，其目的是准备长期持有。

（5）2016 年 4 月 20 日，A 公司以银行存款 500 万元对戊公司投资，占其表决权资本的 6%，另支付相关税费 2 万元。对戊公司无控制、无共同控制和重大影响，准备长期持有。

要求：分别说明 A 公司对各项股权投资如何划分，计算该投资的初始确认金额，编制相关会计分录。

4. 甲企业系上市公司，按年对外提供财务报表。企业有关交易性金融资产投资资料如下。

（1）2015 年 3 月 6 日甲企业以赚取差价为目的从二级市场购入的 X 公司股票 1 000 000 股，作为交易性金融资产，取得时公允价值为每股 5.2 元，每股含已宣告但尚未发放的现金股利为 0.2 元，另支付交易费用 5 万元，全部价款以银行存款支付。

（2）2015 年 3 月 16 日收到购买价款中所含现金股利。

（3）2015 年 12 月 31 日，该股票公允价值为每股 4.5 元。

（4）2015 年 2 月 21 日，X 公司宣告每股发放现金股利 0.3 元。

（5）2016 年 3 月 21 日，收到现金股利。

（6）2016 年 12 月 31 日，该股票公允价值为每股 5.3 元。

（7）2016 年 3 月 16 日，将该股票全部处置，每股 5.1 元，交易费用为 50 000 元。

要求：编制有关交易性金融资产的会计分录。

（五）案例分析题

1. 甲公司为提高闲置资金的使用效率，2016 年度进行了以下投资。

（1）1 月 1 日，购入乙公司于当日发行且可上市交易的债券 50 万张，支付价款 4 795.06 万元。该债券期限为 5 年，每张面值为 100 元，实际年利率为 7%，票面年利率为 6%，于每年 12 月 31 日支付当年度利息。甲公司有充裕的现金，管理层拟持有该债券至到期。

12 月 31 日，甲公司收到 2016 年度利息 300 万元。根据乙公司公开披露的信息，甲公司估计所持有乙公司债券的本金能够收回，未来年度每年能够自乙公司取得利息收入 200 万元。

（2）4 月 10 日，购买丙公司首次公开发行的股票 100 万股，共支付价款 300 万元。甲公司取得丙公司股票后，对丙公司不具有控制、共同控制或重大影响。丙公司股票的限售期为 1 年，甲公司取得丙公司股票时没有将其直接指定为以公允价值计量且其变动计入当期损益的金融资产，也没有随时出售丙公司股票的计划。

12 月 31 日，丙公司股票公允价值为每股 5 元。

（3）5 月 15 日，从二级市场购买丁公司股票 200 万股，共支付价款 920 万元。取得丁公司股票时，丁公司已宣告尚未发放现金股利，每 10 股派发现金股利 0.6 元。

甲公司取得丁公司股票后，对丁公司不具有控制、共同控制或重大影响。甲公司管理层拟随时出售丁公司股票。

12 月 31 日，丁公司股票公允价值为每股 4.2 元。

已知：（P/A，7%，4）＝3.387 2，（P/S，7%，4）＝0.762 9。

本题中不考虑所得税及其他因素。

要求：

（1）判断甲公司取得乙公司债券时应划分的金融资产类别，说明理由，并编制甲公司取得乙公司债券时的会计分录；

（2）计算甲公司 2016 年度因持有乙公司债券应确认的投资收益金额，并编制相关会计分录；

（3）判断甲公司持有的乙公司债券 2016 年 12 月 31 日是否应当计提减值准备，并说明理由。如应计提减值准备，计算减值准备金额并编制相关会计分录；

（4）判断甲公司取得丙公司股票时应划分的金融资产类别，说明理由，并编制甲公司 2016 年 12 月 31 日确认所持有丙公司股票公允价值变动的会计分录；

（5）判断甲公司取得丁公司股票时应划分的金融资产类别，说明理由，并计算甲公司 2016 年度因持有丁公司股票应确认的损益。

（计算结果保留两位小数）

2．星宇公司的财务经理李某在复核 2016 年度财务报表时，对以下交易或事项会计处理的正确性提出质疑。

（1）1 月 10 日，从市场购入 150 万股甲公司发行在外的普通股，准备随时出售，以赚取差价，每股成本为 5 元。另支付交易费用 10 万元，对甲公司不具有控制、共同控制或重大影响。12 月 31 日，甲公司股票的市场价格为每股 6.8 元。相关会计处理如下：

借：可供出售金融资产——成本 7 600 000
　　贷：银行存款 7 600 000
借：可供出售金融资产——公允价值变动 2 600 000
　　贷：其他综合收益 2 600 000

（2）3 月 20 日，按面值购入乙公司发行的分期付息、到期还本债券 10 万张，支付价款 1 000 万元。该债券每张面值 100 元，期限为 3 年，票面年利率为 6%，利息于每年年末支付。星宇公司将购入的乙公司债券分类为持有至到期投资，10 月 25 日将所持有乙公司债券的 50% 予以出售，收到银行存款 850 万元，并将剩余债券重分类为可供出售金融资产，重分类日剩余债券的公允价值为 850 万元。除乙公司债券投资外，星宇公司未持有其他公司的债券。相关会计处理如下：

借：可供出售金融资产 8 500 000
　　银行存款 8 500 000
　　贷：持有至到期投资 10 000 000
　　　　投资收益 7 000 000

（3）5 月 1 日，购入丙公司发行的认股权证 100 万份，成本 300 万元，每份认股权证可于两年后按每股 5 元的价格认购丙公司增发的 1 股普通股。12 月 31 日，该认股权证的市场价格为每份 2.5 元。相关会计处理如下：

借：可供出售金融资产——成本 3 000 000
　　贷：银行存款 3 000 000
借：其他综合收益 500 000
　　贷：可供出售金融资产——公允价值变动 500 000

（4）6 月 15 日，从二级市场购买丁公司发行在外普通股 50 万股，占丁公司 5% 的表决权，成本为 360 万元（公允价值），投资时丁公司可辨认净资产公允价值为 8 000 万元（各项可辨认资产、负债的公允价值与账面价值相同）。对丁公司不具有控制、共同控制或重大影响，不准备近期出售。相关会计处理如下：

借：长期股权投资——成本 4 000 000
　　贷：银行存款 3 600 000
　　　　营业外收入 400 000

本题不考虑所得税及其他因素。

要求：根据以上资料，判断星宇公司上述业务的会计处理是否正确，同时说明判断依据；如果星宇公司的会计处理不正确，编制更正的会计分录。（有关会计差错更正按当期差错处理）

参考答案

（一）单项选择题

1	2	3	4	5	6	7	8	9	10	11	12	13
C	C	A	C	C	D	C	C	C	D	B	C	A

（二）多项选择题

1	2	3	4	5	6	7	8	9	10	11
ACD	ABC	BCD	BC	AB	ABCD	AB	ABCD	AC	ABC	AC

（三）判断题

1	2	3	4	5	6	7	8	9
×	√	√	×	√	×	×	×	√

（四）计算及账务处理题

1.

（1）2015 年 5 月 20 日：

借：可供出售金融资产——成本	2 958 000	
应收股利	60 000	
贷：银行存款		3 018 000

2015 年 5 月 27 日：

| 借：银行存款 | 60 000 | |
| 贷：应收股利 | | 60 000 |

2015 年 6 月 30 日：

| 借：其他综合收益 | 358 000 | |
| 贷：可供出售金融资产——公允价值变动 | | 358 000 |

2015 年 12 月 31 日：

借：资产减值损失	958 000	
贷：其他综合收益		358 000
可供出售金融资产——减值准备		600 000

2016 年 4 月 26 日：

| 借：应收股利 | 10 000 | |
| 贷：投资收益 | | 10 000 |

2016 年 5 月 10 日：

| 借：银行存款 | 10 000 | |
| 贷：应收股利 | | 10 000 |

2016 年 6 月 30 日：

| 借：可供出售金融资产——减值准备 | 500 000 | |
| 贷：其他综合收益 | | 500 000 |

2016 年 12 月 24 日：

借：银行存款	2 783 200	
可供出售金融资产——减值准备	100 000	
——公允价值变动	358 000	
贷：可供出售金融资产——成本		2 958 000
投资收益		283 200

借：其他综合收益　　　　　　　　　　　　　　500 000

　　贷：投资收益　　　　　　　　　　　　　　　　　500 000

（2）甲公司该项投资对 2015 年度营业利润的影响额＝资产减值损失 95.8 万元，即减少营业利润 95.8 万元。

甲公司该项投资对 2016 年度营业利润的影响额＝1＋28.32＋50＝79.32（万元），即增加营业利润 79.32 万元。

2.

（1）编制 2015 年 1 月 1 日，A 公司购入债券时的会计分录：

借：持有至到期投资——成本　　　　　　　　　10 000 000

　　应收利息　　　　　　　　　　　　　　　　　500 000

　　贷：银行存款　　　　　　　　　　　　　　　　10 153 500

　　　　持有至到期投资——利息调整　　　　　　　　346 500

（2）编制 2015 年 1 月 5 日收到利息时的会计分录：

借：银行存款　　　　　　　　　　　　　　　　500 000

　　贷：应收利息　　　　　　　　　　　　　　　　500 000

（3）编制 2015 年 12 月 31 日确认投资收益的会计分录：

投资收益＝期初摊余成本×实际利率＝（1 000-34.65）×6%＝57.92（万元）

借：应收利息　　　　　　　　　　　　　　　　500 000

　　持有至到期投资——利息调整　　　　　　　　79 200

　　贷：投资收益　　　　　　　　　　　　　　　　579 200

（4）计算 2015 年 12 月 31 日应计提减值准备的金额，并编制相应的会计分录：

2015 年 12 月 31 日计提减值准备前的摊余成本＝1 000-34.65＋7.92＝973.27（万元）

计提减值准备＝973.27-930＝43.27（万元）

借：资产减值损失　　　　　　　　　　　　　　432 700

　　贷：持有至到期投资减值准备　　　　　　　　　432 700

（5）编制 2016 年 1 月 2 日持有至到期投资重分类为可供出售金融资产的会计分录：

借：可供出售金融资产——成本　　　　　　　　10 000 000

　　持有至到期投资——利息调整　　　　　　　　267 300

　　持有至到期投资减值准备　　　　　　　　　　432 700

　　其他综合收益　　　　　　　　　　　　　　　50 000

　　贷：持有至到期投资——成本　　　　　　　　　10 000 000

　　　　可供出售金融资产——利息调整　　　　　　　267 300

　　　　　　　　——公允价值变动　　　　　482 700(10 000 000-9 250 000-267 300)

（6）编制 2016 年 2 月 20 日出售债券的会计分录：

借：银行存款　　　　　　　　　　　　　　　　8 900 000

　　可供出售金融资产——利息调整　　　　　　　267 300

　　　　　　　　——公允价值变动　　　　　　482 700

　　投资收益　　　　　　　　　　　　　　　　350 000

　　贷：可供出售金融资产——成本　　　　　　　　10 000 000

借：投资收益　　　　　　　　　　　　　　　　50 000

　　贷：其他综合收益　　　　　　　　　　　　　　50 000

3.

（1）购入甲公司股票应确认为交易性金融资产；对甲公司的投资初始确认成本为 8 000 万元。

借：交易性金融资产——成本   80 000 000

    投资收益   250 000

    贷：银行存款   80 250 000

借：交易性金融资产——公允价值变动   2 000 000（82 000 000−80 000 000）

    贷：公允价值变动损益   2 000 000

（2）购入乙公司股票应确认为可供出售金融资产；对乙公司的投资初始确认成本为 10 050（10 000＋50）万元。

借：可供出售金融资产——成本   100 500 000

    贷：银行存款   100 500 000

借：可供出售金融资产——公允价值变动 9 500 000（110 000 000−100 500 000）

    贷：其他综合收益   9 500 000

（3）取得丙公司股权应确认为长期股权投资；对丙公司的投资初始确认成本为 60 500（60 000＋500）万元。

借：长期股权投资——投资成本   605 000 000

    贷：银行存款   605 000 000

（4）取得丁公司股权应确认为长期股权投资；对丁公司的投资初始确认成本为 90 000 万元。

借：长期股权投资   900 000 000

    管理费用   8 000 000

    贷：银行存款   908 000 000

（5）对戊公司的投资应确认为可供出售金融资产；对戊公司的投资初始确认成本为 502（500＋2）万元。

借：可供出售金融资产   5 020 000

    贷：银行存款   5 020 000

4.

（1）2015 年 3 月 6 日取得交易性金融资产。

借：交易性金融资产——成本   5 000 000 [1 000 000×(5.2−0.2)]

    应收股利   200 000

    投资收益   50 000

    贷：银行存款   5 250 000

（2）2015 年 3 月 16 日收到购买价款中所含的现金股利。

借：银行存款   200 000

    贷：应收股利   200 000

（3）2015 年 12 月 31 日，该股票公允价值为每股 4.5 元。

借：公允价值变动损益   500 000 [(5−4.5)×1 000 000]

    贷：交易性金融资产——公允价值变动 500 000

（4）2016 年 2 月 21 日，X 公司宣告但发放的现金股利。

借：应收股利   300 000（1 000 000×0.3）

    贷：投资收益   300 000

（5）2016 年 3 月 21 日，收到现金股利

借：银行存款   300 000

    贷：应收股利   300 000

（6）2016 年 12 月 31 日，该股票公允价值为每股 5.3 元。

借：交易性金融资产——公允价值变动 800 000

    贷：公允价值变动损益   800 000 [(5.3−4.5)×1 000 000]

（7）2016 年 3 月 16 日，将该股票全部处置，每股 5.1 元，交易费用为 5 万元。

借：银行存款	5 050 000（5 100 000-50 000）
投资收益	250 000
贷：交易性金融资产——成本	5 000 000
——公允价值变动	300 000
借：公允价值变动损益	300 000
贷：投资收益	300 000

（五）案例分析题

1.

（1）甲公司应将取得的乙公司债券划分为持有至到期投资。

理由：甲公司有充裕的现金，且管理层拟持有该债券至到期。

甲公司取得乙公司债券时的会计分录：

借：持有至到期投资——成本	50 000 000
贷：银行存款	47 950 600
持有至到期投资——利息调整	2 049 400（50 000 000-47 950 600）

（2）2016年应确认投资收益＝4 795.06×7%＝335.65（万元）。

借：应收利息	3 000 000（50 000 000×6%）
持有至到期投资——利息调整	35 650 000
贷：投资收益	335 650 000
借：银行存款	3 000 000
贷：应收利息	3 000 000

（3）2016年12月31日摊余成本＝4 795.06＋35.65＝4 830.71（万元）；2016年12月31日未来现金流量现值＝200×(P/A,7%,4)＋5 000×(P/S,7%,4)＝200×3.387 2＋5 000×0.762 9＝4 491.94（万元）；

未来现金流量现值小于2016年12月31日摊余成本，所以应计提减值准备；应计提减值准备＝4 830.71-4 491.94＝338.77（万元）。

借：资产减值损失	3 387 700
贷：持有至到期投资减值准备	3 387 700

注：持有至到期投资确认减值时，按照原实际利率折现确定未来现金流量现值。

（4）甲公司应将购入丙公司股票划分为可供出售金融资产。

理由：持有丙公司限售股权对丙公司不具有控制、共同控制或重大影响，且甲公司取得丙公司股票时没有将其指定为以公允价值计量且其变动计入当期损益的金融资产，也没有随时出售丙公司股票的计划，所以应将该限售股权划分为可供出售金融资产。

2016年12月31日确认所持有丙公司股票公允价值变动的会计分录：

借：可供出售金融资产——公允价值变动	2 000 000
贷：其他综合收益	2 000 000（1 000 000×5-3 000 000）

（5）甲公司购入丁公司的股票应划分为交易性金融资产。

理由：有公允价值，对丁公司不具有控制、共同控制或重大影响且甲公司管理层拟随时出售丁公司股票，所以应划分为交易性金融资产。

2016年因持有丁公司股票应确认的损益＝200×4.2-（920-200÷10×0.6）＝-68（万元）。

2.

（1）星宇公司将持有的甲公司股票，划分为可供出售金融资产核算的处理不正确。因为购入时准备随时出售，赚取差价，应该划分为交易性金融资产核算。更正分录如下：

借：交易性金融资产——成本	7 500 000
投资收益	100 000

贷：可供出售金融资产——成本		7 600 000
借：其他综合收益	2 600 000	
交易性金融资产——公允价值变动	2 700 000	
贷：公允价值变动损益		2 700 000
可供出售金融资产——公允价值变动		2 600 000

（2）星宇公司将剩余乙公司债券重分类为可供出售金融资产的会计处理不正确。重分类日，按照该债券投资的公允价值作为可供出售金融资产的入账价值，与其账面价值的差额计入所有者权益。更正分录如下：

借：投资收益	3 500 000	
贷：其他综合收益		3 500 000

（3）星宇公司将持有的丙公司认股权证划分为可供出售金融资产的处理不正确。因为认股权证属于衍生工具，所以不能划分为可供出售金融资产，应划分为交易性金融资产核算。更正分录如下：

借：交易性金融资产——成本	3 000 000	
贷：可供出售金融资产——成本		3 000 000
借：公允价值变动损益	500 000	
贷：其他综合收益		500 000
借：可供出售金融资产——公允价值变动	500 000	
贷：交易性金融资产——公允价值变动		500 000

（4）星宇公司持有丁公司的股票划分为长期股权投资的处理不正确。对被投资方不具有控制、共同控制或重大影响，且公允价值能够可靠计量的股权投资，应划分为金融资产，由于不准备近期出售，所以应该划分为可供出售金融资产核算。

更正分录如下：

借：可供出售金融资产——成本	3 600 000	
营业外收入	400 000	
贷：长期股权投资——成本		4 000 000

存货 | **第五章**

一、学习目的与要求

通过本章学习，了解存货的概念、特征、确认条件及分类，发出存货计价方法的应用，存货清查的意义和方法；掌握存货成本的构成及通过外购、自制、投资者投入等取得存货的会计处理；存货盘盈与盘亏的会计处理；重点掌握外购存货和委托加工存货的会计处理；生产经营领用原材料、销售存货的会计处理；计划成本法的基本核算程序；存货可变现净值的确定方法及存货跌价准备的计提方法。

二、重要概念

存货　存货成本　采购成本　加工成本　委托加工物资　材料成本差异　材料成本差异率　可变现净值　存货跌价准备

三、重点与难点

重点：外购存货的会计处理；委托加工存货的会计处理；以非货币性资产交换取得存货的会计处理；通过债务重组取得存货的会计处理；生产经营领用原材料的会计处理；周转材料领用及摊销方法；销售存货的会计处理；存货跌价准备的计提方法。

难点：计划成本法的基本核算程序；存货可变现净值的确定方法。

四、内容概要解析

（一）存货的概念

存货，是指企业在日常活动中持有以备出售的产成品或商品、处在生产过程中的在产品、在生产过程或提供劳务过程中耗用的材料、物料等。

（二）存货的确认条件

存货在符合定义情况下，同时满足下列条件的，才能予以确认：

（1）与该存货有关的经济利益很可能流入企业；

（2）该存货的成本能够可靠地计量。

（三）存货的初始计量

存货应当按照成本进行初始计量。存货成本包括采购成本、加工成本和其他成本。

1. 外购存货的成本

购买价款	指企业购入材料或商品的发票账单上列明的价款，但不包括按规定可抵扣的增值税进项税额
相关税费	是指企业购买存货发生的进口关税以及不能抵扣的增值税进项税额等应计入存货采购成本的税费 【提示】①小规模纳税人购入货物相关的增值税计入存货成本；②一般纳税人购入货物相关的增值税可以抵扣的不计入成本；不能抵扣的应计入成本
其他相关费用	采购过程中发生的运输费、装卸费、保险费、包装费、仓储费，运输途中的合理损耗、入库前的挑选整理费用等

2．加工取得存货的成本

存货的加工成本，包括直接人工以及按照一定方法分配的制造费用。

3．其他方式取得存货的成本

企业取得存货的其他方式主要包括接受投资者投资、非货币性资产交换、债务重组、企业合并等。

（1）投资者投入存货的成本

投资者投入存货的成本应当按照投资合同或协议约定的价值确定，但合同或协议约定价值不公允的除外。在投资合同或协议约定价值不公允的情况下，按照该项存货的公允价值作为其入账价值。

（2）通过非货币性资产交换、债务重组、企业合并等方式取得的存货的成本执行相关准则

（3）盘盈存货的成本

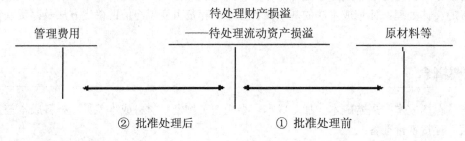

4．通过提供劳务取得的存货

通过提供劳务取得存货的，所发生的从事劳务提供人员的直接人工和其他直接费用以及可归属于该存货的间接费用，计入存货成本。

（四）发出存货成本的计量方法

企业可采用先进先出法、移动加权平均法、月末一次加权平均法或者个别计价法确定发出存货的实际成本。

【提示】

（1）发出存货不能采用后进先出法计量。

（2）期初存货＋本期购货＝本期销货＋期末存货。

1．先进先出法

先进先出法是指以先购入的存货应先发出（销售或耗用）这样一种存货实物流转假设为前提，对发出存货进行计价的一种方法。

【提示】期末存货成本接近于市价，如果存货的市价呈上升趋势而发出成本偏低，会高估企业当期利润和库存存货价值；反之，会低估企业存货价值和当期利润。

2．移动加权平均法

计算公式如下：

$$\text{存货单位成本}=\left(\begin{matrix}\text{原有库存存货}\\\text{的实际成本}\end{matrix}+\begin{matrix}\text{本次进货}\\\text{的实际成本}\end{matrix}\right)\Big/\left(\begin{matrix}\text{原有库存}\\\text{存货数量}\end{matrix}+\begin{matrix}\text{本次进}\\\text{货数量}\end{matrix}\right)$$

本次发出存货的成本＝本次发出存货的数量×本次发货前存货的单位成本

本月月末库存存货成本＝月末库存存货的数量×本月月末存货单位成本

3．月末一次加权平均法

计算公式如下：

$$\text{存货单位成本}=\left[\begin{matrix}\text{月初库存存货}\\\text{的实际成本}\end{matrix}+\sum\begin{matrix}\text{本月某批进货}\\\text{的实际单位成本}\end{matrix}\times\begin{matrix}\text{本月某批进货}\\\text{的数量}\end{matrix}\right]\Big/\left(\begin{matrix}\text{月初库存}\\\text{存货数量}\end{matrix}+\begin{matrix}\text{本月各批}\\\text{进货数量之和}\end{matrix}\right)$$

本月发出存货的成本＝本月发出存货的数量×存货单位成本

本月月末库存存货成本＝月末库存存货的数量×存货单位成本

4．个别计价法

【提示】对于不能替代使用的存货、为特定项目专门购入或制造的存货以及提供的劳务，通常采用个别计价法确定发出存货的成本。

（五）计划成本法

1．计划成本法的概念

计划成本法是指企业存货的日常收入、发出和结余均按预先制定的计划成本计价，同时另设"材料成本差异"科目，作为计划成本和实际成本联系的纽带，用来登记实际成本和计划成本的差额，月末，再通过对存货成本差异的分摊，将发出存货的计划成本和结存存货的计划成本调整为实际成本进行反映的一种核算方法。同时计划成本法下存货的总分类和明细分类核算均按计划成本计价。因此这种方法适用于存货品种繁多、收发频繁的企业。如果企业的自制半成品、产成品品种繁多一般用计划成本法方法。

2．计划成本法核算的程序

计划成本法只能对存货进行日常的会计核算。在会计期末，企业需要通过"材料成本差异"等账户，将发出的存货和期末结余的存货调整为实际成本。

存货采用计划成本法核算，除需要设置"原材料""包装物""低值易耗品"等实际成本法核算运用的科目外，还需要增加"材料成本差异"科目，并将"在途物资"科目改为"材料采购"科目。

（1）"材料采购"科目。"材料采购"科目用来核算企业购入材料、商品等的采购成本。其借方登记已经付款的外购材料等存货的实际成本和结转已经验收入库实际成本小于计划成本的节约差额；贷方登记已经付款并验收入库的材料等存货的计划成本和结转实际成本大于计划成本的超支差额。期末余额在借方，表示已经付款但尚未入库的材料等存货（即在途货物）的实际成本。"物资采购"科目应按供应单位和物资品种设置明细账，进行明细核算。

（2）"材料成本差异"科目。"材料成本差异"科目用来核算企业各种材料的实际成本与计划成本的差异，以及调整发出材料应负担的成本差异。其借方登记验收入库材料成本的超支差异；贷方登记验收入库材料成本的节约差异以及发出材料应负担的成本差异（超支用蓝字，节约用红字）。期末余额在借方，反映企业库存材料拥有的超支差异；期末余额在贷方，反映企业库存材料拥有的节约差异。

本科目应分别"原材料""包装物""低值易耗品"等，按会计核算依照类别或品种进行明细核算，不能使用一个综合差异率。

（3）材料成本差异率。采用计划成本法对存货进行日常核算，发出存货时先按计划成本计价，月末，再将期初结存存货的成本差异和本月取得存货形成的成本差异，在本月发出存货和期末结存存货之间进行分摊，将本月发出存货和期末结存存货的计划成本调整为实际成本。发出存货时，借记"生产成本""制造费用""管理费用"等有关成本费用科目，贷记"原材料"等存货科目；月末，再将月初结存存货的成本差异和本月取得存货形成的成本差异，在本月发出存货和月末结存存货之间进行分摊，将本月发出存货和月末结存存货的计划成本调整为实际成本。计划成本、成本差异与实际成本之间的关系如下：

$$实际成本＝计划成本＋超支差异$$
$$或 ＝计划成本－节约差异$$

为了便于存货成本差异的分摊，企业应当计算材料成本差异率，作为分摊存货成本差异的依据。材料成本差异率包括本期材料成本差异率和期初材料成本差异率两种，其计算公式如下：

$$\frac{材料成本}{差异率}＝\left(\frac{期初材料}{成本差异}＋\frac{本期入库}{成本差异}\right)\bigg/\left(\frac{期初原材料}{计划成本}＋\frac{本期入库材料}{计划成本}\right)×100\%$$

3．计划成本法的优点

计划成本法在大中型制造行业中一直被广泛使用，即使在信息化环境下，还是很多企业对材料的主要核算方法。其优势具体体现在以下几方面。

（1）通过"材料成本差异"科目的归集和分配实现品种繁多的材料从计划价格调整为实际价格的核算，有利于企业对存货的管理，简化会计工作。在信息化环境下，单纯从核算的难易繁简上看，实际成本法和计划成本法的差别不再明显，但对于大中型企业尤其在制造业，材料种类繁多，出入库频繁，使用计划成本核算优势明显。在实践中我们往往还按材料性质不同分类归集，因为同种类材料其价格走势基本是一致的，而不同种类材料价格的波动幅度差异较大，分类计算可以对同种类材料产生的材料成本差异在同种类材料的发出金额中分摊，使材料成本更接近实际成本，达到按实际成本简化核算的效果。

（2）不受任何条件限制，具有很强的适用性。计划成本法只要给材料制定合理的计划价格就可以满足材料收发和核算的需要，而实际成本法要在库房使用库存管理软件后，用计算机做大量的核算工作条件下才能进行，对库存管理的要求很高。

（3）信息化环境下，企业采用实际成本法已不再是难事，但计划成本法的优势不仅仅是简化了核算，它还有一个更重要的作用就是管理。随着计算机、网络等信息技术在会计中的广泛应用，一些传统的核对、计算、存储等内部会计控制方式都被计算机轻而易举地替代，但一些企业内部会计控制制度如拟订物资采购计划、业务程序控制等仍将有效地发挥自己的积极作用，帮助企业更加有效地应用信息，进行真正的变革与创新。

（六）期末存货的计量

1．存货期末计量原则

资产负债表日，存货应当按照成本与可变现净值孰低计量。存货成本高于其可变现净值的，应当计提存货跌价准备，计入当期损益。

2．存货的可变现净值

存货的可变现净值，是指在日常活动中，存货的估计售价减去至完工时估计将要发生的成本、估计的销售费用以及相关税费后的金额。

可变现净值的基本特征：

（1）确定存货可变现净值的前提是企业在进行日常活动；

（2）可变现净值为存货的预计未来净现金流量，而不是存货的售价或合同价；

（3）不同存货可变现净值的构成不同。

① 产成品、商品和用于出售的材料等直接用于出售的商品存货，其可变现净值为在正常生产经营过程中，该存货的估计售价减去估计的销售费用和相关税费后的金额。

② 需要经过加工的材料存货，其可变现净值为在正常生产经营过程中，以该存货所生产的产成品的估计售价减去至完工时估计将要发生的成本、销售费用和相关税费后的金额。

企业确定存货的可变现净值，应当以取得的确凿证据为基础，并且考虑持有存货的目的、资产负债表日后事项的影响等因素。

3．存货期末计量的具体方法

（1）存货估计售价的确定

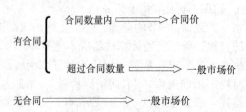

（2）材料存货的期末计量

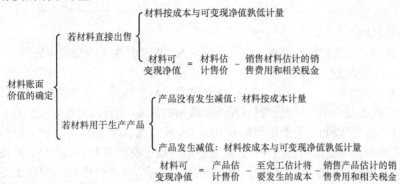

（3）计提存货跌价准备的方法

存货跌价准备通常应当按单个存货项目计提。但是，对于数量繁多、单价较低的存货，可以按照存货类别计提存货跌价准备。与在同一地区生产和销售的产品系列相关、具有相同或类似最终用途或目的，且难以与其他项目分开计量的存货，可以合并计提存货跌价准备。

期末对存货进行计量时，如果同一类存货，其中一部分是有合同价格约定的，另一部分则不存在合同价格，在这种情况下，企业应区分有合同价格约定的和没有合同价格约定的存货，分别确定其期末可变现净值，并与其相对应的成本进行比较，从而分别确定是否需计提存货跌价准备。

（4）存货跌价准备转回的处理

企业应在每一资产负债表日，比较存货成本与可变现净值，计算出应计提的存货跌价准备，再与已提数进行比较，若应提数大于已提数，应予补提。企业计提的存货跌价准备，应计入当期损益（资产减值损失）。

（5）存货跌价准备的结转

对已售存货计提了存货跌价准备的，还应结转已计提的存货跌价准备，冲减当期主营业务成本或其他业务成本，实际上是按已售产成品或商品的账面价值结转至主营业务成本或其他业务成本。企业按存货类别计提存货跌价准备的，也应按比例结转相应的存货跌价准备。

4．存货盘亏或毁损的处理

存货发生的盘亏或毁损，应作为待处理财产损溢进行核算。按管理权限报经批准后，根据造成存货盘亏或毁损的原因，分别以下情况进行处理：

（1）属于计量收发差错和管理不善等原因造成的存货短缺，应先扣除残料价值、可以收回的保险赔偿和过失人赔偿，将净损失计入管理费用。

（2）属于自然灾害等非常原因造成的存货毁损，应先扣除处置收入（如残料价值）、可以收回的保险赔偿和过失人赔偿，将净损失计入营业外支出。

因非正常原因导致的存货盘亏或毁损，按规定不能抵扣的增值税进项税额，应当予以转出。

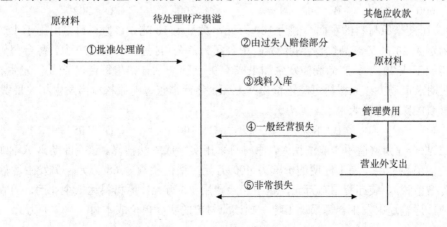

五、同步练习

（一）单项选择题

1. 下列各项中，增值税一般纳税人企业不应计入收回委托加工物资成本的是（　　）。

　　A. 随同加工费支付的增值税　　B. 支付的加工费

　　C. 往返运杂费　　　　　　　　D. 支付的收回后直接用于销售的委托加工物资的消费税

2. 甲公司委托乙公司加工一批材料（属于应税消费品），原材料成本为 620 万元，支付的加工费为 100 万元（不含增值税），消费税税率为 10%（受托方没有同类消费品的销售价格），材料加工完成并已验收入库，加工费用等已经支付。双方适用的增值税税率为 17%。甲公司按照实际成本核算原材料，将加工后的材料直接用于销售（售价不高于受托方计税价格），则收回的委托加工物资的实际成本为（　　）万元。

　　A. 720　　　　　　　B. 737　　　　　　　C. 800　　　　　　　D. 817

3. 某企业为增值税一般纳税人企业，适用的增值税税率为 17%。该企业委托其他单位（增值税一般纳税人企业）加工一批属于应税消费品的原材料（非金银首饰），该批委托加工原材料收回后用于继续生产应税消费品，两种商品适用的消费税税率均为 10%。发出材料的成本为 180 万元，支付的不含增值税的加工费为 90 万元，支付的增值税为 15.3 万元。该批原材料已加工完成并验收入库，其实际成本为（　　）万元。

　　A. 270　　　　　　　B. 280　　　　　　　C. 300　　　　　　　D. 315.3

4. 下列各项中，不应计入存货采购成本的是（　　）。

　　A. 小规模纳税人购入存货时支付的增值税　　B. 进口商品应支付的关税

　　C. 运输途中合理损耗　　　　　　　　　　　D. 采购人员差旅费

5. 甲公司系增值税一般纳税人（增值税税率为 17%），本期购入一批商品，增值税专用发票上注明的售价为 400 000 元，所购商品到达后验收发现短缺 30%，其中合理损失 5%，另 25% 的短缺尚待查明原因。假设不考虑其他因素，该存货的实际成本为（　　）元。

　　A. 468 000　　　　　B. 400 000　　　　　C. 368 000　　　　　D. 300 000

6. 某增值税一般纳税企业购进农产品一批，支付买价 12 000 元，装卸费 1 000 元，入库前挑选整理费 400 元。按照税法规定，该购进农产品可按买价的 13% 抵扣增值税额。该批农产品的采购成本为（　　）元。

　　A. 12 000　　　　　B. 12 200　　　　　C. 13 000　　　　　D. 11 840

7. 某投资者以一批甲材料为对价取得 A 公司 200 万股普通股，每股面值 1 元，双方协议约定该批甲材料的价值为 600 万元（假定该价值是公允的）。A 公司收到甲材料和增值税专用发票（进项税额为 102 万元）。该批材料在 A 公司的入账价值是（　　）万元。

　　A. 600　　　　　　　B. 702　　　　　　　C. 200　　　　　　　D. 302

8. 甲公司期末原材料的账面余额为 100 万元，数量为 10 吨。该原材料专门用于生产与乙公司所签合同约定的 20 台 Y 产品。该合同约定：甲公司为乙公司提供 Y 产品 20 台，每台售价 10 万元。将该原材料加工成 20 台 Y 产品尚需发生加工成本 95 万元；估计销售每台 Y 产品需发生相关税费 1 万元。本期期末市场上该原材料每吨售价为 9 万元，估计销售每吨原材料需发生相关税费 0.1 万元。期末该原材料的账面价值为（　　）万元。

　　A. 85　　　　　　　　B. 89　　　　　　　　C. 100　　　　　　　D. 105

9. 某工业企业为增值税一般纳税人，原材料采用实际成本法核算。该企业购入 A 种原材料 500 吨，收到的增值税专用发票上注明的价款为 400 万元，增值税额为 68 万元，另发生运输费用 5.68 万元（不含增值税），装卸费用 2 万元，途中保险费用 1.5 万元。原材料运抵企业后，验收入库原材料为 499 吨，运输途中发生合理损耗 1 吨。则该原材料的实际单位成本为（　　）万元。

A. 0.82　　　　B. 0.81　　　　C. 0.80　　　　D. 0.83

10. 甲公司按单项存货计提存货跌价准备。2016年年初企业存货中包含甲产品1 800件，单位实际成本为0.3万元，已计提的存货跌价准备为45万元。2016年该公司未发生任何与甲产品有关的进货，甲产品当期售出600件。2016年12月31日，该公司对甲产品进行检查时发现，库存甲产品均无不可撤销合同，其市场销售价格为每件0.26万元，预计销售每件甲产品还将发生销售费用及相关税金0.005万元。假定不考虑其他因素，该公司2016年年末对甲产品计提的存货跌价准备为（　　）万元。

A. 9　　　　　B. 24　　　　　C. 39　　　　　D. 54

11. 某企业采用成本与可变现净值孰低法对存货进行期末计价，成本与可变现净值按单项存货进行比较。2016年12月31日，甲、乙、丙三种存货成本与可变现净值分别为：甲存货成本10万元，可变现净值8万元；乙存货成本12万元，可变现净值15万元；丙存货成本18万元，可变现净值15万元。甲、乙、丙三种存货已计提的跌价准备分别为1万元、2万元、1.5万元。假定该企业只有这三种存货，2016年12月31日应补提的存货跌价准备总额为（　　）万元。

A. -0.5　　　　B. 0.5　　　　C. 2　　　　　D. 5

12. 甲公司系上市公司，2016年年末库存乙原材料、丁产成品的账面余额分别为1 000万元和500万元；年末计提跌价准备前库存乙原材料、丁产成品计提的跌价准备的账面余额分别为0万元和100万元。库存乙原材料将全部用于生产丙产品，预计丙产成品的市场价格总额为1 100万元，预计生产丙产品还需发生除乙原材料以外的加工成本300万元，预计为销售丙产成品发生的相关税费总额为55万元。丙产成品销售中有固定销售合同的占80%，合同价格总额为900万元。丁产成品的市场价格总额为350万元，预计销售丁产成品发生的相关税费总额为18万元。假定不考虑其他因素，甲公司2016年12月31日应计提的存货跌价准备为（　　）万元。

A. 23　　　　　B. 250　　　　C. 303　　　　D. 323

13. 甲企业为增值税一般纳税企业。本月购进原材料100公斤，货款为8 000元，增值税为1 360元；发生的保险费为350元，中途仓储为1 000元，采购人员的差旅费为500元，入库前的挑选整理费用为150元；验收入库时发现数量短缺5%，经查属于运输途中合理损耗。甲企业该批原材料实际单位成本为每公斤（　　）元。

A. 105.26　　　B. 114.32　　　C. 100　　　　D. 95

14. 2016年12月31日，A公司库存原材料——B材料的账面价值（即成本）为120万元，市场价格总额为110万元，该材料用于生产K型机器。由于B材料市场价格下降，K型机器的销售价格由300万元下降为270万元，但生产成本仍为280万元，将B材料加工成K型机器尚需投入160万元，预计销售费用及税金为10万元，则2016年年底B材料计入当期资产负债表存货项目的金额为（　　）万元。

A. 110　　　　B. 100　　　　C. 120　　　　D. 90

（二）多项选择题

1. 下列税金中，应计入存货成本的有（　　）。

A. 由受托方代收代缴的委托加工收回后直接用于对外销售（售价不高于受托方计税价格）的商品负担的消费税

B. 由受托方代收代缴的委托加工收回后继续用于生产应税消费品负担的消费税

C. 小规模纳税企业购入材料支付的增值税

D. 一般纳税企业进口原材料缴纳的增值税

2. 下列关于存货可变现净值的说法中，正确的有（　　）。

A. 材料生产的产品过时，导致其市场价格低于产品成本，可以表明存货的可变现净值低于成本

B. 为执行销售合同或者劳务合同而持有的存货，通常应当以产成品或商品的合同价格作为其可变现净值的计算基础

    C．如果持有的存货数量少于销售合同订购数量，实际持有与该销售合同相关的存货应以销售合同所规定的价格作为可变现净值的计算基础

    D．用于出售的材料等，通常以其所生产的商品的售价作为其可变现净值的计算基础

3．下列项目中，计算材料存货可变现净值时，可能会影响可变现净值的有（　　）。

    A．估计售价　　　　　　　　　　　B．存货的账面成本

    C．估计发生的销售费用　　　　　　D．至完工估计将要发生的加工成本

4．在确定存货可变现净值时，估计售价的确定方法有（　　）。

    A．为执行销售合同或者劳务合同而持有的存货，通常应当以产成品或商品的合同价格作为其可变现净值的基础

    B．如果企业持有存货的数量多于销售合同订购的数量，超出部分的存货可变现净值，应当以产成品或商品的合同价格作为计量基础

    C．没有销售合同约定的存货，但不包括用于出售的材料，其可变现净值应当以产成品或商品的一般销售价格（即市场销售价格）作为计量基础

    D．用于出售的材料等，应当以其预计售价作为其可变现净值的计量基础

5．下列各项中，应计入存货实际成本中的有（　　）。

    A．用于直接对外销售（售价不高于受托方计税价格）的委托加工应税消费品收回时支付的消费税

    B．材料采购过程中发生的非合理损耗

    C．发出用于委托加工的物资在运输途中发生的保险费

    D．商品流通企业外购商品时所支付的运杂费等相关费用

6．关于存货的会计处理，下列表述中正确的有（　　）。

    A．存货跌价准备通常应当按照单个存货项目计提也可分类计提

    B．存货采购过程中发生的合理损耗计入存货采购成本，不影响存货的入库单价

    C．债务人因债务重组转出存货时不结转已计提的相关存货跌价准备

    D．因同一控制下企业合并投出的存货直接按账面价值转出

7．下列各项业务中，可以引起期末存货账面价值发生增减变动的有（　　）。

    A．计提存货跌价准备

    B．转回存货跌价准备

    C．存货出售结转成本的同时结转之前计提的存货跌价准备

    D．存货盘盈

8．企业期末编制资产负债表时，下列各项应包括在"存货"项目中的有（　　）。

    A．库存商品　　　B．周转材料　　　C．在产品　　　D．材料成本差异

9．下列各种物资中，应当作为企业存货核算的有（　　）。

    A．委托代销商品　　　B．发出商品　　　C．工程物资　　　D．在产品

（三）判断题

1．商品流通企业在采购过程中发生的大额进货费用，应当计入存货成本。（　　）

2．投资者投入的存货，应按投资合同或协议约定的价值作为实际成本，但合同或协议约定价值不公允的除外。（　　）

3．用于出售的材料等，通常以其所生产的商品的售价作为其可变现净值的计算基础。（　　）

4．持有存货的数量多于销售合同订购数量的，超出部分的存货可变现净值应当以产成品或商品的合同价格作为计算基础。（　　）

5．企业对存货计提的跌价准备，在以后期间不能再转回。（　　）

6．某企业月初库存材料 60 件，每件为 1 000 元，月中又购进两批，一次 200 件，每件 950 元，另一次 100 件，每件 1 046 元，则月末该材料的加权平均单价为 985 元。（　　）

7．企业将不能收回的应收账款确认为坏账损失时，应计入资产减值损失，并冲销相应的应收账款。（　　）

8．购入材料在运输途中发生的合理损耗不需单独进行账务处理。（　　）

9．存货计价方法的选择，不仅影响着资产负债表中资产总额的多少，而且也影响利润表中的净利润。（　　）

10．入库原材料形成的超支差异在"材料成本差异"账户的贷方予以登记。（　　）

11．基本生产车间一般性领用的原材料，计入"制造费用"账户（　　）。

12．无论企业对存货采用实际成本法核算，还是采用计划成本法核算，在编制资产负债表时，资产负债表上的存货项目反映的都是存货的实际成本。（　　）

13．发出原材料应负担的成本差异必须按月分摊。（　　）

14．属于非常损失造成的存货毁损，应按该存货的实际成本计入营业外支出。（　　）

（四）计算及账务处理题

1．M 企业委托 N 企业加工应税消费品，M、N 两企业均为增值税一般纳税人，适用的增值税税率均为 17%，适用的消费税税率为 10%，M 企业对原材料按实际成本进行核算，收回加工后的 A 材料用于继续生产应税消费品 B 产品。有关资料如下。

（1）2016 年 11 月 2 日，M 企业发出加工材料 A 材料一批，实际成本为 710 000 元。

（2）2016 年 12 月 20 日，M 企业以银行存款支付 N 企业加工费 100 000 元（不含增值税）以及相应的增值税和消费税。

（3）12 月 31 日，A 材料加工完成，已收回并验收入库，M 企业收回的 A 材料用于生产合同所需的 B 产品 1 000 件，B 产品合同价格 1 200 元/件。

（4）2016 年 12 月 31 日，库存的 A 材料预计市场销售价格为 70 万元，加工成 B 产品估计至完工尚需发生加工成本 50 万元，预计销售 B 产品所需的税金及费用为 5 万元，预计销售库存 A 材料所需的销售税金及费用为 2 万元。

（5）M 企业存货跌价准备 12 月份的期初金额为 0。

要求：

（1）编制 M 企业委托加工材料的有关会计分录；

（2）假定 2016 年末，除上述 A 材料外，M 企业无其他存货，试分析 M 企业该批材料在 2016 年末是否发生减值，并说明该批材料在 2016 年末资产负债表中应如何列示。

2．甲公司按单项存货、按年计提跌价准备。2016 年 12 月 31 日，甲公司期末存货有关资料如下。

（1）A 产品库存 100 台，单位成本为 15 万元，A 产品市场销售价格为每台 18 万元，预计运杂费等销售税费为平均每台 1 万元，未签订不可撤销的销售合同。

要求：判断 A 产品期末是否计提存货跌价准备。说明 A 产品期末资产负债表中"存货"项目列示的金额。

（2）B 产品库存 500 台，单位成本为 4.5 万元，B 产品市场销售价格为每台 4 万元。甲公司已经与长期客户某企业签订一份不可撤销的销售合同，约定在 2017 年 2 月 10 日向该企业销售 B 产品 300 台，合同价格为每台 5 万元。向长期客户销售的 B 产品平均运杂费等销售税费为每台 0.3 万元；向其他客户销售的 B 产品平均运杂费等销售税费为每台 0.4 万元。B 产品的存货跌价准备期初余额为 50 万元。

要求：计算 B 产品计提的存货跌价准备金额并编制相关会计分录。说明 B 产品期末在资产负债表"存货"项目中列示的金额。

（3）C 产品存货跌价准备的期初余额为 270 万元，2016 年销售 C 产品结转存货跌价准备 195 万元。年末 C 产品库存 1 000 台，单位成本为 3.7 万元，C 产品市场销售价格为每台 4.5 万元，预计平均运杂费等销售税费为每台 0.5 万元。未签订不可撤销的销售合同。

要求：计算 C 产品本期计提或者转回存货跌价准备的金额，并编制相关会计分录。说明 C 产品期末在资产负债表"存货"项目中列示的金额。

（4）D 原材料 400 公斤，单位成本为 2.25 万元，合计 900 万元，D 原材料的市场销售价格为每公斤 1.2 万元。现有 D 原材料可用于生产 400 台 D 产品，预计加工成 D 产品还需每台投入成本 0.38 万元。D 产品已签订不可撤销的销售合同，约定次年按每台 3 万元价格销售 400 台。预计平均运杂费等销售税费为每台 0.3 万元。

要求：判断 D 原材料是否计提存货跌价准备，说明 D 原材料期末资产负债表"存货"项目列示金额。

（5）E 配件 100 公斤，每公斤配件的账面成本为 24 万元，市场价格为 20 万元。该批配件可用于加工 80 件 E 产品，估计每件加工成本尚需投入 34 万元。E 产品 2016 年 12 月 31 日的市场价格为每件 57.4 万元，估计销售过程中每件将发生销售费用及相关税费 2.4 万元。E 配件期初的存货跌价准备余额为 0。

要求：计算 E 配件计提存货跌价准备的金额并编制相关会计分录，说明 E 配件期末资产负债表"存货"项目列示金额。

（6）甲公司与乙公司签订一份 F 产品销售合同，该合同为不可撤销合同，约定在 2017 年 2 月底以每件 0.45 万元的价格向乙公司销售 300 件 F 产品，如果违约应支付违约金 60 万元。2017 年 12 月 31 日，甲公司已经生产出 F 产品 300 件，每件成本 0.6 万元，总额为 180 万元，市场价格为每件 0.4 万元。假定甲公司销售 F 产品不发生销售费用。

要求：计算 F 产品应计提存货跌价准备。

3. 大庆股份有限公司是一般纳税人，适用的增值税税率为 17%。期末存货采用成本与可变现净值孰低法计价。2016 年 9 月 26 日大庆公司与 M 公司签订销售合同：由大庆公司于 2017 年 3 月 6 日向 M 公司销售笔记本电脑 10 000 台，每台售价 1.5 万元。2016 年 12 月 31 日大庆公司库存笔记本电脑 14 000 台，单位成本 1.41 万元。2016 年 12 月 31 日市场销售价格为每台 1.3 万元，预计销售税费均为每台 0.05 万元。大庆公司于 2017 年 3 月 6 日向 M 公司销售笔记本电脑 10 000 台，每台 1.5 万元。大庆公司于 2017 年 4 月 6 日销售笔记本电脑 1 000 台，市场销售价格为每台 1.2 万元。货款均已收到。2017 年末，笔记本电脑的市场销售价格为每台 1.3 万元。

要求：

（1）编制 2016 年末计提存货跌价准备的会计分录，并列示计算过程；

（2）编制 2017 年有关销售业务及期末计提存货跌价准备的相关会计分录。

4. 飞翔公司为增值税一般纳税人，适用的增值税税率为 17%，材料采用实际成本进行日常核算。该公司 2016 年 3 月末结存存货 200 万元，全部为 A 产品，存货跌价准备余额为零。该公司按月计提存货跌价准备。4 月份发生如下经济业务。

（1）购买原材料甲一批，增值税专用发票上注明的价款为 360 万元，增值税税额为 61.2 万元，公司已开出商业承兑汇票一张。该原材料已验收入库。

（2）用原材料甲对外投资，该批原材料的成本为 80 万元，双方协议作价 120 万元（公允价值），投资后对被投资方具有重大影响。

（3）销售 A 产品一批，销售价格为 200 万元（不含增值税税额），实际成本为 160 万元，提货单和增值税专用发票已交购货方，货款尚未收到。该销售符合收入确认条件。销售过程中发生相关费用 4 万元，均用银行存款支付。

（4）在建工程（厂房）领用外购原材料甲一批，该批原材料实际成本为 40 万元，应由该批原材料负担的增值税税额为 6.8 万元。

（5）本月领用原材料甲 140 万元用于生产 A 产品，生产过程中发生加工成本 20 万元，均为职工薪酬（尚未支付）。本月产成品完工成本为 160 万元，月末无在产品。

（6）月末发现盘亏原材料甲一批，经查属自然灾害造成的毁损，已按管理权限报经批准。该批原材料的实际成本为 20 万元，增值税税额为 3.4 万元。

（7）飞翔公司 4 月末结存的原材料甲的可变现净值为 100 万元，A 产品可变现净值为 180 万元。4 月末无其他存货。

要求：

（1）编制上述经济业务相关的会计分录（"应交税费"科目要求写出明细科目及专栏名称）；

（2）计算飞翔公司 4 月月末资产负债表中"存货"项目的金额。

（五）案例分析题

1．甲公司为增值税一般纳税人，适用的增值税税率为 17%。期末存货按照成本与可变现净值孰低计量，按单项存货计提存货跌价准备。该公司内部审计部门在对其 2016 年度财务报表进行内审时，对以下交易或事项的会计处理提出疑问。

（1）2016 年 3 月，甲公司与乙公司签订一份不可撤销合同，约定在 2017 年 2 月以每箱 1.5 万元的价格向乙公司销售 500 箱 L 产品；乙公司应预付定金 80 万元，若甲公司违约，双倍返还定金。

2016 年 12 月 31 日，甲公司的库存中 L 产品 1 000 箱，每箱成本为 1.45 万元，按目前市场价格每箱成本为 1.3 万元，假定甲公司销售 L 产品不发生销售费用。

2016 年 12 月 31 日因上述合同尚未履行，甲公司将收到乙公司的定金计入预收账款，未进行其他会计处理，其会计处理如下：

借：银行存款　　　　　　　　　　　　　　　　　　　80

　　贷：预收账款　　　　　　　　　　　　　　　　　　　80

（2）11 月 10 日，甲公司发出 A 产品一批，委托丁公司以收取手续费方式代销，该批产品的成本为 500 万元。丁公司按照 A 产品销售价格的 5%收取代销手续费，并在应付甲公司的款项中扣除。12 月 31 日，甲公司收到丁公司的代销清单，代销清单载明丁公司已销售上述委托代销 A 产品的 40%，销售价格为 350 万元（不含增值税），甲公司尚未收到上述款项。

2016 年 12 月 31 日，甲公司相关业务会计处理如下：

借：应收账款　　　　　　　　　　　　　　　　　　　392

　　贷：主营业务收入　　　　　　　　　　　　　　　　332.5

　　　　应交税费——应交增值税（销项税额）　　　　　59.5

借：主营业务成本　　　　　　　　　　　　　　　　　200

　　贷：发出商品　　　　　　　　　　　　　　　　　　200

（3）2016 年 1 月 1 日，甲公司 W 型机器的成本为 800 万元，由于 W 型机器的市场价格下跌，已经计提存货跌价准备 100 万元。

2016 年 12 月 31 日由于 W 型机器的市场价格进一步上升，预计 W 型机器的可变现净值为 835 万元。

甲公司 2016 年 12 月 31 日按照可变现净值恢复存货价值，其会计处理如下：

借：存货跌价准备　　　　　　　　　　　　　　　　　135

　　贷：资产减值损失　　　　　　　　　　　　　　　　135

要求：根据资料（1）至（3），逐项判断甲公司会计处理是否正确，如不正确，简要说明理由，并编制更正有关会计差错的会计分录（有关会计差错更正按当期差错处理，不要求编制调整盈余公积的会计分录）。

参考答案

（一）单项选择题

1	2	3	4	5	6	7	8	9	10	11	12	13	14
A	C	A	D	D	D	A	A	A	B	B	C	C	B

（二）多项选择题

1	2	3	4	5	6	7	8	9
AC	ABC	ACD	ACD	ACD	AD	ABCD	ABCD	ABD

（三）判断题

1	2	3	4	5	6	7	8	9	10	11	12	13	14
√	√	×	×	×	√	×	√	√	×	√	√	√	×

（四）计算及账务处理题

1.（1）M 公司有关会计处理如下：

① 发出委托加工材料时：

借：委托加工物资　　　　　　　　　　　　　　　710 000

　　贷：原材料　　　　　　　　　　　　　　　　　　710 000

② 支付加工费及相关税金时：

增值税＝加工费×增值税税率

应交消费税＝组成计税价格×消费税税率

组成计税价格＝（发出委托加工材料成本＋加工费）/（1−消费税税率）

应支付的增值税＝100 000×17%＝17 000（元）

应支付的消费税＝(710 000＋100 000)÷(1−10%)×10%＝90 000（元）

借：委托加工物资　　　　　　　　　　　　　　　100 000

　　应交税费——应交增值税（进项税额）　　　　　　17 000

　　　　　　——应交消费税　　　　　　　　　　　　90 000

　　贷：银行存款　　　　　　　　　　　　　　　　　207 000

③ 收回加工材料时：

收回加工材料实际成本＝710 000＋100 000＝810 000（元）

借：原材料　　　　　　　　　　　　　　　　　　810 000

　　贷：委托加工物资　　　　　　　　　　　　　　　810 000

（2）假定 2016 年末，除上述 A 材料外，M 企业无其他存货，试分析 M 企业该批材料在 2016 年末是否发生减值，并说明该批材料在 2016 年末资产负债表中应如何列示：

① 用 A 材料所生产的 B 产品可变现净值＝1 000×1 200−50 000＝1 150 000（元）

　　B 产品成本＝810 000＋500 000＝1 310 000（元）

B 产品成本>B 产品可变现净值，B 产品发生减值，相应的 A 材料应按可变现净值与成本孰低计价。

　　A 材料可变现净值＝1 000×1 200−500 000−50 000＝650 000（元）

A 材料成本为 810 000 元。

因此 A 材料应计提存货跌价准备 160 000 元（810 000−650 000）。

② 该批材料应在 M 企业 2016 年末资产负债表中"存货"项目下列示的金额为 650 000 元。

2.

（1）A 产品可变现净值＝100×(18−1)＝1 700（万元），A 产品成本＝100×15＝1 500（万元），可以得出 A 产品可变现净值大于产品成本，则 A 产品不需要计提存货跌价准备。

2016 年 12 月 31 日 A 产品在资产负债表"存货"项目中列示的金额为 1 500 万元。

（2）① 签订合同部分 300 台可变现净值＝300×(5−0.3)＝1 410（万元）

　　　　成本＝300×4.5＝1 350（万元）

则签订合同部分不需要计提存货跌价准备。

② 未签订合同部分 200 台

可变现净值＝200×(4-0.4)＝720（万元）

成本＝200×4.5＝900（万元）

应计提存货跌价准备＝(900-720)-50＝130（万元）

借：资产减值损失 1 300 000

　　贷：存货跌价准备 1 300 000

B产品期末在资产负债表"存货"项目中列示的金额＝1 350＋720＝2 070（万元）

（3）可变现净值＝1 000×(4.5-0.5)＝4 000（万元）

产品成本＝1 000×3.7＝3 700（万元）

产品可变现净值高于成本，所以期末存货跌价准备科目余额为0。

应转回的存货跌价准备＝270-195＝75（万元）【计提＝期末 0-期初 270＋借方发生额 195＝-75】

借：存货跌价准备 750 000

　　贷：资产减值损失 750 000

C产品期末资产负债表"存货"项目列示金额为3 700万元。

（4）D产品可变现净值＝400×(3-0.3)＝1 080（万元），D产品的成本＝400×2.25＋400×0.38＝1 052（万元），由于D产品未发生减值，则D原材料不需要计提存货跌价准备。

D原材料期末在资产负债表"存货"项目中列报金额的为900万元。

（5）E配件是用于生产E产品的，所以应先判断E产品是否减值。

E产品可变现净值＝80件×(57.4-2.4)＝4 400（万元）

E产品成本＝100公斤×24＋80件×34＝5 120（万元）E产品发生减值。

进一步判断E配件的减值金额：

E配件可变现净值＝80件×(57.4-34-2.4)＝1 680（万元）

E配件成本＝100公斤×24＝2 400（万元）

E配件应计提的存货跌价准备＝2 400-1 680＝720（万元）

借：资产减值损失 7 200 000

　　贷：存货跌价准备——E配件 7 200 000

E配件期末资产负债表"存货"项目列示金额为1 680万元。

（6）待执行合同变为亏损合同，如果合同存在标的资产，应计提存货跌价准备。执行合同损失＝180-0.45×300＝45（万元）；不执行合同违约金损失为60万元，退出合同最低净成本为45万元，所以选择执行合同。由于存货发生减值，应计提存货跌价准备45万元。

借：资产减值损失 450 000

　　贷：存货跌价准备——F产品 450 000

3.

（1）2016年末由于大庆公司持有的笔记本电脑数量14 000台多于已经签订销售合同的数量10 000台。因此，销售合同约定数量10 000台应以合同价格作为计量基础，超过的部分4 000台的可变现净值应以一般销售价格作为计量基础。

① 有合同部分：

可变现净值＝10 000×1.5-10 000×0.05＝14 500（万元）

账面成本＝10 000×1.41＝14 100（万元）

成本低于可变现净值，没有发生减值，计提存货跌价准备金额为0。

② 没有合同的部分：

可变现净值＝4 000×1.3-4 000×0.05＝5 000（万元）

账面成本＝4 000×1.41＝5 640（万元）

可变现净值低于成本，发生了减值，

计提存货跌价准备金额＝5 640-5 000＝640（万元）

③ 会计分录：

借：资产减值损失	6 400 000	
贷：存货跌价准备		6 400 000

（2）① 2017 年 3 月 6 日向 M 公司销售笔记本电脑 10 000 台

借：银行存款	175 500 000	
贷：主营业务收入	150 000 000	（10 000×15 000）
应交税费——应交增值税（销项税额）	25 500 000	（150 000 000×17%）
借：主营业务成本	141 000 000	（10 000×14 100）
贷：库存商品	141 000 000	

② 2017 年 4 月 6 日销售笔记本电脑 1 000 台，市场销售价格为每台 1.2 万元

借：银行存款	14 040 000	
贷：主营业务收入	12 000 000	(1 000×12 000)
应交税费——应交增值税（销项税额）	2 040 000	(12 000 000×17%)
借：主营业务成本	14 100 000	(1 000×14 100)
贷：库存商品	14 100 000	

因销售应结转的存货跌价准备＝640×1000÷4 000＝160（万元）

借：存货跌价准备	1 600 000	
贷：主营业务成本		1 600 000

2017 年末剩余笔记本电脑的成本＝3 000×1.41＝4230（万元），可变现净值＝3 000×1.3＝3 900（万元），期末存货跌价准备应有余额＝4 230-3 900 ＝330（万元），存货跌价准备账户已有金额＝640-160＝480（万元），转回存货跌价准备 480-330＝150（万元）。

借：存货跌价准备	1 500 000	
贷：资产减值损失		1 500 000

4.

（1）编制相关的会计分录：

①

借：原材料	3 600 000	
应交税费——应交增值税（进项税额）	612 000	
贷：应付票据		4 212 000

②

借：长期股权投资	1 404 000	
贷：其他业务收入		1 200 000
应交税费——应交增值税（销项税额）		204 000
借：其他业务成本	800 000	
贷：原材料		800 000

③

借：应收账款	2 340 000	
贷：主营业务收入		2 000 000
应交税费——应交增值税（销项税额）		340 000
借：主营业务成本	1 600 000	
贷：库存商品		1 600 000
借：销售费用	40 000	
贷：银行存款		40 000

④

借：在建工程	468 000	
贷：原材料		400 000
应交税费——应交增值税（进项税额转出）		68 000

⑤

借：生产成本	1 400 000	
贷：原材料		1 400 000
借：生产成本	200 000	
贷：应付职工薪酬		200 000
借：库存商品	1 600 000	
贷：生产成本		1 600 000

⑥

借：待处理财产损溢	200 000	
贷：原材料		200 000
借：营业外支出	200 000	
贷：待处理财产损溢		200 000

⑦ 4月月末库存原材料甲的账面成本＝360－80－40－140－20＝80（万元），可变现净值为100万元，不需计提存货跌价准备；

库存A产品的账面成本＝200－160＋160＝200（万元），可变现净值为180万元，需计提存货跌价准备20万元。

| 借：资产减值损失 | 200 000 | |
| 贷：存货跌价准备 | | 200 000 |

（2）4月月末资产负债表中"存货"项目的金额＝80＋180＝260（万元）。

（五）案例分析题

1. 事项（1）会计处理不正确。

理由：甲公司2016年12月31日库存1 000箱L产品，有合同部分应当执行合同价，成本＝500×1.45＝725（万元），可变现净值＝500×1.5＝750（万元），成本小于可变现净值未发生减值；无合同部分按照市场价格计算可变现净值，可变现净值＝500×1.3＝650（万元），成本大于可变现净值，应当计提存货跌价准备＝725－650＝75（万元）。

更正分录为：

| 借：资产减值损失 | 750 000 | |
| 贷：存货跌价准备 | | 750 000 |

2. 事项（2）会计处理不正确。

理由：甲公司收到代销清单时，应当将350万元全部确认收入，手续费部分应当计入销售费用而不能抵减收入部分。

更正分录为：

| 借：销售费用 | 1 750 000（3 500 000×5%） | |
| 贷：主营业务收入 | | 1 750 000 |

3. 事项（3）会计处理不正确。

理由：W型机器的可变现净值得以恢复，应冲减存货跌价准备，但是当期应转回的存货跌价准备为100万元而不是135万元（即以将对W型机器已计提的"存货跌价准备"余额冲减至零为限）。

更正分录为：

| 借：资产减值损失 | 350 000 | |
| 贷：存货跌价准备 | | 350 000 |

长期股权投资 | 第六章

一、学习目的与要求

通过本章学习，了解长期股权投资与企业合并之间的联系；熟悉长期股权投资核算成本法与权益法转换的相关会计处理，熟悉长期股权投资处置和减值的会计处理；掌握长期股权投资初始确认与计量原则及会计处理，掌握长期股权投资后续计量的成本法和权益法。

二、重要概念

控制　共同控制　重大影响　企业合并　同一控制下的企业合并　非同一控制下的企业合并　成本法　权益法

三、重点与难点

重点：

（1）同一控制下企业合并形成的长期股权投资入账成本的计算、长期股权投资入账成本与转让资产账面价值之差的调整顺序及换股合并时资本公积的计算；非同一控制下企业合并形成的长期股权投资入账成本的计算、转让非现金资产的损益计算及换股合并时资本公积的计算。

（2）合并直接费用、股票发行费用及债券发行费用的会计处理。

（3）非企业合并形成的长期股权投资的初始计量原则；成本法与权益法适用范围；成本法下取得股利确认为投资收益的会计处理；权益法下初始投资成本与投资当日所占被投资方可辨认净资产公允价值份额的差额的会计处理；权益法下被投资方盈亏时投资方的会计处理，尤其是被投资方盈亏的公允价值口径调整、亏损致使投资价值低于零时投资方的会计处理以及存在未实现内部交易损益时投资方的会计处理；权益法下被投资方分红、其他综合收益及其他权益变动时投资方的会计处理；长期股权投资减值的会计处理。

难点：多次交易完成企业合并时投资方的会计处理；因减资造成的成本法转权益法的会计核算；因其他投资方增资导致本投资方持股比例下降，从而丧失控制权但能实施共同控制或重大影响的，投资方应将原成本法追溯为权益法。

四、内容概要解析

（一）长期股权投资的初始计量

1. 同一控制下的企业合并形成的长期股权投资的初始计量

（1）合并方以支付现金、转让非现金资产或承担债务方式作为合并对价的，应当在合并日按照取得被合并方所有者权益账面价值的份额作为长期股权投资的初始投资成本。长期股权投资初始投资成本与支付的现金、转让的非现金资产以及所承担债务账面价值之间的差额，应当调整资本公积；资本公积（资本溢价或股本溢价）不足冲减的，调整留存收益。

合并方的一般分录如下：

借：长期股权投资（合并当日被投资方账面净资产×合并方取得的股份比例）

　　　　资本公积（转让资产或代偿负债的账面价值高于长期股权投资初始成本的差额先冲资本公积）
　　　　盈余公积
　　　　利润分配——未分配利润（当资本公积不够冲时再冲盈余公积，如果仍不够抵最后冲未分配利润）
　　　　　贷：转让的资产或待偿的负债（账面价值）
　　　　　　　应交税费——应交增值税（销项税额）
　　　　　　　　　　　　——应交消费税
　　　　　　　　　　　　——应交营业税
　　（2）合并方以发行权益性证券作为合并对价的，应当在合并日按照被合并方账面净资产中属于投资方的份额作为长期股权投资的初始投资成本。按照发行股份的面值总额作为股本，长期股权投资初始投资成本与所发行股份面值总额之间的差额，应当调整资本公积；资本公积（资本溢价或股本溢价）不足冲减的，调整留存收益。
　　合并方的一般会计分录如下：
　　　　借：长期股权投资（合并当日被投资方账面净资产×合并方取得的股份比例）
　　　　　贷：股本或实收资本（发行股份的面值或新增的实收资本）
　　　　　　　资本公积——股本溢价或资本溢价（长期股权投资入账成本大于股份面值时计入贷方，反之计入借方，如果资本公积不够冲减的则调减留存收益）
　　支付发行费时：
　　　　借：资本公积——股本溢价
　　　　　贷：银行存款
　　（3）合并直接费用及证券发行费用的会计处理原则。
　　① 同一控制下的企业合并中，合并方发生的审计、法律服务、评估咨询等中介费用以及其他相关直接费用，应当于发生时直接计入管理费用。
　　② 股票发行费用应冲减"资本公积——股本溢价"，如果溢价不够冲或无溢价时则冲减留存收益。
　　③ 债券发行费用应冲减"应付债券——利息调整"，即冲减溢价或追加折价。
　　（4）对于被合并方账面所有者权益，应当在考虑以下几个因素的基础上计算确定形成长期股权投资的初始投资成本。
　　① 被合并方与合并方的会计政策、会计期间是否一致。如果合并前合并方与被合并方的会计政策、会计期间不同的，应首先按照合并方的会计政策、会计期间对被合并方资产、负债的账面价值进行调整，在此基础上计算确定被合并方的账面所有者权益，并计算确定长期股权投资的初始投资成本。
　　② 被合并方账面所有者权益是指被合并方的所有者权益相对于最终控制方而言的账面价值。
　　③ 同一控制下企业合并形成的长期股权投资，如果子公司按照改制时确定的资产、负债经评估确认的价值调整资产、负债账面价值的，合并方应当按照取得子公司经评估确认的净资产的份额作为长期股权投资的初始投资成本。
　　④ 如果被合并方本身编制合并财务报表的，被合并方的账面所有者权益的价值应当以其合并财务报表为基础确定。
　　2．非同一控制下的企业合并形成的长期股权投资的初始计量
　　（1）购买日的确认。
　　购买日，是指购买方实际取得对被购买方控制权的日期。
　　企业合并发生的审计费用、法律服务费用、咨询费用和评估费列入合并方的管理费用（同同一控制）。
　　债券的发行费用追加折价或冲减溢价，权益性证券的发行费用在溢价发行前提下冲抵溢价，如果溢价不够抵或面值发行的，应冲减盈余公积和未分配利润（同同一控制）。
　　（2）非同一控制下企业合并形成的长期股权投资的初始计量原则。

① 非同一控制下的控股合并中，购买方应当以付出的资产、发生或承担的负债以及发行的权益性证券的公允价值，作为长期股权投资的成本。

② 无论是同一控制下的企业合并还是非同一控制下的企业合并形成的长期股权投资，实际支付的价款或对价中包含的已宣告但尚未发放的现金股利或利润，应作为应收项目处理。

（3）一般会计分录。

① 如果换出的是无形资产，按正常转让方式处理：

借：长期股权投资（无形资产的公允价值）
　　累计摊销
　　无形资产减值准备
　　贷：无形资产
　　　　应交税费——应交增值税
　　　　营业外收入（或借记"营业外支出"）（倒挤）

② 如果换出的是固定资产，按正常转让固定资产处理：

借：固定资产清理
　　累计折旧
　　固定资产减值准备
　　贷：固定资产

借：长期股权投资（固定资产的公允价值＋增值税）
　　贷：固定资产清理
　　　　应交税费——应交增值税

借：固定资产清理（结平）
　　贷：营业外收入

③ 如果换出的是存货，按正常转让存货处理：

借：长期股权投资（存货公允价值＋增值税）
　　贷：主营业务收入或其他业务收入
　　　　应交税费——应交增值税

借：主营业务成本
　　存货跌价准备
　　贷：库存商品

3. 非企业合并形成的长期股权投资的初始计量

（1）以支付现金取得的长期股权投资，应当按照实际支付的购买价款作为初始投资成本。

初始投资成本包括与取得长期股权投资直接相关的费用、税金及其他必要支出。

企业取得长期股权投资，实际支付的价款或对价中包含的已宣告但尚未发放的现金股利或利润，应作为应收项目处理。一般分录如下：

借：长期股权投资——某公司
　　应收股利
　　贷：银行存款

（2）以发行权益性证券取得的长期股权投资，应按照发行权益性证券的公允价值作为初始投资成本。

权益性证券的发行费用在溢价发行前提下冲抵溢价，如果溢价不足或以面值发行的应冲减盈余公积和未分配利润。

借：长期股权投资——某公司
　　贷：股本（面值）
　　　　资本公积——股本溢价

（二）长期股权投资的后续计量

1．长期股权投资的成本法

（1）初始投资时的会计处理：参见合并形成的长期股权投资初始计量。

（2）成本法下收到现金股利的会计处理。

① 原则：采用成本法核算的长期股权投资，除取得投资时实际支付的价款或对价中包含的已宣告但尚未发放的现金股利或利润外，投资企业应当按照享有被投资单位宣告发放的现金股利或利润确认投资收益。

企业按照上述规定确认自被投资单位应分得的现金股利或利润后，应当考虑长期股权投资是否发生减值。在判断该类长期股权投资是否存在减值迹象时，应当关注长期股权投资的账面价值是否大于享有被投资单位净资产（包括相关商誉）账面价值的份额等类似情况。出现类似情况时，应按照《企业会计准则第8号——资产减值》对长期股权投资进行减值测试，可收回金额低于长期股权投资账面价值的，应当计提减值准备。

② 会计处理：被投资方分配现金股利。

宣告时：借：应收股利

　　　　　　　贷：投资收益

发放时：借：银行存款

　　　　　　　贷：应收股利

2．长期股权投资的权益法

（1）初始投资时的会计处理：参见非合并形成的长期股权投资初始计量。

（2）初始投资成本与被投资方可辨认净资产公允价值份额中属于投资方的部分之间的差额处理原则及账务处理。

① 长期股权投资的初始投资成本大于投资时应享有被投资单位可辨认净资产公允价值份额的，不调整长期股权投资的初始投资成本。

② 长期股权投资的初始投资成本小于投资时应享有被投资单位可辨认净资产公允价值份额的，其差额应当计入当期损益，同时调整长期股权投资的账面价值。差额做如下处理：

借：长期股权投资——成本

　　贷：营业外收入

（3）被投资方发生盈亏时投资方的会计处理。

① 被投资方实现盈余时投资方的会计处理。

首先将盈余口径调整为公允口径，再根据公允口径下的净利润乘以投资方的持股比例即为投资收益：

借：长期股权投资——损益调整（被投资方实现的公允净利润×持股比例）

　　贷：投资收益

符合如下条件之一的，可按被投资方账面净利润认定投资收益：一是投资企业无法合理确定取得投资时被投资方各项可辨认资产等的公允价值；二是投资时被投资方可辨认净资产的公允价值与账面价值相差不大；三是其他原因导致无法取得被投资方的相关资料，不能按照准则中规定的原则对被投资方的净损益进行调整的。

如果被投资方会计政策及会计期间与投资企业不一致的，应按照投资方的会计政策及会计期间对被投资单位财务报表进行调整，并据以确认投资损益。

在确认应享有或应分担的被投资方净利润（或亏损）时，法规或章程规定不属于投资方的净损益应当予以剔除后计算。

② 被投资方发生亏损时投资方的会计处理原则。

投资企业确认被投资单位发生的净亏损，应当以长期股权投资的账面价值以及其他实质上构成对被投资单位净投资的长期权益（长期应收款）减记至零为限，投资企业负有承担额外损失义务的除外，按照以下顺序进行处理：

第一步，冲减长期股权投资的账面价值。

第二步，如果长期股权投资的账面价值不足以冲减的，应当以其他实质上构成对被投资单位净投资的长期权益账面价值为限继续确认投资损失，冲减长期权益的账面价值。

第三步，在进行上述处理后，按照投资合同或协议约定企业仍承担额外义务的，应按预计承担的义务确认预计负债，计入当期投资损失。

第四步，被投资单位以后期间实现盈利的，扣除未确认的亏损分担额后，应按与上述顺序相反的顺序处理，减记已确认预计负债的账面余额、恢复其他长期权益以及长期股权投资的账面价值，同时确认投资收益。

投资企业在确认应享有被投资单位净损益的份额时，均应当以取得投资时被投资单位各项可辨认资产等的公允价值为基础，对被投资单位的净利润进行调整后确认。会计分录为：

借：投资收益

　　贷：长期股权投资——损益调整（以长期股权投资账面价值为冲抵上限）

　　　　长期应收款（如果投资方拥有被投资方的长期债权时）

预计负债（如果投资方对被投资方的亏损承担连带责任的，需将超额亏损列入预计负债，如果投资方无连带责任，则应将超额亏损列入备查簿。）

将来被投资方实现盈余时，先冲备查簿中的亏损额，再做相反分录：

借：预计负债（先冲当初列入的预计负债）

　　长期应收款（再恢复当初冲减的长期应收款）

　　长期股权投资——损益调整（最后再恢复长期股权投资）

　　贷：投资收益

③ 在确认投资收益时，无论是被投资单位盈利还是亏损，除考虑公允价值的调整外，对于投资企业与其联营企业及合营企业之间发生的未实现内部交易损益应予抵销。

（4）被投资方利润分配时。

被投资方分派现金股利时根据分红额乘以持股比例在宣告时做如下处理：

借：应收股利

　　贷：长期股权投资——损益调整

实际发放时：

借：银行存款

　　贷：应收股利

注：被投资方分派股票股利时，由于股票股利仅是将被投资方的未分配利润转化为股本，其本质是对现有所有者权益结构进行再调整，该业务既不会增加企业的资产，也不会增加企业的负债，更不会增加业主权益作为投资方，无论成本法还是权益法，均不能将其认定为投资收益，只需在备查簿中登记由此而增加的股份额即可。

（5）被投资方发生其他综合收益时。

其他综合收益主要产生于：①可供出售金融资产价值的暂时波动；②权益法下被投资方其他综合收益变动时投资方的相应调整；③持有至到期投资重分类为可供出售金融资产时公允价值与账面价值的差额；④自用房产、存货转为公允价值模式下的投资性房地产时转换日形成的增值。会计处理为：

借：长期股权投资——其他综合收益

　　贷：其他综合收益

或做相反会计分录。

投资方在后续处置股权投资但对剩余股权仍采用权益法核算时，应按处置比例将这部分其他综合收益转入当期投资收益；对剩余股权终止权益法核算时，将这部分其他综合收益全部转入当期投资收益，重新计量设定受益计划净负债或净资产的变动除外。会计处理为：

借：其他综合收益

　　贷：投资收益

或做相反会计分录。

（6）被投资单位除净损益、利润分配以及其他综合收益外的所有者权益的其他变动时。

其他所有者权益变动主要产生于：①被投资单位接受其他股东的资本性投入；②被投资单位发行可分离交易的可转债中包含的权益成分；③权益结算的股份支付；④其他股东对被投资单位增资导致投资方持股比例变化等。会计处理为：

借：长期股权投资——其他权益变动

　　贷：资本公积——其他资本公积

或做相反会计分录。

投资方在后续处置股权投资但对剩余股权仍采用权益法核算时，应按处置比例将这部分资本公积转入当期投资收益；对剩余股权终止权益法核算时，将这部分资本公积全部转入当期投资收益。会计处理为：

借：资本公积——其他资本公积

　　贷：投资收益

或做相反会计分录。

注：①投资方部分处置权益法核算的长期股权投资，剩余股权仍采用权益法核算的，原权益法核算的相关其他综合收益应采用与被投资单位直接处置相关资产或负债相同的基础处理并按比例结转，因被投资方除净损益、其他综合收益和利润分配以外的其他所有者权益变动而确认的所有者权益，应按比例结转入当期投资收益；②投资方因增加投资等原因对被投资单位的持股比例增加，但被投资单位仍然是投资方的联营企业或合营企业时，投资方应按新的持股比例对股权投资继续采用权益法进行核算。在新增投资日，如果新增投资成本大于按新增持股比例计算的被投资单位可辨认净资产于新增投资日的公允价值份额，不调整长期股权投资成本；如果新增投资成本小于按新增持股比例计算的被投资单位可辨认净资产于新增投资日的公允价值份额，应按该差额，调整长期股权投资成本和营业外收入。进行上述调整时，应综合考虑与原持有投资和追加投资相关的商誉或计入损益的金额。

（三）长期股权投资的减值

按照本准则核算的长期股权投资，其减值应当按照《企业会计准则第 8 号——资产减值》处理。会计处理为：

借：资产减值损失

　　贷：长期股权投资减值准备

该减值损失以后会计期间不得转回。

（四）因减资造成的成本法转权益法的核算

1. 追溯认定剩余股份原投资时被投资方公允净资产中属于投资方的部分与初始投资成本之间的差额

① 初始投资成本大于被投资单位可辨认净资产公允价值份额的差额属于通过投资作价体现的商誉部分，不调整长期股权投资的账面价值。

② 初始投资成本小于应享有被投资单位可辨认净资产公允价值份额的差额，一方面应调整长期股权投资的账面价值，同时调整留存收益。会计处理为：

借：长期股权投资

 贷：盈余公积

 利润分配——未分配利润

 注：如果追溯的是当年的贷差，则应贷记"营业外收入"。

2．追溯认定成本法核算期间被投资方盈亏的影响

对于购买日之后到丧失控制权之间被投资单位可辨认净资产公允价值的变动相对于原持股比例的部分，属于在此期间被投资单位实现净损益中应享有份额的，一方面应当调整长期股权投资的账面价值，同时调整留存收益（截止到收回投资当年初的被投资方实现的损益）或投资收益（收回投资当年初至收回投资当日被投资方实现的损益）。会计处理为：

 借：长期股权投资

 贷：盈余公积

 利润分配——未分配利润（截止至减资当年初被投资方实现的损益）

 或：投资收益（减资当年初至减资当日被投资方实现的损益）

被投资方发生亏损时投资方的一般分录同上述分录相反。

3．追溯认定被投资方利润分配的影响

 借：盈余公积

 利润分配——未分配利润

 贷：长期股权投资

 注：如果追溯的是当年的利润分配影响，则应借记"投资收益"。

4．追溯认定被投资方其他综合收益或其他权益变动的影响

 借：长期股权投资——其他综合收益

 ——其他权益变动

 贷：其他综合收益

 资本公积——其他资本公积

（五）因增资造成的权益法转成本法的核算

1．同一控制下企业合并的会计处理

企业通过多次交易分步取得同一控制下被投资单位的股权，最终形成企业合并的，属于一揽子交易的，合并方应当将各项交易作为一项取得控制权的交易进行会计处理。

不属于"一揽子交易"的，取得控制权日，应按照以下步骤进行会计处理。

（1）在合并日，根据合并后应享有被合并方净资产在最终控制方合并财务报表中的账面价值的份额，确定长期股权投资的初始投资成本。

（2）合并日长期股权投资的初始投资成本，与达到合并前的长期股权投资账面价值加上合并日进一步取得股份新支付对价的账面价值之和的差额，调整资本公积（资本溢价或股本溢价），资本公积不足冲减的，冲减留存收益。

（3）合并日之前持有的股权投资，因采用权益法核算或金融工具确认和计量准则核算而确认的其他综合收益，暂不进行会计处理，直至处置该项投资时采用与被投资单位直接处置相关资产或负债相同的基础进行会计处理；因采用权益法核算而确认的被投资单位净资产中除净损益、其他综合收益和利润分配以外的所有者权益其他变动，暂不进行会计处理，直至处置该项投资时转入当期损益。

其中，处置后的剩余股权根据本准则采用成本法或权益法核算的，其他综合收益和其他所有者权益应按比例结转，处置后的剩余股权改按金融工具确认和计量准则进行会计处理的，其他综合收益和其他所有者权益应全部结转。

2．非同一控制下企业合并的会计处理

企业通过多次交易分步实现非同一控制下企业合并的，在编制个别财务报表时，应当按照原持有的股权投资的账面价值加上新增投资成本之和，作为改按成本法核算的初始投资成本。

购买日之前持有的股权采用权益法核算的，相关其他综合收益或其他资本公积暂时不做处理，待到处置该项投资时将与其相关的其他综合收益或其他资本公积再按长期股权投资的规定进行处理。

其中，处置后的剩余股权根据本准则采用成本法或权益法核算的，其他综合收益和其他所有者权益应按比例结转，处置后的剩余股权改按金融工具确认和计量准则进行会计处理的，其他综合收益和其他所有者权益应全部结转。

购买日之前持有的股权投资，采用金融工具确认和计量准则进行会计处理的，应当将按照该准则确定的股权投资的公允价值加上新增投资成本之和，作为改按成本法核算的初始投资成本，原持有股权的公允价值与账面价值之间的差额以及原计入其他综合收益的累计公允价值变动应当全部转入改按成本法核算的当期投资收益。

表6-1　　　　　　　　　　　　　　　　长期股权投资转换会计处理

合并类型	成本法下 长期股权投资初始成本		原权益法 转成本法的口径	原其他综合收益、 资本公积的处理
同一控制	被合并方账面净资产×持有比例	权益法下的账面价值＋追加投资的账面代价	以原账面 价值结转	合并日不转投资收益，等到处置投资时再按相关准则处理
	其差额调整"资本公积""盈余公积"和"利润分配——未分配利润"			
非同一控制	权益法下的账面价值＋新增初始投资成本（公允代价）			

（六）长期股权投资的处置

1. 会计处理原则

企业处置长期股权投资时，应相应结转与所售股权相对应的长期股权投资的账面价值，出售所得价款与处置长期股权投资账面价值之间的差额，应确认为处置损益。采用权益法核算的长期股权投资，原计入其他综合收益、资本公积——其他资本公积中的金额，在处置时亦应进行结转，将与所出售股权相对应的部分在处置时自其他综合收益、资本公积——其他资本公积转入当期损益。

2. 成本法下处置长期股权投资的一般分录

借：银行存款

　　长期股权投资减值准备

　　贷：长期股权投资

　　　　投资收益（倒挤）

3. 权益法下处置长期股权投资的一般分录

借：银行存款

　　长期股权投资减值准备

　　资本公积——其他资本公积（如为借方余额则应在贷方冲减）

　　其他综合收益

　　贷：长期股权投资——成本

　　　　　　　　　　——损益调整

　　　　　　　　　　——其他权益变动（如为贷方余额则应在借方冲减）

　　　　　　　　　　——其他综合收益（如为贷方余额则应在借方冲减）

　　　　投资收益（倒挤）

五、同步练习

（一）单项选择题

1. A公司2×12年7月1日以一批价值600万元的存货取得B公司80%的股权，对B公司经营决策能够实施控制。B公司2×12年实现净利润500万元（均匀发生），所有者权益其他变动增加100万元。A公司适用的增值税税率为17%，A公司2×12年末对B公司股权投资的账面价值为（　　）万元。

  A. 702   B. 600   C. 1 500   D. 1 080

  2. 开源公司于2×12年1月1日取得对联营企业30%股权，取得投资时被投资单位有一项固定资产公允价值为600万元，账面价值为200万元，固定资产的预计尚可使用年限为8年，净残值为零，按照直线法计提折旧。被投资单位2×12年度利润表中净利润为1 500万元。不考虑所得税和其他因素的影响，投资企业对该投资按权益法核算。投资企业2×12年应确认的投资收益为（　　）万元。

  A. 450   B. 435   C. 432   D. 444

  3. 对取得的长期股权投资采用权益法核算的情况下，根据现行会计准则的规定，下列各项中会引起长期股权投资账面价值发生增减变动的是（　　）。

  A. 被投资企业接受现金捐赠时   B. 被投资企业提取盈余公积

  C. 被投资企业宣告分派现金股利   D. 被投资企业宣告分派股票股利

  4. 甲公司2×12年1月1日以300万元取得乙公司70%的股权，对乙公司能够实施控制。当日乙公司可辨认净资产公允价值为3 100万元，账面价值为3 000万元，其差额为一项存货账面价值与公允价值不一致引起，该存货分别于2×13年和2×14年对外出售60%和40%。乙公司2×13年、2×14年分别实现净利润300万元、200万元。2×14年末该项长期股权投资的可收回金额为280万元。假定不考虑其他因素，该项长期股权投资在2×14年末应确认的减值金额为（　　）万元。

  A. 0   B. 20   C. 70   D. 60

  5. 下列各项关于长期股权投资核算的表述中，正确的是（　　）。

  A. 长期股权投资采用权益法核算下，被投资方宣告分配的现金股利，投资方应按照持股比例确认投资收益

  B. 长期股权投资采用成本法核算时被投资方宣告分配的现金股利，投资方应确认投资收益

  C. 期末长期股权投资账面价值大于可收回金额，不需要进行处理

  D. 处置长期股权投资时，应按照处置比例结转资本公积的金额至投资收益

  6. 企业处置长期股权投资时，下列表述中，不正确的是（　　）。

  A. 处置长期股权投资时，持有期间计提的减值准备也应一并结转

  B. 采用权益法核算的长期股权投资在处置股权后仍然采用权益法核算的，因被投资方除净损益、其他综合收益和利润分配以外的其他所有者权益变动而确认的所有者权益，应当按比例结转入当期投资收益

  C. 处置长期股权投资，其账面价值与实际取得价款的差额，应当计入投资收益

  D. 处置长期股权投资，其账面价值与实际取得价款的差额，应当计入营业外收入

  7. 关于长期股权投资核算方法的转换，下列说法中不正确的是（　　）。

  A. 因增加投资导致对被投资单位的影响能力由重大影响转为控制的，应按照权益法转为成本法的核算方法进行处理

  B. 因增加投资导致对被投资单位的影响能力由共同控制转为控制的，应按照权益法转为成本法的核算方法进行处理

  C. 因处置投资导致对被投资单位的影响能力由控制转为具有重大影响的，应由成本法核算改为权益法核算

  D. 因处置投资导致对被投资单位的影响能力由控制转为与其他投资方一起实施共同控制的，处置前后均采用成本法核算

  8. 关于成本法与权益法的转换，下列说法中不正确的是（　　）。

  A. 原持有的对被投资单位不具有控制、共同控制或重大影响、在活跃市场中没有报价、公

允价值不能可靠计量的长期股权投资，因追加投资导致持股比例上升能够对被投资单位施加重大影响或是实施共同控制的，应由成本法核算转为权益法

B. 原持有的对被投资单位不具有控制、共同控制或重大影响、在活跃市场中没有报价、公允价值不能可靠计量的长期股权投资，因追加投资导致持股比例上升，能够对被投资单位施加控制的，应由成本法核算转为权益法

C. 因处置投资导致对被投资单位的影响能力由控制转为具有重大影响的，应由成本法核算改为权益法

D. 因处置投资导致对被投资单位的影响能力由控制转为与其他投资方一起实施共同控制的，应由成本法核算改为权益法

9. 成本法下，被投资单位宣告分派现金股利时，投资企业应按享有的部分计入（ ）科目。

    A. 长期股权投资   B. 投资收益   C. 资本公积   D. 营业外收入

10. 甲公司 2×13 年 5 月 1 日以库存商品自丙公司手中换得乙公司 80%股权，甲乙、丙公司无关联方关系，库存商品的成本为 600 万元，公允价值为 1 000 万元，增值税税率为 17%，消费税率为 8%，该存货已提跌价准备为 50 万元，当天乙公司账面净资产为 800 万元，净资产的公允价值为 1 200 万元。则甲公司因该投资产生的损益额为（ ）万元。

    A. 360   B. 370   C. 80   D. 240

（二）多项选择题

1. 在同一控制下的企业合并中，合并方取得的净资产账面价值与支付的合并对价账面价值（或发行股份面值总额）的差额，可能调整（ ）。

    A. 利润分配——未分配利润   B. 资本公积

    C. 营业外收入   D. 投资收益

2. 下列有关长期股权投资的表述中，不正确的有（ ）。

    A. 长期股权投资在取得时，应按取得投资的公允价值入账

    B. 企业合并取得长期股权投资而发行债券支付的手续费、佣金等应计入初始投资成本

    C. 企业取得长期股权投资时，实际支付的价款中包含的已宣告但尚未发放的现金股利应计入初始投资成本

    D. 投资企业在确认应享有被投资单位净损益的份额时，不需对被投资单位的账面净利润进行调整

3. 下列关于非同一控制下企业合并的表述中，正确的有（ ）。

    A. 以权益性证券作为合并对价的，与发行有关的佣金、手续费等，应从所发行权益性证券的发行溢价收入中扣除，权益性证券的溢价收入不足冲减，应冲减盈余公积和未分配利润

    B. 非同一控制下企业合并过程中发生的审计、法律服务、评估咨询等中介费用，应于发生时计入当期损益

    C. 以发行债券方式进行的企业合并，与发行有关的佣金、手续费等应计入债券的初始计量金额中，如是折价发行则增加折价金额；如是溢价发行则减少溢价金额

    D. 合并成本小于享有被投资方可辨认净资产公允价值份额的差额，应计入营业外收入

4. 下列有关长期股权投资处置的说法中，正确的有（ ）。

    A. 采用成本法核算的长期股权投资，处置长期股权投资时，其账面价值与实际取得价款的差额，应当计入当期损益

    B. 采用权益法核算的长期股权投资，因被投资单位除净损益以外所有者权益的其他变动而计入所有者权益的，处置该项投资时应当将原计入所有者权益部分的金额按相应比例转入当期损益

  C．采用成本法核算的长期股权投资，处置长期股权投资时，其账面价值与实际取得价款的差额，应当计入所有者权益

  D．采用权益法核算的长期股权投资，因被投资单位除净损益以外所有者权益的其他变动而计入所有者权益的，处置该项投资时不应将原计入所有者权益的部分转入当期损益，应按其账面价值与实际取得价款的差额，计入当期损益

5．下列关于长期股权投资核算的表述中，正确的有（   ）。

  A．增资条件下由成本法转为权益法，需要按权益法进行追溯调整

  B．权益法下出现超额亏损时，投资企业确认的投资损失应以长期股权投资账面价值减记至零为限，除此之外的额外损失均账外备查登记

  C．减资条件下由权益法转为成本法，需要按成本法进行追溯调整

  D．减资条件下由成本法转为权益法，需要进行追溯调整，同时调整成本法期间被投资企业计入资本公积而应由投资方享有的份额

6．下列关于长期股权投资表述中，符合会计准则规定的有（   ）。

  A．增资条件下由成本法转为权益法，需要追溯调整，同时调整成本法期间被投资企业发生的其他权益变动投资方享有的份额

  B．增资条件下由权益法转为成本法，不需要进行追溯调整，权益法下确认的相关资本公积应于处置时转入投资收益

  C．减资条件下由权益法转为成本法，需要进行追溯调整，同时调整权益法下被投资企业由于资本公积变动投资方享有的份额

  D．减资条件下由成本法转为权益法，需要进行追溯调整，其他原因导致被投资单位所有者权益变动中应享有的份额，在调整长期股权投资账面价值的同时，应当计入"资本公积——其他资本公积"

7．下列有关成本法与权益法转换的论述中，正确的有（   ）。

  A．甲公司先持有乙公司股份的 10%，后又买了 20% 的股份，达到了重大影响程度，属于成本法转权益法，应予追溯调整

  B．甲公司先持有乙公司股份的 40%，具有重大影响能力，后又购得 15% 的股份，从而达到对乙公司的控制，属于权益法转成本法，不予追溯调整

  C．甲公司先持有乙公司 40% 的股份，具有重大影响能力，后卖掉了 30% 的乙公司股份，不再具有重大影响能力，属于权益法转成本法，不予追溯调整

  D．甲公司先持有乙公司 60% 的股份，具有控制能力，后卖掉了 40% 的乙公司股份，对乙公司具有重大影响，属于成本法转权益法，应予追溯调整

8．下列有关长期股权投资权益法核算的会计论述中，正确的有（   ）。

  A．当投资方对被投资方影响程度达到重大影响或重大影响以上时应采用权益法核算长期股权投资

  B．因被投资方除净损益及其他综合收益以外的其他所有者权益变动造成的投资价值调整应列入"资本公积——其他资本公积"，此项资本公积在投资处置时应转入投资收益

  C．初始投资成本如果高于投资当日在被投资方拥有的可辨认净资产公允价值的份额，应作为投资损失，在以后期间摊入各期损益

  D．当被投资方的亏损使得投资方的账面价值减至零时，如果投资方拥有被投资方的长期债权，实质上构成权益性投资，则应冲减此债权，如果依然不够冲抵，当投资方对被投资方承担连带亏损责任时，应贷记"预计负债"，否则将超额亏损列入备查簿中，等到将来被投资方实现盈余时，先冲备查簿中的未入账亏损，再依次冲减"预计负债"，恢复长期债权价值，最后追加投资价值

9. 权益法下，投资方不应计入投资收益的事项有（　　　）。

　　A. 在持有期间收到现金股利

　　B. 转让长期股权投资时取得的实际价款与其账面价值的差额

　　C. 被投资方宣告分配现金股利

　　D. 被投资方发放股票股利

10. 长期股权投资采用权益法核算的，应当设置的明细科目有（　　　）。

　　A. 成本　　　　　　　　　　　　B. 长期股权投资减值准备

　　C. 损益调整　　　　　　　　　　D. 其他权益变动

11. 下列长期股权投资中，应采用成本法核算的有（　　　）。

　　A. 投资企业对子公司的长期股权投资

　　B. 投资企业对合营企业的长期股权投资

　　C. 投资企业对联营企业的长期股权投资

　　D. 投资企业对被投资单位不具有控制、共同控制和重大影响，并且在活跃市场中没有报
　　　价、公允价值不能可靠计量的长期股权投资

12. 下列投资中，应作为长期股权投资核算的有（　　　）。

　　A. 对子公司的权益性投资

　　B. 对联营企业和合营企业的权益性投资

　　C. 对被投资单位不具有控制、共同控制和重大影响的权益性投资

　　D. 投资方购买子公司的债券

（三）判断题

1. 对于同一控制下的控股合并，合并方应以所取得的对方账面净资产份额作为长期股权投资成本。（　　　）

2. 企业以合并以外的其他方式取得的长期股权投资，作为对价而发行的债券涉及的佣金、手续费应计入长期股权投资的成本。（　　　）

3. 不具有控制、共同控制和重大影响，在活跃市场没有报价，公允价值不能可靠计量的股权投资应该按照《企业会计准则第 8 号——资产减值》的相关规定计提减值准备。（　　　）

4. 长期股权投资成本法与权益转换时都应进行相应的追溯调整。（　　　）

5. 权益法下确认投资收益时，投资企业与其联营企业或合营企业之间发生的未实现内部交易损益，无论顺流交易还是逆流交易产生的，只要不属于资产减值损失，则均应予以抵销。（　　　）

6. 采用权益法核算的长期股权投资的初始投资成本大于投资时应享有被投资单位可辨认净资产公允价值份额的，其差额不调整长期股权投资的初始投资成本。（　　　）

（四）计算及账务处理题

1. 红河公司 2×10—2×14 年发生如下业务。

（1）2×10 年 1 月 1 日以 400 万元投资于开源公司，从而拥有开源公司 40%的股份，投资时开源公司可辨认净资产的公允价值为 1 100 万元。

（2）开源公司 2×10 年度实现净利润 200 万元，宣告分配现金股利 120 万元，当期开源公司由于持有的可供出售金融资产公允价值的变动计入其他综合收益的金额为 60 万元。

（3）2×11 年度开源公司亏损 40 万元。

（4）2×12 年度开源公司亏损 1 250 万元，此时红河公司账上仍应收开源公司的长期应收款 40 万元。

（5）2×13 年度开源公司盈利 1 400 万元，宣告并分配现金股利 1 000 万元。2×14 年红河公司将该长期股权投资的 50%出售，出售取得价款 80 万元。

假定红河公司、开源公司适用的会计政策、会计期间均相同，投资时开源公司有关资产的、负

债的公允价值与其账面价值也相同。

要求：做出每笔业务的会计处理与税务处理。

2．开源股份有限公司（以下简称开源公司）2×11 年至 2×14 年有关投资业务的资料如下。

（1）2×11 年 12 月 1 日，开源公司与南海公司签订股权转让协议。该股权转让协议规定：开源公司收购南海公司持有汇鸿公司的部分股份，收购价格为 540 万元，收购后开源公司拥有汇鸿公司30%的股权。2×12 年 1 月 1 日，开源公司以银行存款支付收购股权价款 540 万元，并办理了相关的股权划转手续。

2×12 年 1 月 1 日，汇鸿公司股东权益总额为 1 600 万元，其中股本为 800 万元，资本公积为 2 100万元，未分配利润为 600 万元（均为 2×11 年度实现的净利润）。假定 2×12 年 1 月 1 日，汇鸿公司可辨认净资产的公允价值也为 1 600 万元。取得投资时汇鸿公司各项资产的公允价值与账面价值的差额不具有重要性。

（2）2×12 年 5 月 1 日，汇鸿公司股东大会通过 2×11 年度利润分配方案。该分配方案如下：按实现净利润的 10%提取法定盈余公积；分配现金股利 400 万元。2×12 年 6 月 5 日，开源公司收到汇鸿公司分派的现金股利。

（3）2×12 年 6 月 12 日，汇鸿公司因长期股权投资业务核算确认其他综合收益 160 万元。

（4）2×12 年度，汇鸿公司实现净利润 800 万元。

（5）2×13 年 5 月 4 日，汇鸿公司股东大会通过 2×12 年度利润分配方案。该方案如下：按实现净利润的 10%提取法定盈余公积；不分配现金股利。

（6）2×13 年度，汇鸿公司发生净亏损 400 万元。

（7）2×13 年 12 月 31 日，开源公司对汇鸿公司投资的预计可收回金额为 544 万元。

（8）2×14 年 1 月 5 日，开源公司将其持有的汇鸿公司股份全部对外转让，转让价款为 500 万元，相关的股权划转手续已办妥，转让价款已存入银行。假定开源公司在转让股份过程中没有发生相关税费。

要求：

（1）编制开源公司 2×12 年有关业务的会计分录，并做出账务处理；

（2）编制开源公司 2×13 年有关业务的会计分录，并做出账务处理；

（3）编制开源公司 2×14 年有关业务的会计分录，并做出账务处理。

参考答案

（一）单项选择题

1	2	3	4	5	6	7	8	9	10
A	B	C	B	B	D	D	B	B	B

（二）多项选择题

1	2	3	4	5	6	7	8	9	10	11	12
AB	ABCD	ABC	AB	AD	ABD	ABCD	BD	ACD	ACD	AD	AB

（三）判断题

1	2	3	4	5	6
√	×	×	×	√	√

（四）计算及账务处理题

1．（1）

借：长期股权投资——开源公司（投资成本）　　　　　　　　　　　4 400 000

　　贷：银行存款　　　　　　　　　　　　　　　　　　　　　　　　　　4 000 000

　　　　营业外收入　　　　　　　　　　　　　　　　　　　　　　　　　　 400 000

（2）

借：长期股权投资——开源公司（损益调整）　　　　　　　　　　　　 800 000

　　贷：投资收益　　　　　　　　　　　　　　　　　　　　　　　　　　　800 000

借：应收股利——开源公司　　　　　　　　　　　　　　　　　　　　　480 000

　　贷：长期股权投资——开源公司（损益调整）　　　　　　　　　　　　480 000

借：长期股权投资——其他权益变动　　　　　　　　　　　　　　　　　240 000

　　贷：其他综合收益　　　　　　　　　　　　　　　　　　　　　　　　　240 000

此时，该长期股权投资的账面价值为 440＋80-48＋24＝496（万元）。

（3）

借：投资收益　　　　　　　　　　　　　　　　　　　　　　　　　　　160 000

　　贷：长期股权投资——开源公司（损益调整）　　　　　　　　　　　　160 000

此时，该长期股权投资的账面价值为 496-16＝480（万元）。

（4）

借：投资收益　　　　　　　　　　　　　　　　　　　　　　　　　 5 000 000

　　贷：长期股权投资——开源公司（损益调整）　　　　　　　　　　 4 800 000

　　　　长期应收款——开源公司　　　　　　　　　　　　　　　　　　　200 000

此时，该长期股权投资的账面价值为 480-480＝0。

（5）

借：应收股利——开源公司　　　　　　　　　　　　　　　　　　　 4 000 000

　　贷：长期股权投资——开源公司（损益调整）　　　　　　　　　　 4 000 000

此时，该长期股权投资的账面价值为 540-400＝140（万元）。

（6）

借：银行存款　　　　　　　　　　　　　　　　　　　　　　　　　　 800 000

　　贷：长期股权投资　　　　　　　　　　　　　　　　　　　　　　　　700 000

　　　　投资收益　　　　　　　　　　　　　　　　　　　　　　　　　　100 000

除应将实际取得的价款与长期股权投资的账面价值进行结转、确认出售损益以外，还应该将原计入其他综合收益的部分 24 万元，按 50%的比例转入当期损益：

借：其他综合收益　　　　　　　　　　　　　　　　　　　　　　　　　120 000

　　贷：投资收益　　　　　　　　　　　　　　　　　　　　　　　　　　120 000

2．（1）编制开源公司 2×12 年有关业务的会计分录：

① 2×12 年 1 月 1 日：

借：长期股权投资　　　　　　　　　　　　　　　　　　　　　　　 5 400 000

　　贷：银行存款　　　　　　　　　　　　　　　　　　　　　　　　 5 400 000

开源公司初始投资成本 540 万元大于应享有汇鸿公司可辨认净资产公允价值的份额 480 万元（1 600×30%），开源公司不调整长期股权投资的初始投资成本。

② 2×12 年 5 月 1 日：

借：应收股利　　　　　　　　　　　　　　　　　　　 1 200 000（4 000 000×30%）

　　贷：长期股权投资　　　　　　　　　　　　　　　　　　　　　　 1 200 000

③ 2×12 年 6 月 5 日:

借: 银行存款 1 200 000

    贷: 应收股利 1 200 000

④ 2×12 年 6 月 12 日:

借: 长期股权投资 480 000(1 600 000×30%)

    贷: 其他综合收益 480 000

⑤ 2×12 年 12 月 31 日:

借: 长期股权投资 2 400 000(8 000 000×30%)

    贷: 投资收益 2 400 000

(2)编制开源公司 2×13 年有关业务的会计分录

① 2×13 年 5 月 4 日:

不做会计处理。

② 2×13 年 12 月 31 日:

借: 投资收益 1 200 000(4 000 000×30%)

    贷: 长期股权投资 1 200 000

此时,长期股权投资的账面余额=540-120+48+240-120=588(万元)。因可收回金额为 544 万元,所以应计提减值准备 44 万元。

③ 2×13 年 12 月 31 日:

借: 资产减值损失 440 000

    贷: 长期股权投资减值准备——汇鸿公司 440 000

(3)编制开源公司 2×14 年有关业务的会计分录

借: 银行存款 5 000 000

    长期股权投资减值准备——汇鸿公司 440 000

    其他综合收益 480 000

    贷: 长期股权投资 5 880 000

        投资收益 40 000

固定资产 | 第七章

一、学习目的与要求

通过本章学习，应掌握固定资产概念和特征、确认和分类、计价标准，固定资产初始取得和后续支出的会计核算、固定资产折旧范围及其方法和会计处理、固定资产处置的会计处理。

二、重要概念

固定资产　原始价值　重置完全价值　弃置费用　预计净残值　固定资产折旧　年限平均法
工作量法　双倍余额递减法　年数总和法

三、重点与难点

重点：外购固定资产、自行建造固定资产的会计处理；固定资产折旧的范围、折旧方法及其会计处理；固定资产后续支出的会计处理；固定资产处置的会计处理。

难点：超过正常信用条件购买固定资产的会计处理；融资性租入的固定资产的会计处理。

四、内容概要解析

（一）固定资产的概念、特征以及确认条件

固定资产，是指同时具有以下特征的有形资产：（1）为生产商品、提供劳务、出租或经营管理而持有的；（2）使用寿命超过一个会计年度。

固定资产具有以下特征：

（1）为生产商品、提供劳务、出租或经营管理而持有（固定资产区别于商品等流动资产的重要标志）；（2）使用寿命超过一个会计年度（属于非流动资产）；（3）固定资产为有形资产（与无形资产的区别）。

一个项目作为固定资产确认，除了满足固定资产的概念，还必须满足两个条件：

（1）与该固定资产有关的经济利益很可能流入企业；

（2）该固定资产的成本能够可靠地计量。

注意：

（1）固定资产的各组成部分具有不同使用寿命或者以不同方式为企业提供经济利益，适用不同折旧率或折旧方法的，应当分别将各组成部分确认为单项固定资产。

（2）与固定资产有关的后续支出，满足固定资产确认条件的，应当计入固定资产成本；不满足固定资产确认条件的，应当在发生时计入当期损益。

（二）固定资产的分类

（1）按经济用途分类：生产经营用固定资产与非生产经营用固定资产。

（2）按固定资产的使用情况分类：使用中的固定资产、未使用的固定资产和不需用的固定资产。

（3）综合分类（七大类）：生产经营用固定资产、非生产经营用固定资产、租出固定资产、不需用固定资产、未使用固定资产、土地、融资租入固定资产。

（三）固定资产核算的账户设置

（1）"固定资产"账户。该账户核算企业固定资产原始价值的增减变动和结存情况，属于资产类账户，按固定资产类别、使用部门和项目设置明细账户。

（2）"应交税费"账户。该账户核算企业购进或销售固定资产时允许按增值税专用发票上注明的金额单独列示的进项税额或销项税额以及购进固定资产支付运输费用时按照规定的税率计算的增值税额（运输费用按照 11% 的税率计算增值税额），属于负债类账户。

（3）"累计折旧"账户。该账户核算企业固定资产折旧的增减变化情况，属于备抵类账户，按固定资产类别或项目设置明细账户。

（4）"在建工程"账户。该账户核算企业基建、更新改造等在建工程发生的支出，属于资产类账户，按建筑工程、安装工程等设置明细账户。

（5）"工程物资"账户。该账户核算企业为在建工程而准备的各种物资的实际成本，属于资产类账户，按专用材料、专用设备等设置明细账户。

（6）"固定资产清理"账户。该账户核算企业因出售、报废、毁损、对外投资等原因转出的固定资产价值以及在清理过程中发生的费用、税金等，属于资产类账户，按被清理的固定资产项目设置明细账户。

（四）固定资产的取得与计价

1. 外购固定资产

企业外购固定资产的成本，包括购买价款、相关税费、使固定资产达到预定可使用状态前所发生的可归属于该项资产的运输费、装卸费、安装费和专业人员服务费等。2009 年 1 月 1 日起增值税一般纳税人（以下简称纳税人）购进（包括接受捐赠、实物投资，下同）或者自制（包括改扩建、安装，下同）固定资产发生的进项税额符合抵扣要求的不计入成本。

购入不需要安装即可使用的固定资产，其会计处理比较简单，只需按确认的入账价值借记"固定资产"科目，按可抵扣的增值税进项税额，借记"应交税费——应交增值税（进项税额）"科目，按实际支付的款项，贷记"银行存款""应付票据"等科目。对于外购的需要经过安装才能投入使用的固定资产，应通过"在建工程"账户归集购置和安装过程中所发生的全部支出，以确定其总成本。安装完毕交付使用时，再将其总成本由"在建工程"账户转入"固定资产"账户。

购入多项没有单独标价的固定资产，按各项固定资产的公允价值比例对总成本进行分配，分别确定各项固定资产的成本。

企业超过正常信用条件购买固定资产，是指采用分期付款方式购买资产，且在合同中规定的付款期限比较长，超过了正常信用条件。在这种情况下，该项购货合同实质上具有融资性质，购入固定资产的成本不能以各期付款额之和确定，而应以各期付款额的现值之和确定。各期实际支付的价款之和与其现值之间的差额，在达到预定可使用状态之前符合《企业会计准则第 17 号——借款费用》中规定的资本化条件的，应当通过在建工程计入固定资产的成本，其余部分应当在信用期间内确认为财务费用，计入当期损益。其账务处理为，购入固定资产时，按购买价款的现值，借记"固定资产"或"在建工程"等科目，按应支付的金额，贷记"长期应付款"科目，按其差额，借记"未确认融资费用"科目。

2. 自行建造固定资产

自行建造的固定资产，应根据建造该项资产达到预定可使用状态前所发生的一切必要支出作为入账价值，其成本具体包括工程物资成本、人工成本、缴纳的相关税费、应予资本化的借款费用以及应分摊的间接费用等。为了便于归集和计算固定资产的实际建造成本，企业应设置"在建工程"科目。在建工程发生减值的，可以单独设置"在建工程减值准备"科目进行核算。

企业自行建造固定资产包括自营建造和出包建造两种方式。无论采用何种方式，都应当按照实际发生的支出确定其工程成本并单独核算。

　　企业以自营方式建造固定资产，是指企业利用剩余生产能力自行组织工程物资采购和工程施工。以自营方式建造固定资产，其成本应当按照直接材料、直接人工、直接机械施工费等计量，一些间接支出，如制造费用等并不分配计入固定资产建造工程成本。

　　建造固定资产领用工程物资、原材料或库存商品，应按其实际成本转入所建工程成本。自营方式建造固定资产应负担的职工薪酬、辅助生产部门为之提供的水、电、运输等劳务，以及其他必要支出等也应计入所建工程项目的成本。符合资本化条件的，应计入所建造固定资产成本的借款费用按照《企业会计准则第 17 号——借款费用》的有关规定处理。企业以自营方式建造固定资产，发生的工程成本应通过"在建工程"科目核算，工程完工达到预定可使用状态时，从"在建工程"科目转入"固定资产"科目。

　　以自营方式建造固定资产的账务处理主要包括以下四个环节。

　　（1）购入工程物资

　　借：工程物资

　　　　应交税费——应交增值税（进项税额）

　　　　　贷：银行存款等

　　（2）领用工程物资

　　借：在建工程

　　　　　贷：工程物资

　　（3）发生的其他费用（如分配工程人员工资等）

　　借：在建工程

　　　　　贷：银行存款、应付职工薪酬等

　　（4）工程达到预定可使用状态

　　借：固定资产

　　　　　贷：在建工程

　　以出包方式建造固定资产，其成本由建造该项固定资产达到预定可使用状态前所发生的必要支出构成，包括发生的建筑工程支出、安装工程支出以及需分摊计入各固定资产价值的待摊支出。待摊支出，是指在建设期间发生的，不能直接计入某项固定资产价值，而应由所建造固定资产共同负担的相关费用，包括为建造工程发生的管理费、可行性研究费、临时设施费、公证费、监理费、应负担的税金、符合资本化条件的借款费用、建设期间发生的工程物资盘亏、报废及毁损净损失以及负荷联合试车费等。

　　以出包方式建造固定资产的账务处理主要包括以下三个环节。

　　（1）按合理估计的发包工程进度和合同规定结算进度款

　　借：在建工程

　　　　　贷：银行存款

　　（2）补付工程款

　　借：在建工程

　　　　　贷：银行存款

　　（3）工程完工达到预定可使用状态

　　借：固定资产

　　　　　贷：在建工程

　　3．企业取得固定资产的其他方式

　　企业取得固定资产的其他方式主要包括接受投资者投入、通过租赁的方式租入、接受其他企业的捐赠、非货币性资产交换、债务重组、企业合并等。

　　投资者投入的固定资产，应当按照投资合同或协议约定的价值确定其入账价值，但合同或协议约定价值不公允的除外。在投资合同或协议约定价值不公允的情况下，按照该项固定资产的公允价值作为入账价值。

经营性租入的固定资产是指企业为了解决生产经营的季节性、临时性的需要，通过经营性租赁方式取得的固定资产。在租赁期间，承租企业拥有资产的使用权而不拥有所有权或控制权，不作为自有固定资产入账核算，也无需计提折旧，只需在备查账中予以登记。

采用融资租赁方式租入固定资产，虽然资产的所有权在租赁期间仍然属于出租方，但由于资产租赁期基本上包括了资产的有效使用年限，因而承租企业实质上获得了租赁资产所提供的主要经济利益，同时承担与资产有关的风险。所以，承租企业应将融资租入的固定资产，视同企业自己的固定资产计价入账，同时确认相应的负债，并计提固定资产折旧。对融资租入的固定资产，一般在"固定资产"总账账户下，设置"融资租入固定资产"明细账户进行核算。

企业通过捐赠取得的固定资产，往往无需花费成本，对该类固定资产应按以下原则确定其入账价值。

（1）捐赠方提供了有关凭据的，按凭据上标明的金额加上应支付的相关税费，作为入账价值。

（2）捐赠方没有提供有关凭据的，按下列顺序确定其入账价值。

① 同类或类似固定资产存在活跃市场的，按同类或类似固定资产的市场价格估计的金额，加上应支付的相关税费，作为入账价值。

② 同类或类似固定资产不存在活跃市场的，按该接受捐赠的固定资产的预计未来现金流量现值，作为其入账价值。

（3）如受赠的是旧的固定资产，按照上述方法确认的固定资产原价，减去按该项资产的新旧程度估计的价值损耗后的余额，作为入账价值。

企业接受捐赠的固定资产，按会计准则规定确定的入账价值，借记"固定资产"科目，贷记"营业外收入"等科目。

以债务重组方式或非货币性资产交换取得的固定资产，按有关债务重组或非货币性资产交换的相关规定处理。

4．存在弃置义务的固定资产

弃置义务通常是指根据国家法律和行政法规、国际公约等规定，企业承担的环境保护和生态恢复等义务，如石油天然气企业油气水井及相关设施的弃置、核电站核设施的弃置等。弃置费用的金额较大，企业应当根据《企业会计准则第 13 号——或有事项》的规定，按照现值计算确定应计入固定资产原价的金额和相应的预计负债。不属于弃置义务的固定资产报废清理费，应在实际发生时作为固定资产处置费用处理。弃置费用仅适用于特定行业的特定固定资产，比如，石油天然气企业油气水井及相关设施的弃置、核电站核废料的处置等。一般企业固定资产成本不应预计弃置费用。

（五）折旧

1．折旧概念

折旧是指在固定资产的使用寿命内，按照确定的方法对应计折旧额进行的系统分摊。应计折旧额，是指应当计提折旧的固定资产的原价扣除其预计净残值后的金额。如果已对固定资产计提减值准备，还应当扣除已计提的固定资产减值准备累计金额。因此，应计折旧额的计算公式如下：

应计折旧额＝固定资产原值－预计净残值－已计提的固定资产减值准备累计金额

固定资产的使用寿命、预计净残值一经确定，不得随意变更，但是符合《企业会计准则第 4 号——固定资产》第十九条规定的除外。

影响折旧的因素包括以下四个方面。

（1）固定资产的原价，是固定资产计提折旧的基数。以固定资产原值为基数计提折旧，可以使折旧的计算建立在客观的基础上，不容易受会计人员主观因素的影响。一般来说，在其他因素保持不变的情况下，固定资产原值越高，单位时间内或单位工作量的折旧额就越高；反之，则越低。

（2）预计净残值，指假定固定资产预计使用寿命已满并处于使用寿命终了时的预期状态，企业目前从该项资产处置中获得的扣除预计处置费用后的余额。也即，固定资产的预计残值收入扣除预计清理费用后的净额。预计残值收入是指固定资产报废清理时预计可收回的器材、零件和材料等的残料价值收入；预计清理费用是指固定资产报废清理时预计发生的拆卸、整理和搬运等费用。固定资产原价减去预计净残值后的数额为应计折旧额。

（3）固定资产减值准备，指固定资产已计提的固定资产减值准备累计金额。固定资产计提减值准备后，应当在剩余使用寿命内根据调整后的固定资产账面价值（固定资产账面余额扣减累计折旧和累计减值准备后的金额）和预计净残值重新计算确定折旧率和折旧额。

（4）固定资产的使用寿命，指企业使用固定资产的预计期间，或者该固定资产所能生产产品或提供劳务的数量。确定固定资产的使用寿命，应当考虑下列因素：预计生产能力或实物产量；预计有形损耗和无形损耗；法律或者类似规定对资产使用的限制。

2．折旧范围

企业应当对所有的固定资产计提折旧，但是，已提足折旧仍继续使用的固定资产和单独计价入账的土地除外。在确定计提折旧的范围时还应注意以下几点。

（1）固定资产应当按月计提折旧，并根据用途计入相关资产的成本或者当期损益。固定资产应自达到预定可使用状态时开始计提折旧，终止确认时或划分为持有待售非流动资产时停止计提折旧。为了简化核算，当月增加的固定资产，当月不计提折旧，从下月起计提折旧；当月减少的固定资产，当月仍计提折旧，从下月起不计提折旧。

（2）固定资产提足折旧后，不论能否继续使用，均不再计提折旧，提前报废的固定资产也不再补提折旧。所谓提足折旧是指已经提足该项固定资产的应计折旧额。

（3）已达到预定可使用状态但尚未办理竣工决算的固定资产，应当按照估计价值确定其成本，并计提折旧；待办理竣工决算后再按实际成本调整原来的暂估价值，但不需要调整原已计提的折旧额。

（4）处于更新改造过程而停止使用的固定资产，应将其账面价值转入在建工程，不再计提折旧。更新改造项目达到预定可使用状态转为固定资产后，再按照重新确定的折旧方法和该项固定资产尚可使用寿命计提折旧。因进行大修理而停用的固定资产，应当照提折旧，计提的折旧额应计入相关资产成本或当期损益。

（5）融资租赁方式租入的固定资产和经营租赁方式租出的固定资产，应当计提折旧；融资租赁方式租出的固定资产和经营租赁方式租入的固定资产，不计提折旧。

3．固定资产的折旧方法

（1）年限平均法，又称直线法，是指将固定资产的应计折旧额在固定资产预计使用寿命内进行均衡分摊的一种方法。采用这种方法计算的每期折旧额均相等。具体计算公式如下：

$$年折旧率 = \frac{1 - 预计净残值率}{预计使用寿命} \times 100\%$$

月折旧率＝年折旧率÷12

月折旧额＝固定资产原价×月折旧率

其中，预计净残值率＝预计净残值/固定资产原值

（2）工作量法，是根据实际工作量计算每期应提折旧额的一种方法。计算公式如下：

单位工作量折旧额＝固定资产原价×（1-预计净残值率）/预计总工作量

某项固定资产月折旧额＝该项固定资产当月工作量×单位工作量折旧额

（3）双倍余额递减法，是指在不考虑固定资产预计净残值的情况下，根据每期期初固定资产净值和双倍的直线法折旧率计算固定资产折旧的一种方法。计算公式如下：

年折旧率＝2÷预计使用寿命（年）×100%

月折旧率＝年折旧率÷12

月折旧额＝年初固定资产净值×月折旧率

（4）年数总和法，又称年限合计法，是将固定资产的原值减去预计净残值的余额乘以一个逐年

递减的分数计算每年的折旧额。该分数的分子为固定资产尚可使用寿命，分母为固定资产预计使用寿命逐年数字之和。计算公式如下：

年折旧率＝尚可使用寿命/预计使用寿命的年数总和×100%

月折旧率＝年折旧率÷12

月折旧额＝（固定资产原值−预计净残值）×月折旧率

固定资产应当按月计提折旧。月份内开始使用的固定资产，当月不计提折旧，从下月起计提折旧；月份内减少或停用的固定资产，当月仍计提折旧，从下月起停止计提折旧。企业当月固定资产应提折旧总额可以采用下列公式计算：

$$\begin{matrix}\text{当月固定资产}\\\text{应计提总额}\end{matrix}=\begin{matrix}\text{上月固定资产}\\\text{计提的折旧额}\end{matrix}+\begin{matrix}\text{上月增加固定资产}\\\text{应计提的月折旧额}\end{matrix}-\begin{matrix}\text{上月减少的固定资产}\\\text{应计提的月折旧额}\end{matrix}$$

4．固定资产折旧的核算

计提的折旧应通过"累计折旧"科目核算，并根据用途计入相关资产的成本或者当期损益。具体如下：企业基本生产车间所使用的固定资产计提的折旧应计入制造费用；管理部门所使用的固定资产计提的折旧应计入管理费用；销售部门所使用的固定资产计提的折旧应计入销售费用；自行建造固定资产过程中使用的固定资产计提的折旧应计入在建工程；经营租出的固定资产计提的折旧应计入其他业务成本；未使用的固定资产计提的折旧应计入管理费用。

（六）固定资产后续支出

固定资产的后续支出是指固定资产使用过程中发生的更新改造支出、修理费用等。企业的固定资产在投入使用后，为了适应新技术发展的需要，或者为维护或提高固定资产的使用效能，往往需要对现有固定资产进行维护、改建、扩建或者改良。

固定资产后续支出的处理原则为：符合固定资产确认条件的，应当计入固定资产成本，同时将被替换部分的账面价值扣除；不符合固定资产确认条件的，应当计入当期损益。

固定资产发生的后续支出，符合下列条件之一的，应确认为资本性支出：①延长了固定资产的使用寿命；②提高了固定资产的生产能力；③实质性提高了产品质量；④实质性降低了产品生产成本；⑤实现了产品的更新换代；⑥改善了企业经营管理环境或条件。

固定资产发生可以资本化的后续支出时，应将该固定资产的原价、已计提的累计折旧和减值准备转销，将固定资产的账面价值转入"在建工程"科目，发生的可资本化的后续支出也通过"在建工程"科目核算。在固定资产发生的后续支出完工并达到预定可使用状态时，再从"在建工程"科目转入"固定资产"科目，并按重新确定的固定资产原价、使用寿命、预计净残值和折旧方法计提折旧。

与固定资产有关的修理费用等后续支出，不符合固定资产确认条件的，应当根据不同情况分别在发生时计入当期管理费用或销售费用。

固定资产在长期使用过程中会出现磨损、局部损坏等情况，为了维护固定资产的正常运转和使用，企业需要对固定资产进行必要的维护。固定资产的日常修理费用在发生时应直接计入当期损益。企业生产车间和行政管理部门等发生的固定资产修理费用等后续支出，计入管理费用；企业设置专设销售机构的，其发生的与专设销售机构相关的固定资产修理费用等后续支出，计入销售费用。企业固定资产更新改造支出不满足固定资产确认条件的，在发生时应直接计入当期损益。

（七）固定资产的处置

固定资产处置是指由于各种原因使企业固定资产需退出生产经营过程所做的处理活动。如将不需用的固定资产对外出售，对外投资，对外捐赠，用固定资产交换其他资产，用固定资产抵账或对外无偿调出，因火灾、自然灾害等原因对固定资产进行报废处理等。企业出售、转让、报废固定资产或发生固定资产毁损，应当将处置收入扣除账面价值和相关税费后的金额计入当期损益。处置固定资产时一般通过"固定资产清理"科目进行核算。该科目借方登记转入相关资产的账面价值、发生的处置费用、应缴纳的有关税金以及结转处置净收益，贷方登记出售资产取得的价款、报废资产的残料价值、所获取的各种赔偿款以及结转处置净损失。借方与贷方的差额即为固定资产处置净损益，作为处置非流动资产利得或损失转入营业外收入或营业外支出。

企业处置固定资产处理时，其会计处理一般经过以下几个步骤。

（1）将固定资产转入清理的处理。固定资产转入清理时，按固定资产账面价值，借记"固定资产清理"科目，按已计提的累计折旧，借记"累计折旧"科目，按已计提的减值准备，借记"固定资产减值准备"科目，按固定资产账面余额，贷记"固定资产"科目。

（2）支付清理费用的处理。固定资产清理过程中发生的有关费用以及应支付的相关税费，借记"固定资产清理"科目，贷记"银行存款""应交税费"等科目。

（3）出售价款和残料等的处理。企业收回出售固定资产的价款、残料价值和变价收入等，应冲减清理支出。按实际收到的出售价款以及残料变价收入等，借记"银行存款""原材料"等科目，贷记"固定资产清理""应交税费——应交增值税（销项税额）"等科目。

（4）收取保险公司或责任人赔偿款的处理。企业计算或收到的应由保险公司或过失人赔偿的损失，应冲减清理支出，借记"其他应收款""银行存款"等科目，贷记"固定资产清理"科目。

（5）结转净损益的处理。固定资产清理完成后的净损失，属于生产经营期间正常的处理损失，借记"营业外支出——处置非流动资产损失"科目，贷记"固定资产清理"科目；属于生产经营期间由于自然灾害等非正常原因造成的，借记"营业外支出——非常损失"科目，贷记"固定资产清理"科目。固定资产清理完成后的净收益，借记"固定资产清理"科目，贷记"营业外收入——处置非流动资产利得"科目。

（八）固定资产盘亏

企业应定期或者至少每年年末对固定资产进行清查盘点，以保证固定资产核算的真实性，充分挖掘企业现有固定资产的潜力。

对于盘亏固定资产，按盘亏固定资产的账面价值，借记"待处理财产损溢——待处理固定资产损溢"科目；按已计提的累计折旧，借记"累计折旧"科目；按已计提的减值准备，借记"固定资产减值准备"科目；按固定资产原价，贷记"固定资产"科目。按管理权限报经批准后处理时，按可收回的保险赔偿或过失人赔偿，借记"其他应收款"科目；按应计入营业外支出的金额，借记"营业外支出——固定资产盘亏损失"科目；贷记"待处理财产损溢——待处理固定资产损溢"科目。

五、同步练习

（一）单项选择题

1. 下列项目中，不应计入自营工程成本的是（　　　）。

　　A. 辅助生产部门为工程提供的水、电等劳务支出

　　B. 程领用库存商品的销项税额

　　C. 建设期间发生的工程物资盘亏

　　D. 工程完工后发生的工程物资盘亏

2. 开源公司为增值税一般纳税人，于20×5年12月1日购进一台不需要安装的生产设备，收到的增值税专用发票上注明的设备价款为1 000万元，增值税额为170万元，款项已支付；另支付保险费5万元，装卸费1万元。当日，该设备投入使用。假定不考虑其他因素，该设备的初始入账价值为（　　　）万元。

　　A. 1 000　　　　　B. 1 006　　　　　C. 1 170　　　　　D. 1 176

3. 下列各项固定资产中，应计提折旧的是（　　　）。

　　A. 未提足折旧提前报废的设备　　　　B. 未使用的设备

　　C. 已提足折旧继续使用的设备　　　　D. 经营租入的设备

4. 下列各项固定资产中，不应计提折旧的是（ 　　）。

  A. 未提足折旧提前报废的设备　　　　B. 未使用的固定资产

  C. 季节性停用的固定资产　　　　　　D. 大修理期间停用的固定资产

5. 开源公司系一般纳税企业，增值税税率为17%。20×5年12月18日自行安装生产经营用设备一台，购入的设备价款为1 000万元，进项税额为170万元；领用生产用原材料的成本为6万元；支付职工薪酬10万元；支付其他费用184万元。20×5年12月16日设备安装完工投入使用。假定不考虑其他因素，该设备的初始入账价值为（ 　　）万元。

  A. 1 006　　　　B. 1 016　　　　C. 1 100　　　　D. 1 200

6. 开源公司为增值税一般纳税人，适用的增值税税率为17%。该公司于20×5年12月1日对某生产经营用设备进行技术改造。20×5年12月1日，该固定资产的账面原价为10 000万元，已计提折旧为6 000万元，未计提减值准备。该固定资产领用生产用原材料1 000万元，发生人工费用380万元，购入工程用物资2 420万元，进项税额为411.4万元。该技术改造工程于20×5年12月25日达到预定可使用状态并交付生产使用。假定不考虑其他因素，甲公司该设备的改造后的入账价值为（ 　　）万元。

  A. 7 800　　　　B. 10 000　　　　C. 11 000　　　　D. 1 420

7. 开源公司20×5年12月2日购入生产经营用设备一台，取得的增值税专用发票上注明的设备买价为360万元，增值税额为61.2万元，支付的运输费为1.2万元，支付安装费用20万元，为达到正常运转发生测试费30万元，外聘专业人员服务费12万元，12月30日达到预定可使用状态并交付生产使用。假定不考虑其他因素，该设备的改造后的入账价值为（ 　　）万元。

  A. 360　　　　B. 380　　　　C. 423.2　　　　D. 410

8. 开源公司20×2年12月购买设备一台，购买价款为16 000万元（假定不考虑购买过程中的增值税），运杂费为1 280万元，预计净残值为1 000万元，预计使用年限为5年，采用双倍余额递减法计提折旧。20×5年末开源公司因自然灾害报废该设备，残料变价收入为10 000万元，则该固定资产的清理净收益为（ 　　）万元。

  A. 3 400　　　　B. 4 896　　　　C. 6 267.52　　　　D. 5 680

9. 20×5年12月1日，开源公司决定对现有生产线进行改扩建，以提高其生产能力。原值为4 800万元，已计提折旧800万元。经过3个月的改扩建，完成了对这条生产线的改扩建工程，共发生支出2 400万元，符合固定资产确认条件。被更换的部件的原价为400万元，被更换的部件的折旧为100万元，取得变价收入200万元尚未收到。则对该项生产线进行改扩建时，不正确的会计处理是（ 　　）。

  A. 固定资产的账面价值转入在建工程的金额为4 000万元

  B. 改扩建支出2 400万元计入在建工程

  C. 被更换的部件的账面价值300万元冲减在建工程成本

  D. 改扩建后固定资产的原值为6 400万元

10. 下列会计处理方法不正确的是（ 　　）。

  A. 任何企业固定资产成本均应预计弃置费用

  B. 一般企业固定资产的报废清理费，应在实际发生时作为固定资产清理费用处理，不属于固定资产准则规范的弃置费用

  C. 对于构成固定资产的各组成部分，如果各自具有不同的使用寿命或者以不同的方式为企业提供经济利益，企业应将各组成部分单独确认为固定资产，并且采用不同的折旧率或者折旧方法计提折旧

  D. 固定资产的日常修理费用，通常不符合固定资产确认条件，应当在发生时计入当期管理费用

（二）多项选择题

1. 购入固定资产的入账价值包括（   ）。

   A. 买价　　　　　B. 运输费用　　　　C. 包装费用

   D. 增值税　　　　E. 安装费用

2. 下列固定资产应计提折旧的有（   ）。

   A. 不需要的房屋与建筑物　　　　　B. 在用的机器设备

   C. 未提足折旧提前报废的固定资产　D. 以经营租赁方式租入的固定资产

   E. 季节性停用的固定资产

3. 下列固定资产不计提折旧的有（   ）。

   A. 已全额计提减值准备的固定资产　B. 大修理停用的固定资产

   C. 已提足折旧继续使用的固定资产　D. 当月增加的固定资产

   E. 当月减少的原在用的固定资产

4. 下列各项中属于加速折旧法的有（   ）。

   A. 年限平均　　B. 工作量　　　　C. 双倍余额递减法

   D. 年数总和法　E. 账面价值与可收回金额孰低法

5. 下列应记入"固定资产清理"账户借方的有（   ）。

   A. 盘亏固定资产的净值　　　　B. 报废固定资产发生的清理费用

   C. 报废固定资产的净值　　　　D. 结转固定资产清理净损失

   E. 出售固定资产取得的收入

6. 按固定资产使用情况，可将固定资产划分为（   ）。

   A. 使用中固定资产　B. 未使用固定资产　C. 不需用固定资产

   D. 出租固定资产　　E. 改建、扩建固定资产

7. 固定资产可选择的计量属性有（   ）。

   A. 原始价值　　B. 重置完全价值　　C. 净值

   D. 公允价值　　E. 现值

8. 影响固定资产折旧的因素主要有（   ）。

   A. 固定资产原值　B. 预计净残值　　C. 固定资产减值准备

   D. 固定资产的使用寿命　　　　　　E. 固定资产的所有权

9. 固定资产具有以下特征（   ）。

   A. 为生产商品、提供劳务、出租或经营管理而持有

   B. 使用寿命超过一个会计年度

   C. 固定资产是有形资产

   D. 固定资产的成本能够可靠地计量

   E. 与该固定资产有关的经济利益很可能流入企业

10. 按照经济用途可以将固定资产分为（   ）。

    A. 经营用固定资产　　　　　B. 融资租入固定资产

    C. 非经营用固定资产　　　　D. 未使用固定资产

    E. 不需要固定资产

11. 下列固定资产应计提折旧的有（   ）。

    A. 融资租入的固定资产

    B. 按规定单独估价作为固定资产入账的土地

    C. 大修理停用的固定资产

    D. 持有待售的固定资产

E. 未使用的机器设备、房屋及建筑物

12. 下列有关固定资产的核算，说法正确的有（　　）。

   A. 企业对固定资产进行定期检查发生的大修理费用，有确凿证据表明符合固定资产确认条件的部分，可以计入固定资产成本

   B. 持有待售的固定资产不计提折旧，按照账面价值与公允价值减去处置费用后的净额孰低进行计量

   C. 建设期间发生的工程物资盘亏、报废及毁损净损失，借记"在建工程"科目，贷记"工程物资"科目，盘盈的工程物资或处置净收益，做相反的会计分录

   D. 自营工程领用本企业自产产品（商品），如用于建造建筑物等不动产，按视同销售处理，即按领用的商品成本及相关税费之和借记"在建工程"，按商品成本贷记"库存商品"，按领用的商品售价或计税价格得到的应纳增值税，贷记"应交税费——应交增值税（销项税额）"等。

   E. 在建工程进行负荷联合试车形成的产品或副产品对外销售或转为库存商品的，借记"银行存款""库存商品"等科目，贷记"在建工程"科目

13. 计提固定资产折旧应借记的会计科目有（　　）。

   A. 在建工程   B. 销售费用   C. 管理费用
   D. 其他业务成本   E. 研发支出

14. 下列会计处理方法正确的有（　　）。

   A. 已达到预定可使用状态的固定资产，无论是否交付使用，尚未办理竣工决算的，应当按照估计价值确认为固定资产，并计提折旧；待办理了竣工决算手续后，再按实际成本调整原来的暂估价值，同时调整原已计提的折旧额

   B. 处于更新改造过程而停止使用的固定资产，符合固定资产确认条件的，应当转入在建工程，停止计提折旧

   C. 一般纳税人企业购入工程所需的设备物资，按所支付的价款、包装费、运杂费等，通过"工程物资"科目核算。

   D. 固定资产发生的更新改造支出等，符合固定资产确认条件的，应当计入固定资产成本，同时将被替换部分的账面价值扣除

   E. 企业融资租入的固定资产，在租赁期开始日，按租赁期开始日租赁资产公允价值与最低租赁付款额现值两者中较低者，加上初始直接费用，计入固定资产成本

15. 固定资产按所有权分类，可以分为（　　）。

   A. 使用中固定资产   B. 未使用固定资产   C. 不需用固定资产
   D. 自有固定资产   E. 租入固定资产

（三）判断题

1. 固定资产不同的折旧方法会改变固定资产应计提的折旧总额。（　　）

2. 融资租入的固定资产，在租赁费付清之前，所有权不属于企业，所以不需要计提折旧。（　　）

3. 企业出售固定资产所取得的收入，应作为其他业务收入进行处理。（　　）

4. 固定资产都是不动产。（　　）

5. 只要具备固定资产的特征就属于企业的固定资产。（　　）

6. 单独计价入账的土地不需要计提折旧。（　　）

7. 因进行大修理而停用的固定资产不需要计提折旧。（　　）

8. 对于盘盈的固定资产，应通过"固定资产清理"科目核算。（　　）

9. 企业通过捐赠取得的固定资产，应按公允价值确定其入账价值。（　　）

10. 固定资产后续支出均应当计入固定资产的成本。（　　）

（四）计算及账务处理题

1. 开源公司购入不需要安装的生产用设备一台，增值税专用发票上注明价款 400 000 元，增值税 68 000 元，支付运输费 40 000 元，增值税税额为 4 400 元。已取得增值税合法抵扣凭证，款项均以银行存款支付。要求：编制相关会计分录。

2. 开源公司购入一台需要安装的设备，增值税专用发票上注明的设备买价为 1 000 000 元，增值税额为 170 000 元，支付运输费 50 000 元，增值税税额为 5 500 元，另外支付安装费 60 000 元。已取得增值税合法抵扣凭证，款项均以银行存款支付。要求：编制相关会计分录。

3. 开源公司向乙公司一次购进了三台不同型号且具有不同生产能力的设备 A、B、C，共支付款项 300 000 000 元，增值税额 51 000 000 元，包装费 2 250 000 元，全部以银行存款转账支付；假定设备 A、B、C 均满足固定资产的定义及确认条件，公允价值分别为 135 000 000 元、115 500 000 元、49 500 000 元。假定不考虑其他相关税费，要求：编制相关会计分录。

4. 公司开源自行建造一大型器械，为工程购入各种专用物资 300 000 元，支付增值税 51 000 元，专用物资于当期全部用于机器设备类工程建设，工程已竣工交付使用，分配工程人员工资 360 000 元。要求：编制相关会计分录。

5. 开源公司将一幢厂房的建造工程出包给丙公司承建，按合理估计的发包工程进度和合同规定，工程开工时向丙公司预付工程款 640 000 元，工程完工后，收到丙公司有关工程结算单据，补付工程款 520 000 元，工程完工并达到预定可使用状态。要求：编制相关会计分录。

6. 开源公司用银行存款购入一台需要安装的设备，取得的增值税专用发票上注明的设备价款为 300 000 元，增值税税额为 51 000 元，支付装运费 3 000 元，增值税税额为 330 元，全部款项已通过银行支付；安装设备时，领用本公司原材料一批，其成本 25 000 元，购进该批原材料时支付的增值税进项税额 4 250 元；应支付安装工人的工资 5 000 元。要求：编制相关会计分录。

7. 开源公司自建办公大楼一幢，通过出让方式取得的土地使用权而支付的土地出让金 6 000 000 元；购入为工程准备的各种物资 6 400 000 元，增值税税额为 1 080 000 元，全部用于工程建设。领用本企业生产的产品一批，实际成本为 720 000 元，税务部门确定的计税价格为 840 000 元，增值税税率 17%；应计发工程人员工资 500 000 元，辅助生产部门为工程提供水、电等劳务支出共计 150 000 元。工程完工并达到预定可使用状态。要求：编制相关会计分录。

8. 开源公司将一幢仓库的建造工程出包给乙建筑公司承建，合同总造价为 2 480 000 元，按合同规定工程开工前向乙公司支付 30%工程款，其余工程款于工程完工验收合格结算时补付。该工程完工办理工程结算，收到乙建筑公司有关工程结算单据，结清 70%工程款。要求：编制相关会计分录。

9. 开源公司收到投资者投入机器设备一套，经双方商定，其价值确认为 1 560 000 元。按协议可折换成每股面值为 1 元、数量为 1 000 000 股股票的股权。要求：编制收到设备时的会计分录。

10. 开源公司接受一台专用设备的捐赠，捐赠者提供的有关凭证上标明的价格为 187 200 元。要求：编制收到设备时的会计分录。

11. 开源公司因生产的产品市场销路好，原有的生产设备已难以满足生产发展的需要，公司决定对现有设备进行技术改造，以提高生产能力，同时预计还可以延长设备使用寿命。该设备原价为 1 530 000 元，预计净残值率为 3%，预计使用寿命 6 年，已使用 2 年。采用年限平均法，已提折旧 494 700 元，未计提固定资产减值准备。在技术改造过程中，共发生技术改造工程支出 426 000 元，均通过银行存款支付。该设备拆除部分的残料作价 4 000 元并验收入库。该设备技术改造工程达到预定可使用状态后生产能力大大提高，预计延长设备使用寿命 3 年，即为 9 年。假定技术改造后的设备预计净残值率为 3%，折旧方法仍采用年限平均法计提折旧。要求：编制相关会计分录。

12. 开源公司有一栋厂房，原价 4 000 000 元，预计可使用 20 年，预计净残值率为 4%。要求：采用年限平均法计算该厂房的折旧率和月折旧额。

13. 开源公司有一辆运货车，原价 1 200 000 元，预计总行驶里程为 500 000 公里，预计净残值率 5%，本月行驶 4 000 公里。要求：采用工作量法计算该辆汽车的月折旧额。

14．开源公司一项固定资产的原价为 2 000 000 元，预计使用年限为 5 年，预计净残值为 100 000 元。要求：采用双倍余额递减法计算每年的折旧额。

15．开源公司一项固定资产的原价为 90 000 元，预计使用年限为 5 年，预计净残值为 9 000 元。要求：采用年数总和法计算每年的折旧额。

16．开源公司一条生产线原价 960 000 元，预计净残值率 4%，预计使用 6 年，已使用了 2 年，采用年限平均法计提折旧。因生产需要，20×5 年 1 月 2 日决定对该生产线进行改扩建，历时 3 个月，共发生改扩建支出 240 000 元，全部以银行存款支付，20×5 年 3 月 31 日改扩建完成。该生产线改扩建达到预定可使用状态后，大大提高了生产能力，预计尚可使用 7 年 10 个月，预计其可收回金额为 900 000 元。假定改扩建后的生产线预计净残值率为 3%，折旧方法不变。假定不考虑其他税费。要求：编制相关会计分录。

17．20×5 年 6 月 1 日，开源公司对一台设备进行日常修理，修理过程中发生的材料费 600 000 元，应支付的维修人员工资为 60 000 元。要求：编制相关会计分录。

18．开源出售一台使用过的设备，原价为 468 000 元（含增值税），购入时间为 20×2 年 2 月，假定 20×5 年 2 月出售（该设备恰好使用 3 年），折旧年限为 10 年，采用直线法折旧，不考虑残值。若 20×5 年将该设备出售时的价格为 421 200 元（含增值税），该设备适用 17% 的增值税税率。要求：编制相关会计分录。

19．20×5 年开源公司在财产清查中，发现一台账外设备，同类设备的市场价格为 1 000 000 元，估计 8 成新（假定与其计税基础不存在差异）。假定公司适用的所得税税率为 33%，按净利润的 10% 计提法定盈余公积。要求：编制相关会计分录。

20．20×5 年 12 月开源公司在财产清查中发现短缺设备一台，其账面原价为 160 000 元，已提折旧 57 600 元，已提减值准备 3 200 元。要求：编制相关会计分录。

21．20×2 年 1 月 1 日开源公司从甲公司购入一台机器作为生产车间固定资产使用，该机器已收到。购货合同约定，该机器的总价款为 6 000 万元，分 3 年支付价款，20×2 年 12 月 31 日支付 3 000 万元，20×3 年 12 月 31 日支付 1 800 万元，20×4 年 12 月 31 日支付 1 200 万元。20×2 年 1 月 1 日将该机器设备投入安装，支付安装费用 400 万元。20×2 年 12 月 31 日，安装工程达到预定可使用状态交付生产车间使用，支付测试费 233.90 万元，以银行存款支付。采用直线法计提固定资产折旧，预计使用年限为 10 年，净残值为 0 万元。假定按年于年末计提折旧。20×4 年 6 月 30 日该机器设备发生日常修理费用 20 万元，以银行存款支付。假定开源公司 3 年期银行借款年利率为 6%，不考虑购买过程中的增值税。（1 年期 6% 的复利现值系数为 0.943 4，2 年期 6% 的复利现值系数为 0.890 0，3 年期 6% 的复利现值系数为 0.839 6。）要求：编制相关会计分录。

（五）案例分析题

开源公司发生下列固定资产业务：

（1）为了扩大生产规模，在 20×5 年初，接受大华公司的投资，经双方协商后，大华公司投入一套进口设备，协议价 360 万元，但是市场公允价值为 480 万元。

（2）开源公司对第一车间生产用机器设备采用年限平均法计提折旧，每月计提的折旧额为 18 000 元。由于产品销售进入淡季，产品数量减少，为了减少本期的生产费用，改用工作量法提取折旧，本月计提折旧额 8 000 元。

（3）开源公司有一处厂房长期闲置，因年久失修而无法使用。该厂房预计使用年限是 50 年，截至目前只使用了 38 年。开源公司对该厂房使用直线法计提折旧，年折旧额为 20 万元。今年新来的会计小王认为，既然该厂房已经无法使用，不能为公司创造收入，因此，根据配比原则，不应该再对该厂房计提折旧。

思考题：

（1）开源公司应如何确定大华公司投入的设备的入账价值？其依据是什么？

（2）开源公司对第一车间生产用机器设备折旧方法的变更处理是否正确？为什么？

（3）你认为会计小王对闲置厂房折旧问题的看法是否正确？为什么？

参考答案

（一）单项选择题

1	2	3	4	5	6	7	8	9	10
D	B	B	A	D	A	C	C	D	A

（二）多项选择题

1	2	3	4	5	6	7	8	9	10	11	12	13	14	15
ABCE	ABE	ACD	CD	BC	ABC	ABC	ABCD	ABC	AC	ACE	ABCDE	ABCDE	BCDE	DE

（三）判断题

1	2	3	4	5	6	7	8	9	10
×	×	×	×	×	√	×	×	×	×

（四）计算及账务处理题

1．开源公司应做如下账务处理：

（1）计算应抵扣的固定资产进项税额：68 000＋4 400＝72 400（元）

（2）编制购入固定资产的会计分录：

借：固定资产　　　　　　　　　　　　　　　　　440 000

　　应交税费——应交增值税（进项税额）　　　　72 400

　　　贷：银行存款　　　　　　　　　　　　　　512 400

2．开源公司账务处理如下：

（1）购入设备时：

借：在建工程　　　　　　　　　　　　　　　　1 050 000

　　应交税费——应交增值税（进项税额）　　　175 500

　　　贷：银行存款　　　　　　　　　　　　　1 225 500

（2）支付安装费时：

借：在建工程　　　　　　　　　　　　　　　　　60 000

　　　贷：银行存款　　　　　　　　　　　　　　60 000

（3）设备安装完毕交付使用时：

借：固定资产　　　　　　　　　　　　　　　　1 210 000

　　　贷：在建工程　　　　　　　　　　　　　1 210 000

3．开源公司的账务处理如下：

（1）确定应计入固定资产成本的金额，包括购买价款、包装费，即：

300 000 000＋2 250 000＝302 250 000（元）

（2）确定设备 A、B、C 的价值分配比例。

A：135 000 000÷(135 000 000＋115 500 000＋49 500 000)×100%＝45%

B：115 500 000÷(135 000 000＋115 500 000＋49 500 000)×100%＝38.5%

C：49 500 000÷(135 000 000＋115 500 000＋49 500 000)×100%＝16.5%

（3）确定设备 A、B、C 各自的成本：

A：302 250 000×45%＝136 012 500（元）

B：302 250 000×38.5%＝116 366 250（元）

C：302 250 000×16.5%＝49 871 250（元）

（4）开源公司应编制如下会计分录：

借：固定资产——A 设备   136 012 500

       ——B 设备   116 366 250

       ——C 设备   49 871 250

    应交税费——应交增值税（进项税额）   51 000 000

  贷：银行存款   353 250 000

4．（1）购入工程物资时：

借：工程物资   300 000

    应交税费——应交增值税（进项税额）   51 000

  贷：银行存款   351 000

（2）领用工程物资时：

借：在建工程   300 000

  贷：工程物资   300 000

（3）分配工程人员工资：

借：在建工程   360 000

  贷：应付职工薪酬   360 000

（4）工程竣工交付使用时：

借：固定资产   660 000

  贷：在建工程   660 000

5．（1）按合理估计的发包工程进度和合同规定向丙公司预付工程款时：

借：在建工程   640 000

  贷：银行存款   640 000

（2）补付工程款时：

借：在建工程   520 000

  贷：银行存款   520 000

（3）工程完工并达到预定可使用状态时：

借：固定资产   11 60 000

  贷：在建工程   1 160 000

6．（1）购入设备支付设备价款、增值税、运输费合计为 354 330 元：

借：在建工程   303 000

    应交税费——应交增值税（进项税额）   51 330

  贷：银行存款   354 330

（2）进行安装，领用本公司原材料、应支付安装工人的工资 30 000 元：

借：在建工程   30 000

  贷：原材料   25 000

    应付职工薪酬   5 000

（3）设备安装完毕达到预定可使用状态：

借：固定资产   333 000

  贷：在建工程   333 000

  固定资产的成本＝303 000＋30 000＝333 000（元）

7．（1）通过出让方式取得的土地使用权而支付的土地出让金时：

借：无形资产——土地使用权 　　　　　　　　　　　　6 000 000

　　贷：银行存款 　　　　　　　　　　　　　　　　　　　　　6 000 000

（2）购入工程物资时：

借：工程物资 　　　　　　　　　　　　　　　　　　　6 400 000

　　应收税费——应交增值税（进项税额） 　　　　　　1 088 000

　　贷：银行存款 　　　　　　　　　　　　　　　　　　　　　7 488 000

（3）工程领用工程物资时：

借：在建工程 　　　　　　　　　　　　　　　　　　　6 400 000

　　贷：工程物资 　　　　　　　　　　　　　　　　　　　　　6 400 000

（4）工程领用本企业生产的产品，确定应计入在建工程成本的金额为：

720 000＋840 000×17%＝862 800（元）

借：在建工程 　　　　　　　　　　　　　　　　　　　862 800

　　贷：库存商品 　　　　　　　　　　　　　　　　　　　　　720 000

　　　　应交税费——应交增值税（销项税额） 　　　　　　　142 800

（5）应由工程负担的工程人员工资时：

借：在建工程 　　　　　　　　　　　　　　　　　　　500 000

　　贷：应付职工薪酬 　　　　　　　　　　　　　　　　　　　500 000

（6）结转应由工程负担的水电费时：

借：在建工程 　　　　　　　　　　　　　　　　　　　150 000

　　贷：生产成本 　　　　　　　　　　　　　　　　　　　　　150 000

（7）工程完工并达到预定可使用状态，计算并结转工程成本：

完工转入固定资产成本为：6 400 000＋862 800＋500 000＋150 000＝7 912 800（元）

借：固定资产 　　　　　　　　　　　　　　　　　　　7 912 800

　　贷：在建工程 　　　　　　　　　　　　　　　　　　　　　7 912 800

8．（1）按合同规定向乙建筑公司预付30%工程款744 000元。

借：在建工程 　　　　　　　　　　　　　　　　　　　744 000

　　贷：银行存款 　　　　　　　　　　　　　　　　　　　　　744 000

（2）工程完工验收合格结清工程款868 000元。

借：在建工程 　　　　　　　　　　　　　　　　　　　1 736 000

　　贷：银行存款 　　　　　　　　　　　　　　　　　　　　　1 736 000

（3）工程交付使用，计算并结转工程成本。

借：固定资产 　　　　　　　　　　　　　　　　　　　2 480 000

　　贷：在建工程 　　　　　　　　　　　　　　　　　　　　　2 480 000

9．

借：固定资产 　　　　　　　　　　　　　　　　　　　1 560 000

　　贷：股本 　　　　　　　　　　　　　　　　　　　　　　　1 000 000

　　　　资本公积 　　　　　　　　　　　　　　　　　　　　　560 000

10．

借：固定资产 　　　　　　　　　　　　　　187 200

　　贷：营业外收入——捐赠利得 　　　　　　　　　　　　　　187 200

11．（1）设备转入技术改造工程，注销固定资产原价、累计折旧。

借：在建工程 　　　　　　　　　　　　　　　　　　　1 035 300

  累计折旧   494 700

  贷：固定资产   1 530 000

（2）支付技术改造工程支出。

借：在建工程   426 000

  贷：银行存款   426 000

（3）残料作价入库，冲减工程成本。

借：原材料   4 000

  贷：在建工程   4 000

（4）工程完工，固定资产已达到使用状态。

重新确定的固定资产成本＝1 035 300＋426 000－4 000＝1 457 300（元）

借：固定资产   1 457 300

  贷：在建工程   1 457 300

转为固定资产后，按重新确定固定资产原价、使用寿命、预计净残值和折旧方法计提折旧。

12. 年折旧率＝(1-4%)÷20×100%＝4.8%

  月折旧率＝4.8%÷12＝0.4%

  月折旧额＝4 000 000×0.4%＝16 000（元）

13. 单位里程折旧额＝[1 200 000×(1-5%)]÷500 000＝2.28（元/公里）

  本月折旧额＝4 000×2.28＝9 120（元）

14. 年折旧率＝2×(1/5)×100%＝40%

  第 1 年应计提的折旧额＝2 000 000×40%＝800 000（元）

  第 2 年应计提的折旧额＝（2 000 000－800 000）×40%＝480 000（元）

  第 3 年应计提的折旧额＝（2 000 000－800 000－480 000）×40%＝288 000（元）

从第 4 年起改用年限平均法（直线法）计提折旧，即：

第 4 年、第 5 年应计提的折旧额＝[（2 000 000－800 000－480 000－288 000）－100 000]÷2＝166 000（元）

15.

年份	尚可使用年限	原价-净残值	变动折旧率	年折旧额	累计折旧
1	5	81 000	5/15	27 000	27 000
2	4	81 000	4/15	21 600	48 600
3	3	81 000	3/15	16 200	64 800
4	2	81 000	2/15	10 800	75 600
5	1	81 000	1/15	5 400	81 000

16.（1）20×5 年 1 月 2 日，生产线转入改扩建时：

  该生产线已计提折旧额＝[960 000×(1-4%)]÷6×2＝307 200（元）

借：在建工程   652 800

  累计折旧   307 200

  贷：固定资产   960 000

（2）20×5 年 1 月 2 日至 3 月 31 日，发生改扩建支出时：

借：在建工程   240 000

  贷：银行存款   240 000

（3）20×5 年 3 月 31 日，改扩建工程达到预定可使用状态时：

借：固定资产——新生产线   892 800

  贷：在建工程   892 800

17.

借：管理费用   660 000

　　贷：原材料　　　　　　　　　　　　　　　　　　　　　　　　　600 000

　　　　应付职工薪酬　　　　　　　　　　　　　　　　　　　　　　60 000

18. 由于设备购入时间为20×2年2月，则购入的增值税已计入"应交税费——应交增值税（进项税额）"，20×5年开源公司出售该设备时的会计处理如下：

（1）将固定资产转入清理：

　　固定资产原价＝468 000/(1＋17%)＝400 000（元）

　　3年累积计提折旧＝(400 000/10)×3＝120 000（元）

20×5年出售时应缴纳增值税＝[421 200÷(1＋17%)]×17%＝61 200（元）

借：固定资产清理　　　　　　　　　　　　　　　　　　　　　　280 000

　　累计折旧　　　　　　　　　　　　　　　　　　　　　　　　120 000

　　贷：固定资产　　　　　　　　　　　　　　　　　　　　　　　400 000

（2）收回出售固定资产的价款：

借：银行存款　　　　　　　　　　　　　　　　　　　　　　　　421 200

　　贷：固定资产清理　　　　　　　　　　　　　　　　　　　　　360 000

　　　　应交税费——应交增值税（销项税额）　　　　　　　　　　61 200

（3）结转出售固定资产实现的利得：

借：固定资产清理　　　　　　　　　　　　　　　　　　　　　　80 000

　　贷：营业外收入　　　　　　　　　　　　　　　　　　　　　　80 000

19.（1）盘盈固定资产：

借：固定资产　　　　　　　　　　　　　　　　　　　　　　　　800 000

　　贷：以前年度损益调整　　　　　　　　　　　　　　　　　　　800 000

（2）确定应缴纳的所得税：

借：以前年度损益调整　　　　　　　　　　　　　　　　　　　　264 000

　　贷：应交税费——应交所得税　　　　　　　　　　　　　　　　264 000

（3）结转法定盈余公积：

借：以前年度损益调整　　　　　　　　　　　　　　　　　　　　53 600

　　贷：盈余公积　　　　　　　　　　　　　　　　　　　　　　　53 600

（4）结转以前年度损益调整：

借：以前年度损益调整　　　　　　　　　　　　　　　　　　　　482 400

　　贷：利润分配——未分配利润　　　　　　　　　　　　　　　　482 400

20.（1）盘亏固定资产时：

借：待处理财产损溢　　　　　　　　　　　　　　　　　　　　　99 200

　　累计折旧　　　　　　　　　　　　　　　　　　　　　　　　57 600

　　固定资产减值准备　　　　　　　　　　　　　　　　　　　　　3 200

　　贷：固定资产　　　　　　　　　　　　　　　　　　　　　　　160 000

（2）报经批准转销时：

借：营业外支出——盘亏损失　　　　　　　　　　　　　　　　　99 200

　　贷：待处理财产损溢　　　　　　　　　　　　　　　　　　　　99 200

21.（1）该机器总价款的现值＝30 000 000×(P/F,6%,1) ＋18 000 000×(P/F,6%,2) ＋12 000 000×(P/F,6%,3)

　　　　　　　　　　　＝30 000 000×0.943 4＋18 000 000×0.890 0＋12 000 000×0.839 6

　　　　　　　　　　　＝54 397 200（万元）

　　未确认融资费用＝60 000 000－54 397 200＝5 602 800（万元）

借：在建工程　　　　　　　　　　　　　　　　　　　　　　　　54 397 200

     未确认融资费用   5 602 800

       贷：长期应付款   60 000 000

（2）20×2 年 1 月 1 日将该机器设备投入安装，支付安装费用 400 万元。

    借：在建工程   4 000 000

       贷：银行存款   4 000 000

（3）支付为达到正常运转发生测试费 233.90 万元。

    借：在建工程   2 339 000

       贷：银行存款   2 339 000

    借：在建工程   3 263 832 [(60 000 000−5 602 800)×6%]

       贷：未确认融资费用   3 263 832

    借：固定资产   64 000 032（54 397 200＋4 000 000＋2 339 000

                                         ＋3 263 832）

       贷：在建工程   64 000 032

    借：长期应付款   30 000 000

       贷：银行存款   30 000 000

（4）20×3 年 12 月 31 日支付设备价款。

    借：财务费用   1 659 661.92 { [(60 000 000−30 000 000)−(5 602 800−

                                       3 263 832]×6%}

       贷：未确认融资费用   1 659 661.92

    借：长期应付款   18 000 000

       贷：银行存款   18 000 000

    借：制造费用   6 400 000(64 000 000÷10)

       贷：累计折旧   6 400 000

（5）20×4 年 6 月 30 日发生该机器设备的日常修理费用 20 万元，以银行存款支付。

    借：管理费用   200 000

       贷：银行存款   200 000

（6）20×4 年 12 月 31 日支付设备价款。（不做计提折旧的处理）

    借：财务费用   679 400（5 602 800−3 263 800−1 659 600）

       贷：未确认融资费用   679 400

    借：长期应付款   12 000 000

       贷：银行存款   12 000 000

（五）案例分析题

（1）根据《企业会计准则第 4 号——固定资产》的有关规定，投资者投入的固定资产，应当按照投资合同或协议约定的价值确定其入账价值，但合同或协议约定价值不公允的除外。在投资合同或协议约定价值不公允的情况下，按照该项固定资产的公允价值作为入账价值。故该进口设备应按 480 万元入账。

（2）开源公司对第一车间生产用机器设备折旧方法的变更处理是不正确的，违背了会计信息质量要求的可比性要求。

（3）会计小王对厂房折旧问题的看法不正确。根据《企业会计准则第 4 号——固定资产》的有关规定，企业应当对所有的固定资产计提折旧，但是，已提足折旧仍继续使用的固定资产和单独计价入账的土地除外。固定资产应该按月计提折旧，对于不需用、未使用的固定资产也应计提折旧。当固定资产提足折旧之后，不论是否继续使用，均不再计提折旧，提前报废的固定资产也不再补提折旧。开源公司闲置厂房目前仍属于需要计提折旧的范围，若对该厂房进行提前报废处理，则不用再计提。

无形资产 | 第八章

一、学习目的与要求

通过本章学习，了解无形资产的分类与定义；熟悉无形资产的内容；理解无形资产确认与计量的条件；掌握无形资产初始计量及后续计量的会计处理，掌握内部研究开发费用的确认、计量与会计处理，掌握无形资产处置的会计处理。

二、重要概念

无形资产　专利权　商标权　非专利技术　土地使用权　研究与开发费用　　无形资产摊销

三、重点与难点

重点：无形资产的特征与内容；无形资产入账价值的确定；无形资产取得、摊销及处置的会计核算。

难点：土地使用权的会计处理；研究与开发费用的会计处理；无形资产摊销期限的确定。

四、内容概要解析

（一）无形资产概述

无形资产是指企业拥有或者控制的没有实物形态的可辨认非货币性资产。无形资产具有以下四个特征：（1）由企业拥有或者控制并能为其带来未来经济利益的资源；（2）无形资产不具有实物形态；（3）无形资产具有可辨认性；（4）无形资产属于非货币性长期资产。无形资产通常包括专利权、非专利技术、商标权、著作权、特许权、土地使用权等。

无形资产按其来源途径，可分为外部取得的无形资产和自创的无形资产。无形资产按是否具备确定的经济寿命期限，可分为使用寿命有限的无形资产和使用寿命不确定的无形资产。

要把一项资产作为无形资产进行核算，应当在符合无形资产定义的前提下，同时满足以下两个条件时确认：（1）与该资产有关的经济利益很可能流入企业；（2）该无形资产的成本能够可靠地计量。

（二）无形资产初始取得的核算

1．外购的无形资产

通过外购方式取得的无形资产，其成本包括购买价款、相关税费以及直接归属于使该项资产达到预定用途所发生的其他支出，如使无形资产达到预定用途所发生的专业服务费用、测试无形资产是否能够正常发挥作用的费用等。但是，为引入新产品进行宣传发生的广告费、管理费用及其他间接费用以及无形资产已经达到预定用途以后发生的费用等不能计入无形资产的成本。

如果购入的无形资产超过正常信用条件延期支付价款，实质上具有融资性质，应按购买价款的现值确定无形资产的入账价值，现值与应付价款之间的差额作为未确认的融资费用，在付款期间内按照实际利率法进行摊销，计入财务费用。

2．投资者投入的无形资产

企业接受投资者投入的无形资产，其成本应当按照投资合同或协议约定的价值确定。如果投资合同或协议约定的价值不公允，则应按无形资产的公允价值确定其入账价值。

3. 土地使用权

企业通过外购方式取得的土地使用权，通常应当按照取得时所支付的价款及相关税费确认为无形资产。土地使用权用于自行开发建造厂房等地上建筑物时，土地使用权仍作为无形资产进行核算，与地上建筑物分开计算成本，土地使用权与地上建筑物分别进行摊销和提取折旧。但下列情况除外。

（1）房地产开发企业取得的土地使用权用于建造对外出售的房屋建筑物，相关的土地使用权应当计入所建造的房屋建筑物成本。

（2）企业外购的房屋建筑物，实际支付的价款中包括土地使用权以及建筑物的价值，则应当对支付的价款按照合理的方法（例如，公允价值比例）在土地使用权和地上建筑物之间进行分配；如果确实无法在两者之间进行合理分配，则应当全部作为固定资产进行核算。

（3）企业改变土地使用权的用途，将其用于出租或增值目的时，应将其转作投资性房地产进行核算。

4. 其他方式取得的无形资产

主要包括通过非货币性资产交换取得的无形资产、通过债务重组取得的无形资产、通过政府补助取得的无形资产等。

根据我国企业会计准则的规定，通过政府补助取得的无形资产，应当按照公允价值计量；公允价值不能可靠取得的，按照名义金额计量。如果企业取得的无形资产附带有发票、报关单等凭据，并且凭据标明的价值与公允价值相差不大，按凭据标明的价值作为公允价值；如果凭据没有标明价值或凭据标明的价值与公允价值相差较大，但有活跃交易市场，按同类或类似资产的市场价格作为公允价值；如果没有附带凭据，也没有活跃交易市场，则按照名义金额计量，名义金额为 1 元。企业收到政府补助的无形资产时，通过"递延收益"科目进行核算，该科目核算企业确认的应在以后期间计入当期损益的政府补助。账务处理为借记"无形资产"科目，贷记"递延收益"科目。同时，确认的递延收益应在无形资产的使用寿命内分配计入各期损益中。

通过债务重组方式或非货币性资产交换取得的无形资产，按有关债务重组或非货币性资产交换的相关规定处理。

（三）内部研究开发费用的确认和计量

在实务中，对于企业自行开展的研发项目，应区分研究阶段与开发阶段分别进行核算。企业内部研究和开发无形资产，其在研究阶段的支出全部费用化，计入当期损益（管理费用）；开发阶段的支出符合条件的资本化，不符合资本化条件的计入当期损益（管理费用）。如果确实无法区分研究阶段的支出和开发阶段的支出，应将其所发生的研发支出全部费用化，计入当期损益。

对于内部开发形成的无形资产，其成本由可直接归属于该资产的创造、生产并使该资产达到预定用途前所发生的所有必要支出组成。可直接归属成本包括：开发该无形资产时耗费的材料、劳务成本、注册费、在开发该无形资产过程中使用的其他专利权和特许权的摊销，以及按照借款费用的处理原则可以资本化的利息支出。除上述可直接归属于无形资产开发活动的支出外，在开发过程中发生的其他销售费用、管理费用等间接费用、无形资产达到预定用途前发生的可辨认的无效和初始运作损失、为运行该无形资产发生的培训支出等不计入无形资产的成本。另外，对于无形资产达到资本化条件之前已经费用化计入当期损益的支出不再进行调整。

企业应设置"研发支出"科目核算企业内部研发过程中发生的各项支出，并应当按照研究开发项目，下设"费用化支出"与"资本化支出"两个明细科目。研究阶段的支出予以费用化，记入"研发支出——费用化支出"科目，借记"研发支出——费用化支出"科目，贷记"原材料""应付职工薪酬""银行存款"等科目。期末，应将"研发支出——费用化支出"科目归集的金额转入"管理费用"科目，借记"管理费用"科目，贷记"研发支出——费用化支出"科目。

如果研究成功进入开发阶段后，发生的支出满足资本化条件的，记入"研发支出——资本化支出"科目，借记"研发支出——资本化支出"科目，贷记"原材料""应付职工薪酬""银行存款"等科目。研究开发项目达到预定用途形成无形资产的，将"研发支出——资本化支出"转入"无形资产"，借记"无形资产"科目，贷记"研发支出——资本化支出"科目。

（四）无形资产的摊销

使用寿命有限的无形资产，应在其预计的使用寿命内采用系统合理的方法对应摊销金额进行摊销。应摊销金额，是指无形资产的成本扣除预计净残值后的金额。已计提减值准备的无形资产，还应扣除已计提的无形资产减值准备累计金额。使用寿命有限的无形资产，其残值一般应当视为零，除非有第三方承诺在无形资产使用寿命结束时购买该项无形资产，或是可以根据活跃市场得到无形资产预计残值信息，并且该市场在该项无形资产使用寿命结束时可能存在。

1. 摊销期和摊销方法

企业摊销无形资产，应当自无形资产可供使用时起，至终止确认时止。为了简化核算，当月增加的无形资产，当月开始摊销；当月减少的无形资产，当月不再摊销。

无形资产的摊销方法包括直线法、产量法、余额递减法等。企业应当根据无形资产产生的经济利益的预期实现方式合理选择无形资产的摊销方法。例如，受技术陈旧因素影响较大的专利权和专有技术等无形资产，可采用类似固定资产加速折旧的方法进行摊销；有特定产量限制的特许经营权或专利权，应采用产量法进行摊销；无法可靠确定相关经济利益预期实现方式的，则采用直线法摊销。

2. 使用寿命有限的无形资产摊销的账务处理

企业应设置"累计摊销"科目，反映因摊销而减少的无形资产价值。该科目属于备抵科目，从性质上来看，类似"累计折旧"科目。无形资产的摊销一般应计入当期损益，但如果某项无形资产是专门用于生产某种产品或者其他资产，则无形资产的摊销费用应当计入相关资产的成本。摊销无形资产时，应根据其所服务的对象，将无形资产的摊销价值计入相关资产的成本或者当期损益，借记"管理费用""制造费用""其他业务成本"等科目，贷记"累计摊销"科目。

如果无法合理估计某项无形资产的使用寿命，则应作为使用寿命不确定的无形资产进行核算。对于使用寿命不确定的无形资产，在持有期间内不需要摊销，但应当在每个会计期间进行减值测试，按照《企业会计准则第 8 号——资产减值》处理。

（五）无形资产的处置

1. 无形资产的出售

企业出售某项无形资产，表明企业放弃无形资产的所有权，应将所取得的价款与该无形资产账面价值的差额作为资产处置利得或损失，计入当期损益。

出售无形资产时，应按实际收到的金额，借记"银行存款"等科目，按已计提的累计摊销，借记"累计摊销"科目，已计提减值准备的，借记"无形资产减值准备"科目，按应支付的相关税费，贷记"应交税费"等科目，按其账面余额，贷记"无形资产"科目，按其差额，贷记"营业外收入——处置非流动资产利得"科目或借记"营业外支出——处置非流动资产损失"科目。

2. 无形资产的出租

无形资产出租是指企业将所拥有的无形资产的使用权让渡给他人并收取租金，属于与企业日常活动相关的其他经营活动取得的收入，在满足收入确认条件的情况下，应确认相关的收入及成本，并通过其他业务收支科目进行核算。让渡无形资产使用权而取得的租金收入，借记"银行存款"等科目，贷记"其他业务收入"等科目；摊销出租无形资产的成本并发生与转让有关的各种费用支出时，借记"其他业务成本"科目，贷记"累计摊销"科目。

3. 无形资产的报废

如果无形资产预期不能为企业带来未来经济利益，例如，该无形资产已被其他新技术所替代或超过法律保护期，不能再为企业带来经济利益，则不再符合无形资产的定义，应将其报废并予以转销。转销时，应按已计提的累计摊销，借记"累计摊销"科目；按其账面余额，贷记"无形资产"科目；按其差额，借记"营业外支出"科目。已计提减值准备的，还应同时结转减值准备。

五、同步练习

（一）单项选择题

1. 下列有关无形资产初始计量的表述，不正确的是（　　）。

A. 非房地产开发企业为建造办公楼而购入的土地使用权在办公楼正式动工建造之时应转为在建工程核算，完工后转入固定资产成本

B. 外购无形资产的成本，包括购买价款、相关税费以及直接归属于使该项资产达到预定用途所发生的专业服务费用、测试无形资产是否能够正常发挥作用的费用

C. 购买无形资产的价款超过正常信用条件延期支付，实质上具有融资性质的，无形资产的初始成本应按购买价款的现值或公允价值与相关税费之和确定

D. 投资者投入无形资产的成本，应当按照投资合同或协议约定的价值确定，但合同或协议约定价值不公允的除外

2. 开源公司 20×5 年 7 月 1 日以银行存款 600 万元外购一项专利权，法律规定的有效年限为 10 年。同日甲公司与开源公司签订合同约定 5 年后以 100 万元购买该项专利权，采用直线法摊销，则开源公司 20×5 年度应确认的无形资产摊销额为（　　）万元。

A. 120　　　　　　B. 110　　　　　　C. 55　　　　　　D. 50

3. 开源公司 20×5 年 8 月 10 日开始自行研究开发无形资产，12 月 31 日达到预定用途。其中，研究阶段发生职工薪酬 46 万元、计提专用设备折旧 40 万元、其他专利权和特许权的摊销 15 万元。进入开发阶段后，符合资本化条件前发生的相关支出为：职工薪酬 80 万元、计提专用设备折旧 40 万元、其他专利权和特许权的摊销 14 万元；符合资本化条件后发生职工薪酬 100 万元、计提专用设备折旧 50 万元、其他专利权和特许权的摊销 25 万元。假定不考虑其他因素，开源公司 20×5 年末达到预定使用状态的无形资产成本是（　　）万元。

A. 150　　　　　　B. 334　　　　　　C. 175　　　　　　D. 435

4. 下列有关无形资产会计处理方法正确的是（　　）。

A. 使用寿命有限的无形资产，一定采用直线法摊销

B. 使用寿命有限的无形资产，其残值一定为零

C. 若无形资产的使用寿命有限，应当估计该使用寿命的年限或者构成使用寿命的产量等类似计量单位数量

D. 无形资产的摊销金额一定计入当期损益

5. 下列各项资产中，属于不可辨认的是（　　）。

A. 专利权　　　　　B. 著作权　　　　　C. 商标权　　　　　D. 商誉

6. 企业出售无形资产取得的净收益应计入（　　）。

A. 其他业务收入　　B. 投资收益　　　　C. 资本公积　　　　D. 营业外收入

7. 下列各项中，会引起无形资产账面价值发生增减变动的有（　　）。

A. 计提无形资产减值准备

B. 研究开发项目达到预定用途形成无形资产前的"研发支出——资本化支出"的余额

C. 计提无形资产摊销额

D. 转让无形资产所有权

8. 开源公司 20×5 年 7 月 1 日转让一项无形资产，转让价格 120 万元增值税税率为 6%。该无形资产系企业 20×2 年 7 月 1 日购入并投入使用，初始入账价值 420 万元，预计使用年限为 5 年，法律规定的有效年限为 10 年，采用直线法进行摊销。企业转让无形资产发生的净损失为（　　）万元。

A. 48　　　　　　　B. 55.2　　　　　　C. 90　　　　　　D. 87

9. 下列关于"研发支出"科目表述不正确的是（　　）。

A．"研发支出"科目应当设置"费用化支出"与"资本化支出"两个明细科目。

B．企业自行开发无形资产发生的研发支出，不满足资本化条件的，借记"研发支出——费用化支出"科目，满足资本化条件的，借记"研发支出——资本化支出"科目

C．企业以其他方式取得的正在进行中研究开发项目，应按确定的金额，借记"研发支出——费用化支出"科目

D．研究开发项目达到预定用途形成无形资产的，应按"研发支出——资本化支出"的余额，借记"无形资产"科目，贷记"研发支出——资本化支出"科目

（二）多项选择题

1．下列属于无形资产特征的有（　　　）。

A．无形资产不具有实物形态

B．无形资产具有可辨认性

C．无形资产属于非货币性长期资产

D．由企业拥有或者控制并能为其带来未来经济利益的资源

E．无形资产的使用寿命不确定

2．下列关于土地使用权会计处理正确的有（　　　）。

A．企业通过出让或转让方式取得的、以经营租赁方式出租的土地使用权应确认为投资性房地产

B．土地使用权用于自行开发建造厂房等地上建筑物时，相关的土地使用权应当计入所建造的房屋建筑物成本

C．房地产开发企业取得的土地使用权用于建造对外出售的房屋建筑物，土地使用权与地上建筑物分别进行摊销和提取折旧

D．企业外购的房屋建筑物支付的价款无法在地上建筑物与土地使用权之间分配的，应当按照《企业会计准则第 4 号——固定资产》规定，确认为固定资产原价

E．企业改变土地使用权的用途，将其作为用于出租或增值目的时，应将其账面价值转为投资性房地产

3．下列有关无形资产摊销的表述，正确的有（　　　）。

A．无形资产的使用寿命为有限的，应当估计该使用寿命的年限或者构成使用寿命的产量等类似计量单位数量，其应摊销金额应当在使用寿命内系统合理摊销

B．无法预见无形资产为企业带来经济利益期限的，应当视为使用寿命不确定的无形资产，按照 10 年摊销

C．企业摊销无形资产，应当自无形资产可供使用时起，至不再作为无形资产确认时止

D．企业选择的无形资产摊销方法，应当反映与该项无形资产有关的经济利益的预期实现方式。无法可靠确定预期实现方式的，应当采用直线法摊销

E．无形资产应摊销的金额为其成本扣除预计残值后的金额。已计提减值准备的无形资产，还应扣除已计提的无形资产减值准备累计金额

4．下列有关无形资产的表述，正确的有（　　　）。

A．任何情况下，使用寿命有限的无形资产，其残值应当视为零

B．如果有第三方承诺在无形资产使用寿命结束时购买该无形资产，应预计残值

C．如果可以根据活跃市场得到预计残值信息，并且该市场在无形资产使用寿命结束时很可能存在，应预计残值

D．使用寿命不确定的无形资产不应摊销

E．不考虑计提减值准备的情况下，无形资产的应摊销金额为其成本扣除预计残值后的金额

5．下列有关无形资产会计处理的表述中，正确的有（　　　）。

A．企业处置无形资产，应当将取得的价款与该无形资产账面价值和相关税费的差额计入当期损益

B．无形资产预期不能为企业带来经济利益的，应将该无形资产的账面价值计入管理费用

C．企业摊销无形资产，应当自无形资产可供使用时起，至不再作为无形资产确认时止

D．只有很可能为企业带来经济利益且其成本能够可靠计量的无形资产才能予以确认

E．无论使用寿命确定或不确定的无形资产，均应按期摊销

（三）判断题

1．我国的无形资产包括可辨认的无形资产和不可辨认的无形资产。（　　）

2．企业内部产生的品牌、客户资源等，也属于无形资产。（　　）

3．企业改变土地使用权的用途，将其用于出租或增值目的时，应将其转作固定资产进行核算。（　　）

4．企业收到政府补助的无形资产时，应作为"营业外收入"进行核算。（　　）

5．无形资产只能采用直线法进行摊销。（　　）

6．企业拥有的无形资产都应当进行摊销。（　　）

7．企业自行研发无形资产过程中发生的支出，都应当采用资本化的方式进行处理。（　　）

8．企业通过投资者投资取得的无形资产，应按公允价值确定其入账价值。（　　）

9．无形资产的出售收入作为"营业外收入"核算。（　　）

10．无形资产摊销时，应记入"管理费用"科目。（　　）

（四）计算及账务处理题

1．开源公司购入一项专利权，增值税专用发票上注明价款为 6 000 000 元，增值税税额为 360 000 元，另外，支付相关专业服务费 16 000 元，全部款项以银行存款支付。要求：编制相关会计分录。

2．开源公司购入一块土地使用权，以银行存款支付 160 000 000 元，并在该土地上自行建造厂房等工程，领用工程物资 200 000 000 元，工资费用 120 000 000 元，其他相关费用 200 000 000 元，完工后的工程总价值为 260 000 000 元。为了简化核算，假定不考虑其他有关税费。要求：编制相关会计分录。

3．开源自行研究开发一项技术，至 20×5 年 12 月 31 日，发生研发支出合计 5 000 000 元，经测试该项研发活动完成了研究阶段，20×6 年 1 月 1 日起进入开发阶段。20×6 年共发生研发支出 700 000 元，假定符合《企业会计准则》规定的开发支出资本化的条件。20×6 年 3 月 31 日，该项研发活动结束，研发成功一项非专利技术。要求：编制相关会计分录。

4．开源公司接受某投资者以其所拥有的非专利技术投资，双方商定的价值为 3 000 000 元，已办妥相关手续。要求：编制相关会计分录。

5．开源公司从外单位购入一项特许权，实际成本为 10 000 000 元，估计使用寿命为 8 年，该项专利用于生产产品；同时还购入一项商标权，实际成本为 12 000 000 元，估计使用寿命为 10 年，购买价款均已以银行存款支付。假定这两项无形资产的净残值都为零。要求：编制相关会计分录。（增值税率为 6%）

6．开源公司将其拥有的一项专利权的所有权转让给另一企业，该专利权的成本为 1 100 000 元，已摊销 400 000 元，应缴增值税 60 000 元，实际取得的转让价款为 1 000 000 元，款项已存入银行。要求：编制相关会计分录。

7．20×5 年末开源公司某项非专利技术的账面余额为 16 000 000 元。该项技术的摊销期为 10 年，采用直线法进行摊销，已摊销 5 年。该非专利技术的残值为零，已累计计提减值准备 3 600 000 元。该非专利技术生产的产品已没有市场，预期不能再为企业带来经济利益。要求：编制相关会计分录。

8．开源公司有关资料如下：

（1）20×2 年 1 月 2 日，从甲公司购买一项专利权用于产品生产，由于开源公司资金周转比较紧张，经与甲公司协议采用分期付款方式支付款项。合同规定，该项专利权总计 1 800 万元，每年末付款 600 万元，3 年付清。假定银行同期贷款利率为 10%。开源公司预计法律剩余有效年限为 13 年，开源公司估计该项专利权受益期限为 10 年，采用直线法摊销，取得专利技术时可以根据活跃市场得到预计残值信息，无形资产使用寿命结束时可能存在残值为 921 100 万元。（为了简化核算，假

定不考虑其他有关税费。）

（2）开源公司与乙公司签订合同，出租该专利权，租期为1年，租金800万元于20×2年1月2日收到，增值税税率为6%。租赁期届满收回用于产品生产。要求：编制相关会计分录。（3年期10%的复利现值系数为2.486 85）

（五）案例分析题

海星公司是一家专门从事保险设备销售的公司，该公司一直处于高速发展阶段，近年来由于市场竞争加剧，市场份额有所下降。为了巩固市场地位，同时进一步开拓业务范围，公司准备收购一家专门经营防盗设备生产与销售的企业。20×3年海星公司取得了东部某公司的所有权。因为品牌的关系，海星公司在收购过程中多支付了1 000万元。公司会计小王将这1 000万元作为商誉计入无形资产，并在期末的资产负债表中进行列示。

20×4年海星公司成功研制出一款新型保险箱产品，该产品在同行业处于领先水平，并且市场需求潜力巨大。公司为此支付的材料费、开发人员工资及福利费共280万元（研究阶段）。公司会计小王将这280万元作为长期待摊费用处理，理由是该产品将在至少3年内领先同行业其他企业，并且在5年内不会被淘汰，并可给企业带来较多的经济利益。20×5年初，海星公司向国家有关部门申请了专利，发生律师费、注册费等共计12万元。公司会计小王将这12万元计入了当期损益。

思考题：

（1）公司会计小王将在收购过程中多支付的1 000万元作为商誉计入无形资产的处理是否正确？为什么？

（2）海星公司在研究阶段发生的280万元支出，能否作为长期待摊费用处理？申请专利时支付的12万元计入当期损益，是否正确？为什么？

参考答案

（一）单项选择题

1	2	3	4	5	6	7	8	9
A	D	C	C	D	D	B	B	C

（二）多项选择题

1	2	3	4	5
ABCD	ADE	ACDE	BCDE	ACD

（三）判断题

1	2	3	4	5	6	7	8	9	10
×	×	×	×	×	×	×	×	√	×

（四）计算及账务处理题

1.

借：无形资产	6 016 000
应交税费——应交增值税（进项税额）	360 000
贷：银行存款	6 376 000

2.（1）支付购买价款：

| 借：无形资产——土地使用权 | 160 000 000 |
| 贷：银行存款 | 160 000 000 |

（2）在土地上自行建造厂房：

| 借：在建工程 | 520 000 000 |
| 贷：工程物资 | 200 000 000 |

应付职工薪酬	120 000 000
银行存款	200 000 000

（3）厂房达到预定可使用状态：

借：固定资产	520 000 000
贷：在建工程	520 000 000

3．（1）20×5 年发生的研发支出：

借：研发支出——费用化支出	5 000 000
贷：银行存款	5 000 000

（2）20×5 年 12 月 31 日，发生的研发支出全部属于研究阶段的支出：

借：管理费用	5 000 000
贷：研发支出——费用化支出	5 000 000

（3）20×6 年，发生研发支出并满足资本化条件：

借：研发支出——资本化支出	700 000
贷：银行存款等	700 000

（4）20×6 年 3 月 31 日，该技术研发完成并形成无形资产：

借：无形资产——非专利技术	700 000
贷：研发支出——资本化支出	700 000

4．
借：无形资产	3 000 000
贷：实收资本	3 000 000

5．（1）取得无形资产时：

借：无形资产——特许权	10 000 000
——商标权	12 000 000
应交税费——应交增值税（进项税额）	1 320 000
贷：银行存款	23 320 000

（2）按月摊销时：

  特许权每月摊销额＝（10 000 000÷8÷12≈104 167（元）

  商标权每月摊销额＝（12 000 000÷10÷12＝100 000（元）

借：制造费用——特许权摊销	104 167
管理费用——商标权摊销	100 000
贷：累计摊销	204 167

6．

借：银行存款	1 000 000
累计摊销	400 000
贷：无形资产	1 100 000
应交税费——应交增值税（销项税额）	60 000
营业外收入——非流动资产处置利得	240 000

7．

借：累计摊销	8 000 000
无形资产减值准备	3 600 000
营业外支出——处置非流动资产损失	4 400 000
贷：无形资产——非专利技术	16 000 000

8．（1）计算并编制 20×2 年 1 月 2 日会计分录如下：

  无形资产现值＝600×2.486 85＝1 492.11（万元）

未确认融资费用＝1 800−1 492.11＝307.89（万元）

借：无形资产——专利权 14 921 100

未确认融资费用 3 078 900

贷：长期应付款 18 000 000

同时出租：

借：银行存款 8 480 000

贷：其他业务收入 8 000 000

应交税费——应交增值税（销项税额） 480 000

（2）编制20×2年年底有关会计分录如下：

借：财务费用 1 492 110　[(18 000 000−3 078 900)×10%]

贷：未确认融资费用 1 492 110

借：长期应付款 6 000 000

贷：银行存款 6 000 000

借：其他业务成本 1 400 000 [(14 921 100−921 100)/10]

贷：累计摊销 1 400 000

（3）编制20×3年年底有关会计分录如下：

借：财务费用 1 041 321　{[(18 000 000−6 000 000)

− (3 078 900−1 492 110)]×10%}

贷：未确认融资费用 1 041 321

借：长期应付款 6 000 000

贷：银行存款 6 000 000

借：制造费用 1 400 000　[(14 921 100−921 100)/10]

贷：累计摊销 1 400 000

（4）编制20×4年年底有关会计分录如下：

借：财务费用 545 469 (3 078 900−1 492 110−1 041 321)

贷：未确认融资费用 545 469

借：长期应付款 6 000 000

贷：银行存款 6 000 000

借：制造费用 1 400 000　[(14 921 100−921 100)/10]

贷：累计摊销 1 400 000

（五）案例分析题

1. 处理不正确。商誉不具有可辨认性，不符合无形资产确认标准，不能作为一项无形资产在资产负债表中予以列示。在新准则中，商誉作为一项单独的资产列示在资产负债表中。

2. 根据《企业会计准则第 6 号——无形资产》的有关规定，企业内部研究开发项目的支出，应当区分为研究阶段支出与开发阶段支出。研究阶段发生的支出计入当期损益，而开发阶段的支出满足相应的条件时，确认为无形资产。因此，海星公司在研究阶段发生的 280 万元支出，应计入当期损益而不是作为长期待摊费用处理。申请专利时支付的 12 万元，属于开发阶段支出，同时符合相关条件，应计入无形资产。

投资性房地产 第九章

一、学习目的与要求

通过本章学习，了解投资性房地产的概念和范围，理解投资性房地产的确认条件和计量原则，掌握以成本模式和以公允价值模式计量投资性房地产的会计处理，掌握投资性房地产的转换和处置的会计处理。

二、重要概念

投资性房地产 经营租赁 租赁开始日 成本模式 公允价值模式 投资性房地产累计折旧 投资性房地产减值准备 投资性房地产转换

三、重点与难点

重点：投资性房地产的范围、外购和自行建造投资性房地产的会计处理、持有期间采用成本模式的会计处理、持有期间采用公允价值模式的条件及会计处理、投资性房地产后续计量的会计处理。

难点：投资性房地产转换为非投资性房地产的会计处理、非投资性房地产转换为投资性房地产的会计处理、处置投资性房地产的会计处理。

四、内容概要解析

（一）投资性房地产概述

1. 投资性房地产的概念和特征

投资性房地产，是指为赚取租金或资本增值，或者两者兼有而持有的房地产。

投资性房地产主要有以下特征。

（1）投资性房地产是一种经营性活动。

（2）投资性房地产在用途、状态、目的等方面区别于作为生产经营场所的房地产和用于销售的房地产。

（3）投资性房地产有两种后续计量模式。

2. 投资性房地产的范围

（1）属于投资性房地产的项目。

① 已出租的土地使用权。

② 持有并准备增值后转让的土地使用权。

③ 已出租的建筑物。

（2）不属于投资性房地产的项目。

① 自用房地产。

② 作为存货的房地产。

3. 投资性房地产的确认

（1）与该投资性房地产有关的经济利益很可能流入企业；

（2）该投资性房地产的成本能够可靠地计量。

（二）投资性房地产的初始计量

投资性房地产无论采用哪一种后续计量模式，取得时均应当按照成本进行初始计量。

1．外购的投资性房地产

在采用成本模式计量下，外购的土地使用权和建筑物，按照取得时的实际成本进行初始计量，借记"投资性房地产"科目，贷记"银行存款"等科目。取得时的实际成本包括购买价款、相关税费和可直接归属于该资产的其他支出。企业购入的房地产，部分用于出租（或资本增值）、部分自用，用于出租（或资本增值）的部分应当予以单独确认的，应按照不同部分的公允价值占公允价值总额的比例将成本在不同部分之间进行分配。

在采用公允价值模式计量下，外购的投资性房地产应当按照取得时的实际成本进行初始计量，其实际成本的确定与采用成本模式计量的投资性房地产一致。企业应当在"投资性房地产"科目下设置"成本"和"公允价值变动"两个明细科目，按照外购的土地使用权和建筑物发生的实际成本，记入"投资性房地产——成本"科目。

2．自行建造的投资性房地产

自行建造的投资性房地产，其成本由建造该项资产达到预定可使用状态前发生的必要支出构成，包括土地开发费、建筑成本、安装成本、应予以资本化的借款费用、支付的其他费用和分摊的间接费用等。建造过程中发生的非正常性损失，直接计入当期损益，即营业外支出，不计入建造成本。

采用成本模式计量的，应按照确定的成本，借记"投资性房地产"科目，贷记"在建工程"或"开发成本"科目。采用公允价值模式计量的，应按照确定的成本，借记"投资性房地产——成本"科目，贷记"在建工程"或"开发成本"科目。"开发成本"科目核算房地产开发企业在土地、房屋、配套设施和代建工程的开发过程中所发生的各项费用。

3．与投资性房地产有关的后续支出

（1）投资性房地产后续支出的处理原则。与投资性房地产有关的后续支出，满足投资性房地产确认条件的，应当计入投资性房地产成本。投资性房地产发生的后续支出，如果只是维护或恢复投资性房地产原有的使用效能，不可能导致流入企业的经济利益超过原先的估计，应当在发生时计入当期损益。

（2）资本化的后续支出。企业对某项投资性房地产进行改扩建等再开发且将来仍作为投资性房地产的，在再开发期间应继续将其作为投资性房地产，再开发期间不计提折旧或摊销。

（3）费用化的后续支出。与投资性房地产有关的后续支出，不满足投资性房地产确认条件的，应当在发生时计入当期损益。

（三）投资性房地产的后续计量

1．采用成本模式进行后续计量的投资性房地产

企业选择成本模式，应当按照《企业会计准则第4号——固定资产》或《企业会计准则第6号——无形资产》的有关规定，按期（月）计提折旧或摊销，借记"其他业务成本"等科目，贷记"投资性房地产累计折旧（摊销）"科目。取得的租金收入，借记"银行存款"等科目，贷记"其他业务收入"等科目。

投资性房地产存在减值迹象的，还应当适用资产减值的有关规定。经减值测试后确定发生减值的，应当计提减值准备，借记"资产减值损失"科目，贷记"投资性房地产减值准备"科目。如果已经计提减值准备的投资性房地产的价值又得以恢复，不得转回。

2．采用公允价值模式进行后续计量的投资性房地产

（1）采用公允价值模式计量的条件。采用公允价值模式计量的投资性房地产，应当同时满足下列条件：①投资性房地产所在地有活跃的房地产交易市场。所在地，通常指投资性房地产所在的城市。对于大中型城市，应当为投资性房地产所在的城区。②企业能够从活跃的房地产交易市场上取得同类或类似房地产的市场价格及其他相关信息，从而对投资性房地产的公允价值做出合理的估计。

（2）采用公允价值模式计量的会计处理。投资性房地产采用公允价值模式进行后续计量的，不计提折旧或摊销，应当以资产负债表日的公允价值计量。资产负债表日，投资性房地产的公允价值高于其账面余额的差额，借记"投资性房地产——公允价值变动"科目，贷记"公允价值变动损益"科目；公允价值低于其账面余额的差额做相反的会计分录。

3．投资性房地产后续计量模式的变更

为保证会计信息的可比性，企业对投资性房地产的计量模式一经确定，不得随意变更。只有在房地产市场比较成熟、能够满足采用公允价值模式条件的情况下，才允许企业对投资性房地产从成本模式计量变更为公允价值模式计量。

成本模式转为公允价值模式的，应当作为会计政策变更处理，并按计量模式变更时公允价值与账面价值的差额调整期初留存收益。已采用公允价值模式计量的投资性房地产，不得从公允价值模式转为成本模式。

（四）投资性房地产的转换和处置

1．投资性房地产的转换

（1）投资性房地产转换形式和转换日。

① 投资性房地产开始自用，相应地由投资性房地产转换为固定资产或无形资产。

② 作为存货的房地产，改为出租，通常指房地产开发企业将其持有的开发产品以经营租赁的方式出租，相应地由存货转换为投资性房地产。

③ 自用土地使用权停止自用，用于赚取租金或资本增值，相应地由无形资产转换为投资性房地产。

④ 自用建筑物停止自用，改为出租，相应地由固定资产转换为投资性房地产。

⑤ 房地产企业将用于经营出租的房地产重新开发用于对外销售，从投资性房地产转为存货。

（2）投资性房地产转换日的确定。

转换日的确定关系到资产的确认时点和入账价值，因此非常重要。转换日是指房地产的用途发生改变、状态相应发生改变的日期。

2．投资性房地产转换为非投资性房地产

（1）投资性房地产转换为自用房地产。

① 采用成本模式进行后续计量的投资性房地产转换为自用房地产。企业将以成本模式计量的投资性房地产转换为自用房地产，应当按该项投资性房地产在转换日的账面余额、累计折旧或摊销、减值准备等，分别转入"固定资产""累计折旧""固定资产减值准备"等科目。

② 采用公允价值模式进行后续计量的投资性房地产转为自用房地产。企业将采用公允价值模式计量的投资性房地产转换为自用房地产时，应当以其转换当日的公允价值作为自用房地产的账面价值，公允价值与原账面价值的差额计入当期损益。

（2）投资性房地产转换为存货。

① 采用成本模式进行后续计量的投资性房地产转换为存货。企业将以成本模式计量的投资性房地产转换为存货时，应当按照该项房地产在转换日的账面价值转为存货。

② 采用公允价值模式进行后续计量的投资性房地产转换为存货。企业将采用公允价值模式计量的投资性房地产转换为存货时，应当以其转换当日的公允价值作为存货的账面价值，公允价值与原账面价值的差额计入当期损益。

3．非投资性房地产转换为投资性房地产

（1）自用房地产转换为投资性房地产。

① 自用房地产转换为以成本模式进行后续计量的投资性房地产。企业将自用土地使用权或建筑物转换为以成本模式计量的投资性房地产时，应当按该项建筑物或土地使用权在转换日的原价、累计折旧（摊销）、减值准备等，分别转入"投资性房地产""投资性房地产累计折旧（摊销）""投资性房地产减值准备"科目。

②　自用房地产转换为以公允价值模式进行后续计量的投资性房地产。企业将自用房地产转换为采用公允价值模式计量的投资性房地产，应当按该项土地使用权或建筑物在转换日的公允价值作为投资性房地产的入账价值。转换日公允价值小于账面价值的差额，计入公允价值变动损益；转换日公允价值大于账面价值的差额，计入其他综合收益。当该项投资性房地产处置时，因转换计入其他综合收益的部分应转入当期损益。

（2）存货转换为投资性房地产。

①　存货转换为以成本模式进行后续计量的投资性房地产。企业将作为存货的房地产转换为采用成本模式计量的投资性房地产，应当按该项存货在转换日的账面价值转为投资性房地产。

②　存货转换为以公允价值模式进行后续计量的投资性房地产。企业将作为存货的房地产转换为采用公允价值模式计量的投资性房地产，应当按该项房地产在转换日的公允价值转为投资性房地产。转换日公允价值小于账面价值的差额，计入公允价值变动损益；转换日公允价值大于账面价值的差额，计入其他综合收益。当该项投资性房地产处置时，因转换计入其他综合收益的部分应转入当期损益。

4．投资性房地产的处置

当投资性房地产被处置，或者永久退出使用且预计不能从其处置中取得经济利益时，应当终止确认该项投资性房地产。

（1）采用成本模式计量的投资性房地产的处置。处置采用成本模式进行后续计量的投资性房地产时，应当按实际收到的金额，确认其他业务收入；按该项投资性房地产的账面价值结转其他业务成本。

（2）采用公允价值模式计量的投资性房地产的处置。处置采用公允价值模式计量的投资性房地产，应当按实际收到的金额，确认其他业务收入；按该项投资性房地产的账面价值结转其他业务成本。同时结转投资性房地产累计公允价值变动损益。若存在原转换日计入其他综合收益的金额，也一并结转，计入其他业务成本。

五、同步练习

（一）单项选择题

1．根据《企业会计准则第 3 号——投资性房地产》，下列项目属于投资性房地产的是（　　　）。

A．企业以经营租赁方式租入再转租的建筑物

B．持有并准备增值后转让的房屋建筑物

C．企业经营管理用的办公楼

D．企业已经营出租的厂房

2．下列各项中属于投资性房地产的是（　　　）。

A．企业计划出租但是尚未出租的土地使用权

B．以经营租赁方式租入再转租给其他单位的房地产

C．按照国家有关规定认定的闲置土地

D．企业拥有产权并以经营租赁方式出租的建筑物

3．根据《企业会计准则第 3 号——投资性房地产》，下列项目不属于投资性房地产的是（　　　）。

A．已出租的建筑物　　　　　　　　B．持有并准备增值后转让的房屋建筑物

C．已出租的土地使用权　　　　　　D．持有并准备增值后转让的土地使用权

4．下列不属于企业投资性房地产的是（　　　）。

A．房地产开发企业将作为存货的商品房以经营租赁方式出租

B．企业开发完成后用于出租的房地产

C．企业持有并准备增值后转让的土地使用权

D．房地产企业拥有并自行经营的饭店

5．下列各项资产不属于投资性房地产的是（　　　）。

A．用于赚取租金的房地产

B．用以资本增值的房地产

C．赚取租金和资本增值两者兼有而持有的房地产

D．用于生产活动的房地产

6．关于企业出租给本企业职工居住的宿舍是否属于投资性房地产的说法正确的是（　　　）。

A．属于投资性房地产

B．属于自用房地产

C．按照市场价格收取租金属于投资性房地产

D．按照内部价格收取租金属于投资性房地产

7．关于企业租出并按出租协议向承租人提供保安和维修等其他服务的建筑物，是否属于投资性房地产的说法正确的是（　　　）。

A．所提供的其他服务在整个协议中不重大的，该建筑物应视为企业的经营场所，应当确认为自用房地产

B．所提供的其他服务在整个协议中如为重大的，应将该建筑物确认为投资性房地产

C．所提供的其他服务在整个协议中如为不重大的，应将该建筑物确认为投资性房地产

D．所提供的其他服务在整个协议中无论是否重大，均不将该建筑物确认为投资性房地产

8．下列投资性房地产初始计量的表述不正确的是（　　　）。

A．外购的投资性房地产按照购买价款、相关税费和可直接归属于该资产的其他支出

B．自行建造投资性房地产的成本，由建造该项资产达到可销售状态前所发生的必要支出构成

C．债务重组取得的投资性房地产按照债务重组的相关规定处理

D．非货币性资产交换取得的投资性房地产按照非货币性资产交换准则的规定处理

9．投资性房地产进入改扩建或装修阶段后，应将其账面价值转入（　　　）科目进行核算。

A．在建工程　　　　　　　　　　B．投资性房地产——在建

C．开发产品　　　　　　　　　　D．投资性房地产——成本

10．投资性房地产的计量模式由成本模式转换为公允价值模式，其公允价值与账面价值之间的差额计入（　　　）。

A．盈余公积和未分配利润　　　　B．公允价值变动损益

C．其他综合收益　　　　　　　　D．营业外收入

11．关于投资性房地产后续计量模式的转换，下列说法中正确的是（　　　）。

A．成本模式转换为公允价值模式的，应当作为会计估计变更

B．已采用公允价值模式计量的投资性房地产，不得从公允价值模式转为成本模式

C．已采用成本模式计量的投资性房地产，不得从成本模式转换为公允价值模式

D．企业对投资性房地产的后续计量模式可以随意变更

12．甲企业对投资性房地产采用公允价值模式进行后续计量，20×6年11月15日，甲企业外购一栋写字楼，含税价款为1 170万元，另支付直接费用30万元，使用寿命为20年，预计净残值为零。公司董事会已做出正式书面决议，在该资产的使用寿命内均将其用于经营出租。当日，甲企业业与丙公司签订经营租赁协议，约定自20×7年1月1日起将该厂房出租给丙公司，租期为3年。20×6年末，该厂房的公允价值为1 300万元，则20×6年末，该厂房的账面价值为（　　　）万元。

A．1 300　　　　B．1 195　　　　　C．1 175.08　　　　D．1 200

13．某一房地产开发商于20×6年1月，将作为存货的商品房转换为采用公允价值模式计量的投资性房地产，转换日的商品房账面余额为500万元，已计提跌价准备85万元，该项房产在转换日的公允价值为550万元，则转换日计入"投资性房地产——成本"科目的金额是（　　　）万元。

A. 550　　　　　B. 415　　　　　C. 500　　　　　D. 465

14. 20×6 年 1 月 1 日，甲公司与乙公司签订一项租赁合同，将当日购入的一幢写字楼出租给乙公司，租赁期为 20×6 年 1 月 1 日至 20×8 年 12 月 31 日。该写字楼价格为 1 500 万元，外购时发生直接费用 5 万元，为取得该写字楼所有权另支付了契税 60 万元，以上款项均以银行存款支付完毕。不考虑其他条件，则该项投资性房地产的入账价值为（　　）万元。

A. 1 500　　　　B. 1 505　　　　C. 1 565　　　　D. 1 725

15. 下列有关投资性房地产业务中，可能通过"其他综合收益"科目核算的是（　　）。

A. 采用公允价值模式计量的投资性房地产转换为自用房地产，转换当日公允价值大于投资性房地产原账面价值

B. 采用公允价值模式计量的投资性房地产转换为自用房地产，转换当日公允价值小于投资性房地产原账面价值

C. 自用房地产转换为采用公允价值模式计量的投资性房地产，转换当日公允价值大于其账面价值

D. 自用房地产转换为采用公允价值模式计量的投资性房地产，转换当日公允价值小于其账面价值

16. 以公允价值模式计量的投资性房地产转换为自用房地产时，公允价值大于其原账目价值的差额（　　）。

A. 借记"其他综合收益——其他其他综合收益"科目

B. 贷记"其他综合收益——其他其他综合收益"科目

C. 贷记"公允价值变动损益"科目

D. 贷记"营业外收入"科目

17. 企业对成本模式进行后续计量的投资性房地产摊销时，应该借记（　　）科目。

A. 投资收益　　　　　　　　　B. 其他业务成本

C. 营业外收入　　　　　　　　D. 管理费用

18. 企业将自用房地产转换为以公允价值模式计量的投资性房地产时，公允价值大于原账面价值的差额计入其他综合收益，待处置投资性房地产时，该项其他综合收益应当（　　）。

A. 计入投资收益　　　　　　　B. 计入公允价值变动损益

C. 冲减其他业务成本　　　　　D. 计入营业外收入

19. 自用房地产转换为采用公允价值模式计量的投资性房地产，投资性房地产应当按照转换当日的公允价值计量。转换当日的公允价值小于原账面价值的其差额通过（　　）科目核算。

A. 营业外收入　　B. 其他综合收益　　C. 公允价值变动损益　　D. 其他业务收入

20. 关于投资性房地产后续计量模式的转换，下列说法正确的是（　　）。

A. 成本模式转为公允价值模式的，应当作为会计估计变更

B. 已经采用成本模式计量的投资性房地产，不得从成本模式转为公允价值模式

C. 企业对投资性房地产的计量模式可以随意选择

D. 已经采用公允价值模式计量的投资性房地产，不得从公允价值转为成本模式

21. 下列关于投资性房地产核算的表述中，正确的是（　　）。

A. 采用成本模式计量的投资性房地产不需要确认减值损失

B. 采用公允价值模式计量的投资性房地产可转换为成本模式计量

C. 采用公允价值模式计量的投资性房地产，公允价值的变动金额应计入其他综合收益

D. 采用成本模式计量的投资性房地产，符合条件时可转换为公允价值模式计量

22. 企业对公允价值模式进行后续计量的投资性房地产取得的租金收入，应该贷记（　　）科目。

A. 投资收益　　B. 管理费用　　　C. 营业外收入　　　D. 其他业务收入

23. 下列说法中不正确的是（　　）。

A. 只要与投资性房地产有关的经济利益很可能流入企业，就应确认投资性房地产

B. 外购投资性房地产的成本，包括购买价款、相关税费和可直接归属于该资产的其他支出

C. 自行建造投资性房地产的成本，由建造该项资产达到预定可使用状态前所发生的必要支出构成

D. 与投资性房地产有关的后续支出，满足投资性房地产准则规定的确认条件的，应当计入投资性房地产成本；不满足准则规定的确认条件的，应当在发生时计入当期损益

24. 企业出售、转让、报废投资性房地产时，应当将所处置投资性房地产的账面价值计入（　　）。

A. 其他业务成本　B. 公允价值变动损益　C. 营业外支出　　　D. 其他综合收益

25. 企业出售、转让、报废投资性房地产时，应当将处置收入计入（　　）。

A. 公允价值变动损益　　　　　　　B. 营业外收入

C. 其他业务收入　　　　　　　　　D. 其他综合收益

26. 下列有关投资房地产的会计处理中，说法不正确的是（　　）。

A. 采用公允价值模式计量的投资房地产，不计提折旧或进行摊销，应当以资产负债表日投资性房地产的公允价值为基础调整其账面价值

B. 采用公允价值模式计量的投资性房地产转为成本模式，应当作为会计政策变更

C. 采用成本模式计量的土地使用权，期末应当计提土地使用权当期的摊销额

D. 存货转换为采用公允价值模式计量的投资性房地产，应当按照该项投资性房地产转换当日的公允价值计量

27. 20×6 年 1 月 1 日，甲公司与乙公司签订一项租赁合同，将当日购入的一幢写字楼出租给乙公司，租赁期为 20×6 年 1 月 1 日至 20×8 年 12 月 31 日。该写字楼购买价格为 1 000 万元，外购时发生直接费用 15 万元，为取得该写字楼所有权另支付了契税 85 万元，上述款项均以银行存款支付完毕。不考虑其他因素，则甲公司该项投资性房地产的入账价值为（　　）万元。

A. 1 000　　　　　　B. 1 015　　　　　　C. 1 100　　　　　　D. 1 085

28. 甲公司采用公允价值模式对投资性房地产进行后续计量，20×6 年 9 月 20 日将 20×4 年 12 月 31 日达到预定可使用状态的自行建造的办公楼对外出租，该办公楼建造成本为 5 150 万元，预计使用年限为 25 年，预计净残值为 150 万元。采用年限平均法计提折旧。不考虑其他因素，则 20×4 年该办公楼应计提的折旧额为（　　）万元。

A. 0　　　　　　　　B. 150　　　　　　　C. 200　　　　　　　D. 100

29. 20×6 年 3 月 5 日，甲公司资产管理部门建议管理层将一闲置办公楼用于对外出租。20×6 年 3 月 10 日，董事会批准关于出租办公楼的议案，并明确出租办公楼的意图在短期内不会发生变化。20×6 年 3 月 20 日，甲公司与承租方签订办公楼经营租赁合同，租赁期为自 20×6 年 4 月 1 日起 2 年，年租金为 360 万元。甲公司将自用房地产转换为投资性房地产的时点是（　　）。

A. 2016 年 3 月 5 日　　　　　　　B. 2016 年 3 月 10 日

C. 2016 年 3 月 20 日　　　　　　　D. 2016 年 4 月 1 日

30. 20×6 年 3 月 2 日，甲公司董事会做出决议将其持有的一项土地使用权停止自用，待其增值后转让以获取增值收益。该项土地使用权的成本为 1 200 万元，预计使用年限为 10 年，预计净残值为 200 万元，甲公司对其采用直线法进行摊销，至转换时已使用了 5 年。甲公司对其投资性房地产采用成本模式计量，该项土地使用权转换前后其预计使用年限、预计净残值以及摊销方法相同。则 20×6 年度甲公司该投资性房地产应计提的摊销额为（　　）万元。

A. 100　　　　　　　B. 83.33　　　　　　C. 91.67　　　　　　D. 240

（二）多项选择题

1. 根据《企业会计准则第 3 号——投资性房地产》，下列属于企业的投资性房地产的有（　　）。

    A．企业经营租赁方式出租的生产线　　B．企业自行建造后用于出租的房地产

    C．企业生产经营用的土地使用权　　D．企业经营租赁方式出租的厂房

    E．持有并准备增值后转让的建筑物

2. 根据《企业会计准则第 3 号——投资性房地产》，企业拥有的下列房地产中，属于该企业投资性房地产的有（　　）。

    A．已签订租赁协议约定自下一年 1 月 1 日开始出租的土地使用权

    B．企业管理当局已做出书面决议明确将继续持有，待其增值后转让的土地使用权

    C．企业持有以备经营出租的空置建筑物

    D．已经营出租但仍由本企业提供日常维护的建筑物

    E．经营出租给本企业职工居住的建筑物

3. 下列表述正确的有（　　）。

    A．按照国家有关规定认定的闲置土地不属于持有并准备转让的土地使用权

    B．某项投资性房地产部分用于出租，部分用于自用，不能区分的全部作为投资性房地产核算

    C．某项投资性房地产部分用于出租，部分用于自用，能够区分的分开核算出租部分和自用部分

    D．某项投资性房地产部分用于出租，部分用于自用，能够区分的分开核算出租部分和自用部分，不能区分的全部作为自用房产核算

    E．企业通过经营租赁方式租入的建筑物再出租的也属于投资性房地产

4. 投资性房地产的转换日确定的方法正确的有（　　）。

    A．投资性房地产转为自用房地产，其转换日为房地产达到自用状态，企业开始将房地产用于生产商品、提供劳务或者经营管理的日期

    B．作为存货的房地产改为出租，其转换日为租赁期开始日

    C．作为自用建筑物停止自用改为出租，其转换日为租赁期开始日

    D．作为土地使用权停止自用改为出租，其转换日为租赁期开始日

    E．自用土地使用权停止自用，改用于资本增值，其转换日为企业停止将该项土地使用权用于生产商品、提供劳务或经营管理且管理当局做出房地产转换决议的日期

5. 下列关于投资性房地产与自用房地产的转换的会计处理的说法中，正确的有（　　）。

    A．自用房地产转换为成本模式计量的投资性房地产时，应当按照转换日的公允价值作为投资性房地产的入账价值

    B．采用成本模式计量的投资性房地产转换为自用资产时，应当按照转换日的账面价值作为固定资产的账面价值

    C．自用房地产转换为公允价值模式计量的投资性房地产时，应当按照转换日的公允价值作为投资性房地产的入账价值

    D．自用房地产转换为公允价值模式计量的投资性房地产时，转换当日的公允价值大于原账面价值的差额，计入其他综合收益

    E．自用房地产转换为公允价值模式计量的投资性房地产时，转换当日的公允价值小于原账面价值的差额，冲减其他综合收益

6. 关于投资性房地产转换后的入账价值的确定，下列说法中正确的有（　　）。

    A．在成本模式下，应当将房地产转换前的账面价值作为转换后的入账价值

    B．采用公允价值模式计量的投资性房地产转换为自用房地产时，应当以其转换当日的公允价值作为自用房地产的账面价值

    C．采用公允价值模式计量的投资性房地产转换为自用房地产时，应当以其转换当日的账面

　　　价值作为自用房地产的账面价值

　　D. 自用房地产或存货转换为采用公允价值模式计量的投资性房地产时，投资性房地产按照转换当日的账面价值计价

　　E. 自用房地产或存货转换为采用公允价值模式计量的投资性房地产时，投资性房地产按照转换当日的公允价值计价

7. 对投资性房地产的后续计量，下列说法中不正确的有（　　）。

　　A. 企业通常应当采用成本模式对投资性房地产进行后续计量，也可采用公允价值模式对投资性房地产进行后续计量

　　B. 企业选择采用公允价值模式对投资性房地产进行后续计量的，以后期间也可采用成本模式对投资性房地产进行后续计量

　　C. 同一企业对不同的投资性房地产可以采用不同的计量模式

　　D. 企业只能采用成本价值模式对投资性房地产进行后续计量

　　E. 成本模式改为公允价值模式的，应作为会计政策变更处理

8. 下列有关投资性房地产后续计量模式的说法中，正确的有（　　）。

　　A. 企业通常应当采用成本模式对投资性房地产进行后续计量

　　B. 有确凿证据表明其所有投资性房地产的公允价值能够持续可靠取得的，才可以采用公允价值模式进行后续计量

　　C. 同一企业只能采用一种模式对所有投资性房地产进行后续计量

　　D. 企业的投资性房地产的后续计量可以从成本模式变更为公允价值模式

　　E. 已采用公允价值模式计量的投资性房地产，在满足一定条件时可以从公允价值模式转为成本模式

9. 关于投资性房地产的后续计量，下列说法中正确的有（　　）。

　　A. 采用公允价值模式计量的，不对投资性房产计提折旧

　　B. 采用公允价值模式计量的，应对投资性房产计提折旧

　　C. 已采用公允价值模式计量的投资性房地产，不得从公允价值模式转为成本模式

　　D. 已采用成本模式计量的投资性房地产，不得从成本模式转为公允价值模式

　　E. 采用公允价值模式计量的，应对投资性房产计提减值

10. 企业将自用房地产或存货转换为采用公允价值模式计量的投资性房地产，下列说法中正确的有（　　）。

　　A. 自用房地产或存货转换为采用公允价值模式计量的投资性房地产，该项投资性房地产应当按照转换当日的公允价值计量

　　B. 自用房地产或存货转换为采用公允价值模式计量的投资性房地产，该项投资性房地产应当按照转换当日的账面价值计量

　　C. 转换当日的公允价值小于原账面价值的，其差额计入当期损益

　　D. 转换当日的公允价值和原账面价值的差额作为公允价值变动损益

　　E. 转换当日的公允价值大于原账面价值的，其差额计入其他综合收益

11. 关于投资性房地产的处理，下列说法正确的有（　　）。

　　A. 一般情况下，同一企业只能采用一种模式对所有投资性房地产进行后续计量，不得同时采用两种计量模式

　　B. 已采用公允价值模式计量的投资性房地产，不得从公允价值模式转为成本模式

　　C. 投资性房地产计量模式的变更属于会计政策变更

　　D. 只有在有确凿证据表明其投资性房地产的公允价值能持续可靠取得时，才可以对投资性房地产采用公允价值模式进行后续计量

　　　E. 采用公允价值模式对投资性房地产进行后续计量的企业，对其拥有的任何投资性房地产均不得采用成本模式进行后续计量

12. 下列有关投资性房地产后续支出的说法中，不正确的有（　　）。
　　A. 投资性房地产的后续支出，满足资本化条件的，应当计入投资性房地产的成本
　　B. 投资性房地产的后续支出，不满足资本化条件的，应当计入营业外支出
　　C. 投资性房地产的后续支出，不满足资本化条件的，应当计入其他业务成本
　　D. 采用成本模式计量的投资性房地产在再开发期间不计提折旧或摊销
　　E. 企业对投资性房地产进行改扩建等再开发且将来仍作为投资性房地产的，在再开发期间，需要将投资性房地产的账面价值结转到在建工程

13. 投资性房地产有关的后续支出，下列描述正确的有（　　）。
　　A. 成本模式下，当月增加的房屋当月不计提折旧
　　B. 公允价值模式下，当月增加的房屋下月开始计提折旧
　　C. 成本模式下，当月增加的土地当月进行摊销
　　D. 成本模式下，当月增加的土地当月不进行摊销
　　E. 公允价值模式下，当月增加的土地下月开始摊销

14. 投资性房地产计提折旧或进行摊销可能贷记的科目有（　　）。
　　A. 投资性房地产累计折旧　　　B. 资产减值准备　　　C. 投资性房地产累计摊销
　　D. 待摊费用　　　　　　　　　E. 长期待摊费用

15. 下列说法正确的有（　　）。
　　A. 房地产租金就是让渡资产使用权取得的使用费收入
　　B. 因出租房地产而取得租金，企业需要缴纳增值税
　　C. 按照国家有关规定认定的闲置的土地使用权不属于投资性房地产
　　D. 房地产企业依法取得的、用于开发，待增值后出售的土地使用权，属于投资性房地产
　　E. 计划要出租的土地使用权是投资性房地产

（三）判断题
1. 投资性房地产，是指为赚取租金或资本增值，或两者兼有而持有的房地产。（　　）
2. 房地产开发企业拥有的空置建筑物作为投资性房地产核算。（　　）
3. 按照国家有关规定认定的闲置土地，属于投资性房地产。（　　）
4. 对于企业外购的房地产，在购入房地产的同时未开始对外出租或用于资本增值的，也可以作为投资性房地产进行核算。（　　）
5. 企业将自用房地产转换为采用公允价值模式计量的投资性房地产，转换日公允价值大于账面价值的差额计入当期损益。（　　）
6. 自行建造投资性房地产的成本，由建造该项资产达到预定可使用状态前所发生的必要支出构成。（　　）
7. 与投资性房地产有关的后续支出，应当在发生时计入当期损益。（　　）
8. 企业在资产负债表日只能采用成本模式对投资性房地产进行后续计量。（　　）
9. 采用公允价值模式计量的，不对投资性房地产计提折旧或进行摊销，应当以资产负债表日投资性房地产的公允价值为基础调整其账面价值，公允价值与原账面价值之间的差额计入当期损益。（　　）
10. 企业对投资性房地产的计量模式一经确定，不得随意变更。成本模式转为公允价值模式的，应当作为会计政策变更，按照《企业会计准则第28号——会计政策、会计估计变更和差错更正》处理。（　　）
11. 已采用公允价值模式计量的投资性房地产，不得从公允价值模式转为成本模式。（　　）

12. 已采用成本模式计量的投资性房地产，不得从成本模式转为公允价值模式。（　　）

13. 在成本模式下，应当将房地产转换前的账面价值作为转换后的入账价值。（　　）

14. 采用公允价值模式计量的投资性房地产转换为自用房地产时，应当以其转换当日的账面价值作为自用房地产的账面价值，公允价值与原账面价值的差额计入当期损益。（　　）

15. 期末企业将投资性房地产的账面余额单独列示在资产负债表上。（　　）

16. 企业以融资租赁方式出租建筑物是作为投资性房地产进行核算的。（　　）

17. 企业不论在成本模式下，还是在公允价值模式下，投资性房地产取得的租金收入，均确认为其他业务收入。（　　）

18. 企业采用公允价值模式进行后续计量的，不对投资性房地产计提折旧或进行摊销，应当以资产负债表日投资性房地产的公允价值为基础调整其账面价值，公允价值与原账面价值之间的差额计入其他业务成本或其他业务收入。（　　）

19. 处置采用公允价值模式计量的投资性房地产时，转换日计入其他综合收益的金额，不做处理。（　　）

20. 在以成本模式计量的情况下，将作为存货的房地产转换为投资性房地产的，应按其在转换日的账面余额，借记"投资性房地产"科目，贷记"开发产品"等科目。（　　）

21. 采用公允价值模式计量的投资性房地产转换为自用房地产时，应当以其转换当日的公允价值作为自用房地产的账面价值，公允价值与原账面价值的差额计入当期损益（公允价值变动损益）。（　　）

22. 自用房地产或存货转换为采用公允价值模式计量的投资性房地产时，投资性房地产应当按照转换当日的公允价值计量，公允价值与原账面价值的差额计入当期损益（公允价值变动损益）。（　　）

23. 企业出售投资性房地产或者发生投资性房地产毁损，应当将处置收入扣除其账面价值和相关税费后的金额直接计入所有者权益。（　　）

24. 自行建造投资性房地产，其成本由建造该项资产达到预定可使用状态之前发生的必要支出构成，包括土地开发费用、建筑成本、安装成本、应予以资本化的借款费用、支付的其他费用和分摊的间接费用等。（　　）

25. 采用成本模式计量的投资性房地产进入改扩建后，应当将其账面价值转入改扩建工程。借记"在建工程""投资性房地产累计折旧"等科目，贷记"投资性房地产"科目。（　　）

26. 对投资性房地产进行日常维护所发生的支出，应当在发生时计入当期损益，借记"其他业务成本"等科目，贷记"银行存款"等科目。（　　）

27. 投资性房地产的后续计量有成本模式和公允价值模式，同一企业可以同时采用两种计量模式。（　　）

28. 采用成本模式计量的投资性房地产，按照固定资产或无形资产有关规定，按期计提折旧或摊销，借记"管理费用"等科目，贷记"投资性房地产累计折旧（摊销）"科目。（　　）

29. 采用公允价值模式计量的投资性房地产，无需对投资性房地产计提折旧或摊销，但是应计提资产减值准备。（　　）

30. 成本模式转为公允价值模式的，应当作为会计政策变更，变更时公允价值与账面价值的差额，调整期初留存收益。（　　）

（四）计算及账务处理题

1. 20×6 年 4 月 20 日乙公司购买一块土地使用权，购买价款为 2 000 万元，支付相关手续费 30 万元，款项全部以银行存款支付。企业购买后准备等其增值后予以转让。乙公司对该投资性房地产采用公允价值模式进行后续计量。

该项投资性房地产 20×6 年取得租金收入为 150 万元，已存入银行，假定不考虑其他相关税费。经复核，该投资性房地产 20×6 年 12 月 31 日的公允价值为 2 000 万元。

要求：做出乙公司相关的会计分录。

2. 20×6 年 2 月 1 日，甲公司以 1 080 万元的价款从其他单位购入一项土地使用权，用于自行建造一栋写字楼。20×6 年 3 月 1 日，甲公司预付给写字楼建造承包商工程价款 6 000 万元；20×7 年 5 月 31 日，工程完工，验收合格，补付工程价款 3 000 万元。根据董事会做出的正式书面决议，写字楼一层对外出租，其余楼层均作为本企业的办公场所。20×7 年 5 月 10 日，甲公司与一家大型超市签订了经营租赁合同，将写字楼一层出租给该超市作为经营场所，租期为 5 年，写字楼完工交付使用时即为租赁期开始日。写字楼一层能够单独计量和出售，建造成本为 2 400 万元，土地使用权成本按照建造成本的比例分配。

要求：编制甲公司有关该写字楼的下列会计分录。

（1）20×6 年 2 月 1 日，购入土地使用权。

（2）20×6 年 3 月 1 日，预付工程款。

（3）20×7 年 5 月 31 日，补付工程款。

（4）20×7 年 5 月 31 日，结转工程成本。

① 假定甲公司对投资性房地产采用成本模式进行后续计量。

② 假定甲公司对投资性房地产采用公允价值模式进行后续计量。

3. 练习题 2 的资料，该写字楼预计使用寿命为 20 年，预计净残值为零，采用直线法计提折旧；土地使用权的使用期为 40 年，采用直线法进行摊销（为简化起见，假定每年 12 月 31 日计提写字楼折旧、摊销土地使用权成本）。根据甲公司与大型超市签订的租赁合同的约定，写字楼一层租赁期为 5 年，年租金为 210 万元，于租赁期开始日起按年预收租金（为简化起见，假定每年 12 月 31 日确认租金收入）。甲公司对投资性房地产采用成本模式进行后续计量。20×9 年 12 月 31 日，写字楼出现减值迹象，经减值测试，确定其可收回金额为 1 800 万元。

要求：编制甲公司有关投资性房地产（自用部分略）的下列会计分录。

（1）20×7 年 6 月 1 日，预计租金。

（2）20×7 年 12 月 31 日，计提折旧、摊销并确认租金收入。

（3）20×8 年 6 月 1 日，预收租金。

（4）20×8 年 12 月 31 日，计提折旧、摊销并确认租金收入。

（5）20×9 年 6 月 1 日，预收租金。

（6）20×9 年 12 月 31 日，计提折旧、摊销并确认租金收入。

（7）20×9 年 12 月 31 日，计提资产减值准备。

4. 甲公司的投资性房地产原采用成本模式进行后续计算。由于甲公司所在地的房地产市场现已比较成熟，房地产的公允价值能够持续可靠地取得，可以满足采用公允价值模式的条件，甲公司决定从 20×8 年 1 月 1 日起，对投资性房地产采用公允价值模式进行后续计量。甲公司作为投资性房地产核算的资产有两项：一项是成本为 15 600 万元、累计已提折旧为 2 100 万元的写字楼；另一项是成本为 3 800 万元、累计已摊销金额为 280 万元的土地使用权。20×8 年 1 月 1 日，写字楼的公允价值为 13 000 万元，土地使用权的公允价值为 4 000 万元。甲公司按净利润的 10% 提取盈余公积。20×8 年 12 月 31 日，写字楼的公允价值为 13 200 万元，土地使用权的公允价值为 4 300 万元。

要求：编制甲公司有关投资性房地产的下列会计分录。

（1）转换投资性房地产计量模式。

① 写字楼转为公允价值模式计量。

② 土地使用权转为公允价值模式计量。

（2）20×8 年 12 月 31 日，确认公允价值变动损益。

① 确认写字楼公允价值变动损益。

② 确认土地使用权公允价值变动损益。

5. 20×6 年 12 月 5 日，甲公司以 1 800 万元的价款购入一处房屋并打算用于对外出租。20×6

年 12 月 28 日，甲公司与 D 公司签订了租赁合同，将所购房屋出租给 D 公司使用，租期为五年，租赁期开始日为 20×7 年 1 月 1 日。甲公司对投资性房地产采用成本模式进行后续计量，房屋预计可使用 20 年，预计净残值为 60 万元，采用年限平均法计提折旧（为简化起见，假定按年计提折旧）。20×8 年 12 月 31 日，甲公司对该房屋进行减值测试，确定其可收回金额为 1 500 万元，预计净残值和预计使用寿命未发生变动。

要求：编制有关该项投资性房地产的下列会计分录。

（1）20×6 年 12 月 5 日，购入房屋。

（2）20×7 年 1 月 1 日，将房屋出租。

（3）20×7 年 12 月 31 日，计提折旧。

（4）20×8 年 12 月 31 日，计提折旧。

（5）20×8 年 12 月 31 日，计提减值准备。

（6）20×9 年 12 月 31 日，计提折旧。

6. 甲房地产公司（以下简称甲公司）于 20×6 年 12 月 31 日将一建筑物对外出租并采用公允价值模式计量，租期为 3 年，每年 12 月 31 日收取租金 200 万元，出租当日，该建筑物的成本为 2 700 万元，已计提折旧 400 万元，尚可使用年限为 20 年，公允价值为 1 700 万元，20×7 年 12 月 31 日，该建筑物的公允价值为 1 830 万元，20×8 年 12 月 31 日，该建筑物的公允价值为 1 880 万元，20×9 年 12 月 31 日的公允价值为 1 760 万元，2×10 年 1 月 5 日将该建筑物对外出售，收到 1 800 万元存入银行。

要求：编制甲公司上述经济业务的会计分录。

（五）案例分析题

甲公司新购一栋写字楼，打算将一层用于经营出租，其余楼层作为本公司的办公场所。在购入该写字楼时，公司董事会已经就该写字楼的上述用途做出了书面决议，且持有意图短期内不会发生变化。用于经营出租的写字楼一层为甲公司唯一对外出租的资产。有关该写字楼的具体资料如下：

1. 2×06 年 4 月 5 日，甲公司购入写字楼，购买成本（包括相关税费）总计为 66 960 万元。其中，写字楼一层每平方米购买成本为 3.6 万元，共计 2 600 平方米；其余楼层每平方米购买成本为 1.8 万元，共计 32 000 平方米。

2. 写字楼预计使用年限为 30 年，预计净残值为零，采用年限平均法计提折旧（为简化起见，假定除投资性房地产转换日须单独计提截至转换日的折旧外，其他情况下均于每年 12 月 31 日计提折旧）。

3. 2×06 年 6 月 28 日，甲公司与 B 公司签订了经营租赁合同，将写字楼的一层出租给 B 公司作为营业场所使用，租赁期开始日为 2×06 年 7 月 1 日，租赁期为 3 年，年租金为 360 万元，自租赁期开始日起每年 7 月 1 日按年预收租金（为简化起见，假定每年 12 月 31 日确认租金收入）。甲公司对投资性房地产采用成本模式进行后续计量。

4. 为了提高租金收入，甲公司决定与 B 公司的租赁合同到期后对写字楼一层进行改造，并与 C 公司签订了经营租赁合同，约定于改造完工之日起将写字楼一层出租给 C 公司使用，租赁期为 5 年，年租金为 480 万元，自租赁期开始日起按年预收租金（为简化起见，假定每年 12 月 31 日确认租金收入）。2×09 年 7 月 1 日，与 B 公司的租赁合同到期，写字楼一层随即转入改造，在改造过程中，用银行存款支付改造支出 590 万元，拆除部分的残料作价 2 万元售出，款项存入银行。2×09 年 8 月 30 日，写字楼一层改造完毕，即日按照租赁合同出租给 C 公司使用，租赁期开始日为 2×09 年 9 月 1 日。改造后预计净残值和预计使用寿命（含改造期间）未发生变动。

5. 由于甲公司所在地的房地产市场现已比较成熟，房地产的公允价值能够持续可靠地取得，可以满足采用公允价值模式计量的条件，甲公司决定从 2×12 年 1 月 1 日起，对投资性房地产采用公允价值模式进行后续计量。2×12 年 1 月 1 日，写字楼一层的公允价值为 8 500 万元；2×12 年 12 月 31 日，写字楼一层的公允价值为 9 000 万元；2×13 年 12 月 31 日，写字楼一层的公允价值为 8 800 万元。甲公司按净利润的 10% 提取盈余公积。

6. 2×14 年 9 月 1 日，与 C 公司的租赁合同到期，甲公司将写字楼一层收回后自用，当日写字楼一层的公允价值为 8 580 万元。

根据以上资料，要求：

1. 判断写字楼一层是否可以单独确认为投资性房地产？如果可以单独确认为投资性房地产，应于何时确认为投资性房地产？该写字楼应于何时开始计提折旧？

2. 编制 2×06 年至 2×15 年与该写字楼有关的全部会计分录。

参考答案

（一）单项选择题

1	2	3	4	5	6	7	8	9	10	11	12	13	14	15
D	D	B	D	D	B	C	B	B	A	B	A	A	C	C
16	17	18	19	20	21	22	23	24	25	26	27	28	29	30
C	B	C	C	D	D	D	A	A	C	B	C	B	B	B

（二）多项选择题

1	2	3	4	5	6	7	8	9	10	11	12	13	14	15
BD	BD	ACD	ABCDE	BCD	ABE	BCD	ABCD	AC	ACE	ABCD	BE	AC	AC	ABC

（三）判断题

1	2	3	4	5	6	7	8	9	10	11	12	13	14	15
√	×	×	×	×	√	×	×	√	√	√	×	√	×	×
16	17	18	19	20	21	22	23	24	25	26	27	28	29	30
×	√	×	×	√	×	×	×	√	×	√	×	×	×	√

（四）计算及账务处理题

1. 乙公司 20×6 年的有关会计处理如下：

借：投资性房地产——成本　　　　　　　　　　　　　　　　　　　　　　20 300 000
　　贷：银行存款　　　　　　　　　　　　　　　　　　　　　　　　　　　20 300 000

借：银行存款　　　　　　　　　　　　　　　　　　　　　　　　　　　　1 500 000
　　贷：其他业务收入　　　　　　　　　　　　　　　　　　　　　　　　　1 500 000

借：公允价值变动损益　　　　　　　　　　　　　　　　　　　　　　　　300 000
　　贷：投资性房地产——公允价值变动　　　　　　　　　　　　　　　　　300 000

2. 自建写字楼部分自用部分出租的会计处理。

（1）20×6 年 2 月 1 日，购入土地使用权。

借：无形资产——土地使用权　　　　　　　　　　　　　　　　　　　　　10 800 000
　　贷：银行存款　　　　　　　　　　　　　　　　　　　　　　　　　　　10 800 000

（2）20×6 年 3 月 1 日，预付工程款。

借：在建工程　　　　　　　　　　　　　　　　　　　　　　　　　　　　60 000 000
　　贷：银行存款　　　　　　　　　　　　　　　　　　　　　　　　　　　60 000 000

（3）20×7 年 5 月 31 日，补付工程款。

借：在建工程　　　　　　　　　　　　　　　　　　　　　　　　　　　　30 000 000
　　贷：银行存款　　　　　　　　　　　　　　　　　　　　　　　　　　　30 000 000

（4）20×7 年 5 月 31 日，结转工程成本。

① 假定甲公司对投资性房地产采用成本模式进行后续计量。

转换为投资性房地产的土地使用权成本＝1 080×(2 400÷9 000)＝288（万元）

借：固定资产——写字楼	66 000 000	
贷：在建工程		66 000 000
借：投资性房地产——写字楼	24 000 000	
贷：在建工程		24 000 000
借：投资性房地产——土地使用权	2 880 000	
贷：无形资产——土地使用权		2 880 000

② 假定甲公司对投资性房地产采用公允价值模式进行后续计量。

借：固定资产——写字楼	66 000 000	
贷：在建工程		66 000 000
借：投资性房地产——写字楼（成本）	24 000 000	
贷：在建工程		24 000 000
借：投资性房地产——土地使用权（成本）	2 880 000	
贷：无形资产——土地使用权		2 880 000

3．成本模式下折旧、摊销、确认租金收入的会计处理。

（1）20×7 年 6 月 1 日，预收租金。

借：银行存款	2 100 000	
贷：预收账款——××超市		2 100 000

（2）20×7 年 12 月 31 日，计提折旧、摊销并确认租金收入。

应提折旧额＝2 400÷(20×12)÷7＝70（万元）

应摊销金额＝288÷(40×12)÷7＝4.2（万元）

借：其他业务成本	700 000	
贷：投资性房地产累计折旧		700 000
借：其他业务成本	42 000	
贷：投资性房地产累计摊销		42 000

应确认租金收入＝210×（7÷12）＝122.5（万元）

借：预收账款——××超市	1 225 000	
贷：其他业务收入		1 225 000

（3）20×8 年 6 月 1 日，预收租金。

借：银行存款	2 100 000	
贷：预收账款——××超市		2 100 000

（4）20×8 年 12 月 31 日，计提折旧、摊销并确认租金收入。

应提折旧额＝2 400÷(20×12)÷12＝120（万元）

应摊销金额＝288÷(40×12)÷12＝7.2（万元）

借：其他业务成本	1 200 000	
贷：投资性房地产累计折旧		1 200 000
借：其他业务成本	72 000	
贷：投资性房地产累计摊销		72 000
借：预收账款——××超市	2 100 000	
贷：其他业务收入		2 100 000

（5）20×9 年 6 月 1 日，预收租金。

| 借：银行存款 | 2 100 000 |
| 贷：预收账款——××超市 | 2 100 000 |

（6）20×9 年 12 月 31 日，计提折旧、摊销并确认租金收入。

借：其他业务成本	1 200 000
贷：投资性房地产累计折旧	1 200 000
借：其他业务成本	72 000
贷：投资性房地产累计摊销	72 000
借：预收账款——××超市	2 100 000
贷：其他业务收入	2 100 000

（7）20×9 年 12 月 31 日，计提资产减值准备。

写字楼一层账面价值＝2 400-(70＋120×2)＝2 090（万元）

写字楼减值金额＝2 090-1 800＝290（万元）

| 借：资产减值损失 | 2 900 000 |
| 贷：投资性房地产减值准备 | 2 900 000 |

计提减值准备后写字楼账面价值＝2 090-290＝1 800（万元）

4. 成本模式转换为公允价值模式的会计处理。

（1）转换投资性房地产计量模式。

① 写字楼转为公允价值模式计量。

借：投资性房地产——写字楼（成本）	130 000 000
盈余公积	500 000
利润分配——未分配利润	4 500 000
投资性房地产累计折旧	21 000 000
贷：投资性房地产——写字楼	156 000 000

② 土地使用权转为公允价值模式计量。

借：投资性房地产——土地使用权（成本）	40 000 000
投资性房地产累计摊销	2 800 000
贷：投资性房地产——土地使用权	38 000 000
盈余公积	480 000
利润分配——未分配利润	4 320 000

（2）20×8 年 12 月 31 日，确认公允价值变动损益。

① 确认写字楼公允价值变动损益。

| 借：投资性房地产——写字楼（公允价值变动） | 2 000 000 |
| 贷：公允价值变动损益 | 2 000 000 |

② 确认土地使用权公允价值变动损益。

| 借：投资性房地产——土地使用权（公允价值变动） | 3 000 000 |
| 贷：公允价值变动损益 | 3 000 000 |

5. 采用成本模式进行后续计量的投资性房地产的会计处理。

（1）20×6 年 12 月 5 日，购入房屋。

| 借：固定资产——房屋 | 18 000 000 |
| 贷：银行存款 | 18 000 000 |

（2）20×7 年 1 月 1 日，将房屋出租。

| 借：投资性房地产——房屋 | 18 000 000 |
| 贷：固定资产——房屋 | 18 000 000 |

（3）20×7 年 12 月 31 日，计提折旧。

年折旧额＝(1 800-60)÷20＝87（万元）

借：其他业务成本	870 000	
贷：投资性房地产累计折旧		870 000

（4）20×8 年 12 月 31 日，计提折旧。

借：其他业务成本	870 000	
贷：投资性房地产累计折旧		870 000

（5）20×8 年 12 月 31 日，计提减值准备。

投资性房地产减值准备＝（1 800-87×2）-1 500＝126（万元）

借：资产减值损失	1 260 000	
贷：投资性房地产减值准备		1 260 000

（6）20×9 年 12 月 31 日，计提折旧。

年折旧额＝(1 800-87×2-126-60)÷18 ＝80（万元）

借：其他业务成本	800 000	
贷：投资性房地产累计折旧		800 000

6.（1）20×6 年 12 月 31 日：

借：投资性房地产——成本	17 000 000	
公允价值变动损益	6 000 000	
累计折旧	4 000 000	
贷：固定资产		27 000 000

（2）20×7 年 12 月 31 日：

借：银行存款	2 000 000	
贷：其他业务收入		2 000 000
借：投资性房地产——公允价值变动	1 300 000	
贷：公允价值变动损益		1 300 000

（3）20×8 年 12 月 31 日：

借：银行存款	2 000 000	
贷：其他业务收入		2 000 000
借：投资性房地产——公允价值变动	500 000	
贷：公允价值变动损益		500 000

（4）20×9 年 12 月 31 日：

借：银行存款	2 000 000	
贷：其他业务收入		2 000 000
借：公允价值变动损益	1 200 000	
贷：投资性房地产——公允价值变动损益		1 200 000

（5）2×10 年 1 月 5 日：

借：银行存款	18 000 000	
贷：其他业务收入		18 000 000
借：其他业务成本	17 600 000	
贷：投资性房地产——公允价值变动		600 000
投资性房地产——成本		1 7000 000
借：其他业务收入	5 400 000	
贷：公允价值变动损益		5 400 000

（五）案例分析题

1.

（1）由于该写字楼不同用途的部分能够单独计量和出售，因而甲公司应将其分别确认为固定资产和投资性房地产。其中，固定资产部分的成本为 57 600 万元（32 000×1.8），投资性房地产部分的成本为 9 360 万元（2 600×3.6）。

（2）由于在购入该写字楼时，公司董事会已经就该写字楼的用途做出了书面决议，且持有意图短期内不会发生变化。因此，写字楼一层虽然于 2×06 年 7 月 1 日才对外租出，但确认为投资性房地产的时间是 2×06 年 4 月 5 日。

（3）当月增加的固定资产或投资性房地产当月不计提折旧，从下月起计提折旧。因此，该写字楼应从 2×06 年 5 月起计提折旧。

2．2×06 年至 2×15 年与该写字楼相关的会计分录如下：

（1）2×06 年的有关会计分录。

① 2×06 年 4 月 5 日，购入写字楼。

写字楼一层购买成本＝3.6×2 600＝9 360（万元）

自用楼层购买成本＝1.8×32 000＝57 600（万元）

借：投资性房地产	93 600 000
固定资产	576 000 000
贷：银行存款	669 600 000

② 2×06 年 7 月 1 日，预收租金。

| 借：银行存款 | 3 600 000 |
| 　贷：预收账款——B 公司 | 3 600 000 |

③ 2×06 年 12 月 31 日，确认租金收入。

应确认租金收入＝360×6/12＝180（万元）

| 借：预收账款——B 公司 | 1 800 000 |
| 　贷：其他业务收入 | 1 800 000 |

④ 2×06 年 12 月 31 日，计提折旧。

写字楼自用楼层应提旧额[57 600÷（30×12）] ×8＝1 280（万元）写字楼一层层提旧额：[9 360÷（30×12）]÷8＝208（万元）

借：管理费用	12 800 000
贷：累计折旧	12 800 000
借：其他业务成本	2 080 000
贷：投资性房地产累计折旧	2 080 000

（2）2×07 年的有关会计分录。

① 2×07 年 7 月 1 日，预收租金。

| 借：银行存款 | 3 600 000 |
| 　贷：预收账款——B 公司 | 3 600 000 |

② 2×07 年 12 月 31 日，确认租金收入。

| 借：预收账款——B 公司 | 3 600 000 |
| 　贷：其他业务收入 | 3 600 000 |

③ 2×07 年 12 月 31 日，计提折旧。

写字楼自用楼层应提折旧额＝57 600÷30＝1 920（万元）

写字楼一层应提折旧额＝9 360÷30＝312（万元）

| 借：管理费用 | 19 200 000 |
| 　贷：累计折旧 | 19 200 000 |

借：其他业务成本 3 120 000

　　贷：投资性房地产累计折旧 3 120 000

（3）2×08 年的有关会计分录。

① 2×08 年 7 月 1 日，预收租金。

借：银行存款 3 600 000

　　贷：预收账款——B 公司 3 600 000

② 2×08 年 12 月 31 日，确认租金收入。

借：预收账款——B 公司 3 600 000

　　贷：其他业务收入 3 600 000

③ 2×08 年 12 月 31 日，计提折旧。

借：管理费用 19 200 000

　　贷：累计折旧 19 200 000

借：其他业务成本 3 120 000

　　贷：投资性房地产累计折旧 3 120 000

（4）2×09 年的有关会计分录。

① 2×09 年 6 月 30 日，确认租金收入。

借：预收账款——B 公司 1 800 000

　　贷：其他业务收入 1 800 000

② 2×09 年 6 月 30 日，计提折旧。

　　写字楼一层应提折旧额＝29 360÷（30×12）×6＝156（万元）

借：其他业务成本 1 560 000

　　贷：投资性房地产累计折旧 1 560 000

③ 2×09 年 7 月 1 日，将写字楼一层转入改造工程。

　　写字楼一层累计折旧＝208＋312×2＋156＝988（万元）

借：投资性房地产——在建 83 720 000

　　投资性房地产累计折旧 9 880 000

　　贷：投资性房地产 93 600 000

④ 用银行存款支付改造支出。

借：投资性房地产——在建 5 900 000

　　贷：银行存款 5 900 000

⑤ 拆除部分的残料作价出售。

借：银行存款 20 000

　　贷：投资性房地产——在建 20 000

⑥ 2×09 年 8 月 30 日，写字楼一层改造工程完工。

　　改造后写字楼一层入账价值＝8 372＋590－2＝8 960（万元）

借：投资性房地产 89 600 000

　　贷：投资性房地产——在建 89 600 000

⑦ 2×09 年 9 月 1 日，预收租金。

借：银行存款 4 800 000

　　贷：预收账款——C 公司 4 800 000

⑧ 2×09 年 12 月 31 日，确认租金收入。

　　应确认租金收入＝480×4÷12＝160（万元）

借：预收账款——C 公司 1 600 000

　　贷：其他业务收入　　　　　　　　　　　　　　　　　　　　　　　1 600 000

⑨2×09 年 12 月 31 日，计提折旧。

　　写字楼自用楼层应提折旧额＝57 600÷30＝1 920（万元）

　　写字楼一层应提折旧额＝{8 960÷[30×12]-(8+2×12+6)-2}×＝112（万元）

注：上式分母中，"8+2×12+6"为2×03年5月至2×06年6月已提折旧月数，"2"为投资性房地产改造期间月数。

　　借：管理费用　　　　　　　　　　　　　　　　　　　　　　　19 200 000
　　　　贷：累计折旧　　　　　　　　　　　　　　　　　　　　　　　19 200 000
　　借：其他业务成本　　　　　　　　　　　　　　　　　　　　　　1 120 000
　　　　贷：投资性房地产累计折旧　　　　　　　　　　　　　　　　　1 120 000

（5）2×10 年的有关会计分录。

①2×10 年 9 月 1 日，预收租金。

　　借：银行存款　　　　　　　　　　　　　　　　　　　　　　　4 800 000
　　　　贷：预收账款——C 公司　　　　　　　　　　　　　　　　　4 800 000

②2×10 年 12 月 31 日，确认租金收入。

　　借：预收账款——C 公司　　　　　　　　　　　　　　　　　4 800 000
　　　　贷：其他业务收入　　　　　　　　　　　　　　　　　　　　　4 800 000

③2×10 年 12 月 31 日，计提折旧。

　　写字楼一层应提折旧额＝8 960÷[30×12-(8+2×12+6)] ×12＝336（万元）

　　借：管理费用　　　　　　　　　　　　　　　　　　　　　　　19 200 000
　　　　贷：累计折旧　　　　　　　　　　　　　　　　　　　　　　　19 200 000
　　借：其他业务成本　　　　　　　　　　　　　　　　　　　　　　3 360 000
　　　　贷：投资性房地产累计折旧　　　　　　　　　　　　　　　　　3 360 000

（6）2×11 年的有关会计分录。

①2×11 年 9 月 1 日，预收租金。

　　借：银行存款　　　　　　　　　　　　　　　　　　　　　　　4 800 000
　　　　贷：预收账款——C 公司　　　　　　　　　　　　　　　　　4 800 000

②2×11 年 12 月 31 日，确认租金收入。

　　借：预收账款——C 公司　　　　　　　　　　　　　　　　　4 800 000
　　　　贷：其他业务收入　　　　　　　　　　　　　　　　　　　　　4 800 000

③2×11 年 12 月 31 日，计提折旧。

　　借：管理费用　　　　　　　　　　　　　　　　　　　　　　　19 200 000
　　　　贷：累计折旧　　　　　　　　　　　　　　　　　　　　　　　19 200 000
　　借：其他业务成本　　　　　　　　　　　　　　　　　　　　　　3 360 000
　　　　贷：投资性房地产累计折旧　　　　　　　　　　　　　　　　　3 360 000

（7）2×12 年的有关会计分录。

①2×12 年 1 月 1 日，投资性房地产改用公允价值模式计量。

　　写字楼一层累计折旧＝112+336×2＝784（万元）

　　借：投资性房地产——成本　　　　　　　　　　　　　　　　85 000 000
　　　　投资性房地产累计折旧　　　　　　　　　　　　　　　　7 840 000
　　　　贷：投资性房地产　　　　　　　　　　　　　　　　　　89 600 000
　　　　　　盈余公积　　　　　　　　　　　　　　　　　　　　324 000
　　　　　　利润分配——未分配利润　　　　　　　　　　　　　2 916 000

②2×12 年 9 月 1 日，预收租金。

借：银行存款   4 800 000

    贷：预收账款——C 公司   4 800 000

③2×12 年 12 月 31 日，确认租金收入。

借：预收账款——C 公司   4 800 000

    贷：其他业务收入   4 800 000

④2×12 年 12 月 31 日，确认公允价值变动损益。

    公允价值变动损益＝9 000－8 500＝500（万元）

借：投资性房地产——公允价值变动   5 000 000

    贷：公允价值变动损益   5 000 000

⑤2×12 年 12 月 31 日，写字楼自用楼层计提折旧。

借：管理费用   19 200 000

    贷：累计折旧   19 200 000

（8）2×13 年的有关会计分录。

①2×13 年 9 月 1 日，预收租金。

借：银行存款   4 800 000

    贷：预收账款——C 公司   4 800 000

②2×13 年 12 月 31 日，确认租金收入。

借：预收账款——C 公司   4 800 000

    贷：其他业务收入   4 800 000

③2×13 年 12 月 31 日，确认公允价值变动损益。

    公允价值变动损益＝8 800－9 000＝－200（万元）

借：公允价值变动损益   2 000 000

    贷：投资性房地产——公允价值变动   2 000 000

④2×13 年 12 月 31 日，写字楼自用楼层计提折旧。

借：管理费用   19 200 000

    贷：累计折旧   19 200 000

（9）2×14 年的有关会计分录。

①2×14 年 8 月 31 日，确认租金收入。

    应确认租金收入＝480×8÷12＝320（万元）

借：预收账款——C 公司   3 200 000

    贷：其他业务收入   3 200 000

②2×14 年 9 月 1 日，将写字楼一层收回后自用。

    累计公允价值变动＝500－200＝300（万元）

借：固定资产   85 800 000

      公允价值变动损益   2 200 000

    贷：投资性房地产——成本   85 000 000

            ——公允价值变动   3 000 000

③2×14 年 12 月 31 日，计提折旧。

    写字楼原自用楼层应提折旧额＝57 600÷30＝1 920（万元）

    写字楼一层应提折旧额＝{8 580÷[30×12－(8＋5×12)－(2×12＋8)]}×4＝132（万元）

注：上式分母中，"8＋5×12"为 2×06 年 5 月至 2×11 年 12 月已提折旧月数（包括投资性房地产改造期间月数），"2×12＋8"为 2×12 年 1 月至 2×14 年 8 月采用公允价值计量期间月数。

    写字楼应提折旧额合计＝1 920＋132＝2 052（万元）

借：管理费用	20 520 000	
贷：累计折旧		20 520 000

（10）2×15 年的有关会计分录。

写字楼原自用楼层应提折旧额＝57 600÷30＝1 920（万元）

写字楼一层应提折旧额＝8 580÷[30×12−18＋5×12]−(2×12＋8)×12＝396（万元）

写字楼应提折旧额合计＝1 920＋396＝2 316（万元）

或者，按如下方法计算写字楼应提折旧额：

写字楼未提折旧额＝1 920×8＋57 600÷(30×12)×8＋132＝16 772（万元）

写字楼未提折旧额＝(57 600＋8 580)−16 772＝49 408（万元）

写字楼剩余使用月数＝30×12−(8＋8×12)＝256（月）

写字楼应提折旧额合计＝(49 408÷256)×12＝2 316（万元）

借：管理费用	23 160 000	
贷：累计折旧		23 160 000

资产减值 | 第十章

一、学习目的与要求

通过本章的学习，应了解资产减值的理论，熟悉各项长期资产减值的测试方法及其会计处理，重点掌握资产组的认定及减值损失的确认与计量，从而达到对各项资产的期末计量进行灵活运用的目的。

二、重要概念

资产减值　　可收回金额　　资产组　　总部资产　　商誉

三、重点与难点

重点：可收回金额的计算；各项长期资产减值的测试方法及其会计处理。

难点：资产组的认定及减值损失的确定。

四、内容概要解析

（一）资产减值的范围

1. 本章的资产减值具体包括：（1）对子公司、联营企业和合营企业的长期股权投资；（2）采用成本模式进行后续计量的投资性房地产；（3）固定资产；（4）生产性生物资产；（5）无形资产；（6）商誉；（7）探明石油天然气矿区权益和井及相关设施。

2. 本章涉及资产的减值损失一经确认，在以后会计期间不得转回。

（二）资产减值的迹象与测试

1. 企业在资产负债表日应当判断资产是否存在可能发生减值的迹象，主要可从外部信息来源和内部信息来源两方面加以判断。

2. 有确凿证据表明资产存在减值迹象的，应当在资产负债表日进行减值测试，估计资产的可收回金额。资产存在减值迹象是资产是否需要进行减值测试的必要前提，但因企业合并形成的商誉和使用寿命不确定的无形资产除外，对于这些资产，无论是否存在减值迹象，都应当至少于每年年度终了进行减值测试。另外，对于尚未达到可使用状态的无形资产，由于其价值具有较大的不确定性，也应当每年进行减值测试。

（三）资产的公允价值减去处置费用后的净额的估计

处置费用是指可以直接归属于资产处置的相关费用，包括与资产处置有关的法律费用、相关税费、搬运费以及为使资产达到可销售状态所发生的直接费用等，但是，财务费用和所得税费用等不包括在内。

（四）预计资产未来现金流量

1. 预计资产未来现金流量的基础

企业管理层应当在合理和有依据的基础上对资产剩余使用寿命内整个经济状况进行最佳估计，并将资产未来现金流量的预计建立在经企业管理层批准的最近财务预算或者预测数据之上。

2．预计资产未来现金流量应当包括的内容

（1）资产持续使用过程中预计产生的现金流入。

（2）为实现资产持续使用过程中产生的现金流入所必需的预计现金流出（包括为使资产达到预定可使用状态所发生的现金流出）。该现金流出应当是可直接归属于或者可通过合理和一致的基础分配到资产中的现金流出。

（3）资产使用寿命结束时，处置资产所收到或者支付的净现金流量。

3．预计资产未来现金流量应当考虑的因素

（1）以资产的当前状况为基础预计资产未来现金流量。

（2）预计资产未来现金流量不应当包括筹资活动和所得税收付产生的现金流量。

（3）对通货膨胀因素的考虑应当和折现率相一致。

（4）内部转移价格应当予以调整。

4．预计资产未来现金流量的方法

（1）传统法。使用单一的未来每期预计现金流量和单一的折现率计算资产未来现金流量的现值。

（2）期望现金流量法。资产未来现金流量应当根据每期现金流量期望值进行预计，每期现金流量期望值按照各种可能情况下的现金流量与其发生概率加权计算。

（五）一般资产减值损失的确认与计量

1．资产减值损失确认与计量的一般原则

资产的可收回金额低于其账面价值，应将资产的账面价值减记至可收回金额，减记的金额确认为资产减值损失，计入当期损益，同时计提资产减值准备；资产减值损失确认后，减值资产的折旧或者摊销费用应当在未来期间做相应调整。

2．资产减值损失的会计处理

企业根据资产减值准则规定确定资产发生了减值的，应当根据所确认的资产减值金额做如下会计处理：

借：资产减值损失
　　贷：固定资产减值准备
　　　　在建工程减值准备
　　　　投资性房地产减值准备
　　　　无形资产减值准备
　　　　商誉减值准备
　　　　长期股权投资减值准备

（六）资产组的认定及减值处理

资产组是企业可以认定的最小资产组合，其产生的现金流入应当基本上独立于其他资产或者资产组。资产组的认定，应当以资产组产生的主要现金流入是否独立于其他资产或者资产组的现金流入为依据。

资产组的认定，应当考虑：一是企业管理层对生产经营活动的管理或者监控方式（如是按照生产线、业务种类还是按照地区或者区域等）；二是对资产的持续使用或者处置的决策方式等。

1．资产组减值测试

（1）资产组的可收回金额应当按照该资产组的公允价值减去处置费用后的净额与其预计未来现金流量的现值两者之间较高者确定。

（2）资产组的账面价值包括可直接归属于资产组与可以合理和一致地分摊至资产组的资产账面价值，通常不应当包括已确认负债的账面价值，但如不考虑该负债金额就无法确认资产组可收回金额的除外。

2．资产组的减值损失金额应当按照下列顺序进行分摊

（1）抵减分摊至资产组中商誉的账面价值。

（2）根据资产组中除商誉之外的其他各项资产的账面价值所占比重，按比例抵减其他各项资产的账面价值。

（3）以上资产账面价值的抵减，应当作为各单项资产（包括商誉）的减值损失处理，计入当期损益。抵减后的各资产的账面价值不得低于以下三者之中最高者：

① 该资产的公允价值减去处置费用后的净额（如可确定的）

② 该资产预计未来现金流量的现值（如可确定的）

③ 零

因此导致的未能分摊的减值损失金额，应当按照相关资产组中其他各项资产的账面价值所占比重进行分摊。

3. 总部资产的减值

企业对某一资产组进行减值测试，应当先认定所有与该资产组相关的总部资产，再根据相关总部资产能否按照合理和一致的基础分摊至该资产组，分下列情况处理。

（1）对于相关总部资产能按照合理和一致的基础分摊至该资产组的部分，应将该部分总部资产的账面价值分摊至该资产组，再据以比较该资产组的账面价值（包括已分摊的总部资产的账面价值部分）和可收回金额，相关减值损失的处理顺序和方法与资产组减值损失的处理顺序相同。

（2）对于相关总部资产中有部分资产难以按照合理和一致的基础分摊至该资产组的，应按下列步骤处理。

首先，在不考虑相关总部资产的情况下，估计和比较资产组的账面价值和可收回金额，并按照前述有关资产组减值测试的顺序和方法处理。

其次，认定由若干个资产组组成的最小的资产组组合，该资产组组合应当包括所测试的资产组与可以按照合理和一致的基础将该部分总部资产的账面价值分摊其上的部分。

最后，比较所认定的资产组组合的账面价值（包括已分摊的总部资产的账面价值部分）和可收回金额，相关减值损失的处理顺序和方法与资产组减值损失的处理顺序相同。

（七）商誉减值测试与处理

商誉是在非同一控制下企业合并产生的，同一控制下的企业合并是不会产生新的商誉的；商誉应当结合与其相关的资产组或者资产组组合进行减值测试。

商誉减值测试的基本要求

企业合并所形成的商誉，至少应当在每年年度终了进行减值测试。

五、同步练习

（一）单项选择题

1. 下列属于《企业会计准则第 8 号——资产减值》规范的资产是（　　）。

    A. 对子公司、联营企业和合营企业的长期股权投资

    B. 采用公允价值模式进行后续计量的投资性房地产

    C. 对被投资单位不具有控制、共同控制和重大影响，在活跃市场中没有报价且其公允价值不能可靠计量的权益工具投资

    D. 持有至到期投资

2. 下列资产项目中，每年年末必须进行减值测试的是（　　）。

    A. 使用寿命不确定的固定资产　　　　B. 长期股权投资

    C. 使用寿命有限的无形资产　　　　　D. 使用寿命不确定的无形资产

3. 资产减值是指资产的可收回金额低于其（　　）的情况。

    A. 账面余额　　　　B. 账面价值　　　　C. 账面原价　　　　D. 公允价值

4. 下列关于可收回金额的表述，正确的是（　　）。

    A. 可收回金额应当根据资产的公允价值与资产预计未来现金流量的现值两者之间较高者确定

B. 可收回金额应当根据资产的公允价值减去处置费用后的净额与资产预计未来现金流量两者之间较高者确定

C. 可收回金额应当根据资产的公允价值减去处置费用后的净额与资产预计未来现金流量的现值两者之间较高者确定

D. 可收回金额应当根据资产的账面价值减去处置费用后的净额与资产预计未来现金流量的现值两者之间较高者确定

5. 企业已经计提了减值准备的固定资产，当有迹象表明减值因素消失价值回升时，其计提的减值准备应该（　　）。

A. 以计提减值准备金额为限将价值回升的金额转回

B. 按照账面价值超过可收回金额的差额补提资产减值准备

C. 不进行账务处理

D. 按照账面价值超过可收回金额的差额在原来计提的减值准备范围内予以转回

6. 2014 年 1 月 20 日，M 公司自行研发的某项非专利技术已经达到预定可使用状态，累计研究支出为 160 万元，累计开发支出为 500 万元（其中符合资本化条件的支出为 400 万元）；但使用寿命不能合理确定。假设该专利为符合税收优惠条件的三新项目，税法的摊销年限为 10 年且残值为 0。2014 年 12 月 31 日，该项非专利技术的可收回金额为 360 万元。假定不考虑相关税费，M 公司应就该项非专利技术计提的减值准备为（　　）万元。

A. 300　　　　　B. 200　　　　　C. 140　　　　　D. 40

7. 2014 年 12 月 31 日，M 公司对一条存在减值迹象的生产线进行减值测试。该生产线由 X、Y、Z 三台设备组成，被认定为一个资产组；X、Y、Z 三台设备的账面价值分别为 360 万元、180 万元、60 万元。减值测试表明，X 设备的公允价值减去处置费用后的净额为 260 万元，Y 和 Z 设备无法合理估计其公允价值减去处置费用后的净额以及未来现金流量的现值；该生产线的可收回金额为 400 万元。不考虑其他因素，X 设备应分摊的减值损失为（　　）万元。

A. 120　　　　　B. 100　　　　　C. 140　　　　　D. 0

8. 2012 年 7 月，A 公司购入一项无形资产，当月达到预定用途，入账价值为 320 万元，预计使用年限 8 年，法律有效年限为 10 年，采用直线法摊销，预计无残值。2013 年 12 月 31 日因存在减值迹象，A 公司对其进行减值测试，其公允价值减去相关费用后为 240.5 万元，预计持续使用所形成的现金流量的现值为 200 万元，假定计提减值准备后预计使用年限和摊销方法均不变，则 2014 年，该项无形资产的摊销额为（　　）万元。

A. 40　　　　　B. 30.77　　　　　C. 37　　　　　D. 30.06

9. 关于资产减值测试中预计未来现金流量的确定，下列说法不正确的是（　　）。

A. 以资产当前的状况为基础预计资产未来现金流量，应当包括尚未做出承诺的重组事项

B. 内部转移价格应予以调整

C. 对通货膨胀因素的考虑应当和折现率相一致

D. 预计资产未来现金流量不应当包括筹资活动和所得税收付产生的现金流量

10. 甲公司拥有 M 公司 30% 的股份，以权益法核算，2014 年初该长期股权投资账面余额为 200 万元，2014 年 M 公司盈利 120 万元。其他相关资料如下：根据测算，该长期股权投资市场公允价值为 240 万元，处置费用为 40 万元，预计未来现金流量现值为 220 万元，则 2014 年末该公司应针对此项投资计提减值准备（　　）万元。

A. 0　　　　　B. 4　　　　　C. 16　　　　　D. 36

（二）多项选择题

1. 关于"资产减值准则"中规范的资产减值损失的确定，下列说法中正确的有（　　）。

A. 可收回金额的计量结果表明，资产的可收回金额低于其账面价值的，应当将资产的账面

  价值减记至可收回金额，减记的金额确认为资产减值损失，计入当期损益，同时计提相
  应资产减值准备

  B. 资产减值损失确认后，减值资产的折旧或者摊销费用应当在未来期间做相应调整，以使
  该资产在剩余使用寿命内，系统地分摊调整后的资产账面价值（扣除预计净残值）

  C. 资产减值损失一经确认，在以后会计期间不得转回

  D. 以前期间计提的资产减值准备，在处置资产时也不可以转出

2. 依据企业会计准则的规定，下列情况中，可据以判断固定资产可能发生减值迹象的有（ ）。

  A. 固定资产在经营中所需的现金支出远远高于最初的预算

  B. 固定资产已经或者将被闲置、终止使用或者计划提前处置

  C. 固定资产的市价在当期大幅度下跌，其跌幅明显高于因时间的推移或者正常使用而预计
  的下跌

  D. 同类固定资产市价巨幅下降，在短期内无法回升

3. 企业预计资产未来现金流量时，应当综合考虑的因素有（ ）。

  A. 以资产的当前状况为基础预计资产未来现金流量

  B. 预计资产未来现金流量不应当包括筹资活动和所得税收付产生的现金流量

  C. 对通货膨胀因素的考虑应当和折现率相一致

  D. 内部转移价格应当予以调整

4. 对某一资产组减值损失的金额需要（ ）。

  A. 抵减分摊至该资产组中商誉的账面价值

  B. 根据该资产组中的商誉以及其他各项资产所占比重，直接进行分摊

  C. 将抵减商誉后的减值金额，根据该资产组中除商誉之外的其他各项资产的公允价值所占
  比重，按照比例抵减其他各项资产的账面价值

  D. 将抵减商誉后的减值金额，根据该资产组中除商誉之外的其他各项资产的账面价值所占
  比重，按照比例抵减其他各项资产的账面价值

5. 下列说法中正确的有（ ）。

  A. 资产组的账面价值通常不应当包括已确认负债的账面价值，但如不考虑该负债金额就无
  法确定资产组可收回金额的除外

  B. 资产组一经确定，不得随意变更

  C. 只要是某企业的资产，则其中任意两项或两项以上都可以组成企业的资产组

  D. 企业难以对单项资产的可收回金额进行估计的，应当以该资产所属的资产组为基础确定
  资产组的可收回金额

6. 在资产持有期间，其相应的资产减值准备在减值因素消失后可以转回的有（ ）。

  A. 使用寿命不确定的无形资产减值准备 B. 商誉减值准备

  C. 存货跌价准备   D. 坏账准备

7. 依据《企业会计准则第 8 号——资产减值》的规定，下列说法中正确的有（ ）。

  A. 当资产的可收回金额小于账面价值时应计提资产减值准备，同时确认资产减值损失

  B. 资产减值损失确认后，减值资产的折旧或者摊销费用应当在未来期间做相应调整，以使
  该资产在剩余使用寿命内，系统地分摊调整后的资产账面价值（扣除预计净残值）

  C. 资产减值损失一经确认，在以后会计期间不得转回

  D. 确认的资产减值准备，在处置资产时也不可以转出

（三）判断题

  1. 企业合并所形成的商誉和使用寿命不确定的无形资产，无论是否存在减值迹象，都应当至少
于每年年度终了进行减值测试。（ ）

2．对采用成本模式计量的投资性房地产计提的减值准备，一经计提，不得转回。（　　　）

3．预计资产的未来现金流量，应当包括筹资活动产生的现金流入或者流出以及与所得税收付有关的现金流量。（　　　）

4．在进行减值测试时，不一定需要同时确定资产的公允价值减去处置费用后的净额和资产预计未来现金流量的现值。（　　　）

5．根据谨慎性要求，可收回金额应当根据资产的公允价值减去处置费用后的净额与资产预计未来现金流量的现值两者之间较低者确定。（　　　）

6．资产组的认定，主要以资产组是否能产生现金流入为依据。（　　　）

7．资产组确定后，在以后的会计期间也可以根据具体情况变更。（　　　）

8．资产组组合，是指由若干个资产组组成的最小资产组组合，包括资产组或者资产组组合，以及不能按合理方法分摊的总部资产部分。（　　　）

（四）计算及账务处理题

开源公司资料如下：

（1）开源公司在 2013 年 12 月 31 日，以 3 200 万元的价格吸收合并了 N 公司，开源公司与 N 公司之间不存在任何关联方关系。在购买日，N 公司可辨认资产的公允价值为 5 000 万元，负债的公允价值为 2 000 万元，开源公司确认了商誉 200 万元。N 公司的全部资产划分为两条生产线——甲生产线（包括有 X、Y、Z 三台设备）和乙生产线（包括有 S、T 两台设备），甲生产线的公允价值为 3 000 万元（其中：X 设备为 800 万元、Y 设备 1 000 万元、Z 设备为 1 200 万元），乙生产线的公允价值为 2 000 万元（其中：S 设备为 600 万元、T 设备为 1 400 万元），开源公司在合并 N 公司后，将两条生产线认定为两个资产组。两条生产线的各台设备预计尚可使用年限均为 5 年，预计净残值均为 0，采用直线法计提折旧。

（2）开源公司在购买日将商誉按照资产组的入账价值的比例分摊至资产组，即甲资产组分摊的商誉价值为 120 万元，乙资产组分摊的商誉价值为 80 万元。

（3）2014 年，由于甲、乙生产线所生产的产品市场竞争激烈，导致生产的产品销路锐减，因此，开源公司于年末进行减值测试。

（4）2014 年末，开源公司无法合理估计甲、乙两生产线公允价值减去处置费用后的净额，经估计甲、乙生产线未来 5 年现金流量及其折现率，计算确定的甲、乙生产线的现值分别为 2 000 万元和 1 640 万元。开源公司无法合理估计 X、Y、Z 和 S、T 的公允价值减去处置费用后的净额以及未来现金流量的现值。

要求：

（1）分别计算确定开源公司的商誉、甲生产线和乙生产线及各设备的减值损失。

（2）编制计提减值准备的会计分录。

参考答案

（一）单项选择题

1	2	3	4	5	6	7	8	9	10
A	D	B	C	C	D	B	C	A	A

（二）多项选择题

1	2	3	4	5	6	7
ABC	ABCD	ABCD	AD	ABD	CD	ABC

（三）判断题

1	2	3	4	5	6	7	8
√	√	×	√	×	×	×	×

（四）计算及账务处理题

（1）首先，计算甲、乙资产组和各设备的账面价值：

甲资产组不包含商誉的账面价值＝3 000−3 000÷5＝2 400（万元），其中：

X 设备的账面价值＝800−800÷5＝640（万元）

Y 设备的账面价值＝1 000−1 000÷5＝800（万元）

Z 设备的账面价值＝1 200−1 200÷5＝960（万元）

乙资产组不包含商誉的账面价值＝2 000−2 000÷5＝1 600（万元），其中：

S 设备的账面价值＝600−600÷5＝480（万元）

T 设备的账面价值＝1 400−1 400÷5＝1 120（万元）

其次，对不包含商誉的资产组进行减值测试，计算可收回金额和减值损失：

① 甲资产组的可收回金额为 2 000 万元小于其不包含商誉的账面价值 2 400 万元，应确认资产减值损失 400 万元；

② 乙资产组的可收回金额为 1 640 万元，大于其不包含商誉的账面价值 1 600 万元，不确认减值损失。

最后，对包含商誉的资产组进行减值测试，计算可收回金额和减值损失：

① 甲资产组包含商誉的账面价值＝3 000−3 000÷5＋120＝2 520（万元）

甲资产组的可收回金额 2 000 万元小于其包含商誉的账面价值 2 520 万元，应确认资产减值损失 520 万元。

减值损失 520 万元应先抵减分摊到资产组的商誉的账面价值 120 万元，其余减值损失 400 万元再在 X、Y、Z 设备之间按账面价值的比例进行分摊。

X 设备分摊的减值损失＝400×640÷2 400＝106.67（万元）

Y 设备应分摊的减值损失＝400×800÷2 400＝133.33（万元）

Z 设备应分摊的减值损失＝400×960÷2 400＝160（万元）

备注：减值损失最终要分摊至各单项资产。

② 乙资产组包含商誉的账面价值＝2 000−2 000÷5＋80＝1 680（万元）

乙资产组的可收回金额为 1 640 万元。

乙资产组的可收回金额 1 640 万元小于其包含商誉的账面价值 1 680 万元，应确认资产减值损失 40 万元。抵减分摊到资产组的商誉的账面价值 40 万元，乙资产组未发生减值损失。

（2）开源公司应编制的会计分录如下：

借：资产减值损失　　　　　　　　　　　　1 600 000（1 200 000＋400 000）

　　贷：商誉减值准备　　　　　　　　　　　1 600 000

借：资产减值损失　　　　　　　　　　　　4 000 000

　　贷：固定资产减值准备——X 设备　　　　1 066 700

　　　　　　　　　　　　——Y 设备　　　　1 333 300

　　　　　　　　　　　　——Z 设备　　　　1 600 000

第三篇 负债与所有者权益

流动负债 | 第十一章

一、学习目的与要求

通过本章学习，应了解流动负债的概念和分类；理解流动负债的确认和计量标准；熟悉流动负债的基本内容；掌握短期借款、应付及预收款项、应交税费和应付职工薪酬的会计处理。

二、重要概念

负债　流动负债　短期借款　应付账款　应付票据　预收账款　应交税费　应付职工薪酬

三、重点与难点

重点：短期借款的会计处理；应付职工薪酬的确认和会计处理；应交税费的会计处理。

难点：应付职工薪酬内容和非货币性职工薪酬的会计处理；应交增值税的会计处理。

四、内容概要解析

（一）短期借款

短期借款是指企业向银行或其他金融机构等借入的期限在一年以下（含一年）的各种借款。企业通过银行取得短期借款主要是为了满足日常生产经营的需要。对于企业发生的短期借款，应设置"短期借款"科目核算。

企业从金融机构借入短期借款本金时，应借记"银行存款"等科目，贷记"短期借款"科目。

企业应按照借款合同的约定计算并支付给金融机构借款利息。如合同约定按月付息或虽然是一次还本付息但利息金额较小的，企业可以在付息当月直接列支利息费用，借记"财务费用"科目，贷记"银行存款"科目。如合同约定按期付息（实务中通常规定每个季度末根据借款本金和合同利率确定的金额支付利息）或一次还本付息金额较大的，根据权责发生制的要求，企业应在每个月末计提利息，借记"财务费用"科目，贷记"应付利息"科目，实际支付给金融机构利息时，借记"应付利息"科目，贷记"银行存款"科目。

偿还本金和尚未支付的利息，借记"短期借款"（借款本金）、"应付利息"（已计提的利息）、"财务费用"（尚未计提的利息）等科目，贷记"银行存款"科目。

（二）应付账款

应付账款是指企业在生产经营过程中因购买材料、商品或接受劳务供应等而发生的债务。企业应设置"应付账款"科目进行核算。

企业购入材料、商品，但货款尚未支付时，应借记"在途物资""原材料""库存商品"等科目，按可抵扣的增值税，借记"应交税费——应交增值税（进项税额）"科目；按应付的款项，贷记"应付账款"科目。接受劳务供应时发生的应付款项，应借记"生产成本""制造费用""管理费用"等科目；按应付的款项，贷记"应付账款"科目。支付应付账款时，应借记"应付账款"科目，贷记"银行存款"科目。

企业如有由于债权人原因确实无法支付的应付账款，报经有关部门批准后，应按其账面余额，借记"应付账款"科目，贷记"营业外收入"科目。

（三）预收账款

预收账款是买卖双方协议商定由购货方预先支付一部分货款给供应方而发生的一项负债。预收账款的核算应视企业的具体情况而定。预收账款比较多的单位，可以设置"预收账款"科目；预收账款不多的单位，也可以不设"预收账款"科目，预收货款时直接记入"应收账款"科目的贷方。

企业预收货款时，应借记"银行存款"科目，贷记"预收账款（或应收账款）"科目。发出商品或提供劳务时，应借记"预收账款（或应收账款）"科目，贷记"主营业务收入""应交税费——应交增值税（销项税额）"等科目。补收货款时，应借记"银行存款"科目，贷记"预收账款（或应收账款）"科目。退回多余款项时，应借记"预收账款（或应收账款）"科目，贷记"银行存款"科目。

（四）应付职工薪酬

职工薪酬，是指企业为获得职工提供的服务或解除劳动关系而给予的各种形式的报酬或补偿。职工薪酬包括短期薪酬、离职后福利、辞退福利和其他长期职工福利。

1. 货币性职工薪酬

企业在每月末根据计算出的本月应付职工薪酬，按照受益对象计入相关成本或当期费用，借记"生产成本""制造费用""管理费用""研发支出""在建工程"等科目，贷记"应付职工薪酬"科目。企业在实际发放货币性职工薪酬时，应按实际应发放给职工的金额，借记"应付职工薪酬"科目；按实际支付的总额，贷记"银行存款（或库存现金）"科目；由企业代扣代缴的职工个人所得税，贷记"应交税费——应交个人所得税"；按应由职工个人负担由企业代扣代缴的社会保险费和住房公积金等，贷记"其他应付款"科目。

2. 非货币性职工薪酬

（1）以自产产品或外购商品发放给职工作为福利。企业以其生产的产品作为非货币性福利提供给职工的，应当按照该产品的公允价值和相关税费，作为计入成本费用的职工薪酬金额。相关收入及其成本的确认计量和相关税费的处理，与正常商品销售相同。以外购商品作为非货币性福利提供给职工的，应当按照该商品的公允价值和相关税费，作为应计入成本费用的职工薪酬金额。

（2）将拥有的房屋等资产无偿提供给职工使用，或租赁住房等资产供职工无偿使用。企业将拥有的房屋等资产无偿提供给职工使用的，应当按受益对象，将住房每期应计提的折旧计入相关资产成本或费用，同时确认应付职工薪酬。租赁住房等资产供职工无偿使用的，应当按受益对象，将每期应付的租金计入相关资产成本或费用，并确认应付职工薪酬。难以认定受益对象的，直接计入当期损益，并确认应付职工薪酬。

（五）应交税费

1. 应交增值税

增值税是对在我国境内销售货物、进口货物和提供应税劳务的增值额征收的一种税。经国务院批准，自 2016 年 5 月 1 日起，在全国范围内全面推开营业税改征增值税（以下称营改增）试点，建筑业、房地产业、金融业、生活服务业等全部营业税纳税人，纳入试点范围，由缴纳营业税改为缴纳增值税。根据《营业税改征增值税试点实施办法》规定，销售服务、无形资产、不动产纳入"营改增"的征税范围。

（1）增值税一般纳税人。

增值税实行比例税率，一般纳税人增值税的税率分为：基本税率 17%，低税率 13%、11%、6% 和零税率。一般纳税人销售货物或提供应税劳务，其应纳税额采用扣税法计算，计算公式为：

应缴纳增值税=当期销项税额–当期进项税额。企业应交的增值税，在"应交税费"科目下设置"应交增值税"明细科目进行核算。

一般纳税人对外销售货物或提供应交增值税劳务时，应根据开出的增值税专用发票记账联上确定的增值税金额，借记"银行存款""应收账款"等科目，贷记"应交税费——应交增值税（销项税额）"科目。

当出现下列情况时，企业应将原购入货物时已经抵扣的增值税进项税额转出：①购进货物、在产品或产成品等发生非常损失；②将购进货物改变用途（用于非应税项目、集体福利或个人消费等）。应借记"在建工程""待处理财产损溢"等科目；贷记"应交税费——应交增值税（进项税额转出）"科目。

企业向税务部门上缴本期的增值税时，按实际缴纳的金额，借记"应交税费——应交增值税（已交税金）"科目；贷记"银行存款"科目。企业向税务部门上缴以前期间的增值税时，按实际缴纳的金额，借记"应交税费——未交增值税"科目；贷记"银行存款"科目。

会计期末，企业应将本期应交未交或多交的增值税，结转至"应交税费——未交增值税"科目。企业应将本期应交未交的增值税，借记"应交税费——应交增值税（转出未交增值税）"科目；贷记"应交税费——未交增值税"。企业应将本期多交的增值税，借记"应交税费——未交增值税"科目；贷记"应交税费——应交增值税（转出多交增值税）"。

（2）增值税小规模纳税人。

增值税小规模纳税人的征收率一般为3%。应纳增值税额的计算公式为：

应纳增值税额＝销售额×征收率

小规模纳税人对外销售货物或提供应交增值税劳务时，应借记"银行存款""应收账款"等科目，贷记"应交税费——应交增值税"科目。企业向税务部门上缴增值税时，按实际缴纳的金额，借记"应交税费——应交增值税"科目；贷记"银行存款"科目。

2．应交消费税

消费税是指国家为了正确引导消费方向，对在我国境内生产、委托加工和进口应税消费品的单位和个人，按其流转额征收的一种税。

企业按规定应交的消费税，在"应交税费"科目下设置"应交消费税"明细科目核算。企业将生产的产品直接对外销售的，对外销售产品应缴纳的消费税，通过"营业税金及附加"科目核算；企业按规定计算出应交的消费税时，借记"营业税金及附加"科目，贷记"应交税费——应交消费税"科目。企业缴纳消费税时，借记"应交税费——应交消费税"科目，贷记"银行存款"等科目。

3．应交城市维护建设税和教育费附加

（1）应交城市维护建设税。

为了加强城市的维护建设，扩大和稳定城市维护建设资金的来源，国家开征了城市维护建设税。其计算公式为：应交纳城市维护建设税＝（增值税＋消费税）×适用税率

城市维护建设税税率按纳税人所在地区不同分为1%、5%、7%等。

企业按规定计算出的城市维护建设税，借记"营业税金及附加"等科目，贷记"应交税费——应交城市维护建设税"科目；实际上缴时，借记"应交税费——应交城市维护建设税"科目，贷记"银行存款"科目。

（2）应交教育费附加。

教育费附加是国家为了发展教育事业，提高人民的文化素质而征收的一项费用。其计算公式为：应交纳教育费附加＝（增值税＋消费税）×适用税率（3%）

企业按规定计算出的教育费附加，应借记"营业税金及附加"等科目，贷记"应交税费——应交教育费附加"科目；实际上交时，应借记"应交税费——应交教育费附加"科目，贷记"银行存款"科目。

（六）应付股利

应付股利是指企业经股东大会或类似机构审议批准分配的现金股利或利润。企业经股东大会或类似机构审议批准的利润分配方案，按应支付的现金股利或利润，借记"利润分配——应付现金股利或利润"科目，贷记"应付股利"科目；实际支付现金股利或利润时，借记"应付股利"科目，

贷记"银行存款"等科目。

（七）应付利息

应付利息是指企业按照合同约定应支付的利息，包括吸收存款、分期付息到期还本的长期借款、企业债券等应支付的利息。

资产负债表日，应按摊余成本和实际利率计算确定的利息费用，借记"在建工程""财务费用""研发支出"等科目，按合同利率计算确定的应付未付利息，贷记"应付利息"，按借贷双方之间的差额，借记或贷记"长期借款——利息调整"等科目。

合同利率与实际利率差异较小的，也可以采用合同利率计算确定利息费用。实际支付利息时，借记"应付利息"科目，贷记"银行存款"等科目。

（八）其他应付款

其他应付款是指企业除应付票据、应付账款、预收账款、应付职工薪酬、应付利息、应付股利、应交税费、长期应付款等以外的其他各项应付、暂收的款项。

企业发生的其他各种应付、暂收款项，借记"管理费用"等科目，贷记"其他应付款"科目；支付的其他各种应付、暂收款项，借记"其他应付款"，贷记"银行存款"等科目。

五、同步练习

（一）单项选择题

1. 下列各项中，不属于负债的是（　　）。

    A．应付职工薪酬　　B．预付账款　　　　C．预收账款　　　D．实收资本

2. 企业计提短期借款利息时，应贷记的会计科目是（　　）。

    A．财务费用　　　　B．短期借款　　　　C．应收利息　　　D．应付利息

3. 短期借款的期限通常在（　　）的各种借款。

    A．一年以上　　　　　　　　　　　　　B．一年以下（含一年）

    C．一个经营周期以内　　　　　　　　　D．一年或一个经营周期以内

4. 按照企业会计准则规定，短期借款利息核算不会涉及的账户是（　　）。

    A．其他应付款　　　B．应付利息　　　　C．财务费用　　　D．银行存款

5. 甲公司于 2016 年 1 月 1 日向银行借入一笔生产用短期借款 100 000 元，期限 6 个月，年利率 6%。根据借款协议，该笔借款的本金到期后一次归还；利息分月预提，按季支付。2016 年 3 月份甲公司对短期借款利息应作的会计处理为（　　）。

    A．借：财务费用　　　　　　　　　　　　　　　　500

          贷：银行存款　　　　　　　　　　　　　　　　　　500

    B．借：财务费用　　　　　　　　　　　　　　　1 500

          贷：银行存款　　　　　　　　　　　　　　　　　1 500

    C．借：财务费用　　　　　　　　　　　　　　　1 000

            应付利息　　　　　　　　　　　　　　　500

          贷：银行存款　　　　　　　　　　　　　　　　　1 500

    D．借：财务费用　　　　　　　　　　　　　　　　500

            应付利息　　　　　　　　　　　　　　1 000

          贷：银行存款　　　　　　　　　　　　　　　　　1 500

6. 债务人出具的银行承兑汇票到期无力支付时，正确的会计处理是将该应付票据（　　）。

    A．转作短期借款　　B．转作应付账款　　C．转作其他应付款　D．仅做备查登记

7. 乙企业于 2016 年 2 月 2 日从 B 公司购入一批材料并已验收入库。取得的增值税专用发票上

注明该批产品的价款为 500 万元，增值税税额为 85 万元。合同中规定的现金折扣条件为 2/10，1/20，n/30，假定计算现金折扣时不考虑增值税。乙企业在 2016 年 2 月 15 日付清货款。则乙企业购买该材料时应付账款的入账价值为（　　）万元。

  A．500   B．575   C．580   D．585

  8．丙企业因采购材料开出 3 个月期限的商业承兑汇票一张，该票据的票面价值为 600 000 元，票面年利率为 10%，该应付票据到期时，企业应支付的金额为（　　）元。

  A．600 000   B．660 000   C．615 000   D．630 000

  9．企业对确实无法支付的应付账款，应转入（　　）科目。

  A．其他业务收入 B．资本公积 C．盈余公积 D．营业外收入

  10．下列项目中，应通过"应付账款"科目核算的是（　　）。

    A．企业开出的商业承兑汇票

    B．企业接受供应单位提供劳务而发生的应付未付款项

    C．暂收所属单位的款项

    D．预收的包装物押金

  11．企业预收账款业务不多时，可以不设置"预收账款"科目，直接计入（　　）。

    A．应收账款的借方   B．应收账款的贷方

    C．应付账款的借方   D．应付账款的贷方

  12．下列人员，不属于职工薪酬中的职工的是（　　）。

    A．临时职工   B．独立董事

    C．兼职职工   D．为企业提供审计服务的注册会计师

  13．下列各项中，不通过"应付职工薪酬"科目核算的是（　　）。

    A．支付企业职工的出差补助 B．车间管理人员困难补助

    C．职工供养直系亲属医疗补贴 D．行政管理人员经常性奖金

  14．关于职工薪酬，下列表述不正确的是（　　）。

    A．职工薪酬，是指企业为获得职工提供的服务或解除劳动关系而给予的各种形式的报酬或补偿

    B．职工薪酬包括短期薪酬、离职后福利、辞退福利和其他长期职工福利

    C．职工是指与企业订立劳动合同的所有人员，含全职、兼职和临时职工，不包括虽未与企业订立劳动合同但由企业正式任命的人员

    D．虽未与企业订立劳动合同或未由其正式任命，但向企业所提供服务与职工所提供服务类似的人员，属于职工的范畴

  15．某饮料厂为增值税一般纳税人，年末将本厂生产的一批饮料发放给职工作为福利。该饮料市场售价为 12 万元（不含增值税），增值税适用税率为 17%，实际成本为 10 万元。假定不考虑其他因素，该企业应确认的应付职工薪酬为（　　）万元。

  A．10   B．11.7   C．12   D．14.04

  16．企业会计准则和企业所得税法关于工会经费的拨缴比例分别是（　　）。

  A．2%、2%   B．2%、1.5%   C．1.5%、2%   D．2.5%、2%

  17．某公司有部门经理 8 人，公司为每人免费提供公司名下的轿车一辆；在计提这些轿车的折旧时，应编制的会计分录是（　　）。

    A．借记"累计折旧"科目，贷记"固定资产"科目

    B．借记"管理费用"科目，贷记"固定资产"科目

    C．借记"管理费用"科目，贷记"应付职工薪酬"科目；同时借记"应付职工薪酬"科目，贷记"累计折旧"科目

D．借记"管理费用"科目，贷记"固定资产"科目；同时借记"应付职工薪酬"科目，贷记"累计折旧"科目

18．企业确认的辞退福利，应记入的科目是（　　）。

A．生产成本　　　B．销售费用　　　C．管理费用　　　D．营业外支出

19．下列各项不会形成企业一项现时义务的是（　　）。

A．企业应为职工缴纳的社会保险费

B．企业期末应支付的利息

C．企业未来期间的亏损

D．董事会对外宣告发放的现金股利

20．下列项目中，不通过"应交税费"科目核算的是（　　）。

A．个人所得税　　B．车辆购置税　　C．土地增值税　　D．城镇土地使用税

21．某增值税一般纳税人企业因地震毁损库存材料一批，该批原材料实际成本为 30 000 元，市场售价 40 000 元，收回残料价值 700 元，保险公司赔偿 23 200 元。该企业购入材料的增值税税率为 17%，由于毁损原材料应转出的增值税进项税额为（　　）元。

A．0　　　　B．5 100　　　　C．5 600　　　　D．4 063

22．下列交易或事项中，产生增值税销项税额的是（　　）。

A．销售代销货物

B．设有两个以上机构并实行统一核算的纳税人，将货物从一个机构移送其他机构用于装配

C．外购的货物发生非正常损失

D．外购的货物用于个人消费

23．企业本月缴纳本月的应交增值税时，应借记（　　）科目。

A．应交税费——应交增值税（转出未交增值税）

B．应交税费——未交增值税

C．应交税费——应交增值税（转出多交增值税）

D．应交税费——应交增值税（已交税金）

24．企业本月缴纳上期应交未交的增值税时，应借记（　　）科目。

A．应交税费——应交增值税（转出未交增值税）

B．应交税费——未交增值税

C．应交税费——应交增值税（转出多交增值税）

D．应交税费——应交增值税（已交税金）

25．某企业为小规模纳税人，2016 年 2 月销售货物取得银行存款 18 000 元，当月购入货物 14 000 元，该小规模纳税人当月有关增值税的会计处理正确的是（　　）。

A．借：银行存款　　　　　　　　　　18 000

　　　贷：主营业务收入　　　　　　　　　　18 000

B．借：银行存款　　　　　　　　　　18 540

　　　贷：主营业务收入　　　　　　　　　　18 000

　　　　　应交税费——应交增值税　　　　　　540

C．借：银行存款　　　　　　　　　　18 000

　　　贷：主营业务收入　　　　　　　　　17 475.73

　　　　　应交税费——应交增值税　　　　524.27

D．借：银行存款　　　　　　　　　　18 000

　　　贷：主营业务收入　　　　　　　　　16 981.13

　　　　　应交税费——应交增值税　　　1 018.87

26. 下列各项中，应计算交消费税的是（   ）。

    A．外购应税消费品对外投资

    B．自产应税消费品用于本企业职工福利

    C．委托加工应税消费品收回后以不高于受托方的计税价格出售的

    D．外购应税消费品发生的非正常损失

27. 企业按规定计算应交的企业所得税，应借记（   ）科目，贷记"应交税费——应交所得税"科目。

    A．所得税费用   B．管理费用   C．营业税金及附加   D．其他业务成本

28. 下列各项中，应通过"其他应付款"科目核算的是（   ）。

    A．租入包装物支付的押金   B．应交城市维护建设税

    C．存入保证金   D．应交教育费附加

29. 企业按照规定向住房公积金管理机构缴存的住房公积金应该贷记的科目是（   ）。

    A．其他应付款   B．管理费用   C．应付职工薪酬   D．其他应收款

30. 企业在无形资产研究阶段发生的职工薪酬应当（   ）。

    A．计入到无形资产成本   B．计入到在建工程成本

    C．计入到长期待摊费用   D．计入到当期损益

31. 下列税金中，与企业计算损益无关的是（   ）。

    A．消费税   B．一般纳税企业的增值税

    C．所得税   D．城市建设维护税

32. A企业委托B企业加工一批物资（属于应税消费品），A企业收回该批物资后继续生产，则A企业支付给B企业的消费税应计入的借方会计科目是（   ）。

    A．委托加工物资   B．应交税费——应交消费税

    C．生产成本   D．营业税金及附加

33. 企业从应付职工薪酬中代扣代缴的个人所得税，应该贷记的会计科目是（   ）。

    A．其他应付款   B．应交税费   C．其他应收款   D．应付职工薪酬

34. 采用总价法，企业在折扣期内付款而享受的现金折扣应贷记的会计科目是（   ）。

    A．银行存款   B．财务费用   C．投资收益   D．营业外收入

35. 企业支付的用于职工培训的经费，应借记的会计科目是（   ）。

    A．管理费用   B．销售费用   C．应付职工薪酬   D．其他应付款

（二）多项选择题

1. 核算短期借款利息时，可能涉及的会计科目有（   ）。

    A．应付利息   B．财务费用   C．银行存款   D．短期借款

2. 关于短期借款，下列说法正确的有（   ）。

    A．短期借款，是指企业向银行或其他金融机构等借入的期限在一年以下（不含一年）的各种借款，通常是为了满足正常生产经营的需要

    B．短期借款的利息，应当作为财务费用计入当期损益

    C．企业每月预提利息时，借记"财务费用"科目，贷记"应付利息"科目

    D．企业短期借款到期偿还本金时，借记"短期借款"科目，贷记"银行存款"科目

3. 下列有关应付票据处理的表述中，正确的有（   ）。

    A．企业开出并承兑商业汇票时，应按其票面金额贷记"应付票据"

    B．应付票据到期时，应按票据的票面金额，借记"应付票据"科目，贷记"银行存款"科目

    C．企业支付的银行承兑手续费，计入当期"财务费用"

    D．企业到期无力支付的商业承兑汇票，应按票面金额转入"短期借款"

4. 下列关于应付账款的处理中，正确的有（　　　）。

 A. 物资与发票账单同时到达，待物资验收入库后，按发票账单登记入账

 B. 物资已到，但至月末时发票账单尚未到达，应在月份终了时暂估入账

 C. 应付账款一般按到期时应付金额的现值入账

 D. 企业采购业务中形成的应付账款，如果附有现金折扣，则应付账款的入账价值应按总价法确定

5. "预收账款"科目贷方登记（　　　）。

 A. 预收货款的数额

 B. 企业向购货方发货后冲销的预收货款的数额

 C. 收到购货单位补付货款的数额

 D. 退回购货方多付货款的数额

6. 下列关于预收账款的账务处理中，正确的有（　　　）。

 A. 企业向购货单位预收款项时，按实际收到的金额，借记"银行存款"等科目，贷记"预收账款"科目

 B. 企业销售实现时，按实现的收入，借记"银行存款"科目，贷记"主营业务收入"科目；涉及增值税销项税额的，还应贷记"应交税费——应交增值税（销项税额）"科目

 C. 企业收到购货单位补付的款项时，借记"银行存款"等科目，贷记"预收账款"科目

 D. 企业向购货单位退回其多付的款项时，借记"预收账款"科目，贷记"银行存款"科目

7. 下列职工薪酬中，属于短期薪酬的有（　　　）。

 A. 失业保险   B. 工会经费和职工教育经费

 C. 住房公积金   D. 非货币性福利

8. 下列关于职工薪酬的表述，正确的有（　　　）。

 A. 职工薪酬是指企业为获取职工提供的服务而给予的各种形式的报酬以及其他相关支出

 B. 其他长期职工福利包括长期带薪缺勤、长期残疾福利、长期利润分享计划等

 C. 企业应当在职工为其提供服务的会计期间，将实际发生的短期薪酬确认为负债，并计入当期损益，其他会计准则要求或允许计入资产成本的除外

 D. 因解除与职工的劳动关系给予的补偿不属于职工薪酬

9. 下列项目，应纳入职工薪酬核算的有（　　　）。

 A. 职工失业保险费   B. 职工养老保险金

 C. 职工住房公积金   D. 职工补充医疗保险

10. 关于非货币性职工薪酬，下列说法正确的有（　　　）。

 A. 企业将拥有的房屋等资产无偿提供给职工使用的，应当根据受益对象，按照该住房的公允价值计入相关资产成本或当期损益，同时确认应付职工薪酬

 B. 难以认定受益对象的非货币性福利，直接计入当期损益和应付职工薪酬

 C. 企业租赁住房等资产供职工无偿使用的，应当根据受益对象，将每期应付的租金计入相关资产成本或当期损益，并确认应付职工薪酬

 D. 企业以其自产产品作为非货币性福利发放给职工的，应当根据受益对象，按照产品的账面价值，计入相关资产成本或当期损益，同时确认应付职工薪酬

11. 下列项目中，应纳入职工福利费管理的有（　　　）。

 A. 职工困难补助   B. 离退休人员统筹外费用

 C. 自办职工食堂经费补贴 D. 节日补贴

12. 某公司为生产企业，增值税一般纳税人，共有职工100人。2015年12月12日公司以其生产的每件成本为1 500元的产品作为福利发放给每位职工。假设该产品的不含税售价为2 000元，适

用增值税税率17%，不考虑其他相关税费。则该公司对该项业务的下列处理中，正确的有（　　　）。

    A．应确认应付职工薪酬234 000元   B．应确认应付职工薪酬200 000元

    C．应计提销项税额34 000元   D．应确认应纳税所得额50 000元

13．下列项目中，应通过"应交税费"科目核算的有（　　　）。

    A．应交房产税   B．应交的教育费附加

    C．印花税   D．企业代扣代交的个人所得税

14．一般纳税人企业应在"应交税费——应交增值税"明细科目下设置（　　　）等专栏。

    A．进项税额   B．已交税金   C．转出未交增值税   D．未交增值税

15．下列关于增值税进项税额的抵扣，说法正确的有（　　　）。

    A．纳税人购进免税农产品（除特别规定外），按照农产品收购发票或者销售发票上注明的农产品买价和13%的扣除率计算进项税额从销项税额中抵扣

    B．自2009年1月1日起，增值税一般纳税人购进固定资产发生的进项税额凭增值税专用发票可以从销项税额中抵扣

    C．纳税人自用的应征消费税的摩托车、汽车、游艇，其进项税额不得从销项税额中抵扣

    D．一般纳税人兼营免税项目或者非增值税应税劳务而无法划分不得抵扣的进项税额的，其进项税额不得抵扣

16．下列有关消费税的处理方法，正确的有（　　　）。

    A．企业对外销售产品应缴纳的消费税，计入"营业税金及附加"科目

    B．进口消费品应交消费税，不计入资产成本

    C．企业委托加工应税消费品，收回后直接销售的，其消费税计入委托加工存货成本

    D．企业委托加工应税消费品，收回后用于连续生产应税消费品按规定准予抵扣的，计入"应交税费——应交消费税"科目的借方

17．下列各项税金中，应记入"营业税金及附加"科目的有（　　　）。

    A．增值税   B．消费税   C．城市维护建设税   D．车辆购置税

18．企业应缴纳的下列各种税费，应计入管理费用的有（　　　）。

    A．房产税   B．车船税   C．城市维护建设税   D．印花税

19．下列项目在会计处理时将形成一项流动负债的有（　　　）。

    A．股东会决议分派的现金股利   B．股东会决议分派的股票股利

    C．确认应计入本期损益的短期借款利息   D．确认到期一次还本付息的应付债券利息

20．下列项目中，应通过"其他应付款"科目核算的有（　　　）。

    A．存入保证金   B．应付销货方代垫的运杂费

    C．应付租入包装物租金   D．到期无力支付的商业承兑汇票

21．下列关于负债要素，说法正确的有（　　　）。

    A．负债是指由企业过去的交易或事项形成的、预期会导致经济利益流出企业的现时义务

    B．未来发生的交易或事项形成的义务也应当确认为负债

    C．清偿负债的方式包括用现金清偿或以劳务资产清偿

    D．流动负债是指预计在1年（不含1年）或超过1年的正常营业周期偿还的负债

22．B公司为小家电生产公司，系增值税一般纳税人，销售和进口货物适用的增值税税率为17%。B公司共有职工200名，其中170名为一线生产人员，30名为总部管理人员。2015年2月，B公司以其生产的每台成本为900元的电暖器作为春节福利发放给公司全部职工。该型号的电暖器市场售价为每台1 000元（不含增值税）。B公司上述事项的会计处理中正确的有（　　　）。

    A．应确认的应付职工薪酬为234 000元

    B．应确认生产成本198 900元

C. 应确认管理费用 35 100 元

D. 不应确认主营业务收入，但库存商品减少 180 000 元

（三）判断题

1. 短期借款利息在预提或实际支付时均应通过"短期借款"科目核算。（　　）

2. 企业支付的银行承兑汇票的手续费，应当计入财务费用。（　　）

3. 物资与发票账单同时到达，如果物资验收入库的同时支付了货款的，则应通过"应付账款"科目核算。（　　）

4. 企业采购业务中形成的应付账款，如果附有商业折扣，则应付账款入账价值应按总价法确定，即按不扣除商业折扣的金额入账。（　　）

5. 预收账款情况不多的，也可以不设置"预收账款"科目，将预收的款项直接记入"应付账款"科目。（　　）

6. 短期薪酬，是指企业在职工提供相关服务的年度报告期间结束后十二个月内需要全部予以支付的职工薪酬，因解除与职工的劳动关系给予的补偿除外。（　　）

7. 企业给职工发放的节日补助、未统一供餐而按月发放的午餐费补贴，应作为职工福利费管理，应当纳入职工工资总额。（　　）

8. 职工带薪休假属于非货币性福利。（　　）

9. 企业为职工缴纳的补充养老保险总额在工资总额 4% 以内的部分，从成本（费用）中列支。超出规定比例的部分，应由企业负担。（　　）

10. 生育保险费由企业和职工共同承担。（　　）

11. 企业无偿向职工提供住房等资产使用的，按应计提的折旧额，借记"管理费用"等科目。（　　）

12. 企业代扣代缴的个人所得税，不通过"应交税费"科目核算。（　　）

13. 应付股利，是指企业股东大会或类似机构审议批准分配的现金股利、股票股利或利润。（　　）

14. 企业发生的其他各种应付款项，借记"管理费用"等科目，贷记"其他应付款"科目。（　　）

15. 企业收取的包装物押金及各种暂收款项，应借记"银行存款"等科目，贷记"营业外收入"科目。（　　）

16. 企业收回委托加工的应税消费品，如果用于连续生产应税消费品，按税法规定，可以抵扣应纳消费税。（　　）

17. 企业可以按照免税农产品买价的 13% 作为进项税额抵扣。（　　）

18. 应付账款一般按到期的应付金额现值入账。（　　）

19. 开出并承兑的商业承兑汇票如果不能如期支付，应在票据到期时，将应付票据账面余额转入"应付账款"科目。（　　）

20. 一般纳税人购买或销售免税货物所发生的运输费用，可以根据运输部门开具的运费结算单据所列运费金额，依照 11% 的扣除率计算进项税额抵扣。（　　）

21. 一般纳税人用产品或原材料对外投资时，会计核算上不需要作为销售处理，但应根据其计税基础计算缴纳增值税销项税额。（　　）

22. 小规模纳税人购入货物收到增值税专用发票的，其支付的增值税额可以由销项税额抵扣。（　　）

（四）计算及账务处理题

1. M 公司委托 N 公司加工原材料，2016 年 3 月 1 日 M 公司发出原材料，成本为 90 万元，N 公司收取加工费 12 万元，增值税税率为 17%；另根据税法规定，由 N 公司代收代缴消费税，计税价格为 102 万元，消费税税率为 10%。M 公司收回加工物资后，需进一步加工然后再出售，假定最终售价为 115 万元，消费税税率为 10%。

要求：根据以上资料，编制以下业务的会计分录：

（1）M 公司 2016 年 3 月 1 日发出原材料时；

（2）M公司支付加工费和进项税额时；

（3）M公司支付加工物资的消费税时；

（4）M公司收回加工物资时；

（5）M公司最终出售该商品时消费税的计算及交纳的处理。

2．某企业为一般纳税人，2016年发生下列经济业务：

（1）4月1日向银行借入1 000 000元，年利率为7．2%，期限为6个月，到期一次还本付息。该企业按季计提利息，9月30日连本带息一次偿还。试做出取得借款、计息及到期偿还本息的会计处理；

（2）5月16日从异地购入一批材料，专用发票注明买价500 000元，增值税85 000元，对方代垫运杂费15 000元。材料已验收入库，款未付；

（3）开出转账支票，支付上述材料款；

（4）5月18日销售产品1 000件，单位售价700元，增值税税率为17%，单位销售成本为500元。该产品已经发出，货款原已全部预收。

要求：根据上述资料，编制有关会计分录。

3．云龙公司为增值税一般纳税人，增值税税率为17%，2016年7月发生下列经济业务：

（1）1日，从向阳公司购进甲材料10 000千克，每千克20元，增值税额率为17%。取得增值税专用发票。甲材料已验收入库，价、税款尚未支付。

（2）1日，华夏银行借入生产经营周转借款800 000元，期限为6个月，年利率为6%。

（3）3日，销售A商品一批，价款500 000元，增值税税率为17%。开出增值税专用发票，A商品已发出，价、税款已收存银行。

（4）5日，以银行存款解交本月应交的增值税额24 000元。

（5）6日，开出并承兑为期3个月的商业承兑汇票一张，用以抵付前欠向阳公司所购甲材料价、税款234 000元。

（6）10日，开出现金支票，从银行提取现金102 000元，用以支付本月职工工资。

（7）16日，发生职工福利费180 000元，用银行存款支付。其中：生产部门人员福利费124 200元，车间管理人员福利费21 600元，行政管理人员福利费21 600元，专设销售机构人员福利费7 200元，基建部门人员福利费5 400元。（会计与税法关于福利费发生内容一致）

（8）18日，按照本月工资总额的2%和2．5%计提工会经费和职工教育经费。（已知全年工资总额1 200 000元，会计上工资构成与税法上工资薪金的内容一致。全年计提并拨缴的工会经费有合法凭证，全年共计提职工教育经费30 000元，实际发生25 000元）

（9）31日，预提应由本月负担的短期借款利息。

（10）31日，分配本月工资：生产车间直接生产工人工资69 000元，车间管理人员工资12 000元，行政管理人员工资12 000元（其中包括发放给未在本企业任职的股东李某工资2 000元），专设销售机构人员工资4 000元，在建工程人员工资3 000元。（已知职工李某其他月份未领取工资）

（11）31日，公司按照本月职工工资总额100 000元的10%、12%、2%和10%分别计提医疗保险费、养老保险费、失业保险费和住房公积金。

（12）31日，结转本月销售A商品的成本400 000元。

（13）31日，将当月应交未交增值税予以结转。

（14）31日，按本期应交增值税额的7%、3%，分别计提应交未交的城市维护建设税、教育费附加。

要求：根据以上资料，编制相关业务的会计分录；作出相关业务的税务处理。

（五）案例分析题

茂林公司为增值税一般纳税人，原材料按实际成本核算，购销货物适用的增值税税率均为17%。2016年4月，茂林公司发生如下有关税金核算的经济业务：

（1）向甲公司购进 A 材料一批，取得增值税专用发票上注明价款 600 000 元，税款 102 000 元。发生运输费取得某运输公司开具的货物运输业增值税专用发票，注明价款 20 000 元，税款 2 200 元，发生其他运杂费 800 元。A 材料已验收入库，款项已支付。相关票据均通过认证。

（2）向小规模纳税人购进并已验收入库的 B 材料 50 000 元，已取得普通发票。款项以银行存款支付。

（3）销售应纳消费税产品一批，开具的增值税专用发票上注明价款 1 000 000 元，增值税额 170 000 元，款项均已收存银行。

（4）将自制产品一批无偿赠送给客户，成本价 20 000 元，计税价格为 24 000 元。

（5）将上月购进的 10 000 元（不含增值税）A 原材料用于职工集体福利。

（6）以银行存款解交上月应交未交的增值税额 10 000 元。

（7）收取出租房屋租金 8 000 元存入银行。

（8）结转本月应交未交增值税额。

（9）按消费税税率 10% 计提本月应交未交消费税。

（10）按营业税税率 5% 计提本月应交未交营业税。

（11）按房屋租金收入的 12% 计提本月应交未交的房产税。

（12）按城市维护建设税税率 7% 计提本月应交未交的城市维护建设税。

（13）按教育费附加率 3% 计提本月应交未交教育费附加。

要求：根据以上资料，编制茂林公司 2016 年 4 月相关业务的会计分录。

参考答案

（一）单项选择题

1	2	3	4	5	6	7	8	9	10	11	12	13	14	15	16	17	18
D	D	B	A	D	A	D	C	D	B	B	D	A	C	D	A	C	C

19	20	21	22	23	24	25	26	27	28	29	30	31	32	33	34	35	
C	B	A	A	D	B	C	B	A	C	C	D	B	B	B	B	C	

（二）多项选择题

1	2	3	4	5	6	7	8	9	10	11
ABC	BCD	ABC	ABD	AC	ACD	BCD	ABC	ABCD	BC	ABC

12	13	14	15	16	17	18	19	20	21	22
ACD	ABD	ABC	ABC	ACD	BC	ABD	AC	AC	AC	ABC

（三）判断题

1	2	3	4	5	6	7	8	9	10	11	12	13	14	15	16	17	18	19	20	21	22
×	√	×	×	×	√	×	×	×	×	√	×	×	×	×	√	√	×	√	√	√	×

（四）计算及账务处理题

1.

（1）借：委托加工物资   900 000

    贷：原材料   900 000

（2）借：委托加工物资   120 000

    应交税费——应交增值税（进项税额）   20 400

    贷：银行存款   140 400

（3）借：应交税费——应交消费税　　　　　　　　　　　　　102 000

　　　　贷：银行存款　　　　　　　　　　　　　　　　　　　　　102 000

（4）借：库存商品　　　　　　　　　　　　　　　　　　　1 020 000

　　　　贷：委托加工物资　　　　　　　　　　　　　　　　　　　1 020 000

（5）借：营业税金及附加　　　　　　　　　　　　　　　　　115 000

　　　　贷：应交税费——应交消费税　　　　　　　　　　　　　　115 000

　　　借：应交税费——应交消费税　　　　　　　　　　　　　　13 000

　　　　贷：银行存款　　　　　　　　　　　　　　　　　　　　　13 000

2.

（1）借：银行存款　　　　　　　　　　　　　　　　　　　1 000 000

　　　　贷：短期借款　　　　　　　　　　　　　　　　　　　　　100 000

　　　借：财务费用　　　　　　　　　　　　　　　　　　　　　6 000

　　　　贷：应付利息　　　　　　　　　　　　　　　　　　　　　6 000

　　　借：短期借款　　　　　　　　　　　　　　　　　　　1 000 000

　　　　应付利息　　　　　　　　　　　　　　　　　　　　　30 000

　　　　财务费用　　　　　　　　　　　　　　　　　　　　　6 000

　　　　贷：银行存款　　　　　　　　　　　　　　　　　　　　　1 036 000

（2）借：原材料　　　　　　　　　　　　　　　　　　　　515 000

　　　　应交税费——应交增值税（进项税额）　　　　　　　　85 000

　　　　贷：应付账款　　　　　　　　　　　　　　　　　　　　　600 000

（3）借：应付账款　　　　　　　　　　　　　　　　　　　600 000

　　　　贷：银行存款　　　　　　　　　　　　　　　　　　　　　600 000

（4）借：预收账款　　　　　　　　　　　　　　　　　　　819 000

　　　　贷：主营业务收入　　　　　　　　　　　　　　　　　　　700 000

　　　　　应交税费——应交增值税（销项税额）　　　　　　　　119 000

　　　借：主营业务成本　　　　　　　　　　　　　　　　　500 000

　　　　贷：库存商品　　　　　　　　　　　　　　　　　　　　　500 000

3.

（1）借：原材料　　　　　　　　　　　　　　　　　　　　200 000

　　　　应交税费——应交增值税（进项税额）　　　　　　　　34 000

　　　　贷：应付账款　　　　　　　　　　　　　　　　　　　　　234 000

（2）借：银行存款　　　　　　　　　　　　　　　　　　　800 000

　　　　贷：短期借款　　　　　　　　　　　　　　　　　　　　　800 000

（3）借：银行存款　　　　　　　　　　　　　　　　　　　585 000

　　　　贷：主营业务收入　　　　　　　　　　　　　　　　　　　500 000

　　　　　应交税费——应交增值税（销项税额）　　　　　　　　85 000

（4）借：应交税费——应交增值税（已交税金）　　　　　　24 000

　　　　贷：银行存款　　　　　　　　　　　　　　　　　　　　　24 000

（5）借：应付账款　　　　　　　　　　　　　　　　　　　234 000

　　　　贷：应付票据　　　　　　　　　　　　　　　　　　　　　234 000

（6）借：库存现金　　　　　　　　　　　　　　　　　　　102 000

　　　　贷：银行存款　　　　　　　　　　　　　　　　　　　　　102 000

```
        借：应付职工薪酬                              102 000
            贷：库存现金                              102 000
（7）借：生产成本                                    124 200
        制造费用                                     21 600
        管理费用                                     21 600
        销售费用                                      7 200
        在建工程                                      5 400
        贷：应付职工薪酬——职工福利                  180 000
    借：应付职工薪酬——职工福利                      180 000
        贷：银行存款                                 180 000
（8）借：管理费用                                     4 500
        贷：应付职工薪酬——工会经费                   2 000
                        ——职工教育经费                2 500
（9）借：财务费用                                     4 000
        贷：应付利息                                  4 000
（10）借：生产成本                                    69 000
        制造费用                                     12 000
        管理费用                                     12 000
        销售费用                                      4 000
        在建工程                                      3 000
        贷：应付职工薪酬——工资                      100 000
（11）借：生产成本                                    23 460
        制造费用                                      4 080
        管理费用                                      4 080
        销售费用                                      1 360
        在建工程                                      1 020
        贷：应付职工薪酬——社会保险费                 10 000
                        ——住房公积金                 10 000
                        ——离职后福利                 14 000
（12）借：主营业务成本                               400 000
        贷：库存商品                                 400 000
（13）借：应交税费——应交增值税（转出未交增值税）      51 000
        贷：应交税费——未交增值税                     51 000
（14）借：营业税金及附加                              5 100
        贷：应交税费——应交城市维护建设税              3 570
            应交税费——应交教育费附加                 1 530
```

（五）案例分析题

```
（1）借：原材料——A 材料                             620 800
        应交税费——应交增值税（进项税额）            104 200
        贷：银行存款                                 725 000
（2）借：原材料——B 材料                              50 000
        贷：银行存款                                  50 000
```

（3）借：银行存款　　　　　　　　　　　　　　　　　　　1 170 000

　　　贷：主营业务收入　　　　　　　　　　　　　　　　　1 000 000

　　　　　应交税费——应交增值税（销项税额）　　　　　170 000

（4）借：营业外支出　　　　　　　　　　　　　　　　　　24 080

　　　贷：库存商品　　　　　　　　　　　　　　　　　　　20 000

　　　　　应交税费——应交增值税（销项税额）　　　　　4 080

（5）借：应付职工薪酬　　　　　　　　　　　　　　　　　11 700

　　　贷：原材料——A 材料　　　　　　　　　　　　　　　10 000

　　　　　应交税费——应交增值税（进项税额转出）　　　1 700

（6）借：应交税费——未交增值税　　　　　　　　　　　　10 000

　　　贷：银行存款　　　　　　　　　　　　　　　　　　　10 000

（7）借：银行存款　　　　　　　　　　　　　　　　　　　8 000

　　　贷：其他业务收入　　　　　　　　　　　　　　　　　8 000

（8）借：应交税费——应交增值税（转出未交增值税）　　71 580

　　　贷：应交税费——未交增值税　　　　　　　　　　　　71 580

（9）借：营业税金及附加　　　　　　　　　　　　　　　　100 000

　　　贷：应交税费——应交消费税　　　　　　　　　　　　100 000

（10）借：营业税金及附加　　　　　　　　　　　　　　　400

　　　　贷：应交税费——应交营业税　　　　　　　　　　　400

（11）借：管理费用——税金　　　　　　　　　　　　　　960

　　　　贷：应交税费——应交房产税　　　　　　　　　　　960

（12）借：营业税金及附加　　　　　　　　　　　　　　　12 038.6

　　　　贷：应交税费——应交城市维护建设税　　　　　　12 038.6

（13）借：营业税金及附加　　　　　　　　　　　　　　　5 159.4

　　　　贷：应交税费——应交教育费附加　　　　　　　　　5 159.4

非流动负债 | 第十二章

一、学习目的与要求

通过本章学习，了解非流动负债的概念与特征；理解借款费用的范围及资本化条件；掌握借款费用资本化的会计处理，掌握长期借款、应付债券的会计处理。

二、重要概念

非流动负债　借款费用　资本化期间　长期借款　应付债券
实际利率法　摊余成本

三、重点与难点

重点：长期借款的确认和计量、应付债券的确认和计量；借款费用资本化的会计处理；长期借款、应付债券的会计处理。

难点：借款费用资本化金额的确定。

四、内容概要解析

（一）非流动负债概述

1．非流动负债的概念与特征

非流动负债指偿还期在一年以上或者超过一年的一个营业周期以上的负债，包括长期借款、应付债券、长期应付款等。

与流动负债相比，非流动负债具有以下特点：第一，非流动负债主要是为满足企业的长期、大额资金需要所举借，一般数额较大，偿还期较长；第二，非流动负债的还款付息方式较为灵活，可采取分期付息、到期一次还本方式，也可采用到期一次还本付息方式，或者分期偿还本息等方式；第三，非流动负债的资金成本和风险相对高于流动负债；第四，非流动负债的债权人更容易也更可能干预企业的经营，如要求企业提供反映财务状况、盈利水平、资信状况等方面的信息，或在借款合同中添加对资金用途、债务水平、融资计划等方面的限制条款。

2．非流动负债的分类

（1）按资金筹措方式划分。非流动负债按照资金筹措方式的不同可以分为长期借款、应付债券、长期应付款和专项应付款，以及递延收益、递延所得税负债，此外还有因或有事项引起的预计负债等。

（2）按偿还方式划分。非流动负债按照偿还方式不同可分为定期偿还和分期偿还两种。定期偿还是指在约定的负债到期日一次还清债务本金，分期偿还则是指在规定的举债期限内分若干次偿还债务本金。

（3）按担保条件划分。非流动负债按有无担保可划分为担保非流动负债和信用非流动负债。担保非流动负债是以企业提供的担保为基础举借的非流动负债，信用非流动负债以企业的信用为基础而无担保措施的非流动负债。

3．非流动负债的确认和计量

（1）非流动负债的确认。非流动负债与流动负债一般都指企业已经存在并且将在未来偿还的经济义务，所以非流动负债的确认与流动负债的确认基本相同。

（2）非流动负债的计量。非流动负债通常情况下应当按其公允价值和相关交易费用之和作为初始入账金额，同时采用实际利率法，按摊余成本进行后续计量。

（二）借款费用

1．借款费用的内容

（1）借款费用的范围。

① 因借款而发生的利息。

② 因借款而发生的折价或溢价的摊销。

③ 因借款而发生的辅助费用。

④ 因外币借款而发生的汇兑差额。

（2）借款的范围。借款包括专门借款和一般借款。专门借款是指为购建或者生产符合资本化条件的资产而专门借入的款项。一般借款是指除专门借款之外的借款。相对于专门借款而言，一般借款在借入时，其用途通常没有特指用于符合资本化条件的资产的购建或者生产。

（3）借款费用资本化的资产范围。根据《企业会计准则第 17 号——借款费用》规定，符合资本化条件的资产是指需要经过相当长时间的购建或者生产活动才能达到预定可使用或者可销售状态的固定资产、投资性房地产和存货等资产。

2．借款费用的会计处理

（1）借款费用的确认。借款费用的确认主要解决的是将每期发生的借款费用资本化计入相关资产的成本，还是将有关借款费用费用化计入当期损益的问题。根据借款费用准则的规定，借款费用确认的基本原则是，企业发生的借款费用，可直接归属于符合资本化条件的资产的购建或者生产的，应当予以资本化，计入相关资产成本；其他借款费用，应当在发生时根据其发生额确认为费用，计入当期损益。

企业只有发生在资本化期间内的有关借款费用，才允许资本化，资本化期间的确定是借款费用确认和计量的重要前提。借款费用资本化期间，是指从借款费用开始资本化时点到停止资本化时点的期间，但不包括借款费用暂停资本化的期间。

① 借款费用开始资本化的时点。借款费用允许开始资本化必须同时满足三个条件，即资产支出已经发生、借款费用已经发生、为使资产达到预定可使用或者可销售状态所必要的购建或者生产活动已经开始。

② 借款费用暂停资本化的时间。符合资本化条件的资产在购建或者生产过程中发生非正常中断、且中断时间连续超过 3 个月的，应当暂停借款费用的资本化。中断的原因必须是非正常中断，属于正常中断的，相关借款费用仍可资本化。在实务中，企业应当遵循"实质重于形式"的原则来判断借款费用暂停资本化的时间，如果相关资产购建或者生产的中断时间较长而且满足其他规定条件的，相关借款费用应当暂停资本化。

③ 借款费用停止资本化的时点。购建或者生产符合资本化条件的资产达到预定可使用或者可销售状态时，借款费用应当停止资本化。在符合资本化条件的资产达到预定可使用或者可销售状态之后所发生的借款费用，应当在发生时根据其发生额确认为费用，计入当期损益。

（2）借款费用的计量。

① 借款利息资本化金额的确定。

为购建或者生产符合资本化条件的资产而借入专门借款的，应当以专门借款当期实际发生的利息费用，减去将尚未动用的借款资金存入银行取得的利息收入或进行暂时性投资取得的投资收益后的金额确定。

为购建或者生产符合资本化条件的资产而占用一般借款的，企业应当根据累计资产支出超过专门借款部分的资产支出加权平均数乘以所占用一般借款的资本化率，计算确定一般借款应予资本化的利息金额。资本化率应当根据一般借款加权平均利率计算确定。

每一会计期间的利息资本化金额，不应当超过当期相关借款实际发生的利息金额。

② 借款辅助费用资本化金额的确定。辅助费用在所构建或生产的符合资本化条件的资产资本化期间发生的应当予以资本化。

③ 外币专门借款汇兑差额资本化金额的确定。在资本化期间内，外币专门借款本金及其利息的汇兑差额，应当予以资本化，计入符合资本化条件的资产的成本。而除外币专门借款之外的其他外币借款本金及其利息所产生的汇兑差额应当作为财务费用，计入当期损益。

（三）长期借款

1. 长期借款的核算内容

长期借款，是指企业从银行或其他金融机构借入的期限在一年以上（不含一年）或者超过一年的一个营业周期以上的各种借款。

2. 长期借款的会计处理

企业借入各种长期借款时，按实际收到的款项，借记"银行存款"科目，贷记"长期借款——本金"；按借贷双方之间的差额，借记"长期借款——利息调整"。

在资产负债表日，企业应按长期借款的摊余成本和实际利率计算确定的长期借款的利息费用，借记"在建工程""财务费用""制造费用"等科目，按借款本金和合同利率计算确定的应付未付利息，贷记"应付利息"科目，按其差额，贷记"长期借款——利息调整"科目。

企业归还长期借款，按归还的长期借款本金，借记"长期借款——本金"科目，按转销的利息调整金额，贷记"长期借款——利息调整"科目，按实际归还的款项，贷记"银行存款"科目，按借贷双方之间的差额，借记"在建工程""财务费用""制造费用"等科目。

（四）应付债券

1. 应付债券的核算内容

企业发行的超过一年期以上的债券，构成了企业的长期负债。公司债的发行方式有三种，即面值发行、溢价发行和折价发行。

2. 应付债券的会计处理

（1）一般公司债券。

① 债券发行的会计处理。

企业无论是按面值发行，还是溢价发行或折价发行，均应按债券面值记入"应付债券——面值"科目，实际收到的款项与面值的差额，记入"利息调整"明细科目。企业发行债券时，按实际收到的款项，借记"银行存款"等科目，按债券票面价值，贷记"应付债券——面值"科目，按实际收到的款项与票面价值之间的差额，贷记或借记"应付债券——利息调整"科目。

② 利息调整摊销的会计处理。

利息调整应在债券存续期间内采用实际利率法进行摊销。实际利率法是指按照应付债券的实际利率计算其摊余成本及各期利息费用的方法。实际利率是指将应付债券在债券存续期间的未来现金流量，折现为该债券当前账面价值所使用的利率。

资产负债表日，对于分期付息、一次还本的债券，企业应按应付债券的摊余成本和实际利率计算确定的债券利息费用，借记"在建工程""制造费用""财务费用"等科目，按票面利率计算确定的应付未付利息，贷记"应付利息"科目，按其差额，借记或贷记"应付债券——利息调整"科目。

③ 债券偿还的会计处理。

企业发行的债券通常分为到期一次还本付息或一次还本、分期付息两种。采用一次还本付息方式的，企业应于债券到期支付债券本息时，借记"应付债券——面值、应计利息"科目，贷记"银行存款"科目。采用一次还本、分期付息方式的，在每期支付利息时，借记"应付利息"科目，贷记"银行存款"科目；债券到期偿还本金并支付最后一期利息时，借记"应付债券——面值""在建工程""财务费用""制造费用"等科目，贷记"银行存款"科目，按借贷双方之间的差额，借记或贷记"应付债券——利息调整"。

（2）可转换公司债券。

我国发行可转换公司债券采取记名式无纸化发行方式。企业发行的可转换公司债券在"应付债券"科目下设置"可转换公司债券"明细科目核算。

企业发行的可转换公司债券，应当在初始确认时将其包含的负债成分和权益成分进行分拆，将负债成分确认为应付债券，将权益成分确认为其他权益工具。发行可转换公司债券发生的交易费用，应当在负债成分和权益成分之间按照各自的相对公允价值进行分摊。企业应按实际收到的款项，借记"银行存款"等科目，按可转换公司债券包含的负债成分面值，贷记"应付债券——可转换公司债券（面值）"科目，按权益成分的公允价值，贷记"其他权益工具"科目，按借贷双方之间的差额，借记或贷记"应付债券——可转换公司债券（利息调整）"科目。

（五）长期应付款

1．长期应付款的核算内容

长期应付款，是指企业除长期借款和应付债券以外的其他各种长期应付款项，包括应付融资租入固定资产的租赁费，以分期付款方式购入固定资产、无形资产或存货等发生的应付款项等。

2．长期应付款的会计处理

（1）应付融资租入固定资产的租赁费。

企业采用融资租赁方式租入的固定资产，应在租赁期开始日，将租赁开始日租赁资产公允价值与最低租赁付款额现值两者中较低者，加上初始直接费用，作为租入资产的入账价值，借记"固定资产"等科目，按最低租赁付款额，贷记"长期应付款"科目，按发生的初始直接费用，贷记"银行存款"等科目，按其差额，借记"未确认融资费用"科目。

（2）具有融资性质的延期付款购买资产。

企业购买资产有可能延期支付有关价款。延期支付的购买价款超过正常信用条件，实质上具有融资性质的，所购资产的成本应当以延期支付购买价款的现值为基础确定。实际支付的价款与购买价款的现值之间的差额，应当在信用期间内采用实际利率法进行摊销，计入相关资产成本或当期损益。具体来说，企业购入资产超过正常信用条件延期付款实质上具有融资性质时，应按购买价款的现值，借记"固定资产""在建工程"等科目，按应支付的价款总额，贷记"长期应付款"科目，按其差额，借记"未确认融资费用"科目。

五、同步练习

（一）单项选择题

1．借款费用准则中的专门借款是指（   ）。

    A．为购建或者生产符合资本化条件的资产而专门借入的款项

    B．发行债券收款

    C．长期借款

    D．技术改造借款

2．如果固定资产的购建活动发生非正常中断，并且中断时间连续超过（   ），应当暂停借款费用的资本化，将其确认为当期费用，直至资产的购建活动重新开始。

    A．1年   B．3个月   C．半年   D．两年

3．当所购建的固定资产（   ）时，应当停止其借款费用的资本化；以后发生的借款费用应当于发生当期确认为费用。

    A．达到预定可使用状态   B．交付使用

    C．竣工决算   D．交付使用并办理竣工决算手续

4．生产经营期间，如果某项固定资产的购建发生非正常中断，并且中断时间超过3个月（含3个月），应当将中断期间所发生的借款费用，计入（   ）科目。

    A．长期待摊费用   B．在建工程成本

    C．营业外支出   D．财务费用

5. 在借款费用资本化期间内，为购建或者生产符合资本化条件的资产占用了一般借款的，下列关于占用的一般借款费用资本化的说法中不正确的是（　　　）。

　　A. 一般借款加权平均利率＝所占用一般借款当期实际发生的利息之和÷所占用一般借款本金之和

　　B. 应当根据累计资产支出超过专门借款部分的资产支出加权平均数乘以所占用一般借款的资本化率，计算确定一般借款应予资本化的利息金额

　　C. 当只涉及到一笔一般借款的时候，此时该一般借款的实际利率就是一般借款的资本化率

　　D. 一般借款的借款费用的资本化金额的确定应当与资产支出相挂钩

6. 下列有关借款费用资本化的说法中，不正确的是（　　　）。

　　A. 在购建固定资产过程中，如果发生了非正常中断，则属于该期间的相关长期借款费用不应当计入工程成本

　　B. 一般借款的借款费用的资本化金额的确定应当与资产支出相挂钩

　　C. 资本化期间，是指从借款费用开始资本化时点到停止资本化时点的期间，但不包括借款费用暂停资本化期间

　　D. 为构建存货发生的借款费用不可能计入存货成本

7. 甲上市公司股东大会于 20×7 年 1 月 4 日做出决议，决定建造厂房。为此，甲公司于 3 月 5 日向银行专门借款 5 000 万元，年利率为 6%，款项于当日划入甲公司银行存款账户。3 月 15 日，厂房正式动工兴建。3 月 16 日，甲公司购入建造厂房用水泥和钢材一批，价款 500 万元，当日用银行存款支付。3 月 31 日，计提当月专门借款利息。甲公司在 3 月份没有发生其他与厂房购建有关的支出，则甲公司专门借款利息应开始资本化的时间为（　　　）。

　　A. 3 月 5 日　　　　B. 3 月 15 日　　　　C. 3 月 16 日　　　D. 3 月 31 日

8. 甲公司于 20×6 年 1 月 1 日从银行借入资金 800 万元，借款期限为 2 年，年利率为 6%，利息从 20×6 年开始每年年初支付，到期时归还本金及最后一年利息。所借款项已存入银行。20×6 年 12 月 31 日该长期借款的账面价值为（　　　）万元。

　　A. 48　　　　　　B. 896　　　　　　C. 848　　　　　D. 800

9. 有关长期借款的说法，正确的是（　　　）。

　　A. 长期借款利息费用在资产负债表日按照合同利率进行核算

　　B. 对于一次到期还本付息的长期借款，计算的计息计入"长期借款——应计利息"

　　C. 筹建期间的借款利息计入长期待摊费用

　　D. 生产经营期间的借款利息计入财务费用

10. 企业发生长期借款利息的情况下，借方不可能涉及的科目是（　　　）。

　　A. 管理费用　　　　B. 应付利息　　　　C. 财务费用　　　　D. 在建工程

11. 企业发生的下列各项利息支出，不应该计入财务费用的是（　　　）。

　　A. 应付债券的利息　　　　　　　　B. 短期借款的利息

　　C. 带息应付票据的利息　　　　　　D. 筹建期间的长期借款利息

12. 甲公司于 20×6 年 1 月 1 日向 B 银行借款 1 000 000 元，为期 3 年，每年年末偿还利息，到期日偿还本金。借款合同利率为 3%，实际利率为 4%，为取得借款发生手续费 30 990 元，20×6 年末甲公司"长期借款"项目的金额为（　　　）元。

　　A. 1 007 770.4　　B. 1 072 229.6　　C. 977 770.4　　D. 972 253

13. 甲公司于 20×6 年 1 月 1 日向 B 银行借款 1 000 000 元，为期 3 年，一次还本付息，合同利率为 3%，实际利率为 4%，为取得借款发生手续费 27 747 元，20×6 年末"长期借款"科目余额为（　　　）元。

　　A. 1 011 143.12　　B. 1 002 253　　C. 981 143.12　　D. 972 253

14. 就发行债券的企业而言，所获债券溢价收入实质是（　　　）。

　　A. 为以后少付利息而付出的代价　　　　B. 为以后多付利息而得到的补偿

C. 本期利息收入 D. 以后期间的利息收入

15. 某企业发行分期付息、到期一次还本的债券，按其票面利率计算确定的应付未付利息，应该记入（ ）科目。

  A. 应付债券——应计利息   B. 应付利息

  C. 应付债券——利息调整   D. 应付债券——面值

16. 下列各种情况中会导致企业折价发行债券的是（ ）。

  A. 债券的票面利率大于市场利率   B. 债券的票面利率等于市场利率

  C. 债券的票面利率小于市场利率   D. 以上都不对

17. 债券发行后利息费用逐年增加的原因是（ ）。

  A. 债券发行后市场利率升高   B. 债券发行后市场利率降低

  C. 债券溢价发行   D. 债券折价发行

18. A 公司于 20×6 年 1 月 1 日发行 4 年期一次还本付息的公司债券，债券面值 2 000 万元，票面年利率 5%，发行价格 1 901.04 万元。A 公司经计算该债券的实际利率为 6%。该债券 20×6 年度应确认的利息费用为（ ）万元。

  A. 100   B. 120   C. 95.05   D. 114.06

19. 甲企业 20×6 年 7 月 1 日按面值发行 5 年期债券 200 万元。该债券到期一次还本付息，票面年利率为 5%，实际利率也为 5%。甲企业 20×6 年应确认的财务费用为（ ）万元。

  A. 0   B. 10   C. 5   D. 50

20. 某公司于 20×6 年 1 月 1 日对外发行 5 年期、面值总额为 10 000 万元的公司债券，债券票面年利率为 3%，到期一次还本付息，实际收到发行价款 11 000 万元。该公司采用实际利率法摊销利息费用，不考虑其他相关税费。假定实际利率为 2%。20×7 年 12 月 31 日，该公司该项应付债券的账面余额为（ ）万元。

  A. 10 600   B. 11 444.4   C. 11 600   D. 12 000

21. 乙公司于 20×6 年 1 月 1 日对外发行 3 年期、面值为 1 000 000 元的公司债券，债券票面年利率为 6%，到期一次还本付息，发行价格 1 049 020 元。乙公司对利息调整采用实际利率法进行摊销，经计算该债券的实际利率为 4%。20×6 年 12 月 31 日该应付债券的账面余额为（ ）元。

  A. 1 060 000   B. 1 041 960.8   C. 1 090 980.8   D. 1 109 020

22. 20×6 年 7 月 1 日，甲企业按面值发行 5 年期到期一次还本付息的债券，债券年利率 6%（不计复利），面值总额为 5 000 万元。20×7 年 12 月 31 日"应付债券"科目的账面余额为（ ）万元。

  A. 5 150   B. 5 600   C. 5 000   D. 5 450

23. 某企业于 20×6 年 7 月 1 日按面值发行 5 年期、到期一次还本付息的公司债券，该债券面值总额 8 000 万元，票面年利率为 4%，自发行日起计息。假定票面利率与实际利率一致，不考虑相关税费，20×7 年 12 月 31 日该应付债券的账面余额为（ ）万元。

  A. 8 000   B. 8 160   C. 8 320   D. 8 480

24. 甲上市公司 20×6 年 1 月 1 日按面值发行 5 年期一次还本付息的可转换公司债券 2 000 万元，款项已存入银行，债券票面利率为 6%，不考虑发行费用。债券发行 1 年后可转换为普通股股票，初始转股价为每股 10 元，股票面值为每股 1 元。同期二级市场上与之类似的没有附带转换权的债券市场利率为 9%，则甲公司 20×6 年 12 月 31 日因该可转换公司债券应确认的利息费用是（ ）万元。[已知 PVA(9%,5)＝3.889 7，PV(9%,5)＝0.649 9]

  A. 81.01   B. 116.78   C. 120.00   D. 158.99

25. 甲上市公司 20×6 年 1 月 1 日发行面值为 2 000 万元，期限为 3 年、票面利率为 5%、按年付息的可转换公司债券，债券发行 1 年后可转换为股票。甲公司实际发行价格为 1 920 万元（不考虑发行费用），同期普通债券市场利率为 8%，甲公司初始确认时负债成分的金额是（ ）万元。

[已知 PVA（8%，3）＝2.577 1，PV（8%，3）＝0.793 8]

  A．1 920.00   B．1 825.31   C．1 845.31   D．1 765.31

26．20×6 年 1 月 1 日，甲公司发行 5 年期一次还本、分次付息的可转换公司债券 400 万元。票面年利率为 6%，利息按年支付，发行价格为 460 万元，另发行交易费用 40 万元。债券发行 1 年后可转换为普通股股票。经计算，该项可转换成公司债券负债的公允价值为 379.5 万元。不考虑其他因素，则 20×6 年 1 月 1 日，甲公司因该项债券记入"应付债券"科目的金额为（ ）万元。

  A．346.5   B．379.5   C．339.5   D．412.5

27．承租人对融资租入的资产采用公允价值作为入账价值的，分摊未确认融资费用所采用的分摊率是（ ）。

  A．银行同期贷款利率

  B．租赁合同中规定的利率

  C．出租人出租资产的无风险利率

  D．使最低租赁款的现值与租赁资产公允价值相等的折现率

28．甲企业以融租赁方式租入 N 设备，该设备的公允价值为 100 万元，最低租赁付款额的现值为 93 万元，甲企业在租赁谈判和签订租赁合同过程中发生手续费、律师费等合计为 2 万元。甲企业融资租入固定资产的入账价值为（ ）万元。

  A．93   B．95   C．100   D．102

29．A 租赁公司将一台大型设备以融资租赁方式租给 B 企业。双方签订合同，该设备租赁期 4 年，租赁期届满 B 企业归还给 A 公司设备。每半年支付租金 787.5 万元，B 企业担保的资产余值为 450 万元，B 企业的母公司担保的资产余值为 675 万元，另外担保公司担保金额为 675 万元，未担保余值为 225 万元，则 B 企业的最低租赁付款额为（ ）万元。

  A．6 300   B．8 325   C．8 100   D．7 425

30．20×6 年 1 月 1 日，甲公司以融资租赁方式租入固定资产，租赁期为 3 年，租金总额 4 150 万元，其中 20×6 年年末应付租金 1 500 万元。假定在 20×6 年 1 月 1 日最低租赁付款额的现值为 3 500 万元，租赁资产公允价值为 4 000 万元，租赁内含利率（即实际利率）为 10%。20×6 年 12 月 31 日，甲公司在资产负债表中因该项租赁而确认的长期应付款金额为（ ）万元。

  A．2 000   B．2 350   C．2 650   D．2 850

（二）多项选择题

1．企业的下列筹资方式中，属于非流动负债的包括（ ）。

  A．发行 3 年期公司债券   B．发行 9 个月的公司债券

  C．向银行借入二年期的借款   D．融资租入固定资产的融资租赁费

  E．发行普通股票

2．下列项目中，属于借款费用的有（ ）。

  A．因借款而发生的利息   B．折价或溢价的摊销

  C．因外币借款而发生的汇兑差额 D．发行债券收款

  E．因借款发生的借款承诺费

3．借款费用是指企业因借入资金而发生的利息及其他相关成本，包括（ ）。

  A．借入资金而发生的利息   B．发行债券而发生的折价或溢价的摊销

  C．借款过程中辅助费用   D．外币借款发生的汇兑差额

  E．发行股票支付的手续费

4．下列关于借款费用的说法，正确的有（ ）。

  A．在资本化期间内，外币专门借款本金及利息的汇兑差额，应当予以资本化，计入符合资本化条件的资产的成本

B. 借款费用是指企业因借款而发生的利息及其他相关成本

C. 符合资本化条件的资产，是指需要经过相当长时间的购建或者生产活动才能达到预定可使用或者可销售状态的固定资产、投资性房地产和存货等资产

D. 资产支出包括为购建或者生产符合资本化条件的资产而以支付现金、转移非现金资产或者承担债务形式发生的支出

E. 资本化期间，是指从借款费用开始资本化时点到停止资本化时点的期间，借款费用暂停资本化的期间不包括在内

5. 下列关于专门借款和一般借款的表述中，正确的有（　　）。

A. 专门借款的辅助费用在所购建或者生产的符合资本化条件的资产达到预定可使用或者可销售状态之前发生的应予资本化

B. 专门借款资本化期间实际发生的利息费用减去尚未动用的借款资金取得利息收入的净值作为资本化金额确认

C. 一般借款当期实际发生的利息费用减去尚未动用的借款资金取得利息收入的净值在资本化期间内作为资本化金额确认

D. 暂停资本化期间，专门借款和一般借款的借款费用均不得做资本化处理

E. 一般借款辅助费用在所购建的资产达到预定可使用状态之后发生的应当予以资本化

6. 下列关于借款费用暂停资本化的表述，正确的有（　　）。

A. 符合资本化条件的资产在购建或者生产过程中发生非正常中断、且中断时间连续超过3个月的，应当暂停借款费用的资本化

B. 符合资本化条件的资产在购建或者生产过程中发生正常中断、且中断时间连续超过3个月的，借款费用的资本化应当继续进行

C. 暂停借款费用的资本化，在中断期间发生的借款费用应当确认为费用，计入当期损益

D. 如果因进行工程质量和安全检查停工中断，借款费用的资本化应当继续进行

E. 如果中断是所购建或者生产的符合资本化条件的资产达到预定可使用或者可销售状态必要的程序，借款费用不应暂停资本化

7. 下列对长期借款利息费用的会计处理，正确的有（　　）。

A. 筹建期间不符合资本化条件的借款利息计入管理费用

B. 筹建期间不符合资本化条件的借款利息计入长期待摊费用

C. 日常生产经营活动不符合资本化条件的借款利息计入财务费用

D. 日常生产经营活动符合资本化条件的借款利息计入财务费用

E. 符合资本化条件的借款利息计入相关资产成本

8. 下列关于长期借款的核算中，正确的有（　　）。

A. 取得借款时，按实际收到的款项，借记"银行存款"科目

B. 期末计息时，按实际利率法计算的利息费用，借记"财务费用"科目

C. 期末计息时，按实际利率法计算的利息费用，贷记"财务费用"科目

D. 期末计息时，按借款本金和合同利率计算确定的应付未付利息，贷记"应付利息"科目

E. 归还长期借款时，按实际归还的款项，贷记"银行存款"科目

9. 长期借款所发生的利息支出、汇兑损失、辅助费用等借款费用，可能记入以下（　　）科目。

A. 销售费用　　　B. 在建工程　　　C. 财务费用　　　D. 管理费用　　　E. 制造费用

10. 企业发行的一次还本付息的债券，在资产负债表日按摊余成本和实际利率计算确定的债券利息费用，可能记入的会计科目有（　　）。

A. 在建工程　　　B. 工程施工　　　C. 利息支出　　　D. 制造费用　　　E. 研发支出

11. 应付债券的明细科目有（　　　）。

　　A. 面值　　　　　　B. 可转换公司债券　C. 应计利息　　　D. 应付利息　　　E. 利息调整

12. 企业发行债券正确的处理有（　　　）。

　　A. 按债券面值记入"应付债券——面值"

　　B. 面值与实际收到的款项的差额记入"应付债券——利息调整"

　　C. 面值与实际收到的款项的差额记入"应付债券——溢折价摊销"

　　D. 按实际利率计算的利息记入"应付债券——应计利息"

　　E. 按直线法摊销溢折价

13. 企业在筹建期间按面值发行债券，按期计提利息时，可能涉及的会计科目有（　　　）。

　　A. 财务费用　　　B. 在建工程　　　　　C. 应付债券　　　D. 管理费用　　　E. 销售费用

14. 下列关于溢价发行债券的说法中，正确的有（　　　）。

　　A. 债券的摊余成本逐期减少　　　　　　B. 债券的利息费用逐期增加

　　C. 债券的利息费用逐期减少　　　　　　D. 债券溢价的摊销额逐期增加

　　E. 债券溢价的摊销额逐期减少

15. 以分期付款方式购入的固定资产，表述正确的有（　　　）。

　　A. 按购买价款的现值，借记"固定资产""在建工程"等科目

　　B. 按应支付的金额，贷记"长期应付款"

　　C. 按购买价款，借记"固定资产""在建工程"等科目

　　D. 按购买价款的现值与应付金额的差额，贷记"未确认融资费用"科目

　　E. 按购买价款的现值与应付金额的差额，借记"未确认融资费用"科目

（三）判断题

1. 非流动负债的利息既可能是分期支付，也可能是到期还本时一次支付。非流动负债的应付未付利息本身既可能是流动负债，也可能是非流动负债。（　　　）

2. 企业为构建一项复核资本化条件的资产取得的专门借款，应当在借款费用发生时开始资本化。（　　　）

3. 企业当期借款费用资本化的金额，不得超过当期实际发生的利息支出。（　　　）

4. 根据我国会计准则规定，如果固定资产的购建活动发生非正常中断，并且中断时间连续超过 3 个月，应当暂停借款费用的资本化，将其确认为当期费用，直至资产的购建活动重新开始。但如果中断是使购建的固定资产达到预定可使用状态所必要的程序，则借款费用的资本化应当继续进行。（　　　）

5. 长期借款，是指企业从银行或其他金融机构借入的期限在一年及一年以上的借款。（　　　）

6. 企业在计算长期借款利息时，应该按照实际利率确认应该支付的利息。（　　　）

7. 如果企业长期借款的利息费用属于筹建期间的，且不符合资本化条件的，则利息费用应记入的科目是财务费用。（　　　）

8. 企业核算分期付息到期还本的长期借款计提的利息，应增加长期借款的账面价值。（　　　）

9. 采用实际利率法摊销债券溢价或折价，其目的是为了明确发行公司对债权人实际负担的利息费用，使各期的利息费用随着债券账面价值的变动而变动。（　　　）

10. 企业应付债券的利息费用，应当按照期初账面价值和票面利率计算确定。（　　　）

11. 企业发行债券实际收到的款项与面值的差额作为利息调整，在债券存续期间内采用实际利率法进行摊销。（　　　）

12. 当债券票面利率高于同期银行存款利率时，债券按溢价发行。对于债券发行企业来讲，溢价发行是企业以后各期多付利息而事先从债券购买者那里得到补偿；对于购买债券作为长期投资的企业来讲，溢价购入是企业以后各期多得利息而事先付出的代价。（　　　）

13. 企业应付债券的利息费用，可以采用实际利率法计算，也可以采用直线法计算。（　　　）

14. 应付债券按实际利率（实际利率与票面利率差异较小时也可按票面利率）计算确定的利息

费用，应按照与长期借款相一致的原则计入有关成本、费用。（　　）

15．企业采用实际利率法对应付债券的溢价进行摊销时，应付债券的摊余成本逐期减少，溢价的摊销额也随之逐期减少。（　　）

16．企业在采用实际利率法计算债券利息费用时，实际利率应当在债券发行日确定，以后期间不再调整。（　　）

17．企业发行可转换公司债券时支付的交易费用应全部计入负债成分的初始确认金额。（　　）

18．企业发行分期付息、一次还本债券时实际收到款项小于债券票面价值的差额采用实际利率法进行摊销，各期确认的实际利息费用会逐期减少。（　　）

19．无论是否按面值发行一般公司债券，均应该按照实际收到的金额记入"应付债券"科目的"面值"明细科目。（　　）

20．资产负债表中的"长期应付款"项目直接按照"长期应付款"的期末余额填列。（　　）

（四）计算及账务处理题

1．乙公司拟建造一栋厂房，预计工期为 2 年，有关资料如下。

（1）乙公司于 20×6 年 1 月 1 日为该项工程专门借款 3 000 万元，借款期限为 3 年，年利率 6%，利息按年支付；

（2）工程建设期间占用了两笔一般借款，具体如下：

① 20×5 年 12 月 1 日向某银行借入长期借款 4 000 万元，期限为 3 年，年利率为 9%，利息按年于每年年初支付；

② 20×6 年 7 月 1 日按面值发行 5 年期公司债券 3 000 万元，票面年利率为 8%，利息按年于每年年初支付，款项已全部收存银行。

（3）工程于 20×6 年 1 月 1 日开始动工兴建，工程采用出包方式建造，当日支付工程款 1 500 万元。工程建设期间的支出情况如下：

20×6 年 7 月 1 日：3 000 万元；

20×7 年 1 月 1 日：2 000 万元；

20×7 年 7 月 1 日：3 000 万元；

截至 20×7 年末，工程尚未完工。其中，由于施工质量问题工程于 20×6 年 8 月 1 日—11 月 30 日停工 4 个月。

（4）专门借款中未支出部分全部存入银行，假定月利率为 0.5%。假定全年按照 360 天计算，每月按照 30 天计算。

要求：

（1）计算 20×6 年利息资本化和费用化的金额并编制会计分录；

（2）计算 20×7 年利息资本化和费用化的金额并编制会计分录。

（计算结果保留两位小数，答案金额以万元为单位）

2．企业借入 2 年期，到期还本、每年末计提并支付利息的长期借款 30 000 元用于工程建设，合同约定年利率 4%，假定利息全部符合资本化条件。

要求：做出该企业借入借款、每年末计提利息和支付利息的会计分录。

3．2×11 年 1 月 1 日，甲公司经批准发行 5 年期一次还本、分期付息的公司债券 60 000 000 元，债券利息在每年 12 月 31 日支付，票面利率为年利率 6%。假定债券发行时的市场利率为 5%。甲公司该批债券实际发行价格为：

60 000 000×(P/S,5%,5)+60 000 000×6%×(P/A,5%,5)

=60 000 000×0.783 5+60 000 000×6%×4.329 5=62 596 200（元）

要求：

（1）编制实际利率计算表，计算甲公司该债券在发行期内各年年末的摊余成本、实际利息和利息调整额；

（2）分别编制甲公司发行债券、计算并支付债券利息以及到期归还债券本金的会计分录。（答案中的金额单位用元表示，"应付债券"科目应列出明细科目）

4．某上市公司发行公司债券为建造专用生产线筹集资金，有关资料如下。

（1）20×6年12月31日，委托证券公司以7 755万元的价格发行3年期分期付息公司债券，该债券面值为8 000万元，票面年利率为4.5%，实际年利率为5.64%，每年付息一次，到期后按面值偿还，支付的发行费用与发行期间冻结资金产生的利息收入相等。

（2）生产线建造工程采用出包方式，于20×7年1月1日开始动工，发行债券所得款项当日全部支付给建造承包商，20×8年12月31日所建造生产线达到预定可使用状态。

（3）假定各年度利息的实际支付日期均为下年度的1月10日，2×10年1月10日支付20×9年度利息，一并偿付面值。

（4）所有款项均以银行存款收付。

要求：

（1）计算该公司债券在各年末的摊余成本、应付利息金额、当年应予资本化或费用化的利息金额、利息调整的本年摊销额和年末余额，结果填入表1中（不需列出计算过程）；

（2）分别编制甲公司与债券发行、20×7年12月31日、20×8年12月31日和20×9年12月31日确认债券利息、2×10年1月10日支付利息和面值业务相关的会计分录。（答案中的金额单位用元表示，"应付债券"科目应列出明细科目）

表1　　　　　　　　　　　　　应付债券利息调整和摊余成本计算表

时间		20×6年12月31日	20×7年12月31日	20×8年12月31日	20×9年12月31日
年末摊余成本	面值	80 000 000	80 000 000	80 000 000	80 000 000
	利息调整				
	合计				
当年应予资本化或费用化的利息金额					
年末应付利息金额					
"利息调整"本年摊销项					

5．某公司于20×6年1月1日，发行面值为40 000万元的可转换公司债券，发行价格为41 000万元。该债券期限为4年，票面年利率为4%，利息按年支付；债券持有者可在债券发行1年后转换股份，转换条件为每100元面值的债券转换40股该公司普通股。该公司发行该债券时，二级市场上与之类似但没有转股权的债券的市场利率为6%。债券已发行完毕，发行费用为15万元，扣除发行费用后的款项均已收入银行。

20×7年6月30日，债券持有者将面值为40 000万元的可转换公司债券申请转换股份，并于当日办妥相关手续。假定转换部分债券未支付的应付利息不再支付。相关手续已于当日办妥。

要求：

（1）编制20×6年1月1日发行时的会计分录；

（2）编制20×6年12月31日计提利息时的会计分录；

（3）编制20×7年6月30日转换股份时的会计分录。

6．A公司20×6年1月1日从B公司购入甲生产设备作为固定资产使用，购货合同约定，甲生产设备的总价款为2 000万元，当日支付800万元，余款分3年于每年末平均支付。设备交付安装，支付安装等相关费用 20.8 万元，设备于 3 月 31 日安装完毕达到预定可使用状态并交付使用。设备预计净残值为 30 万元，预计使用年限为 5 年，采用年数总和法计提折旧。假定同期银行借款年利率为 6%。[(P/A,6%,3)＝2.673 0,(P/A,6%,4)＝3.465 1]

要求：

（1）计算该设备的入账价值及未确认融资费用；

（2）计算 A 公司 20×6 年、20×7 年应确认的融资费用及应计提的折旧额；

（3）编制 20×6 年、20×7 年以及 20×8 年与该设备相关的会计分录。

（五）案例分析题

甲股份有限公司（以下简称"甲公司"）为了建造一栋厂房，于 20×7 年 11 月 1 日专门从某银行借入 6 000 万元（假定甲公司向该银行的专门借款仅此一笔），借款期限为 2 年，年利率为 6%，利息到期一次支付。甲公司 20×7 年 12 月 1 日从某银行借入一笔一般借款 5 000 万元，借款期限为 3 年，年利率为 6%，利息到期一次支付。该厂房采用出包方式建造，与承包方签订的工程合同的总造价为 10 000 万元。假定利息资本化金额按年计算，每年按 360 天计算，每月按 30 天计算。

（1）20×8 年发生的与厂房建造有关的事项如下。

1 月 1 日，厂房正式动工兴建。当日用银行存款向承包方支付工程进度款 2 000 万元。

3 月 1 日，用银行存款向承包方支付工程进度款 3 000 万元。

4 月 1 日，因与承包方发生质量纠纷，工程被迫停工。

8 月 1 日，工程重新开工。

8 月 1 日，用银行存款向承包方支付工程进度款 2 000 万元。

12 月 1 日，用银行存款向承包方支付工程进度款 1 000 万元。

（2）20×9 年发生的与所建造厂房和债务重组有关的事项如下。

3 月 1 日，用银行存款向承包方支付工程进度款 1 000 万元。

5 月 31 日，厂房已达到预定可使用状态。

6 月 30 日，办理厂房工程竣工决算，与承包方结算的工程总造价为 10 000 万元。同日工程交付手续办理完毕，支付剩余款项 1 000 万元。

11 月 1 日，甲公司发生财务困难，无法按期偿还于 20×7 年 11 月 1 日借入的到期借款本金和利息。按照借款合同，公司在借款逾期未还期间，仍然必须按照原利率支付利息，如果逾期期间超过 2 个月，银行还将加收 1%的罚息。

11 月 10 日，银行将其对甲公司的专门借款形成的债权全部划给资产管理公司。

12 月 1 日，甲公司与资产管理公司达成债务重组协议，债务重组日为 12 月 1 日，与债务重组有关的资产、债权和债务的所有权划转及相关法律手续均于当日办理完毕。有关债务重组及相关资料如下。

① 资产管理公司首先豁免甲公司所有积欠利息。

② 甲公司用一辆小轿车和一栋别墅抵偿债务 640 万元。小轿车的原价为 150 万元，累计折旧为 30 万元，公允价值为 90 万元。该别墅原价为 600 万元，累计折旧为 100 万元，公允价值为 550 万元。两项资产均未计提减值准备。

③ 资产管理公司对甲公司的剩余债权实施债转股，资产管理公司由此获得甲公司普通股 1 000 万股，每股市价为 5 元。

（3）2×10 年发生的与资产置换有关的事项如下。

5 月 31 日，甲公司由于经营业绩滑坡，为了实现产业转型和产品结构调整，与资产管理公司控股的乙公司（该公司为房地产开发企业）达成资产置换协议。协议规定，甲公司将前述新建厂房、部分库存商品和一块土地的使用权与乙公司所开发的商品房和一栋办公楼进行置换。资产置换日为 5 月 31 日。与资产置换有关的资产、债权和债务的所有权划转及相关法律手续均于当日办理完毕。其他有关资料如下：

① 甲公司所换出库存商品和土地使用权的账面余额分别为 800 万元和 400 万元，公允价值分别

为 200 万元和 1 800 万元；甲公司已为库存商品计提了 300 万元的跌价准备，没有为土地使用权计提减值准备。甲公司所换出的新建厂房的公允价值为 8 000 万元。甲公司对新建厂房采用年限平均法计提折旧，预计使用年限为 10 年，预计净残值为 462.5 万元。

② 乙公司用于置换的商品房和办公楼的账面价值分别为 7 000 万元和 5 000 万元，公允价值分别为 6 000 万元和 4 000 万元。

假定甲公司对换入的商品房和办公楼没有改变其原来的用途，12 月 31 日的可变现净值和可收回金额分别为 6 550 万元和 3 500 万元。

假定：

（1）甲公司没有动用的专门借款存在银行的月收益率为 0.25%；

（2）不考虑与厂房建造、债务重组和资产置换相关的税费；

（3）非货币资产交换具有商业实质。

要求：

（1）确定与所建造厂房有关的借款利息停止资本化的时点；

（2）计算甲公司 20×8 年和 20×9 年专门借款利息资本化金额；

（3）计算甲公司 20×8 年和 20×9 年一般借款利息资本化金额；

（4）编制 20×8 年 12 月 31 日与上述专门借款和一般借款有关的会计分录；

（5）计算甲公司在 20×9 年 12 月 1 日（债务重组日）积欠资产管理公司的债务总额；

（6）编制甲公司与债务重组有关的会计分录；

（7）计算甲公司在 2×10 年 5 月 31 日（资产置换日）新建厂房的累计折旧额和账面价值；

（8）计算确定甲公司从乙公司换入的各项资产的入账价值，并编制有关会计分录；

（9）编制甲公司在 2×10 年 12 月 31 日对资产置换换入的资产计提减值准备时的会计分录。

参考答案

（一）单项选择题

1	2	3	4	5	6	7	8	9	10	11	12	13	14	15
A	B	A	D	A	D	C	D	B	B	D	C	A	B	B
16	17	18	19	20	21	22	23	24	25	26	27	28	29	30
C	D	D	C	B	C	D	D	D	C	A	D	B	D	B

（二）多项选择题

1	2	3	4	5	6	7	8	9	10	11	12	13	14	15
ACD	ABCE	ABCD	ABCE	ABD	ABCDE	ACE	ABDE	BCE	ABDE	ABCE	AB	BCD	ACD	ABE

（三）判断题

1	2	3	4	5	6	7	8	9	10	11	12	13	14	15	16	17	18	19	20
√	×	√	√	×	×	×	×	√	×	√	√	×	√	×	√	×	×	×	×

（四）计算及账务处理题

1．（1）计算 20×6 年利息资本化和费用化的金额并编制会计分录。

① 计算 20×6 年专门借款应予资本化的利息金额：

20×6 年专门借款发生的利息金额＝3 000×6%＝180（万元）

20×6 年 8—11 月专门借款发生的利息费用＝3 000×6%×120/360＝60（万元）

20×6 年专门借款存入银行取得的利息收入＝1 500×0.5%×6＝45（万元）

20×6 年应予资本化的专门借款利息金额＝180－60－45＝75（万元）

② 计算 20×6 年一般借款应予资本化的利息金额。

在 20×6 年占用了一般借款资金的资产支出加权平均数＝1 500×60/360＝250（万元）

20×6 年一般借款发生的利息金额＝4 000×9%＋3 000×8%×180/360＝480（万元）

20×6 年一般借款的资本化率＝480/(4 000＋3 000×180/360)×100%＝8.73%

20×6 年一般借款应予资本化的利息金额＝250×8.73%＝21.83（万元）

20×6 年应当计入当期损益的一般借款利息金额＝480－21.83＝458.17（万元）

③ 计算 20×6 年应予资本化的和应计入当期损益的利息金额：

20×6 年应予资本化的借款利息金额＝75＋21.83＝96.83（万元）

20×6 年应当计入当期损益的借款利息金额＝60＋458.17＝518.17（万元）

④ 20×6 年有关会计分录：

借：在建工程	968 300	
财务费用	5 181 700	
应收利息（或银行存款）	450 000	
贷：应付利息		6 600 000

（2）计算 20×7 年借款利息资本化金额和应计入当期损益金额及其账务处理。

① 计算 20×7 年专门借款应予资本化的利息金额：

20×7 年应予资本化的专门借款利息金额＝3 000×6%＝180（万元）

② 计算 20×7 年一般借款应予资本化的利息金额：

20×7 年占用一般借款资金的资产支出加权平均数＝1 500×360/360＋2 000×360/360＋3 000×180/360＝5 000（万元）

20×7 年一般借款发生的利息金额＝4 000×9%＋3 000×8%＝600（万元）

20×7 年一般借款的资本化率＝600÷(4 000＋3 000)×100%＝8.57%

20×7 年一般借款应予资本化的利息金额＝5 000×8.57%＝428.5（万元）

20×7 年应当计入当期损益的一般借款利息金额＝600－428.5＝171.5（万元）

③ 计算 20×7 年应予资本化和应计入当期损益的利息金额：

20×7 年应予资本化的借款利息金额＝180＋428.5＝608.5（万元）

20×7 年应计入当期损益的借款利息金额＝171.5 万元

④ 20×7 年有关会计分录：

借：在建工程	6 085 000	
财务费用	1 715 000	
贷：应付利息		7 800 000

2.

（1）借入借款：

借：银行存款	300 000 000	
贷：长期借款		300 000 000

（2）每年末计提利息：

借：在建工程	12 000 000	
贷：应付利息		12 000 000

（3）支付利息：

借：应付利息	12 000 000	
贷：银行存款		12 000 000

3.（1）甲公司根据上述资料，采用实际利率法和摊余成本计算确定的利息费用见表 1。

表1   实际利率计算表   单位：元

日期	现金流出 (a)	实际利息费用 (b) ＝期初(d)×5%	已偿还的本金 (c) ＝(a)-(b)	摊余成本余额 (d) ＝期初(d)-(c)
2×11 年 1 月 1 日				62 596 200
2×11 年 12 月 31 日	3 600 000	3 129 810	470 190	62 126 010
2×12 年 12 月 31 日	3 600 000	3 106 300.50	493 699.50	61 632 310.50
2×13 年 12 月 31 日	3 600 000	3 081 615.53	518 384.47	61 113 926.03
2×14 年 12 月 31 日	3 600 000	3 055 696.30	544 303.70	60 569 622.33
2×15 年 12 月 31 日	3 600 000	3 030 377.67*	569 622.33	60 000 000
小计	18 000 000	15 403 800	2 596 200	60 000 000
2×15 年 12 月 31 日	60 000 000	——	60 000 000	0
合计	78 000 000	15 403 800	62 596 200	——

注：*尾数调整：60 000 000＋3 600 000-60 569 622.33＝3 030 377.67（元）

（2）根据表 1 的资料，甲公司的账务处理如下：

① 2×11 年 1 月 1 日，发行债券时：

借：银行存款   62 596 200

    贷：应付债券——面值   60 000 000

                ——利息调整   2 596 200

② 2×11 年 12 月 31 日，计算利息费用时：

借：财务费用（或在建工程）   3 129 810

    应付债券——利息调整   470 190

    贷：应付利息   3 600 000

③ 2×11 年 12 月 31 日，支付利息时：

借：应付利息   3 600 000

    贷：银行存款   3 600 000

2×12 年、2×13 年、2×14 年确认利息费用的会计分录与 2×11 年相同，金额与利息费用一览表的对应金额一致。

④ 2×15 年 12 月 31 日，归还债券本金及最后一期利息费用时：

借：财务费用（或在建工程）   3 030 377.67

    应付债券——面值   60 000 000

                ——利息调整   569 622.33

    贷：银行存款   63 600 000

4.（1）应付债券利息调整和摊余成本计算表

表2   应付债券利息调整和摊余成本计算表   单位：元

时间		20×6 年 12 月 31 日	20×7 年 12 月 31 日	20×8 年 12 月 31 日	20×9 年 12 月 31 日
年末 摊余 成本	面值	80 000 000	80 000 000	80 000 000	80 000 000
	利息调整	-2 450 000	-1 676 200	-858 700	0
	合计	77 550 000	78 323 800	79 141 300	80 000 000
当年应予资本 化或费用化的 利息金额			4 373 800	4 417 500	4 458 700
年末应付利息 金额			3 600 000	3 600 000	3 600 000
"利息调整" 本年摊销项			773 800	817 500	858 700

（2）① 20×6 年 12 月 31 日发行债券：

借：银行存款　　　　　　　　　　　　　　　　　　　 77 550 000

　　应付债券——利息调整　　　　　　　　　　　　　　 2 450 000

　　　贷：应付债券——面值　　　　　　　　　　　　　　　　　 80 000 000

② 20×7 年 12 月 31 日计提利息：

借：在建工程　　　　　　　　　　　　　　　　　　　　 4 373 800

　　　贷：应付债券——利息调整　　　　　　　　　　　　　　　　 773 800

　　　　　应付利息　　　　　　　　　　　　　　　　　　　　　 3 600 000

③ 20×8 年 12 月 31 日计提利息：

借：财务费用　　　　　　　　　　　　　　　　　　　　 4 417 500

　　　贷：应付债券——利息调整　　　　　　　　　　　　　　　　 817 500

　　　　　应付利息　　　　　　　　　　　　　　　　　　　　　 3 600 000

④ 20×9 年 12 月 31 日计提利息：

借：财务费用　　　　　　　　　　　　　　　　　　　　 4 458 700

　　　贷：应付债券——利息调整　　　　　　　　　　　　　　　　 858 700

　　　　　应付利息　　　　　　　　　　　　　　　　　　　　　 3 600 000

⑤ 2×10 年 1 月 10 日付息还本：

借：应付债券——面值　　　　　　　　　　　　　　　　 80 000 000

　　应付利息　　　　　　　　　　　　　　　　　　　　 3 600 000

　　　贷：银行存款　　　　　　　　　　　　　　　　　　　　 83 600 000

5．（1）编制 20×6 年 1 月 1 日发行时的会计分录：

　　负债成分应确认的金额=40 000×4%×P/A(i=6%，n=4)+40 000×P/F(i=6%，n=4)=37 228.16（万元）

　　权益成分应确认的金额=41 000-37 228.16=3 771.84（万元）

　　负债应分配的发行费用=15/(37 228.16+3 771.84)×37 228.16=13.62（万元）

　　权益应分配的发行费用=15-13.62=1.38（万元）

借：银行存款　　　　　　　　　　　　　　　　　　　 409 850 000

　　应付债券——可转换公司债券（利息调整）　　　　　 27 854 600

　　　贷：应付债券——可转换公司债券（面值）　　　　　　　 400 000 000

　　　　　其他权益工具　　　　　　　　　　　　　　　　　　 37 704 600

（2）编制 20×6 年 12 月 31 日计提利息时的会计分录：

　　在转股前，可转公司债券负债成分应按照一般公司债券进行相同的会计处理，即根据债券摊余成本乘上实际利率确定利息费用计入"财务费用"或相关资产账户，根据债券面值乘上票面利率确定实际应支付的利息计入"应付债券——可转换公司债券（应计利息）"或者"应付利息"账户，两者之间的差额作为利息调整进行摊销，计入"应付债券——可转换公司债券（利息调整）"账户。

　　20×6 年 12 月 31 日应对负债成分计提一年的债券利息。

　　会计处理如下：

　　　　应付利息=40 000×4%=1 600（万元）

　　　　财务费用=(40 000-2 785.46)×6%=2 232.87（万元）

　　　　利息调整=2 232.87-1 600=632.87（万元）

借：财务费用　　　　　　　　　　　　　　　　　　　　 22 328 700

　　　贷：应付利息　　　　　　　　　　　　　　　　　　　　 16 000 000

　　　　　应付债券——可转换公司债券（利息调整）　　　　　　 6 328 700

　　投资人到期行使债券的转换权，债权发行方应按合同约定的条件计算转换的股份数，确定股本的金额，计入"股本"账户，同时结转债券账面价值，两者之间的差额计入"资本公积——股本溢价"账户；此外，还要把可转换公司债券初始核算分拆确认的"其他权益工具"金额一同转入"资本公积——股本溢价"账户。

（3）编制 20×7 年 6 月 30 日转换股份时的会计分录：

① 计提 20×7 年 1 月 1 日至 20×7 年 6 月 30 日的利息：

应付利息＝40 000×4%×6/12 ＝800（万元）

财务费用＝(40 000−2 785.46＋632.87) ×6%×6/12＝1 135.42（万元）

利息调整＝1 135.42−800＝335.42（万元）

借：财务费用		11 354 200
贷：应付利息		8 000 000
应付债券——可转换公司债券（利息调整）		3 354 200

② 编制 20×7 年 6 月 30 日转换股份时的分录：

借：应付债券——可转换公司债券（面值）		400 000 000
应付利息		8 000 000
贷：应付债券——可转换公司债券（利息调整）		18 171 700
股本		160 000 000
资本公积——股本溢价		229 828 300
借：其他权益工具		37 704 600
贷：资本公积——股本溢价		37 704 600

6.

（1）总价款的现值＝8 000 000＋12 000 000/3×(P/A,6%,3)

＝8 000 000＋4 000 000×2.673 0

＝18 692 000（元）

设备的入账价值＝18 692 000＋208 000＝18 900 000（元）

未确认融资费用＝20 000 000−18 692 000＝1 308 000（元）

（2）20×6 年应确认的融资费用＝(12 000 000−1 308 000)×6%＝641 520（元）

20×7 年应确认的融资费用＝[12 000 000−1 308 000−(4 000 000−641 520)]×6%

＝440 011.2（元）

20×6 年应计提的折旧＝(18 900 000−300 000)×5/15×9/12＝4 650 000（元）

20×7 年应计提的折旧＝(18 900 000−300 000)×5/15×3/12＋(18 900 000−300 000)×4/15×9/12

＝1 550 000＋3 720 000＝5 270 000（元）

（3）编制会计分录：

① 20×6 年度：

借：在建工程		18 692 000
未确认融资费用		1 308 000
贷：长期应付款		12 000 000
银行存款		8 000 000
借：在建工程		208 000
贷：银行存款		208 000
借：固定资产		18 900 000
贷：在建工程		18 900 000

20×6 年末付款时：

借：长期应付款		4 000 000
贷：银行存款		4 000 000

借：财务费用	641 520（10 692 000×6%）	
贷：未确认融资费用		641 520
借：制造费用	4 650 000	
贷：累计折旧		4 650 000

② 20×7年末付款时：

借：长期应付款	4 000 000	
贷：银行存款		4 000 000
借：财务费用	440 011.2	
贷：未确认融资费用		440 011.2
借：制造费用	5 270 000	
贷：累计折旧		5 270 000

③ 20×8年末付款时：

借：长期应付款	4 000 000	
贷：银行存款		4 000 000
借：财务费用	226 468.8(1 308 000−641 520−440 011.2)	
贷：未确认融资费用		226 468.8

20×8年末计提折旧：

(18 900 000−300 000)×4/15×3/12＋(18 900 000−300 000)×3/15×9/12

＝1 240 000＋2 790 000＝4 030 000（元）

借：制造费用	4 030 000	
贷：累计折旧		4 030 000

（五）案例分析题

（1）由于所建造厂房在20×9年5月31日达到了预定可使用状态，所以利息费用停止资本化的时点为：20×9年5月31日。

（2）20×8年专门借款利息资本化金额＝6 000×6%×8/12−(4 000×0.25%×2+1 000×0.25%×1)＝217.5（万元）。

　　20×9年专门借款利息资本化金额＝6 000×6%×5/12＝150（万元）。

（3）20×8年一般借款利息资本化金额＝1 000×5/12×6%+1 000×1/12×6%＝30（万元）。

　　20×9年一般借款利息资本化金额＝2 000×5/12×6%＋1 000×3/12×6%＝65（万元）。

（4）20×8年专门借款利息收入＝4 000×0.25%×2+1 000×0.25%×5＝32.5（万元）。

　　20×8年专门借款利息＝6 000×6%＝360（万元）。

　　20×8年一般借款利息＝5 000×6%＝300（万元）。

　　20×8年应计入财务费用的金额＝（300＋360−32.5）−（217.5＋30）＝380（万元）。

借：银行存款	325 000（利息收入）	
在建工程——厂房	2 475 000（2 175 000＋30 000）	
财务费用	3 800 000	
贷：长期借款		6 600 000

（5）计算债务重组日积欠资产管理公司债务总额＝6 000＋6 000×6%×2＋6 000×6%×1/12＝6 750（万元）

（6）编制甲公司债务重组有关的会计分录：

借：固定资产清理——小轿车	1 200 000	
——别墅	5 000 000	
累计折旧	1 300 000	
贷：固定资产——小轿车		1 500 000
——别墅		6 000 000

借：长期借款   6 7500 000

  贷：固定资产清理——小轿车   900 000

       ——别墅   5 500 000

  股本   10 000 000

  资本公积——股本溢价   40 000 000

  营业外收入——债务重组利得   11 100 000

借：固定资产清理——别墅   500 000

  贷：固定资产清理——小轿车   300 000

  营业外收入——资产转让损益   200 000

（7）计算资产置换日新建厂房的累计折旧额和账面价值：

新建厂房原价＝10 000＋（217.5＋150＋30＋65）＝10 462.5（万元）

累计折旧额＝（10 462.5-462.5）/10×1＝1 000（万元）

账面价值＝10 462.5-1 000＝9 462.5（万元）

（8）① 计算确定换入资产的入账价值：

计算确定换入各项资产的公允价值占换入资产公允价值总额的比例：

商品房公允价值占换入资产公允价值总额的比例＝6 000/（6 000＋4 000）＝60%

  办公楼公允价值占换入资产公允价值总额的比例＝4 000/（6 000＋4 000）＝40%

  甲公司换入资产总成本＝200＋1 800＋8 000＝10 000（万元）

  计算确定各项换入资产的入账价值：

商品房入账价值＝10 000×60%＝6 000（万元）

办公楼入账价值＝10 000×40%＝4 000（万元）

② 账务处理：

借：固定资产清理——厂房   94 625 000

 累计折旧   10 000 000

  贷：固定资产——厂房   104 625 000

借：库存商品——商品房   60 000 000

 固定资产——办公楼   40 000 000

 营业外支出   625 000[（1 800 000-4 000 000）-（94 625 000

              -8 000 000）]

  贷：固定资产清理   946 250 000

   主营业务收入   2 000 000

   无形资产   4 000 000

借：主营业务成本   8 000 000

  贷：库存商品   8 000 000

借：存货跌价准备   3 000 000

  贷：主营业务成本   3 000 000

（9）对计提的资产减值准备进行账务处理：

换入的存货不需计提存货跌价准备

  换入的办公楼应计提减值准备＝4 000-3 500＝500（万元）

借：资产减值损失   5 000 000

  贷：固定资产减值准备   5 000 000

所有者权益 | 第十三章

一、学习目的与要求

通过本章学习，应理解所有者权益的性质及内容；掌握不同组织形式下实收资本的会计处理、掌握资本公积的形成及使用的会计处理、掌握留存收益的会计处理。

二、重要概念

所有者权益　投入资本　实收资本　资本公积　留存收益　未分配利润　现金股利

三、重点与难点

重点：一般企业实收资本的会计处理；股份有限公司股本的会计处理；留存收益的会计处理。

难点：留存收益的会计处理。

四、内容概要解析

（一）所有者权益的概念和特征

1. 所有者权益的概念

所有者权益是指企业资产扣除负债后由所有者享有的剩余权益。

2. 所有者权益的特征

所有者权益与负债虽然都是对企业资产的要求权，都是企业资金来源的重要渠道。但是两者还是有一定的区别，其区别也就是所有者权益的特征，主要体现在以下几个方面。

（1）权益性质不同。所有者权益是企业的投资者享有企业盈余（或亏损）等权利；负债是债权人享有要求清偿的权利。

（2）权利内容不同。所有者享有参与收益分配、参与经营管理等多项权利，但其对资产的要求权排序在债权人之后；债权人享有按期收回本金及利息的权利，在企业清算时，有优先获取资产赔偿的要求权，但没有参与收益分配、参与经营管理等权利。

（3）归还期限不同。在企业持续经营的情况下，所有者权益一般不予归还，没有规定的到期日，是企业的一项长期使用的资金来源，只有到企业清算时才予以退还；而负债是必须偿还的，事先有关合同或协议有约定的到期日。

（4）风险大小不同。相对比较而言，所有者（投资者）面临的预期风险较大，所有者的盈亏取决于企业的生产经营管理水平、经营政策等因素；债权人面临的预期风险较小，债权人提供给企业资金的回报主要是由债务人支付利息，而利息按一定的利率计算，可以预先确定其金额，无论企业是盈是亏，债务人都要按期付息，风险相对较小。

（二）实收资本

投入资本是投资人提供给公司的资本，包括实收资本（或股本）和资本公积。

实收资本是指企业按照章程规定或合同、协议约定，接受投资者投入企业的资本。

企业应当设置"实收资本"科目，核算企业接受投资者投入的实收资本，股份有限公司应设置

"股本"科目。投资者可以以货币资金出资，也可以以其他有形资产或无形资产投资。

收到投资人投入的货币资金时，应按实际收到的金额，借记"银行存款"科目；以实物资产投资的，应在办理实物产权转移手续时，借记有关资产科目；以无形资产投资的，应借记"无形资产"科目；按投入资本在注册资本或股本中所占份额，贷记"实收资本"或"股本"科目，按其差额，贷记"资本公积——资本溢价（或股本溢价）"等科目。

（三）资本公积

资本公积是企业收到投资者的超出其在企业注册资本（或股本）中所占份额的投资，以及直接计入所有者权益的利得和损失等。资本公积包括资本溢价（或股本溢价）和直接计入所有者权益的利得和损失等。

（四）留存收益

留存收益是股东权益的另一个组成部分，它是指企业从历年实现的净利润中提取或形成的留存于企业的内部积累。留存收益在会计上般划分为盈余公积和未分配利润两部分，盈余公积属于已拨定的留存收益，而未分配利润属于未拨定的留存收益。

为了反映盈余公积的形成及使用情况，企业应设置"盈余公积"科目，并分别"法定盈余公积""任意盈余公积"进行明细核算。企业计提盈余公积时，借记"利润分配——提取法定盈余公积""利润分配——提取任意盈余公积"科目，贷记"盈余公积——法定盈余公积""盈余公积——任意盈余公积"科目。

企业经股东大会或类似机构决议，分配给股东或投资者的现金股利或利润，借记"利润分配——应付现金股利或利润"科目，贷记"应付股利"科目。经股东大会或类似机构决议，分配给股东的股票股利，应在办理增资手续后，借记"利润分配——转作股本的股利"科目，贷记"股本"科目。

企业期末结转利润时，应将各损益类账户的余额转入"本年利润"科目，结平各损益类账户。结转后"本年利润"的贷方余额为当期实现的净利润，借方余额为当期发生的净亏损。年度终了，应将本年收入和支出相抵后结出的本年实现的净利润或净亏损，转入"利润分配——未分配利润"科目。同时，将"利润分配"科目所属的其他明细科目的余额，转入"未分配利润"明细科目。结转后，"未分配利润"明细科目的贷方余额，就是未分配利润的金额；如出现借方余额，则表示未弥补亏损的金额。"利润分配"科目所属的其他明细科目应无余额。

五、同步练习

（一）单项选择题

1. 用盈余公积弥补亏损时，应借记"盈余公积"科目，贷记（　　　）科目。

    A. 利润分配——盈余公积补亏　　　　　B. 资本公积　　　C. 本年利润　　　D. 应付股利

2. 下列对于资本公积的使用，符合规定的是（　　　）。

    A. 资本公积转增资本　　　　　　　　　B. 资本公积弥补亏损

    C. 资本公积发放股利　　　　　　　　　D. 资本公积用于集体福利设施建设

3. 下列各项中，不属于企业留存收益的是（　　　）。

    A. 法定盈余公积　　　B. 任意盈余公积　　　C. 资本公积　　　D. 未分配利润

4. 企业可供分配的利润，应按下列（　　　）顺序分配。

    A. 提取法定盈余公积，提取任意盈余公积，向投资者分配利润

    B. 向投资者分配利润，提取法定盈余公积，提取任意盈余公积

    C. 提取法定盈余公积，向投资者分配利润，提取任意盈余公积

    D. 提取任意盈余公积，向投资者分配利润，提取法定盈余公积

5. 某企业 2015 年年初未分配利润的贷方余额为 200 万元，本年度实现的净利润为 100 万元，分别按 10% 和 5% 提取法定盈余公积和任意盈余公积金。假定不考虑其他因素，该企业 2015 年末未分配利润的贷方余额应为（　　　）万元。

A. 205　　　　B. 255　　　　C. 270　　　　D. 285

6. 下列各项，能够引起所有者权益总额变化的是（　　）。

　　A. 以资本公积转增资本　　　　　　B. 增发新股

　　C. 向股东支付已宣告分派的现金股利　　D. 以盈余公积弥补亏损

7. 股份有限公司溢价发行股票所支付的手续费、佣金等筹资费用，应当（　　）。

　　A. 直接计入财务费用　　　　　　　B. 直接计入管理费用

　　C. 直接计入销售费用　　　　　　　D. 先冲减溢价收入

8. 某企业年初所有者权益总额 160 万元，当年以其中的资本公积转增资本 50 万元。当年实现净利润 300 万元，提取盈余公积 30 万元，向投资者分配利润 20 万元。该企业年末所有者权益总额（　　）万元。

　　A. 360　　　　B. 410　　　　C. 440　　　　D. 460

9. 法定盈余公积金转为资本后，所留存的该项公积金不得少于转增前公司注册资本的（　　）。

　　A. 50%　　　　B. 40%　　　　C. 60%　　　　D. 25%

10. 某公司为增值税一般纳税人，于 2016 年 1 月设立时接受一台生产设备投资，实收资本入账金额为（　　）。（假定不产生资本公积）

　　A. 固定资产账面价值加上进项税额　　B. 固定资产的账面价值

　　C. 评估确认的固定资产价值　　　　　D. 固定资产的公允价值加上进项税额

11. 下列各项中，不属于所有者权益的是（　　）。

　　A. 应付股利　　　B. 实收资本　　　C. 本年利润　　　D. 资本公积

12. 企业增资扩股时，投资者实际缴纳的出资额大于其按约定比例计算的其在注册资本中所占的份额部分，应计入（　　）。

　　A. 未分配利润　　　B. 实收资本　　　C. 资本公积　　　D. 营业外收入

13. 甲企业 2015 年年初未分配利润为借方余额 10 万元，当年净利润为 30 万元，按 10% 的比例提取盈余公积，当年分配现金股利 5 万。不考虑其他事项，该企业 2015 年年末未分配利润为（　　）万元。

　　A. 13　　　　B. 12　　　　C. 17　　　　D. 18

14. 下列项目中，不属于资本公积核算内容的是（　　）。

　　A. 接受捐赠的无形资产

　　B. 发行股票时实际收到的款额超过股票面值总额的部分

　　C. 持股比例不变的情况下，被投资单位除净损益以外的所有者权益增加，权益法下投资单位所有者权益的增加数额

　　D. 企业收到投资者出资额超出其在注册资本或股本中所占份额的部分

15. 某公司 2015 年"盈余公积"科目的年初余额为 1 000 万元，本期提取盈余公积 500 万元，用盈余公积分配现金股利 600 万元，用盈余公积弥补亏损 200 万元。该公司"盈余公积"科目的年末余额为（　　）万元。

　　A. 710　　　　B. 700　　　　C. 900　　　　D. 1 500

16. 下列各项中，能够导致企业留存收益减少的是（　　）。

　　A. 用盈余公积分配现金股利　　　　B. 以资本公积转增资本

　　C. 提取盈余公积　　　　　　　　　D. 以盈余公积弥补亏损

17. 某企业年初未分配利润贷方余额 550 万元，当年利润总额为 600 万元，应交的所得税为 100 万元，该企业按 10% 提取法定盈余公积。则该企业可供分配的利润为（　　）万元。

　　A. 90　　　　B. 500　　　　C. 1 000　　　　D. 1 050

18. 春江股份有限公司由 A、B、C 三位股东各自出资 100 万元设立，设立时注册资本为 600 万元，该公司经营 2 年后，2015 年 12 月 5 日 D 公司决定投资 280 万元，占公司注册资本的 25%，追加投资后，注册资本由 600 万元增加到 800 万元。该投资协议于 2015 年 12 月 10 日经 D 公司临

时股东大会批准，12月31日经春江公司董事会、股东会批准，增资手续于2016年1月2日办理完毕；同日D公司已将全部款项投入给长江公司。则春江公司应登记增加股本的日期是（　　　）。

    A．2015年12月5日　　　　　　　　　B．2015年12月10日

    C．2015年12月31日　　　　　　　　　D．2016年1月2日

19．大全有限责任公司由甲、乙、丙三方各出资100万元组建。两年后，经与甲、乙、丙协商一致，投资者丁愿以银行存款投入资产130万元，占大全公司注册资本的1/4。追加投资后，注册资本由300万元增加到400万元。大全公司收到投资者丁投入的资本时应做的会计处理是（　　　）。

    A．借：银行存款　　　　　　　　　　　　　　　　　1 300 000

       贷：实收资本　　　　　　　　　　　　　　　　　　1 300 000

    B．借：银行存款　　　　　　　　　　　　　　　　　1 300 000

       贷：实收资本　　　　　　　　　　　　　　　　　　1 000 000

         资本公积——资本溢价　　　　　　　　　　　　300 000

    C．借：银行存款　　　　　　　　　　　　　　　　　1 300 000

       贷：实收资本　　　　　　　　　　　　　　　　　　1 200 000

         资本公积——资本溢价　　　　　　　　　　　　100 000

    D．借：银行存款　　　　　　　　　　　　　　　　　1 300 000

       贷：股本　　　　　　　　　　　　　　　　　　　　1 000 000

         资本公积——股本溢价　　　　　　　　　　　　300 000

20．采用溢价发行股票方式筹集资本，其"股本"科目所登记的金额是（　　　）。

    A．实际收到的款项

    B．实际收到的款项减去付给证券商的费用

    C．实际收到的款项加上冻结资金期间利息收入

    D．股票面值乘以股份总数

21．股份有限公司采用回购本企业股票减资时，注销库存股的账面余额和股本之间的差额应冲销的顺序是（　　　）。

    A．盈余公积，资本公积，利润分配——未分配利润

    B．利润分配——未分配利润，盈余公积，资本公积

    C．资本公积，盈余公积，利润分配——未分配利润

    D．盈余公积，利润分配——未分配利润，资本公积

22．甲股份有限公司截至2015年12月31日共发行股票4 000万股，股票面值为1元，资本公积（股本溢价）700万元，盈余公积500万元。经股东大会批准，甲公司以现金回购本公司股票300万股并注销。假定甲公司按照4元/股回购股票，不考虑其他因素，则在注销股份时应当冲减的"盈余公积"科目金额为（　　　）万元。

    A．900　　　　　B．200　　　　　C．30　　　　　D．600

23．乙股份有限公司委托银河证券公司代理发行普通股6 000万股，每股面值1元，每股按3元的价格出售。按双方协议约定，证券公司从发行收入中扣取2%的手续费。假定不考虑其他因素。则乙公司计入资本公积的数额为（　　　）万元。

    A．17 640　　　　　B．18 000　　　　　C．12 000　　　　　D．11 640

24．下列关于盈余公积的会计处理不正确的是（　　　）。

    A．盈余公积用于弥补亏损时，会计处理如下：

    借：盈余公积

       贷：利润分配——盈余公积补亏

    B．盈余公积转增资本时，会计处理如下：

借：盈余公积

　　贷：股本——普通股（实收资本）

C．盈余公积用于分派现金股利时，会计处理如下：

借：盈余公积

　　贷：应付股利

D．盈余公积用于分派现金股利时，不需做会计处理

25．某企业 2015 年年初未分配利润贷方余额为 500 万元，本年利润总额为 2 400 万元，本年所得税费用为 900 万元，按净利润的 10% 提取法定盈余公积，5% 提取任意盈余公积，向投资者分配利润 150 万元。该企业年末未分配利润贷方余额为（　　）万元。

A．2 000　　　　　B．1 850　　　　　C．1 700　　　　　D．1 625

26．关于留存收益，下列说法错误的是（　　）。

A．盈余公积科目应当分别"法定盈余公积""任意盈余公积"进行明细核算

B．企业的盈余公积只能用于弥补亏损、转增资本（或股本）

C．发放股票股利的处理是借记"利润分配——转作股本的股利"，贷记"股本"

D．年末"利润分配——盈余公积补亏"明细科目的余额应转入"利润分配——未分配利润"

（二）多项选择题

1．所有者权益的来源包括（　　）。

A．投资者投入企业的资本

B．投资者投入企业的资本超过注册资本中所占份额的部分

C．直接计入所有者权益的利得和损失

D．未分配利润

2．股份有限公司采用收购本企业股票的方式减资，在进行账务处理时可能涉及的会计科目有（　　）。

A．股本　　　　　B．资本公积　　　　　C．盈余公积　　　　　D．利润分配——未分配利润

3．下列关于所有者权益的表述中，正确的有（　　）。

A．直接计入所有者权益的利得和损失应该记入"资本公积——资本溢价（或股本溢价）"科目

B．企业收到投资者超过按注册资本比例计算的出资额，记入"资本公积——其他资本公积"科目

C．企业不得在弥补亏损和提取法定盈余公积之前向股东分配利润

D．分配现金股利不会使公司的股本增加

4．下列项目中，能引起盈余公积发生增减变动的有（　　）。

A．提取任意盈余公积　　　　　　　　B．以盈余公积转增资本

C．用任意盈余公积弥补亏损　　　　　D．用盈余公积派发新股

5．下列各项中，不通过"库存股"科目核算的有（　　）。

A．企业转让库存股或注销库存股

B．股东因对股东大会做出的公司合并、分立决议持有异议而要求公司收购其股份的，企业实际支付的金额

C．投资者投入的资本

D．企业增发的股票

6．股份有限公司委托其他单位发行股票时支付的手续费或佣金等相关费用，在做账务处理时涉及的科目有（　　）。

A．资本公积　　　B．盈余公积　　　　C．利润分配——未分配利润　　　　D．财务费用

7．企业弥补亏损的渠道主要有（　　）。

A．以资本公积弥补亏损　　　　　　　B．以盈余公积弥补亏损

C．用以后 5 年税前利润弥补　　　　　D．用 5 年后的税后利润弥补

8．企业吸收投资者出资时，下列会计科目的余额不会发生变化的有（　　）。

 A．库存股   B．股本   C．长期股权投资　D．资本公积

9．下列各项中，能够引起企业留存收益总额发生变动的有（　　）。

 A．以盈余公积补亏   B．提取任意盈余公积

 C．向投资者宣告分配现金股利   D．用盈余公积转增资本

10．下列各项中，影响所有者权益总额发生变动的有（　　）。

 A．用盈余公积发放现金股利   B．用盈余公积弥补亏损

 C．股东大会宣告分配现金股利   D．实际发放股票股利

11．A 股份有限公司收到 B 企业作为资本投入的一批原材料，该原材料成本为 2 000 万元，公允价值 3 000 万元，适用的增值税税率为 17%。A 公司在入账时，下列说法中不正确的有（　　）。

 A．A 公司应按 2 000 万元来确定乙企业应在注册资本中享有的份额

 B．A 公司应按 3 000 万元来确定乙企业应在注册资本中享有的份额

 C．A 公司应按 3 000 万元来确定原材料的入账金额，按 3 510 万元来确定 B 企业应在注册资本中享有的份额

 D．A 公司应按 3 000 万元来确定原材料的入账金额，按 2 000 万元来确定 B 企业应在注册资本中享有的份额

12．江海股份有限公司截至 2015 年 12 月 31 日共发行股票 2 000 万股，股票面值为 1 元，资本公积（股本溢价）600 万元，盈余公积 1 000 万元。经股东大会批准，江海公司以现金回购本公司股票 400 万股并注销。假定江海公司按照每股 4 元回购股票，不考虑其他因素，则下列说法中不正确的有（　　）。

 A．回购本公司股票的库存股的成本为 400 万元

 B．注销本公司股票时冲减股本的金额为 400 万元

 C．注销本公司股票时冲减股本的金额为 1 600 万元

 D．注销本公司股票时冲减股本溢价的金额为 600 万元

（三）判断题

1．企业按法定程序报经批准减少注册资本的，在实际发还投资时登记入账；股份有限公司采用收购本企业股票方式减资的，在实际购入本企业股票时，登记入账。（　　）

2．股份有限公司按规定以回购本公司股票的形式减资时，实际收购价格超过减资股本面值的差异，应当冲减股本以外的其他股东权益项目的数额。（　　）

3．公司发行股票支付的手续费等发行费用，应当计入当期财务费用。（　　）

4．经股东大会或类似机构决议，用资本公积转增资本，企业不需做账务处理。（　　）

5．根据我国《公司法》规定，有限责任公司和股份有限公司应按照税后利润的 10% 提取法定盈余公积，计提的法定盈余公积累计达到注册资本的 40% 时，可以不再提取。（　　）

6．根据《公司法》规定，用法定公积金转为资本时，所留存的该项公积金不得少于转增前公司注册资本的 25%。（　　）

7．企业不能用盈余公积分配现金股利。（　　）

8．所有者权益根据其核算的内容和要求，可分为实收资本（股本）、其他权益工具、资本公积、其他综合收益、盈余公积和未分配利润等部分。（　　）

9．企业增发新股，企业的股本或实收资本金额增加，但是所有者权益总额不发生变化。（　　）

10．企业实际支付已宣告的现金股利会导致企业所有者权益的减少。（　　）

11．企业接受投资者作价投入的材料物资，应按投资合同或协议约定价值确定材料物资价值（投资合同或协议约定价值不公允的除外）和在注册资本中应享有的份额。（　　）

12．不管企业期初是否存在未弥补的亏损，当期计提法定盈余公积的基数都是当期实现的净利润。（　　）

13．企业以盈余公积向投资者分配现金股利，不会引起留存收益总额的变动。（　　）

14．股份有限责任公司溢价发行股票时，股票溢价的净收入计入营业外收入。（　　）

15．资本公积与实收资本一样，都是由投资者对企业直接投入而形成的。（　　）

16．企业用税前利润弥补亏损时，应进行专门的会计处理。（　　）

17．以减资为目的的超出面值收购本企业的股票，收回的股票注销时凡是属于溢价发行的，超出面值付出的价格，应先冲销溢价收入，不足部分，依次冲销盈余公积和未分配利润。（　　）

18．公司持有的库存股为公司的资产。（　　）

19．所有者权益是指企业资产扣除负债后由所有者享有的剩余权益，公司所有者权益又称股东权益。（　　）

20．企业股东大会通过决议宣告发放现金股利和股票股利时，应作为负债和利润分配处理。（　　）

（四）计算及账务处理题

1．某公司 2015 年 12 月 31 日的股本为 9 000 万股，每股面值为 1 元，资本公积（股本溢价）3 000 万元，盈余公积 2 000 万元。经股东大会批准，该公司以现金回购本公司股票 2 000 万股并注销。

要求：

（1）假定每股回购价为 0.8 元，编制回购股票和注销股票的会计分录。

（2）假定每股回购价为 3 元，编制回购股票和注销股票的会计分录。

（3）假定每股回购价为 4 元，编制回购股票和注销股票的会计分录。

2．悦达有限责任公司 2013 年 1 月 1 日由甲、乙两个投资者各出资 200 000 元成立。2013 年 12 月 31 日"资本公积——资本溢价"贷方余额 15 000 元。2015 年 7 月 1 日甲、乙决定吸收丙、丁两位新投资者加入悦达公司。经有关部门批准后，悦达公司实施增资，将注册资本增加到 800 000 元。经四方协商，一致同意，完成下述投入后，各占悦达公司 1/4 的股份。各投资者的出资情况如下：

（1）投资者丙以 260 000 元投入悦达公司，5 月 5 日收到款项并存入银行；

（2）投资者丁以一批原材料投入悦达公司作为增资，开具的增值税专用发票注明价款 280 000 元，税款 47 600 元。材料已验收入库。

要求：

（1）编制上述 7 月份发生业务的会计分录；

（2）计算资本公积的期末余额。

3．云河公司 2015 年度的有关资料如下：

（1）年初未分配利润为 160 万元，本年利润总额为 900 万元，适用的企业所得税税率为 25%。经查，云河公司当年营业外支出中有 100 万元为税款滞纳罚金，投资收益中有 20 万元为国库券利息收入。除此之外，不存在其他纳税调整因素。

（2）按税后利润的 10% 提取法定盈余公积。

（3）按税后利润的 15% 提取任意盈余公积。

（4）向投资者宣告分配现金股利 200 万元。

要求：计算甲公司本期所得税费用，并编制上述业务的会计分录。（答案中的金额单位用万元表示）

（五）案例分析题

正远公司（有限责任公司）2015 年发生有关经济业务如下：

（1）按照规定办理增资手续后，将盈余公积 90 万元转增注册资本，其中 A、B、C 三家公司各占 1/3。

（2）用盈余公积 26 万元分配现金股利。

（3）从税后利润中提取法定盈余公积 20 万元。

（4）接受 D 公司加入联营，经投资各方协议，D 公司实际出资额中 200 万元作为新增注册资本，使投资各方在注册资本总额中均占 1/4。D 公司以银行存款 320 万元缴付出资额。

要求：根据上述经济业务（1）～（4）编制正远公司的相关会计分录。（不要求编制将利润分配各明细科目余额结转到"利润分配——未分配利润"科目中的分录）

参考答案

（一）单项选择题

1	2	3	4	5	6	7	8	9	10	11	12	13
A	A	C	A	D	B	D	C	D	D	A	C	A
14	15	16	17	18	19	20	21	22	23	24	25	26
A	B	A	D	D	B	D	C	B	D	D	D	B

（二）多项选择题

1	2	3	4	5	6	7	8	9	10	11	12
ABCD	ABCD	CD	ABCD	CD	ABC	BCD	AC	CD	AC	ABD	AC

（三）判断题

1	2	3	4	5	6	7	8	9	10	11	12	13	14	15	16	17	18	19	20
√	√	×	×	×	√	×	√	×	×	√	×	×	×	×	×	√	√	√	×

（四）计算及账务处理题

1.

（1）每股回购价为 0.8 元

① 回购本公司股票时：

库存股成本＝2 000×0.8＝1 600（万元）

借：库存股   16 000 000

    贷：银行存款   16 000 000

② 注销本公司 2 000 万股股票时：

借：股本   20 000 000

    贷：库存股   16 000 000

        资本公积——股本溢价   4 000 000

（2）每股回购价为 3 元

① 回购本公司股票时：

库存股成本＝2 000×3＝6 000（万元）

借：库存股   60 000 000

    贷：银行存款   60 000 000

② 注销本公司 2 000 万股股票时：

借：股本   20 000 000

    资本公积——股本溢价   30 000 000

    盈余公积   10 000 000

    贷：库存股   60 000 000

（3）每股回购价为 4 元

① 回购本公司股票时：

库存股成本＝2 000×4＝8 000（万元）

借：库存股   80 000 000

    贷：银行存款   80 000 000

② 注销本公司 2 000 万股股票时：

借：股本	20 000 000
资本公积——股本溢价	30 000 000
盈余公积	20 000 000
利润分配——未分配利润	10 000 000
贷：库存股	80 000 000

2.

（1）编制相关的会计分录：

① 收到丙款项

借：银行存款	260 000
贷：实收资本——丙	200 000
资本公积——资本溢价	60 000

② 收到丁投资

借：原材料	280 000
应交税费——应交增值税（进项税额）	47 600
贷：实收资本——丁	200 000
资本公积——资本溢价	127 600

（2）资本公积的期末余额＝15 000＋60 000＋127 600＝202 600（元）

3.

（1）云河公司 2015 年应纳税所得额＝900＋100－20＝980（万元）

应交企业所得税＝980×25%＝245（万元）

2015 年净利润＝900－245＝655（万元）

（2）提取法定盈余公积金

借：利润分配——提取法定盈余公积	655 000
贷：盈余公积——法定盈余公积	650 000

（3）提取任意盈余公积

借：利润分配——提取任意盈余公积	982 500
贷：盈余公积——任意盈余公积	982 500

（4）向投资者宣告分配现金股利

借：利润分配——应付现金股利	2 000 000
贷：应付股利	2 000 000

（五）案例分析题

（1）借：盈余公积	900 000
贷：实收资本——A 公司	300 000
——B 公司	300 000
——C 公司	300 000
（2）借：盈余公积	260 000
贷：应付股利	260 000
（3）借：利润分配——提取法定盈余公积	200 000
贷：盈余公积——法定盈余公积	200 000
（4）借：银行存款	3 200 000
贷：实收资本——D 公司	2 000 000
资本公积——资本溢价	1 200 000

第四篇 收入、费用和利润

收入、费用和利润 | 第十四章

一、学习目的与要求

通过本章学习，应了解收入的定义和特征以及收入确认的原则、方法和条件；掌握各种收入的账务处理方法；理解费用的定义和特征以及费用与成本的区别及联系；理解利润的构成内容，掌握利润的计算以及分配过程的账务处理方法。

二、重要概念

收入 商业折扣 现金折扣 费用 期间费用 利润 利润分配 所得税费用

三、重点与难点

重点：销售商品收入、提供劳务收入以及建造合同收入的确认。
难点：不同销售方式下销售商品收入确认的会计处理。

四、内容概要解析

（一）收入的分类（见图 14-1）

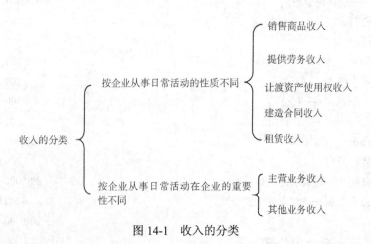

图 14-1　收入的分类

（二）销售商品收入的确认时间

序号	条件	判断
1	企业已将商品所有权上的主要风险和报酬转移给购货方	关注交易实质，并结合所有权凭证转移或实物交付判断
2	企业既没有保留通常与所有权相联系的继续管理权，也没有对已售出的商品实施有效控制	（1）商品房小区的物业管理，与小区的所有权无关。（2）明确回购价的售后回购，仍对售出的商品实施有效控制
3	收入的金额能够可靠地计量	附有退货条款，并且不能合理预计退货可能性的，通常在售出商品的退货期满时确认收入
4	相关的经济利益很可能流入企业	销售商品价款收回的可能性超过 50%
5	相关的已发生或将发生的成本能够可靠地计量	因其他原因致使成本不能可靠地计量且不能合理估计时，企业通常不能确认收入，已收到的价款应确认为负债

（三）销售商品收入的计量

企业应当按照从购货方已收或应收的合同或协议价款确定销售商品收入金额，但已收或应收的合同或协议价款不公允的除外。合同或协议价款的收取采用递延方式，实质上具有融资性质的，应当按照应收的合同或协议价款的公允价值确定销售商品收入金额。

某些情况下，合同或协议明确规定销售商品需要延期收取价款，如分期收款销售商品，实质上具有融资性质的，应当按照应收的合同或协议价款的现值确定其公允价值。应收的合同或协议价款与其公允价值之间的差额，应当在合同或协议期间内采用实际利率法进行摊销，计入当期损益。

（四）销售商品收入的会计处理

1. 通常情况下销售商品收入的会计处理

① 符合确认条件：

借：银行存款/应收账款等
　　贷：主营业务收入
　　　　应交税费——应交增值税（销项税额）

借：主营业务成本
　　贷：库存商品

如果是应税消费品：

借：营业税金及附加
　　贷：应交税费——应交消费税

② 不符合确认条件：

借：发出商品
　　贷：库存商品

如果纳税义务已经发生：

借：应收账款
　　贷：应交税费——应交增值税（销项税额）

2. 销售商品涉及现金折扣的会计处理

现金折扣在实际发生时计入当期损益。按照扣除现金折扣前的金额确定销售商品收入金额。

① 销售实现时：

借：应收账款
　　贷：主营业务收入（扣除现金折扣前的金额）
　　　　应交税费——应交增值税（销项税额）

② 发生现金折扣时：

借：银行存款（按实际收到的金额）
　　财务费用（按发生的现金折扣）

　　　　　　　贷：应收账款（按全部应收账款）

　　3．销售商品涉及商业折扣的会计处理

借：应收账款

　　　　贷：主营业务收入（按扣除商业折扣后的金额）

　　　　　　　应交税费——应交增值税（销项税额）

　　4．销售商品涉及销售折让的会计处理

应分别情况处理：

（1）已确认收入，不属于资产负债表日后事项的，冲减折让当期的销售收入。

借：主营业务收入（按应冲减的销售商品收入金额）

　　　　应交税费——应交增值税（销项税额）

　　　　贷：应收账款

（2）已确认收入，属于资产负债表日后事项的，冲减报告年度的销售收入。

　　5．销售退回的会计处理

应分别情况处理：

（1）未确认收入，将"发出商品"转入"库存商品"。

（2）已确认收入，不属于资产负债表日后事项的，冲减退回当期的销售收入和销售成本。

① 冲减退回当期的销售商品收入

借：主营业务收入（按应冲减的销售商品收入金额）

　　　　应交税费——应交增值税（销项税额）（按应冲减的销项税）

　　　　　贷：银行存款（按照实际支付或应退还的金额）

　　　　　　　财务费用（按应调整的现金折扣）

② 冲减退回当期的销售商品成本

借：库存商品（按退回入库商品的实际成本）

　　　　　贷：主营业务成本（按应冲减的销售商品成本金额）

（3）已确认收入，属于资产负债表日后事项的，冲减报告年度的销售收入和销售成本。

（五）特殊销售商品业务的会计处理

1．采用预收款方式销售商品的会计处理

发出商品时确认收入，预收的货款应确认为负债，通过"预收账款"科目核算。

① 收到预收货款时：

借：银行存款

　　　　贷：预收账款

② 销售收入实现时：

借：预收账款

　　　　贷：主营业务收入

　　　　　　　应交税费——应交增值税（销项税额）

借：主营业务成本

　　　　贷：库存商品

③ 收到剩余款时：

借：银行存款

　　　　贷：预收账款

退回多收的款时，做相反的会计分录。

2．代销商品的会计处理

第一，视同买断方式（合同或协议明确规定，将来受托方没有将商品售出时，可以将商品退还给委托方）。

委托方的会计处理	受托方的会计处理
① 发出委托代销的商品时： 借：委托代销商品 　　贷：库存商品 ② 收到代销清单时： 借：应收账款 　　贷：主营业务收入 　　　　应交税费——应交增值税（销项税额） 借：主营业务成本 　　贷：库存商品 ③ 收到货款时： 借：银行存款 　　贷：应收账款	① 收到代销商品时： 借：受托代销商品 　　贷：受托代销商品款 ② 销售受托代销商品时： 借：银行存款 　　贷：主营业务收入 　　　　应交税费——应交增值税（销项税额） 借：主营业务成本 　　贷：受托代销商品 借：受托代销商品款 　　　　应交税费——应交增值税（进项税额） 　　贷：应付账款 ③ 按合同协议价将款项付给委托方时： 借：应付账款 　　贷：银行存款

第二，支付手续费方式。

委托方的会计处理	受托方的会计处理
① 发出委托代销的商品时： 借：委托代销商品 　　贷：库存商品 ② 收到代销清单时： 借：应收账款 　　贷：主营业务收入 　　　　应交税费——应交增值税（销项税额） 借：销售费用——代销手续费 　　贷：应收账款 借：主营业务成本 　　贷：委托代销商品 ③ 收到货款时： 借：银行存款 　　贷：应收账款	① 收到代销商品时： 借：受托代销商品 　　贷：受托代销商品款 ② 销售受托代销商品时： 借：银行存款 　　贷：应付账款 　　　　应交税费——应交增值税（销项税额） ③ 收到增值税专用发票时： 借：应交税费——应交增值税（进项税额） 　　贷：应付账款 借：受托代销商品款 　　贷：受托代销商品 ④ 支付委托方货款并计算代销手续费时： 借：应付账款 　　贷：银行存款 　　　　其他业务收入——代销手续费

3. 具有融资性质的分期收款销售的会计处理

在销售实现时一次确认收入。

① 销售实现时：

借：长期应收款（按应收合同或协议价款）

　　贷：主营业务收入（按应收合同或协议价款的公允价值，即其现值或商品现销价格）

未实现融资收益（按其差额）

借：主营业务成本

　　贷：库存商品

② 每期收取货款和增值税款时：

借：银行存款

　　贷：长期应收款

　　　　应交税费——应交增值税（销项税额）

摊销未实现融资收益时：

借：未实现融资收益

    贷：财务费用

4．附有销售退回条件的商品销售的会计处理

在这种方式下，企业根据以往的经验能够合理估计退货的可能性并确认与退货相关的负债的，通常应在发出商品时确认收入；企业不能合理估计退货可能性的，通常在售出商品退货期满时确认收入。

5．售后回购的会计处理

会计与企业所得税都不确认收入。

① 发出商品时：

借：银行存款

    贷：其他应付款

        应交税费——应交增值税（销项税额）

借：发出商品

    贷：库存商品

② 在售后回购期间内按期计提利息费用时：

借：财务费用

    贷：其他应付款

③ 回购时：

借：其他应付款

    应交税费——应交增值税（进项税额）

    贷：银行存款

借：库存商品

    贷：发出商品

6．售后租回的会计处理

采用售后租回方式销售商品的，收到的款项应确认为负债；售价与资产账面价值之间的差额，应当采用合理的方法进行分摊，作为折旧费用或租金费用的调整。

7．以旧换新销售的会计处理

借：库存现金（银行存款、应收账款等）（按实际收到或应收的金额）

    库存商品（按回收商品的成本）

    贷：主营业务收入（按销售商品应确认的收入）

        应交税费——应交增值税（销项税额）（按销售商品应计提的增值税）

（六）提供劳务收入的确认和计量

提供劳务收入的确认和计量要区分以下两种情况进行处理。

1．资产负债表日提供劳务交易的结果能够可靠估计

企业在资产负债表日提供劳务交易的结果能够可靠估计的，应当采用完工百分比法确认提供劳务收入。

（1）提供劳务收入的确认。同时满足下列条件的，提供劳务交易的结果能够可靠估计，企业可以确认提供劳务收入。

① 收入的金额能够可靠地计量；

② 相关的经济利益很可能流入企业；

③ 交易的完工进度能够可靠地确定；

④ 交易中已发生和将发生的成本能够可靠地计量。

（2）提供劳务收入的计量。企业应当按照从接受劳务方已收或应收的合同或协议价款确定提供劳务收入总额，但已收或应收的合同或协议价款不公允的除外。

本期确认的劳务收入＝劳务总收入×本期末止劳务的完工进度－以前会计期间累计已确认劳务收入

本期确认的劳务成本＝劳务估计总成本×本期末止劳务的完工进度－以前会计期间累计已确认劳务成本

2．资产负债表日提供劳务交易的结果不能够可靠估计

资产负债表日提供劳务交易的结果不能够可靠估计的，应当分别下列情况处理：

（1）已经发生的劳务成本预计能够得到补偿的，按照已经发生的劳务成本金额确认提供劳务收入，并按相同金额结转劳务成本。

（2）已经发生的劳务成本预计不能够得到补偿的，应当将已经发生的劳务成本计入当期损益，不确认提供劳务收入。

（七）让渡资产使用权收入的确认与计量

1．让渡资产使用权收入的确认

让渡资产使用权收入同时满足下列条件的，才能予以确认：

（1）相关的经济利益很可能流入企业；

（2）收入的金额能够可靠地计量。

2．让渡资产使用权收入的计量

企业应当区分下列情况确定让渡资产使用权收入金额。

（1）利息收入金额，按照他人使用本企业货币资金的时间和实际利率计算确定。

（2）使用费收入金额，按照有关合同或协议约定的收费时间和方法计算确定。

（八）建造合同收入与建造合同费用的确认和计量

1．资产负债表日建造合同的结果能够可靠估计

（1）建造合同收入和建造合同费用的确认

在资产负债表日，建造合同的结果能够可靠估计的，应当根据完工百分比法确认合同收入和合同费用。

固定造价合同的结果能够可靠估计，是指同时满足下列条件：

① 合同总收入能够可靠地计量；

② 与合同相关的经济利益很可能流入企业；

③ 实际发生的合同成本能够清楚地区分和可靠地计量；

④ 合同完工进度和为完成合同尚需发生的成本能够可靠地确定。

成本加成合同的结果能够可靠估计，是指同时满足下列条件：

① 与合同相关的经济利益很可能流入企业；

② 实际发生的合同成本能够清楚地区分和可靠地计量。

（2）建造合同收入和建造合同费用的计量

当期确认的合同收入＝合同总收入×完工进度－以前会计期间累计已确认的收入

当期确认的合同费用＝合同预计总成本×完工进度－以前会计期间累计已确认的费用

当期确认的合同毛利＝当期确认的合同收入－当期确认的合同费用

2．资产负债表日建造合同的结果不能可靠估计

资产负债表日建造合同的结果不能可靠估计的，应当区分下列情况处理：

（1）合同成本能够收回的，合同收入根据能够收回的实际合同成本予以确认，合同成本在其发生的当期确认为合同费用。

（2）合同成本不可能收回的，在发生时立即确认为合同费用，不确认合同收入。

3．合同预计损失的处理

如果建造合同的预计总成本超过合同总收入，则形成合同预计损失，应提取损失准备，并确认为当期费用。合同完工时，将已提取的损失准备冲减合同费用。

（九）建造合同的会计处理

建造合同的会计处理如图 14-2 所示。

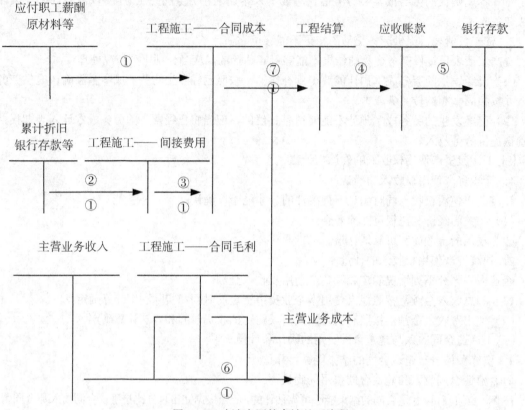

图 14-2　建造合同的会计处理流程

说明：

① 企业进行合同建造发生的直接费用；

② 企业进行合同建造发生的间接费用；

③ 分配结转间接费用；

④ 企业向业主办理工程价款结算；

⑤ 实际收到的合同价款；

⑥ 确认当期的收入、费用和毛利；

⑦ 合同完工。

（十）管理费用的会计处理

企业应设置"管理费用"科目，核算企业为组织和管理企业生产经营活动所发生的管理费用。该科目的借方登记企业发生的各项管理费用。其会计处理是：

借：管理费用

　　贷：应付职工薪酬（行政管理部门人员的职工薪酬）

　　　　银行存款（业务招待费、固定资产修理费用、财产保险费、劳动保险费、聘请中介机构费、咨询费、诉讼费）

　　　　累计折旧（办公设备折旧费）

　　　　周转材料（低值易耗品摊销）

　　　　研发支出——费用化支出（研究费用）

应交税费（房产税、车船税、土地使用税）

长期待摊费用（长期待摊费用摊销）

（十一）销售费用的会计处理

[提示] 企业应设置"销售费用"科目，核算企业销售商品和材料、提供劳务的过程中发生的各种费用。该科目借方登记企业发生的各项销售费用。其会计处理是：

借：销售费用

　　贷：银行存款（保险费、包装费、展览费和广告费、商品维修费、运输费、装卸费、固定资产修理费用）

　　　　应付职工薪酬（专设的销售机构销售人员的职工薪酬）

　　　　累计折旧（专设的销售机构的专用办公设备折旧费）

　　　　周转材料（随同商品出售而不单独计价的包装物成本）

（十二）财务费用的会计处理

1. 利息收支、银行手续费的会计处理

利息费用、银行手续费发生时：

借：财务费用

　　贷：银行存款（支付短期借款利息、银行手续费等）

　　　　应付利息（计提短期或长期借款利息）

　　　　取得利息收入时：

借：银行存款、应收利息等

　　贷：财务费用

2. 汇兑损失或汇兑收益的会计处理

企业发生的汇兑损失时：

借：财务费用

　　贷：银行存款、短期借款、应付账款、应收账款等

企业发生的汇兑收益时：

借：银行存款、短期借款、应付账款、应收账款等

　　贷：财务费用

（十三）营业外收入的核算

营业外收入，是指企业发生的与其日常活动无直接关系的各项利得，主要包括处置非流动资产利得、非货币性资产交换利得、债务重组利得、政府补助利得、盘盈利得、罚没利得、捐赠利得、确实无法支付而按规定程序经批准后转作营业外收入的应付款项等。

企业取得营业外收入时：

借：银行存款

　　其他应收款

　　固定资产

　　固定资产清理

　　待处理财产损溢

　　应付账款

　　其他应付款

　　递延收益等

　　贷：营业外收入

（十四）营业外支出的核算

营业外支出，是指企业发生的与其日常活动无直接关系的各项损失，包括处置非流动资产损失、

非货币性资产交换损失、债务重组损失、公益性捐赠支出、非常损失、盘亏损失、罚款支出等。

企业发生营业外支出时：

借：营业外支出

    贷：银行存款

        待处理财产损溢

        固定资产清理

        生产性生物资产

        无形资产等

（十五）政府补助的确认

1. 与资产相关的政府补助

企业取得与资产相关的政府补助，应当确认为递延收益，自相关资产达到预定可使用状态时起，在该资产使用寿命内平均分配，分次计入以后各期的损益（营业外收入）。相关资产在使用寿命结束前被出售、转让、报废或发生毁损的，应将尚未分配的递延收益余额一次性转入资产处置当期的损益（营业外收入）。

（1）企业收到与资产相关的政府补助时：

借：银行存款等

    贷：递延收益

（2）在相关资产的使用寿命内平均分配递延收益时：

借：递延收益

    贷：营业外收入

2. 与收益相关的政府补助

与收益相关的政府补助，应当分别下列情况处理：

（1）用于补偿企业以后期间的相关费用或损失的，取得时确认为递延收益，在确认相关费用的期间计入当期损益（营业外收入）。

借：银行存款等

    贷：递延收益

在发生相关费用或亏损的未来期间，应当按照应补偿的金额：

借：递延收益

    贷：营业外收入

（2）用于补偿企业已发生的相关费用或损失的，取得时直接计入当期损益（营业外收入）。

借：银行存款等

    贷：营业外收入

（十六）利润结转的会计处理

1. 将收入收益转入"本年利润"科目

借：主营业务收入

    其他业务收入

    投资收益

    营业外收入

    贷：本年利润

2. 将费用支出转入"本年利润"科目

借：本年利润

    贷：主营业务成本

        其他业务成本

营业税金及附加

销售费用

管理费用

财务费用

营业外支出

所得税费用

3. 年度终了，结转净利润

借：本年利润

　　贷：利润分配——未分配利润

如为净亏损，做相反的会计分录。

（十七）利润分配的会计处理（以盈利企业为例）

1. 从净利润中提取盈余公积

借：利润分配——提取法定盈余公积

　　　　　　——提取任意盈余公积

　　贷：盈余公积——法定盈余公积

　　　　　　　——任意盈余公积

2. 向投资者分配利润

借：利润分配——应付股利

　　贷：应付股利

3. 年度终了，结转已分配的利润

借：利润分配——未分配利润

　　贷：利润分配——提取法定盈余公积

　　　　　　——提取任意盈余公积

　　　　　　——应付股利

五、同步练习

（一）单项选择题

1. 下列项目中，符合"收入"定义的是（　　）。

 A. 出租设备的租金收入   B. 处置固定资产净收益

 C. 来源于政府的补贴收入   D. 接受捐赠

2. 下列项目中，属于制造企业其他业务收入的是（　　）。

 A. 罚款收入   B. 出售固定资产净收益

 C. 材料销售收入   D. 出售无形资产净收益

3. 甲公司 2014 年 8 月 1 日与乙公司签订了委托代销协议，约定将甲公司生产的 A 商品委托给乙公司代销，并且支付给乙公司手续费。2014 年 8 月 12 日将 A 商品运往乙公司，2014 年 8 月 20 日乙公司将该批商品售出，收到货款，并于 2014 年 8 月 24 日开具代销清单给甲公司，甲公司于当日收到代销清单。根据上述资料，甲公司确认销售收入的时点为（　　）。

 A. 2014 年 8 月 1 日   B. 2014 年 8 月 12 日

 C. 2014 年 8 月 20 日   D. 2014 年 8 月 24 日

4. 甲公司为增值税一般纳税人，适用的增值税税率为 17%。2013 年 12 月 1 日向乙公司销售一批商品，开出的增值税专用发票上注明的销售价款为 300 万元，增值税税额为 51 万元，甲公司确认了当期收入。2014 年 8 月 12 日，该批商品由于质量问题被乙公司退回。下列有关甲公司的会计处理正确的是（　　）。

　　A．甲公司冲减 2014 年 8 月的销售收入 300 万元、增值税税额 51 万元

　　B．甲公司冲减 2013 年 12 月的销售收入 300 万元、增值税税额 51 万元

　　C．甲公司不做处理

　　D．甲公司冲减 2014 年年初留存收益 300 万元

　　5．甲公司在 2014 年 12 月 1 日向乙公司销售一批商品，开出的增值税专用发票上注明的销售价款为 100 万元，增值税税额为 17 万元，商品已经发出，款项尚未支付。该批商品成本为 60 万元。协议约定，乙公司收到商品 3 个月之内如有质量问题有权退货。假定甲公司根据过去的经验，估计该批商品退货率约为 10%，该批商品在 2014 年 12 月未发生退货，则甲公司 2013 年 12 月应确认收入的金额为（　　）万元。

　　A．100　　　　　　B．0　　　　　　C．90　　　　　　D．10

　　6．甲公司 2013 年 12 月 3 日与乙公司签订产品销售合同。合同约定，甲公司应向乙公司销售 A 产品 100 件，单位售价 500 元（不含增值税），增值税税率为 17%；乙公司应在甲公司发出产品后 1 个月内支付款项，乙公司收到 A 产品后 3 个月内如发现质量问题有权退货。A 产品单位成本为 300 元。甲公司于 2013 年 12 月 10 日发出 A 产品，并开具增值税专用发票。根据历史经验，甲公司估计 A 产品的退货率为 15%。至 2013 年 12 月 31 日止，上述已销售的 A 产品发生退货率为 20%。则甲公司因销售 A 产品对 2013 年度利润总额的影响为（　　）万元。

　　A．0　　　　　　B．1.6　　　　　　C．1.7　　　　　　D．2

　　7．甲公司对 A 产品实行 1 个月内"包退、包换、包修"的销售政策。2013 年 1 月销售 A 产品 100 件，2 月销售 A 产品 80 件，A 产品的销售单价均为 5 000 元。甲公司根据 2012 年的经验，A 产品包退的占 4%、包换的占 2%、包修的占 6%。假设 2013 年 2 月实际发生的 1 月份销售的 A 产品退回比例为 3%，则甲公司 2013 年 2 月应确认 A 产品的销售收入为（　　）元。

　　A．384 000　　　　B．389 000　　　　C．399 000　　　　D．406 000

　　8．为筹措研发新药品所需资金，2012 年 12 月 1 日，甲公司与丙公司签订购销合同。合同规定：丙公司购入甲公司积存的 100 箱 B 种药品，每箱销售价格为 20 万元。甲公司已于当日收到丙公司开具的银行转账支票，并交付银行办理收款。B 种药品每箱销售成本为 10 万元（未计提跌价准备）。同时，双方还签订了补充协议，补充协议规定甲公司于 2013 年 9 月 30 日按每箱 26 万元的价格购回全部 B 种药品。甲公司 2012 年应确认的财务费用为（　　）万元。

　　A．100　　　　　　B．60　　　　　　C．0　　　　　　D．160

　　9．企业计提的下列税费，不在"税金及附加"科目核算的是（　　）。

　　A．增值税　　　　B．房产税　　　　C．资源税　　　　D．教育费附加

　　10．甲公司于 2014 年 11 月接受一项产品安装任务，采用完工百分比法确认劳务收入，预计安装期 15 个月，合同总收入 800 万元，合同预计总成本为 632 万元。至 2014 年底已预收款项 640 万元，余款在安装完成时收回，至 2015 年 12 月 31 日实际发生成本 608 万元，预计还将发生成本 32 万元。2014 年已确认收入 310 万元。则该企业 2015 年度确认收入为（　　）万元。

　　A．760　　　　　　B．450　　　　　　C．312　　　　　　D．632

　　11．甲公司于 2014 年 12 月 1 日接受一项设备安装任务，安装期为 3 个月，合同总收入 50 万元，至年底已预收安装费 40 万元，实际发生安装费用 15 万元（假定均为安装人员薪酬），估计还会发生 25 万元。假定甲公司按实际发生的成本占估计总成本的比例确定劳务的完工进度。则甲公司应确认的完工进度为（　　）。

　　A．33.33%　　　　B．37.5%　　　　C．50%　　　　　　D．80%

　　12．销售商品涉及商业折扣时，以下各项说法不正确的是（　　）。

　　A．企业会计准则规定，按照扣除商业折扣后的金额确定销售商品收入金额

B. 企业所得税法规定，按照扣除商业折扣后的金额确定销售商品收入金额

C. 增值税法规定，销售额和折扣额在同一张发票上的"金额"栏或"备注"栏分别注明的，可按折扣后的销售额征收增值税

D. 增值税法规定，销售额和折扣额在同一张发票上的"金额"栏分别注明的，可按折扣后的销售额征收增值税

13. 下列各项费用支出中，应在"销售费用"科目核算的是（　　）。

A. 专门用于运送销售商品的运输设备的日常修理费

B. 委托代销商品发生的差旅费

C. 筹建期间发生的产品广告费

D. 产品销售延期交货致使购货方提起诉讼，按法院判决应缴纳的诉讼费

14. 下列各项费用支出中，应在"管理费用"科目核算的是（　　）。

A. 为推广新产品而发生的广告费用

B. 随同产品出售单独计价包装物的成本

C. 委托代销商品支付的手续费

D. 业务招待费

15. 某企业将固定资产报废，取得价款 200 万元，固定资产的账面原值为 600 万元，已计提折旧 490 万元，已计提固定资产价值准备 10 万元，支付清理的费用为 20 万元，则计入营业外收入的金额为（　　）万元。

A. 80　　　　　B. 120　　　　　C. 100　　　　　D. 200

16. 某企业为一般纳税企业，增值税税率为 17%。本期管理不善发生原材料的丢失损失 27 万元，经批准全部转作营业外支出。批准后计入营业外支出的金额（　　）万元。

A. 27　　　　　B. 31.59　　　　C. 22.41　　　　D. 4.59

17. 某企业 2014 年 2 月主营业务收入为 100 万元，主营业务成本为 80 万元，管理费用为 5 万元，资产减值损失为 2 万元，投资收益为 10 万元。假定不考虑其他因素，该企业当月的营业利润为（　　）万元。

A. 13　　　　　B. 15　　　　　C. 18　　　　　D. 23

18. 企业取得的、用于购建或以其他方式形成长期资产的政府补助，不能直接确认为当期损益，应当确认为递延收益，自相关资产达到预定可使用状态时起，在该资产使用寿命内平均分配，分次计入以后各期的（　　）。

A. 管理费用　　　B. 财务费用　　　C. 营业外收入　　D. 营业外支出

19. 甲公司本期收到先征后退的企业所得税，应（　　）。

A. 冲减所得税费用　　　　　　　　B. 计入营业外收入

C. 冲减营业税金及附加　　　　　　D. 计入递延收益

20. 甲公司向丁公司转让其商品的商标使用权，约定丁公司每年年末按年销售收入的 3% 支付使用费，使用期 5 年。2012 年丁公司实现销售收入 500 万元；2013 年丁公司实现销售收入 800 万元。假定甲公司均于每年年末收到使用费，不考虑其他因素。甲公司 2013 年应确认的使用费收入为（　　）万元。

A. 39　　　　　B. 24　　　　　C. 15　　　　　D. 0

（二）多项选择题

1. 按照我国会计准则的规定，下列项目中不应确认为收入的有（　　）。

A. 企业代国家收取的增值税　　　　B. 出售飞机票时代收的保险费

C. 旅行社代客户购买景点门票收取的票款　　D. 销售材料的货款

2. 企业发生的下列收入，应当在"其他业务收入"科目中核算的有（　　）。

A. 出租固定资产　　B. 出租无形资产　　C. 出租包装物　　D. 出售无形资产

3. 2012 年 1 月 1 日，甲公司采用分期收款方式向乙公司出售大型设备一套，合同约定的价款为 20 000 万元，分 5 年于每年年末分期收款，每年收取 4 000 万元。该套设备的成本为 15 000 万元，若购货方在销售当日支付货款，只需支付 16 000 万元。假定甲公司在发出商品时开具增值税专用发票，同时收取增值税税额 3 400 万元，企业经计算得出实际利率为 7.93%。不考虑其他因素，则下列有关甲公司会计处理中正确的有（　　　）。

    A．甲公司 2012 年未实现融资收益摊销 1 268.8 万元

    B．甲公司 2013 年未实现融资收益摊销 1 052.22 万元

    C．甲公司 2014 年未实现融资收益摊销 1 052.22 万元

    D．甲公司 2015 年未实现融资收益摊销 566.16 万元

4. 在委托代销商品业务中，委托方确认收入的时点不包括（　　　）。

    A．受托方在支付货款时　　　　　　　　B．委托方在收到代销清单时

    C．委托方在交付商品时　　　　　　　　D．受托方在销售商品时

5. 甲公司为增值税一般纳税人，适用的增值税税率为 17%。2011 年 12 月 18 日向乙公司销售一批商品，开出的增值税专用发票上注明的销售价款为 60 000 元，增值税税额为 10 200 元。该批商品成本为 25 000 元。为及早收回货款，甲公司和乙公司约定的现金折扣条件为：2/10、1/20、n/30。乙公司在 2011 年 12 月 27 日支付货款。2012 年 4 月 5 日，该批商品因质量问题被乙公司退回，甲公司当日支付有关款项。假定计算现金折扣时不考虑增值税，假定销售退回不属于资产负债表日后事项。则下列有关甲公司的账务处理中正确的有（　　　）。

    A．2011 年 12 月 18 日

借：应收账款	70 200
贷：主营业务收入	60 000
应交税费——应交增值税（销项税额）	10 200
借：主营业务成本	25 000
贷：库存商品	25 000

    B．2011 年 12 月 27 日

借：银行存款	69 000
财务费用	1 200
贷：应收账款	70 200

    C．2011 年 12 月 27 日

借：银行存款	69 600
财务费用	600
贷：应收账款	70 200

    D．2012 年 4 月 5 日

借：主营业务收入	60 000
应交税费——应交增值税（销项税额）	10 200
贷：银行存款	69 000
财务费用	1 200
借：库存商品	25 000
贷：主营业务成本	25 000

6. 下列各项关于现金折扣、商业折扣、销售折让会计处理的表述中，正确的有（　　　）。

    A．现金折扣在实际发生时计入财务费用

    B．销售折让在实际发生时计入销售费用

    C．商业折扣在实际发生时冲减当期的销售商品收入

D．销售折让在发生时冲减当期的销售商品收入

7．关于售后回购，下列说法中正确的有（　　）。

A．大多数情况下，售后回购交易属于融资交易，企业不应确认销售商品收入

B．售后回购无论何种情况下均不能确认收入

C．如果商品所有权上的主要风险和报酬已经转移，则在销售商品时应确认收入

D．如果商品所有权上的主要风险和报酬没有转移，应将售价与回购价的差额，在回购期间按期计提利息

8．下列各项中，不应确认为财务费用的有（　　）。

A．企业筹建期间的借款费用

B．资本化的借款利息支出

C．销售商品发生的商业折扣

D．分期收款销售方式下"未实现融资收益"的摊销

9．下列各项中，影响企业营业利润的有（　　）。

A．出售原材料损失　　　　　　　B．计提无形资产减值准备

C．公益性捐赠支出　　　　　　　D．出售交易性金融资产损失

10．下列各项，按规定应计入企业营业外支出的有（　　）。

A．原材料运输途中的合理损耗

B．捐赠支出

C．无形资产出售净损失

D．计提固定资产减值损失

（三）判断题

1．企业取得的转让财产收入，包括企业转让固定资产、生物资产、无形资产、股权、债权等财产取得的收入，应计入营业外收入。（　　）

2．"长期应收款"科目核算企业采用递延方式具有融资性质的销售商品和提供劳务等经营活动产生的应收款项等。（　　）

3．如果企业售出的商品不符合收入确认条件中的任何一条，不应确认收入，不做账务处理。（　　）

4．销售商品涉及商业折扣的应按照扣除商业折扣后的金额确定销售商品收入金额。（　　）

5．对于企业已经确认销售商品收入的售出商品发生销售退回的应当在发生时冲减当期销售商品收入。（　　）

6．销售商品采用支付手续费方式委托代销的，在收到代销清单时确认收入。（　　）

7．企业生产车间（部门）发生的固定资产修理费用应记入"制造费用"科目，行政管理部门等发生的固定资产修理费用应记入"管理费用"科目。（　　）

8．违反销售合同支付的罚款，应记入"销售费用"科目核算。（　　）

9．计提投资性房地产减值准备不影响营业利润。（　　）

10．直接减免的税款、增值税出口退税属于企业获得的政府补助。（　　）

（四）计算及账务处理题

1．甲公司增值税一般纳税人，适用的增值税税率为17%。2014年4月1日，甲公司向乙公司销售一批商品，开出的增值税专用发票上注明的销售价格为50万元，增值税税额为8.5万元，该批商品的销售成本为30万元，商品已发出，货款尚未收到，协议约定在10月31日之前有权退还该批商品。假定甲公司根据过去的经验，估计该批商品退货率约为12%；商品发出时纳税义务已经发生；实际发生销售退回时取得税务机关开具的红字增值税专用发票。

要求：

（1）编制甲公司上述业务4月份的会计处理；

（2）如果 2014 年 10 月 31 日实际发生销售退货率为 10%，编制退货时会计处理；

（3）如果 2014 年 10 月 31 日实际发生销售退货率为 15%，编制退货时会计处理。

2．甲公司为增值税一般纳税人，适用的增值税税率为 17%，销售单价除标明为含税价格外，均为不含增值税价格。甲公司 2014 年 12 月发生如下业务。

（1）12 月 1 日与乙公司签订合同采用预收款方式销售 A 产品一台，A 产品每台成本为 160 万元，协议约定，每台销售价格为 300 万元，甲公司 2014 年 12 月 10 日收到乙公司付款 200 万元。

（2）12 月 5 日，甲公司向丙公司销售 B 产品 1 台，销售价格为每台 400 万元，并开具增值税专用发票。为及早收回货款，双方合同约定的现金折扣条件为：5/10，n/30（假定计算现金折扣时不考虑增值税）。甲公司 B 产品的成本为 240 万元，丙公司已于 12 月 14 日付款。

（3）12 月 10 日，向丁公司销售 C 产品一批，以托收承付结算方式进行结算。该批商品的成本为 220 万元，增值税专用发票上注明售价 400 万元。甲公司于当日发出商品并已办妥托收手续后，得知丁公司资金周转发生严重困难，很可能难以支付货款。

（4）12 月 20 日，与戊公司签订协议，委托其代销 A 产品 200 台。根据代销协议，戊公司按代销商品实际售价的 10%收取手续费。该批商品的协议价为每台 200 万元，实际成本为每台 150 万元。产品已运往戊公司。12 月 31 日，甲公司收到戊公司开来的代销清单，列明已售出该批产品的 10%，款项尚未收到，甲公司收到戊公司开来的代销清单时开具增值税专用发票。

（5）12 月 31 日，甲公司采用分期收款方式向辛公司销售 D 产品一台，销售价格为 20 000 万元，合同约定发出 D 产品当日收取货款 5 000 万元及其增值税 850 万元，余款分 3 次于每年 12 月 1 日等额收取货款以及相应的增值税额，该产品在现销方式下的公允价值为 18 365 万元。甲公司采用实际利率法摊销未实现融资收益，年实际利率为 6%。

（6）12 月 31 日，收到丙公司退回的 12 月 5 日所购 1 台 B 产品。经查实，该台 B 产品存在严重质量问题，甲公司同意了丙公司的退货要求。当日，收到丙公司交来的税务机关开具的进货退回证明单，并开具了增值税红字专用发票。退货款项于当日支付给丙公司。

要求：根据上述资料分别编制各项业务的会计分录。

（五）案例分析题

开源公司增值税一般纳税人，适用的增值税税率为 17%。开源公司 2014 年发生如下业务：

（1）2014 年 3 月 31 日，开源公司签订一项承担某工程建造任务的合同，该合同为固定造价合同，合同金额为 800 万元。工程自 2014 年 4 月开工，预计 2015 年 6 月完工。至 2014 年 12 月 31 日止累计实际发生成本 680 万元，结算合同价款 350 万元，款项已经全部收到。开源公司签订合同时预计合同总成本为 710 万元，因工人工资调整及材料价格上涨等原因，2014 年年末预计合同总成本为 850 万元。不考虑增值税等因素，开源公司会计处理如下：

借：工程施工——合同成本　　　　　　　　　　6 800 000

　　贷：原材料等　　　　　　　　　　　　　　　　　6 800 000

借：银行存款　　　　　　　　　　　　　　　　3 000 000

　　贷：工程结算　　　　　　　　　　　　　　　　　3 000 000

2014 年 12 月 31 日的完工进度＝680/850×100%＝80%，应确认合同收入＝800×80%＝640（万元），应确认合同成本＝850×80%＝680（万元）。

借：主营业务成本　　　　　　　　　　　　　　6 800 000

　　贷：主营业务收入　　　　　　　　　　　　　　　6 400 000

　　　　工程施工——合同毛利　　　　　　　　　　　　400 000

（2）2014 年 4 月 1 日接受一项产品安装任务，采用完工百分比法确认劳务收入。预计安装期一年半，合同总收入 200 万元，合同预计总成本为 158 万元。至 2012 年年底已预收款项 160 万元，余款在安装完成时收回，至 2014 年 12 月 31 日实际发生成本 90 万元（均为应付职工薪酬），预计还将发生成本 60 万元。开源公司会计处理如下：

借：银行存款	1 600 000
贷：主营业务收入	1 600 000
借：主营业务成本	900 000
贷：劳务成本	900 000

（3）2014 年 5 月 1 日，开源公司向 B 公司销售一批商品，开出的增值税专用发票上注明的销售价格为 650 万元，增值税税额为 110.5 万元，该批商品的销售成本为 410 万元，商品已发出，货款尚未收到，协议约定在 10 月 31 日之前有权退还该批商品。假定开源公司根据过去的经验，估计该批健身器材退货率约为 15%。开源公司账务处理如下：

| 借：发出商品 | 4 100 000 |
| 贷：库存商品 | 4 100 000 |

（4）2014 年 7 月 26 日，开源公司与 C 企业签订协议，向 C 企业销售商品一批，增值税专用发票上注明售价为 700 万元，增值税税额为 119 万元。协议规定，开源公司应在 5 个月后将商品购回，回购价为 900 万元。2014 年 12 月 26 日购回，价款已支付，商品已经发出。已知该商品的实际成本为 600 万元。开源公司账务处理如下：

借：银行存款	8 190 000
贷：主营业务收入	7 000 000
应交税费——应交增值税（销项税额）	1 190 000
借：主营业务成本	6 000 000
贷：库存商品	6 000 000
借：原材料	9 000 000
应交税费——应交增值税（进项税额）	1 530 000
贷：银行存款	10 530 000

（5）2014 年 10 月 2 日，开源公司与 D 公司签订合同，向 D 公司销售一部电梯并负责安装。开源公司开出的增值税专用发票上注明的价款合计为 380 万元，其中电梯销售价格为 370 万元，安装费为 10 万元，增值税税额为 64.6 万元。电梯的成本为 180 万元；电梯安装过程中发生安装费 3.5 万元，均为安装人员薪酬。假定电梯已经安装完成并经验收合格，款项尚未收到；安装工作是销售合同的重要组成部分。开源公司的账务处理如下：

借：发出商品	1 835 000
贷：库存商品	1 800 000
应付职工薪酬	35 000
借：应收账款	4 446 000
贷：主营业务收入	3 800 000
应交税费——应交增值税（销项税额）	646 000
借：主营业务成本	1 835 000
贷：发出商品	1 835 000

（6）2014 年 12 月 31 日，开源公司销售自行生产的设备一台，价款为 1 000 万元，该设备成本为 800 万元，当日商品已发出，货款已收到并开出增值税专用发票。同时与开源公司签订协议，将该设备融资租回，作为管理设备使用。开源公司会计处理如下：

借：银行存款	11 700 000
贷：主营业务收入	10 000 000
应交税费——应交增值税（销项税额）	1 700 000

借：主营业务成本   8 000 000

    贷：库存商品   8 000 000

要求：根据上述材料，逐笔分析判断开源公司会计处理是否正确；如不正确，请简要说明理由并编制正确的会计处理。

参考答案

（一）单项选择题

1	2	3	4	5	6	7	8	9	10	11	12	13	14	15	16	17	18	19	20
C	C	D	A	C	B	B	B	A	B	B	C	A	D	A	B	D	C	B	B

（二）多项选择题

1	2	3	4	5	6	7	8	9	10
ABC	ABC	ABD	AD	ABD	AD	ACD	ABC	ABD	BC

（三）判断题

1	2	3	4	5	6	7	8	9	10
×	√	×	√	×	√	×	×	×	×

（四）计算及账务处理题

1.（1）2012 年 5 月 1 日发出库存商品：

借：应收账款   585 000

    贷：主营业务收入   500 000

        应交税费——应交增值税（销项税额）   85 000

借：主营业务成本   300 000

    贷：库存商品   300 000

2014 年 4 月 30 日确认估计的销售退回：

借：主营业务收入   60 000

    贷：主营业务成本   36 000

        预计负债   24 000

（2）2012 年 10 月 31 日实际发生销售退货率为 10%：

借：库存商品   30 000

    应交税费——应交增值税（销项税额）   8 500

    主营业务成本   6 000

    预计负债   24 000

    贷：应收账款   58 500

        主营业务收入   10 000

（3）2014 年 10 月 31 日实际发生销售退货率为 15%：

借：库存商品   45 000

    应交税费——应交增值税（销项税额）   12 750

    主营业务收入   15 000

    预计负债   24 000

| | 贷：主营业务成本 | 9 000 |
| | 　　　应收账款 | 87 750 |

2.

（1）12 月 10 日

借：银行存款　　　　　　　　　　　　　　　　　2 000 000

　　贷：预收账款　　　　　　　　　　　　　　　　　　2 000 000

（2）12 月 5 日

借：应收账款　　　　　　　　　　　　　　　　　4 680 000

　　贷：主营业务收入　　　　　　　　　　　　　　　　4 000 000

　　　　应交税费——应交增值税（销项税额）　　　　　680 000

借：主营业务成本　　　　　　　　　　　　　　　2 400 000

　　贷：库存商品　　　　　　　　　　　　　　　　　　2 400 000

12 月 15 日

借：银行存款　　　　　　　　　　　　　　　　　4 480 000

　　财务费用　　　　　　　　　　　　　　　　　　200 000

　　贷：应收账款　　　　　　　　　　　　　　　　　　4 680 000

（3）12 月 10 日

借：发出商品　　　　　　　　　　　　　　　　　2 200 000

　　贷：库存商品　　　　　　　　　　　　　　　　　　2 200 000

借：应收账款　　　　　　　　　　　　　　　　　3 400 000

　　贷：应交税费——应交增值税（销项税额）　　　　3 400 000

（4）12 月 20 日

借：发出商品　　　　　　　　　　　　　　　　300 000 000

　　贷：库存商品　　　　　　　　　　　　　　　　　300 000 000

12 月 31 日

借：应收账款　　　　　　　　　　　　　　　　46 800 000

　　贷：主营业务收入　　　　　　　　　　　　　　　40 000 000

　　　　应交税费——应交增值税（销项税额）　　　　6 800 000

借：主营业务成本　　　　　　　　　　　　　　　30 000 000

　　贷：发出商品　　　　　　　　　　　　　　　　　30 000 000

借：销售费用　　　　　　　　　　　　　　　　　4 000 000

　　贷：应收账款　　　　　　　　　　　　　　　　　　4 000 000

（5）12 月 31 日

借：银行存款　　　　　　　　　　　　　　　　58 500 000

　　长期应收款　　　　　　　　　　　　　　　150 000 000

　　贷：主营业务收入　　　　　　　　　　　　　　183 650 000

　　　　未实现融资收益　　　　　　　　　　　　　16 350 000

　　　　应交税费——应交增值税（销项税额）　　　　8 500 000

（6）12 月 31 日

借：主营业务收入　　　　　　　　　　　　　　　2 000 000

　　应交税费——应交增值税（销项税额）　　　　　340 000

　　贷：银行存款　　　　　　　　　　　　　　　　　　2 240 000

　　　　财务费用　　　　　　　　　　　　　　　　　　100 000

借：库存商品   1 200 000

  贷：主营业务成本   1 200 000

（五）案例分析题

（1）事项（1）中会计处理不正确。

理由：合同收入小于合同预计总成本，期末应确认合同预计损失。

正确的会计处理：应补充分录：

2012 年 12 月 31 日应确认的预计损失＝（850－800）×（1－80%）＝10（万元）

借：资产减值损失   100 000

  贷：存货跌价准备   100 000

（2）事项（2）中会计处理不正确。

理由：安装劳务应按照完工百分比法确认收入。

正确会计处理：

借：银行存款   1 600 000

  贷：预收账款   1 600 000

借：劳务成本   1 000 000

  贷：应付职工薪酬   1 000 000

完工百分比＝90/（90＋60）＝60%，2014 年应确认安装劳务收入＝200×60%＝120（万元），应确认安装劳务成本＝（90＋60）×60%＝90（万元）。

借：预收账款   1 200 000

  贷：主营业务收入   1 200 000

借：主营业务成本   900 000

  贷：劳务成本   900 000

（3）事项（3）中会计处理不正确。

理由：附有销售退回条件的商品销售，根据以往经验能够合理估计退货可能性的，应在发出商品时确认收入，并在期末确认与退货相关负债。

正确的会计处理：

借：应收账款   7 605 000

  贷：主营业务收入   6 500 000

    应交税费——应交增值税（销项税额）   1 105 000

借：主营业务成本   4 100 000

  贷：库存商品   4 100 000

借：主营业务收入   975 000

  贷：主营业务成本   615 000

    预计负债   360 000

（4）事项（4）中会计处理不正确。

理由：售后回购不符合收入确认条件，不确认收入，但按照税法规定要计算缴纳增值税。

正确会计处理：

借：银行存款   8 190 000

  贷：其他应付款   7 000 000

    应交税费——应交增值税（销项税额）   1 190 000

销售和回购期间 5 个月内的各月会计处理：

借：财务费用   400 000〔(9 000 000－7 000 000)÷5〕

  贷：其他应付款   400 000

购回时:

借:其他应付款	9 000 000	
应交税费——应交增值税(进项税额)	1 530 000	
贷:银行存款		10 530 000

(5)事项(5)中会计处理不正确。

理由:企业与其他企业签订的合同或协议包括销售商品和提供劳务时,销售商品部分和提供劳务部分能够区分且能够单独计量的,应当将销售商品的部分作为销售商品处理,将提供劳务的部分作为提供劳务处理。

正确会计处理:

借:发出商品	1 800 000	
贷:库存商品		1 800 000
借:劳务成本	35 000	
贷:应付职工薪酬		35 000
借:应收账款	4 446 000	
贷:主营业务收入		3 800 000
应交税费——应交增值税(销项税额)		646 000
借:主营业务成本	1 835 000	
贷:发出商品		1 800 000
劳务成本		35 000

(6)事项(6)中会计处理不正确。

理由:售后租回交易认定为融资租赁,售价与资产账面价值之间的差额应当予以递延,并按照该项租赁资产的折旧进度进行分摊,作为折旧费用的调整。

正确的会计处理:

借:银行存款	11 700 000	
贷:库存商品		8 000 000
应交税费——应交增值税(销项税额)		1 700 000
递延收益		2 000 000

第五篇 财务报告与会计调整

财务报告 | **第十五章**

一、学习目的与要求

通过本章的学习，应了解财务报告的作用及编制要求；熟悉会计报表及附注的内容及披露要求；重点掌握资产负债表、利润表、现金流量表、所有者权益变动表四张主表的编制方法。

二、重要概念

财务报告 财务报表 资产负债表 利润表 现金流量表 所有者权益变动表 综合收益 其他综合收益 现金等价物 经营活动 投资活动 筹资活动

三、重点与难点

重点：资产负债表、利润表各项目的编制。

难点：现金流量表各项目的编制。

四、内容概要解析

（一）资产负债表的格式内容

（1）在我国资产负债表采用账户式结构，报表分为左右两方，左方列示资产各项目，反映企业全部资产的分布及构成情况；右方列示负债和所有者权益各项目，反映企业全部负债和所有者权益的内容及构成情况。

（2）由于"资产＝负债＋所有者权益"，报表左右两方相等，左方资产总计等于右方负债及所有者权益总计。

（3）资产负债表提供年初数和期末数的比较资料，各项目分为"年初余额"和"期末余额"两栏分别填列。

（二）资产负债表期末余额栏的编制方法

资产负债表各项目的期末余额，一般应根据资产、负债和所有者权益类科目的期末余额填列，具体填列方法如下。

（1）根据总账科目的余额直接填列。例如，短期借款、应交税费、应付利息、应付股利、实收资本、资本公积盈余公积等项目，应根据相关总账科目的期末余额直接填列。

（2）根据几个总账科目的余额合计填列。例如，"货币资金"项目，应当根据"库存现金""银行存款""其他货币资金"等科目期末余额合计填列。

（3）根据明细科目的余额计算填列。例如，"应付账款"项目，应根据"应付账款"和"预付账款"两个科目所属的各明细科目的期末贷方余额合计数填列;"预收款项"项目,应根据"预收账款"和"应收账款"两个科目所属各明细科目的期末贷方余额合计数填列。

(4)根据总账科目和明细科目的余额分析计算填列。例如,"长期借款""应付债券"项目,应分别根据"长期借款""应付债券"总账科目余额扣除"长期借款""应付债券"科目所属的明细科目中将在资产负债表日起一年内到期且企业不能自主地将清偿义务展期的长期借款、应付债券后的金额计算填列。

(5)根据总账科目与其备抵科目余额抵销后的净额填列。例如,"可供出售金融资产""持有至到期投资""长期股权投资""在建工程""商誉"项目,应根据相关科目的期末余额,扣减相应的减值准备填列。

(6)综合运用上述填列方法分析填列。例如,"应收账款"项目,应根据"应收账款"和"预收账款"科目所属各明细科目的期末借方余额合计数,减去"坏账准备"科目中有关应收账款计提的坏账准备期末余额后的金额填列。

(三)利润表的格式内容

(1)利润表结构有单步式和多步式两种,我国采用多步式结构。

(2)利润表主要反映以下几方面的内容:

① 营业收入,由主营业务收入和其他业务收入组成。

② 营业利润,营业收入减去营业成本(主营业务成本、其他业务成本)、营业税金及附加、销售费用、管理费用、财务费用、资产减值损失,加上公允价值变动收益、投资收益,即为营业利润。

③ 利润总额,营业利润加上营业外收入,减去营业外支出,即为利润总额。

④ 净利润,利润总额减去所得税费用,即为净利润。

⑤ 其他综合收益,具体分为"以后会计期间不能重分类进损益的其他综合收益项目"和"以后会计期间在满足规定条件时将重分类进损益的其他综合收益项目"两类,并以扣除所得税影响后的净额列报。

⑥ 综合收益总额,净利润加上其他综合收益扣除所得税影响后的净额,即为综合收益总额。

(四)利润表"本期金额栏"的编制方法

利润表"本期金额"栏各项目主要根据各损益类科目的本期发生额分析填列。但是,"其他综合收益"各项目应根据"其他综合收益"科目及其明细科目的发生额分析填列。

(1)"营业收入""营业成本""营业税金及附加""销售费用""管理费用""财务费用""资产减值损失""公允价值变动收益""投资收益""营业外收入""营业外支出""所得税费用"项目应根据各损益类科目的本期发生额分析填列。

(2)"其他综合收益"项目,反映企业根据其他会计准则规定未在当期损益中确认的各项利得和损失。本项目具体分为"以后会计期间不能重分类进损益的其他综合收益项目"和"以后会计期间在满足规定条件时将重分类进损益的其他综合收益项目"两类,并以扣除所得税影响后的净额列报。本项目应根据"其他综合收益"科目及其明细科目的发生额分析填列。

(3)"营业利润""利润总额""净利润""综合收益总额"项目,应根据本表中相关项目计算填列。

(五)现金流量表的内容

(1)现金流量,是指企业现金和现金等价物的流入和流出。

(2)现金,是指企业库存现金以及可以随时用于支付的存款。不能随时用于支付的存款不属于现金。具体包括以下三项内容:

① 库存现金;

② 银行存款;

③ 其他货币资金。

(3)现金等价物,是指企业持有的期限短、流动性强、易于转换为已知金额现金、价值变动风险很小的投资。期限短，一般是指从购买日起三个月内到期。

（六）现金流量的分类

现金流量表中现金流量分为三类，即经营活动产生的现金流量、投资活动产生的现金流量、筹资活动产生的现金流量。

1．经营活动产生的现金流量

经营活动，是指企业投资活动和筹资活动以外的所有交易和事项，包括销售商品或提供劳务、购买商品或接受劳务、收到的税费返还、支付职工薪酬、支付各项税费、支付广告费用等。

2．投资活动产生的现金流量

投资活动，是指企业长期资产的购建和不包括在现金等价物范围内的投资及其处置活动。编制现金流量表所指的"投资"既包括对外投资，又包括长期资产的购建与处置。投资活动包括取得和收回投资、购建和处置固定资产、购买和处置无形资产等。

3．筹资活动产生的现金流量

筹资活动，是指导致企业资本及债务规模和构成发生变化的活动。筹资活动包括发行股票或接受投入资本、分派现金股利、取得和偿还银行借款、发行和偿还公司债券等。

五、同步练习

（一）单项选择题

1．某企业"应收账款"科目月末贷方余额 40 000 元，其中："应收 A 公司账款"明细科目贷方余额 50 000 元，"应收 B 公司账款"明细科目借方余额 10 000 元；"预收账款"科目借方余额 60 000 元，其中："预收 C 工厂账款"明细科目借方余额 80 000 元，"预收 D 工厂账款"明细科目贷方余额 20 000 元。"坏账准备"科目月末余额为 1 500 元。该企业月末资产负债表中"预收款项"项目的金额为（　　）。

    A．68 500 元　　　　B．70 000 元　　　　C．60 000 元　　　　D．58 500 元

2．编制中期财务报告时，下列报表中可以选择编制的是（　　）。

    A．资产负债表　　　　　　　　　　B．利润表

    C．现金流量表　　　　　　　　　　D．所有者权益（或股东权益）变动表

3．资产负债表中下列项目不是根据有关明细科目的余额计算填列的是（　　）。

    A．开发支出　　　B．应收账款　　　C．预收款项　　　D．应收票据

4．下列各项中，不应在资产负债表"存货"项目列报的是（　　）。

    A．发出商品　　　B．委托加工物资　　　C．受托代销商品　　D．工程物资

5．"未实现融资收益"科目的余额应填入资产负债表的（　　）项目中。

    A．未实现融资收益　B．应收账款　　　C．长期应收款　　D．长期应付款

6．"受托代销商品款"科目的余额应填入资产负债表的（　　）项目中。

    A．受托代销商品款　B．应付账款　　　C．存货　　　　　D．其他应付款

7．某公司 2014 年"固定资产"科目的年初余额为 200 万元，"固定资产减值准备"科目的年初余额为 30 万元，"累计折旧"科目年初余额为 50 万元。2014 年 12 月 5 日购入一台固定资产，价值为 50 万元。年末补提固定资产减值准备 10 万元。则该公司 2014 年末资产负债表中"固定资产"项目的期末数为（　　）万元。

    A．160　　　　　　B．170　　　　　　C．200　　　　　　D．250

8．某企业期末"工程物资"科目的余额为 100 万元，"发出商品"科目的余额为 80 万元，"原材料"科目的余额为 100 万元，"材料成本差异"科目的贷方余额为 20 万元，"存货跌价准备"科目的余额为 30 万元。假定不考虑其他因素，该企业资产负债表中"存货"项目的金额为（　　）万元。

A. 130 B. 150 C. 230 D. 260

9. 下列各项关于甲公司现金流量分类的表述中，正确的是（　　）。

A. 收到返还所得税现金作为投资活动现金流入

B. 收到发行债券现金作为投资活动现金流入

C. 支付经营租赁设备租金作为经营活动现金流出

D. 支付以前年度融资租赁设备款作为投资活动现金流出

10. 2014年9月甲公司开始研究和开发一项新工艺，2014年9月30日以前发生各项研究、调查、试验等费用500万元，2014年10月至12月发生材料、人工等各项支出400万元（满足资本化条件）。至2015年2月末，该项新工艺开发成功并满足无形资产确认标准。则2014年12月31日资产负债表上"开发支出"项目的金额为（　　）万元。

A. 900 B. 400 C. 500 D. 0

11. 甲公司2014年初资产负债表"应付职工薪酬"项目为500万元，当年支付职工工资400万元，缴纳住房公积金、养老保险金等100万元，当年根据职工提供服务的具体情况确认应付职工工资260万元，企业应负担的社会保障基金40万元。则2014年12月31日资产负债表上"应付职工薪酬"项目应填报的金额是（　　）万元。

A. 300 B. 360 C. 140 D. 260

12. 某企业2014年度发生短期借款利息10 000元，长期借款利息25 000元，均不符合资本化条件。银行承兑手续费4 000元，银行存款利息收入3 000元。则现金流量表补充资料中的"财务费用"项目应填列的金额为（　　）元。

A. 42 000 B. 41 000 C. 38 000 D. 35 000

13. 下列项目中，属于现金等价物的是（　　）。

A. 其他货币资金 　B. 三个月内到期的短期债券投资

C. 银行存款 　D. 权益性投资

14. 下列各项交易或事项所产生的现金流量中，不属于现金流量表中"投资活动产生的现金流量"的是（　　）。

A. 长期股权投资取得的现金股利 　B. 为购建固定资产支付的专门借款利息

C. 购买可供出售金融资产支付的价款 　D. 因固定资产毁损而收取的保险公司赔偿款

15. 下列各项交易或事项所产生的现金流量中，不属于现金流量表中"经营活动产生的现金流量"的是（　　）。

A. 经营租赁固定资产收到的租金 　B. 支付的耕地占用税

C. 支付的保险费 　D. 收到的教育费附加返还

16. 下列各项交易或事项所产生的现金流量中，不属于现金流量表中"筹资活动产生的现金流量"的是（　　）。

A. 接受现金捐赠

B. 发行股票由企业直接支付的审计和咨询等费用

C. 以分期付款方式购建固定资产以后各期支付的现金

D. 取得股权投资支付的佣金、手续费等交易费用

17. 甲公司2014年度主营业务收入为2 000万元，增值税销项税税额为340万元；应收账款期初余额为500万元，期末余额为300万元；预收账款期初余额为100万元，期末余额为150万元。假定不考虑其他因素，甲公司2014年度现金流量表中"销售商品、提供劳务收到的现金"项目的金额为（　　）万元。

A. 2 590 B. 2 190 C. 2 490 D. 2 540

18. 甲企业当期净利润为1 500万元，投资收益为300万元，与筹资活动有关的财务费用为200

万元，经营性应收项目增加 150 万元，经营性应付项目减少 50 万元，固定资产折旧为 80 万元，无形资产摊销为 20 万元。假设没有其他影响经营活动现金流量的项目，该企业当期经营活动产生的现金流量净额为（　　）万元。

  A．500   B．700   C．1 100   D．1 300

  19．甲公司 2014 年度发生的管理费用为 5 000 万元，其中：存货盘亏损失 30 万元，计提固定资产折旧 500 万元，无形资产摊销 300 万元，厂部办公楼折旧费 100 万元，其余均以现金支付（含以现金支付退休职工统筹退休金 300 万元和管理人员工资 800 万元，支付印花税 2 万元）。假定不考虑其他因素，甲公司 2014 年度现金流量表中"支付其他与经营活动有关的现金"项目的金额为（　　）万元。

  A．3 470   B．4 550   C．2 968   D．3 268

  20．丁公司本期发生以下支出：支付 50 万元购进一台运输车辆，处置一台设备支付清理费用 3 万元，支付融资租入生产线的租赁费 100 万元，支付为购建固定资产而发生的已计入在建工程借款利息 80 万元，支付分期付款方式购买机床的最后一期款项 10 万元。上述支出中，应计入"购建固定资产、无形资产和其他长期资产所支付的现金"项目的金额是（　　）万元。

  A．50   B．53   C．153   D．243

  21．关于所有者权益变动表的编制，下列说法不正确的是（　　）。

    A．所有者权益变动表"综合收益总额"项目反映的内容与利润表中"综合收益总额"项目反映的内容相同

    B．"所有者投入资本"项目，反映企业所有者投入的资本，包括实收资本和资本溢价

    C．"股份支付计入所有者权益的金额"项目，反映企业处于等待期中的以现金结算的股份支付当年计入资本公积的金额

    D．"所有者权益内部结转"项目，反映所有者权益各组成部分之间当年的增减变动

  22．引起现金流量净额变动的项目是（　　）。

    A．将现金存入银行   B．用银行存款购买 2 个月到期的债券

    C．用固定资产抵偿债务   D．用银行存款清偿 10 万元的债务

（二）多项选择题

  1．下列各项属于财务报表组成部分的有（　　）。

    A．资产负债表 B．现金流量表 C．所有者权益变动表   D．附注

  2．下列关于财务报表的说法，正确的有（　　）。

    A．财务报表一般分为表首、正表两部分

    B．财务报表可以分为个别财务报表和合并财务报表

    C．企业至少应当编制年度财务报表

    D．企业正式决定或被迫在当期或将在下一个会计期间进行清算或停止营业的，应当采用其他基础编制财务报表

  3．下列关于财务报表的项目列报，说法正确的有（　　）。

    A．性质或功能不同的项目，应当在财务报表中单独列报，但不具有重要性的项目除外

    B．性质或功能类似的项目，其所属类别具有重要性的，应当按其类别在财务报表中单独列报

    C．企业会计准则规定单独列报的项目，企业都应当予以单独列报

    D．某些项目对附注具有重要性的，应当在附注中单独披露

  4．财务报表中下列项目可以以净额列示的有（　　）。

    A．资产项目   B．负债项目

    C．日常活动产生的损益   D．非日常活动产生的损益

  5．下列各项属于流动资产判断条件的有（　　）。

    A．预计在一个正常营业周期中变现、出售或耗用

B. 主要为交易目的而持有

C. 预计在资产负债表日起一年内变现

D. 自资产负债表日起一年内，交换其他资产或清偿负债的能力不受限制的现金或现金等价物

6. 下列各项属于流动负债判断条件的有（　　　）。

A. 预计在一个正常营业周期中清偿

B. 主要为交易目的而持有

C. 在资产负债表日起一年内到期应予以清偿

D. 企业无权自主地将清偿推迟至资产负债表日后一年以上

7. 资产负债表中下列项目根据总账科目与其备抵科目抵销后的净额填列的有（　　　）。

A. 可供出售金融资产　　B. 在建工程　　C. 固定资产　　D. 商誉

8. 关于资产负债表的填列，下列说法正确的有（　　　）。

A. 长期应收款项目要根据长期应收款科目的余额扣除未实现融资收益科目的余额后的金额填列

B. 长期应付款项目要根据长期应付款科目的余额扣除未确认融资费用科目的余额后的金额填列

C. 固定资产项目要根据固定资产科目余额扣除固定资产减值准备和累计折旧后的金额加上工程物资科目余额后的金额填列

D. 长期借款项目根据"长期借款"总账科目余额扣除"长期借款"科目所属的明细科目中将在资产负债表日起一年内到期且企业不能自主地将清偿义务展期的长期借款后的金额计算填列

9. 下列各项中，应填入资产负债表"应收账款"项目的有（　　　）。

A. "应收账款"科目所属明细科目的借方余额

B. "应收账款"科目所属明细科目的贷方余额

C. "预收账款"科目所属明细科目的借方余额

D. "预收账款"科目所属明细科目的贷方余额

10. 某企业适用的所得税税率为25%，2014年发生的部分业务如下：

（1）本期取得交易性金融资产成本1 000万元，期末公允价值1 200万元；

（2）本期取得可供出售金融资产成本400万元，期末公允价值500万元（非一年内到期项目）；

（3）本期持有至到期投资摊余价值300万元，其公允价值310万元（非一年内到期项目）；

则该企业本期末资产负债表项目填写金额正确的有（　　　）。

A. 交易性金融资产1 200万元　　　　B. 可供出售金融资产500万元

C. 持有至到期投资300万元　　　　　D. 持有至到期投资310万元

11. 资产负债表中"未分配利润"项目，应根据下列（　　　）科目余额填列。

A. 利润分配　　B. 应付股利　　C. 本年利润　　D. 盈余公积

12. 下列（　　　）科目的余额应填入资产负债表的"存货"项目。

A. 发出商品　　B. 生产成本　　C. 劳务成本　　D. 制造费用

13. 下列项目影响营业利润的有（　　　）。

A. 公允价值变动损益　　　　　B. 投资收益

C. 所得税费用　　　　　　　　D. 资产减值损失

14. 下列关于利润表的叙述正确的有（　　　）。

A. 按业务类型的不同，主营业务收入、其他业务收入应分别进行会计核算，并在利润表中分别予以反映

B. 公允价值变动损益影响营业利润

C. 处置非流动资产净损失，应在利润表中单独列示

D. 企业各项资产发生的减值损失是企业营业利润的构成部分，应在利润表中单独列示

15. 下列项目中，应列入利润表中"营业外收入"项目的有（　　）。

　　A. 处置无形资产的净收益　　　　　　B. 债务重组利得

　　C. 处置固定资产的净收益　　　　　　D. 接受现金捐赠

16. 企业发生的下列各项业务中，可能影响企业当期利润表中营业利润的有（　　）。

　　A. 出租无形资产计提的摊销额

　　B. 外币交易性金融资产公允价值变动中汇率变动引起的部分

　　C. 对外捐赠库存商品

　　D. 无法区分研究阶段还是开发阶段的无形资产研发支出

17. 利润表中"营业税金及附加"项目，反映企业经营业务应负担的（　　）等。

　　A. 城市维护建设税　　B. 资源税　　　　C. 土地增值税　　D. 教育费附加

18. 某企业适用的所得税税率为25%，2014 年部分事项如下：

（1）期末应收账款余额 100 万元，期初坏账准备为 0，本期计提坏账准备 20 万元；

（2）期末存货账面余额 35 万元，期初跌价准备为 0，本期计提存货跌价准备 5 万元；

（3）期末固定资产余额 1 000 万元，累计折旧余额 200 万元，期初固定资产减值准备 50 万元，本期没有改变。

　　则以下报表项目正确的有（　　）。

　　A. 资产负债表期末应收款项 80 万元

　　B. 利润表本期资产减值损失 25 万元

　　C. 资产负债表期末固定资产 750 万元

　　D. 资产负债表期末存货 30 万元

19.《现金流量表》准则中的"现金"，包括（　　）。

　　A. 库存现金　　　　　　B. 银行存款　　C. 其他货币资金　D. 现金等价物

20. 现金流量表中的现金流量分为（　　）。

　　A. 经营活动产生的现金流量　　　　　B. 投资活动产生的现金流量

　　C. 筹资活动产生的现金流量　　　　　D. 非经营活动产生的现金流量

21. 下列属于投资活动产生的现金流量的有（　　）。

　　A. 以经营租赁方式租入固定资产

　　B. 处置固定资产

　　C. 为购建固定资产支付的专门借款利息资本化部分

　　D. 自营建造生产设备

22. 下列各项中，属于企业经营活动产生的现金流量的有（　　）。

　　A. 收到的出口退税款　　　　　　　　B. 偿付应付购货款

　　C. 转让无形资产所有权净收益　　　　D. 出租无形资产使用权取得的收入

23. 下列交易或事项产生的现金流量中，属于筹资活动产生的现金流量的有（　　）。

　　A. 向投资者发放现金股利

　　B. 融资租入固定资产支付的租赁费

　　C. 企业收到的债券利息

　　D. 为购建固定资产而发生的借款利息资本化的部分

24. 在采用间接法将净利润调节为经营活动产生的现金流量时，下列各调整项目中，属于调增项目的有（　　）。

　　A. 投资收益　　　　　　　　　　　　B. 递延所得税负债增加

C. 计提无形资产减值准备　　　　　　　D. 固定资产报废损失

25. 对无形资产应在财务报表附注中披露的重要会计政策和会计估计有（　　　）。

    A. 使用寿命有限的无形资产的使用寿命的估计情况

    B. 使用寿命不确定的无形资产的使用寿命不确定的判断依据

    C. 无形资产的摊销方法

    D. 企业判断研发项目支出满足资本化条件的依据

26. 中期财务报告，是指以中期为基础编制的财务报告。"中期"，是指短于一个完整的会计年度（自公历 1 月 1 日起至 12 月 31 日止）的报告期间，它可以是（　　　）。

    A. 一个月　　　　　B. 一个季度　　　　　C. 半年　　　D. 其他短于一个会计年度的期间

（三）判断题

1. 财务报告由财务报表和附注两部分构成。（　　　）

2. 财务报表的列报基础是会计期间。（　　　）

3. 企业至少应当按月编制财务报表。（　　　）

4. 关于项目在财务报表中是单独列报还是合并列报，应当依据重要性原则来判断。重要性应当根据企业所处环境，项目的性质予以判断。（　　　）

5. 资产负债表是反映企业在一定期间财务状况的会计报表。（　　　）

6. 资产负债表各项目的期末余额，一般应根据账户的发生额分析填列。（　　　）

7. 判断流动资产、流动负债时所称的一个正常营业周期，是指企业从购买用于加工的资产起至实现现金或现金等价物的期间。正常营业周期通常短于一年，也存在正常营业周期长于一年的情况。（　　　）

8. 因债权人已对重组债权计提了坏账准备，导致其实际收到的现金大于重组债权账面价值的差额应贷记"营业外收入"科目，从而影响利润表中的利润总额。（　　　）

9. 利润表中"财务费用"项目，应根据"财务费用"科目的借方发生额直接填列。（　　　）

10. 企业用银行存款购入三个月内到期的债券投资不影响现金流量。（　　　）

11. 支付给在建工程人员的工资和费用，在现金流量表的"支付给职工以及为职工支付的现金"项目反映。（　　　）

12. 企业在会计年度中不均匀发生的费用，应在中期财务报表中预提或者待摊。（　　　）

（四）计算及账务处理题

1. 南财公司为增值税一般纳税人，适用的增值税税率为 17%。原材料和库存商品均按实际成本核算，商品售价不含增值税，其销售成本随销售同时结转。2013 年 12 月 31 日资产负债表（简表）资料如下：

资产负债表（简表）

编制单位：南财公司　　　　　　　　2013 年 12 月 31 日　　　　　　　　　　　单位：万元

资产	期末余额	负债和所有者权益	期末余额
货币资金	200	短期借款	100
以公允价值计量且其变动计入当期损益的金融资产	70	应付账款	100
应收票据	60	应付票据	40
应收账款	60	应付职工薪酬	20
预付款项	10	应交税费	50
存货	300	应付利息	40
固定资产	1 000	长期借款	300

资产	期末余额	负债和所有者权益	期末余额
在建工程	100	实收资本	1 100
无形资产	70	盈余公积	100
长期待摊费用	10	未分配利润	30
资产总计	1 880	负债和所有者权益总计	1 880

2014 年南财公司发生如下交易或事项。

（1）购入材料一批，发票账单已经收到，增值税专用发票上注明的货款为 200 万元，增值税额为 34 万元。材料已验收入库，款项已经支付。

（2）销售库存商品一批，该批商品售价为 300 万元，增值税为 51 万元，实际成本为 220 万元，商品已发出，款项尚未收到。

（3）出售交易性金融资产，售价 120 万元，该交易性金融资产的账面价值为 70 万元，其中成本为 50 万元，公允价值变动 20 万元。款项已经收到。

（4）计算并确认短期借款利息 7 万元。

（5）计提坏账准备 5 万元。

（6）计提行政管理部门用固定资产折旧 10 万元；摊销管理用无形资产成本 8 万元。

（7）分配工资费用，其中企业行政管理人员工资 10 万元，在建工程人员工资 5 万元。

（8）计算并确认应交城市维护建设税 3 万元（教育费附加略）。

（9）转销无法支付的应付账款 40 万元。

（10）本年度实现利润总额 127 万元，按税法规定纳税调整后的应纳税所得额为 100 万元，由于计提坏账准备产生递延所得税资产 1.25 万元，所得税费用为 23.75，应交所得税均为 25 万元（不考虑其他因素）；提取法定盈余公积 7.625 万元。

要求：

（1）编制南财公司 2014 年度上述交易或事项的会计分录（不需编制各损益类科目结转本年利润以及利润分配的有关会计分录）；

（2）填列南财公司 2014 年 12 月 31 日的资产负债表。

资产负债表（简表）

编制单位：南财公司　　　　　　　2014 年 12 月 31 日　　　　　　　金额单位：万元

资产	期末余额	计算过程	负债和所有者权益	期末余额	计算过程
货币资金			短期借款		
以公允价值计量且其变动计入当期损益的金融资产			应付账款		
应收票据			应付票据		
应收账款			应付职工薪酬		
预付款项			应交税费		
存货			应付利息		
固定资产			长期借款		
在建工程			实收资本		
无形资产			盈余公积		
长期待摊费用			未分配利润		
资产总计			负债和所有者权益总计		

2. 南财公司属于工业企业，为增值税一般纳税人，适用 17% 的增值税税率，商品售价中不含增值税。商品销售时，同时结转成本。2014 年 11 月 30 日损益类有关科目结转前的余额如下表所示：

2014 年 11 月 30 日损益类科目结转前余额表　　　　单位：万元

科目名称	借方余额	科目名称	贷方余额
主营业务成本	1 000	主营业务收入	1 750
营业税金及附加	14.5	其他业务收入	50
其他业务成本	30	投资收益	40
销售费用	40	营业外收入	30
管理费用	250	公允价值变动损益	30
财务费用	20		
资产减值损失	80		
营业外支出	17		

2014 年 12 月南财公司发生如下经济业务。

（1）销售商品一批，增值税专用发票上注明的售价 300 万元，增值税 51 万元，款项尚未收到。该批商品的实际成本为 200 万元。

（2）本月发生应付职工薪酬 170 万元，其中生产工人工资 100 万元，车间管理人员工资 10 万元，厂部管理人员工资 35 万元，销售人员工资 25 万元。

（3）本月收到增值税返还 50 万元。

（4）本月摊销管理用无形资产成本 20 万元。

（5）本月主营业务应交城市维护建设税 5 万元、教育费附加 0.5 万元。

（6）12 月 31 日，某项交易性金融公允价值上升 2 万元。

（7）12 月 31 日，计提坏账准备 5 万元，计提存货跌价准备 10 万元。

（8）12 月 1 日以 100 万元取得一项可供出售金融资产，12 月 31 日其公允价值为 120 万元。

（9）该公司适用所得税税率为 25%。假定本年应纳税所得额为 500 万元。假定 2013 年度递延所得税资产年初余额为 10 万元，年末余额为 15 万元；2013 年度递延所得税负债的年初余额为 20 万元，年末余额为 50 万元（除可供出售金融资产外均对应所得税费用）。

要求：

（1）编制南财公司 2014 年 12 月相关业务的会计分录；

（2）编制南财公司 2014 年度利润表。

利润表

编制单位：南财公司	2014 年　　　　　　　　　单位：万元
项目	本期金额
一、营业收入	
减：营业成本	
营业税金及附加	
销售费用	
管理费用	
财务费用	
资产减值损失	
加：公允价值变动收益（损失以"-"号填列）	
投资收益（损失以"-"号填列）	
二、营业利润（亏损以"-"号填列）	
加：营业外收入	
减：营业外支出	
三、利润总额（亏损总额以"-"号填列）	
减：所得税费用	
四、净利润（净亏损以"-"号填列）	
五、其他综合收益	
六、综合收益总额	

3．南财公司 2014 年有关资料如下。

（1）当期销售商品实现收入 150 000 元；应收账款期初余额 30 000 元，期末余额 50 000 元；预收账款期初余额 10 000 元，期末余额 30 000 元。假定不考虑坏账准备和增值税因素。

（2）当期用银行存款支付购买原材料货款 58 000 元；当期支付前期的应付账款 12 000 元；当期购买原材料预付货款 20 000 元；当期因购货退回现金 6 000 元。

（3）当期实际支付职工工资及各种奖金 48 000 元。其中，生产经营人员工资及奖金 39 000 元，在建工程人员工资及奖金 9 000 元。另外，用现金支付离退休人员退休金 7 000 元。

（4）当期购买工程物资预付货款 26 000 元；向承包商支付工程款 15 000 元。

（5）当期购入某公司股票 1 000 股，实际支付全部价款 14 500 元。其中，相关税费 200 元，已宣告但尚未领取的现金股利 300 元。

（6）当期发行面值为 80 000 元的企业债券，扣除支付的佣金等发行费用 8 000 元后，实际收到款项 72 000 元。另外，为发行企业债券实际支付审计费用 5 000 元。

（7）当期用银行存款偿还借款本金 60 000 元，偿还借款利息 6 000 元。

（8）当期用银行存款支付分配的现金股利 40 000 元。

要求：根据上述资料，计算南财公司现金流量表中下列项目的金额。

（1）"销售商品、提供劳务收到的现金"项目。

（2）"购买商品、接受劳务支付的现金"项目。

（3）"支付给职工以及为职工支付的现金"项目。

（4）"购建固定资产、无形资产和其他长期资产所支付的现金"项目。

（5）"投资支付的现金"项目。

（6）"吸收投资收到的现金"项目。

（7）"偿还债务支付的现金"项目。

（8）"分配股利、利润或偿付利息支付的现金"项目。

参考答案

（一）单项选择题

1	2	3	4	5	6	7	8	9	10	11	12	13	14	15	16	17	18	19	20	21	22
B	D	D	D	C	C	A	A	C	B	A	D	B	B	B	D	A	D	D	A	C	D

（二）多项选择题

1	2	3	4	5	6	7	8	9	10	11	12	13
ABCD	ABCD	ABCD	AD	ABCD	ABCD	ABCD	ABD	AC	ABC	AC	ABCD	ABD
14	15	16	17	18	19	20	21	22	23	24	25	26
BCD	ABCD	ABD	ABCD	ABCD	ABCD	ABC	BD	ABD	ABD	BCD	ABCD	ABCD

（三）判断题

1	2	3	4	5	6	7	8	9	10	11	12
×	×	×	×	×	×	√	×	×	√	×	×

（四）计算及账务处理题

1.

（1）

① 借：原材料　　　　　　　　　　　　　　　　　　　　　　　2 000 000

	应交税费——应交增值税（进项税额）	340 000

```
        应交税费——应交增值税（进项税额）                    340 000
            贷：银行存款                                         2 340 000
    ② 借：应收账款                                    3 510 000
            贷：主营业务收入                                    3 000 000
                应交税费——应交增值税（销项税额）               510 000
        借：主营业务成本                                2 200 000
            贷：库存商品                                        2 200 000
    ③ 借：银行存款                                    1 200 000
            贷：交易性金融资产——成本                            500 000
                            ——公允价值变动                      200 000
                投资收益                                        500 000
        借：公允价值变动损益                            200 000
            贷：投资收益                                        200 000
    ④ 借：财务费用                                      70 000
            贷：应付利息                                         70 000
    ⑤ 借：资产减值损失                                  50 000
            贷：坏账准备                                         50 000
    ⑥ 借：管理费用                                     180 000
            贷：累计折旧                                        100 000
                累计摊销                                         80 000
    ⑦ 借：管理费用                                     100 000
        在建工程                                        50 000
            贷：应付职工薪酬                                    150 000
    ⑧ 借：营业税金及附加                                30 000
            贷：应交税费——应交城市维护建设税                    30 000
    ⑨ 借：应付账款                                     400 000
            贷：营业外收入                                      400 000
    ⑩ 借：递延所得税资产                                12 500
        所得税费用                                     237 500
            贷：应交税费——应交所得税                           250 000
        借：利润分配——提取法定盈余公积                   76 250
            贷：盈余公积                                         76 250
```

（2）

资产负债表（简表）

编制单位：南财公司　　　　　　2014 年 12 月 31 日　　　　　　金额单位：万元

资产	期末余额	计算过程	负债和所有者权益	期末余额	计算过程
货币资金	86	200－234＋120	短期借款	100	
以公允价值计量且其变动计入当期损益的金融资产	0	70－70	应付账款	60	100－40
应收票据	60		应付票据	40	
应收账款	406	60＋351－5	应付职工薪酬	35	20＋15
预付款项	10		应交税费	95	50－34＋51＋3＋25
存货	280	300＋200－220	应付利息	47	40＋7

续表

资产	期末余额	计算过程	负债和所有者权益	期末余额	计算过程
固定资产	990	1 000－10	长期借款	300	
在建工程	105	100＋5	实收资本	1 100	
无形资产	62	70－8	盈余公积	107.625	100＋7.625
长期待摊费用	10		未分配利润	125.625	30＋127－23.75－7.625
递延所得税资产	1.25	1.25			
资产总计	2 010.25		负债和所有者权益总计	2 010.25	

2.

（1）

① 借：应收账款　　　　　　　　　　　　　　　　　　　　　　3 510 000

　　　贷：主营业务收入　　　　　　　　　　　　　　　　　　　　3 000 000

　　　　　应交税费——应交增值税（销项税额）　　　　　　　　　510 000

借：主营业务成本　　　　　　　　　　　　　　　　　　　　　2 000 000

　　贷：库存商品　　　　　　　　　　　　　　　　　　　　　　2 000 000

② 借：生产成本　　　　　　　　　　　　　　　　　　　　　　1 000 000

　　　　制造费用　　　　　　　　　　　　　　　　　　　　　　100 000

　　　　管理费用　　　　　　　　　　　　　　　　　　　　　　350 000

　　　　销售费用　　　　　　　　　　　　　　　　　　　　　　250 000

　　　贷：应付职工薪酬　　　　　　　　　　　　　　　　　　　1 700 000

③ 借：银行存款　　　　　　　　　　　　　　　　　　　　　　500 000

　　　贷：营业外收入　　　　　　　　　　　　　　　　　　　　500 000

④ 借：管理费用　　　　　　　　　　　　　　　　　　　　　　200 000

　　　贷：累计摊销　　　　　　　　　　　　　　　　　　　　　200 000

⑤ 借：营业税金及附加　　　　　　　　　　　　　　　　　　　55 000

　　　贷：应交税费——应交城市维护建设税　　　　　　　　　　50 000

　　　　　　　　　　——教育费附加　　　　　　　　　　　　　5 000

⑥ 借：交易性金融资产——公允价值变动　　　　　　　　　　　20 000

　　　贷：公允价值变动损益　　　　　　　　　　　　　　　　　20 000

⑦ 借：资产减值损失　　　　　　　　　　　　　　　　　　　　150 000

　　　贷：坏账准备　　　　　　　　　　　　　　　　　　　　　50 000

　　　　　存货跌价准备　　　　　　　　　　　　　　　　　　　100 000

⑧ 借：可供出售金融资产　　　　　　　　　　　　　　　　　　1 000 000

　　　贷：银行存款　　　　　　　　　　　　　　　　　　　　　1 000 000

借：可供出售金融资产——公允价值变动　　　　　　　　　　　200 000

　　贷：其他综合收益　　　　　　　　　　　　　　　　　　　　200 000

⑨ 借：所得税费用　　　　　　　　　　　　　　　　　　　　　1 450 000

　　　　递延所得税资产　　　　　　　　　　　　　　　　　　　50 000

　　　　其他综合收益　　　　　　　　　　　　　　　　　　　　50 000

　　　贷：应交税费——应交所得税　　　　　　　　　　　　　　1 250 000（5 000 000×25%）

　　　　　递延所得税负债　　　　　　　　　　　　　　　　　　300 000

（2）

利润表

编制单位：南财公司　　　　　　　　　　　　　　　2014 年　　　　　　　　　　　　　　　　单位：万元

项目	本期金额	计算过程
一、营业收入	2 100	1 750＋50＋300
减：营业成本	1 230	1 000＋30＋200
营业税金及附加	20	14.5＋5.5
销售费用	65	40＋25
管理费用	305	250＋35＋20
财务费用	20	20
资产减值损失	95	80＋15
加：公允价值变动收益（损失以"－"号填列）	32	30＋2
投资收益（损失以"－"号填列）	40	40
二、营业利润（亏损以"－"号填列）	437	
加：营业外收入	80	30＋50
减：营业外支出	17	17
三、利润总额（亏损总额以"－"号填列）	500	500
减：所得税费用	145	500×25%＋（50－20×25%－20）－（15－10）
四、净利润（净亏损以"－"号填列）	355	500－145
五、其他综合收益	15	20－20×25%
六、综合收益总额	370	355＋15

3.

（1）"销售商品、提供劳务收到的现金"项目的金额＝150 000＋(30 000－50 000)＋(30 000－10 000)＝150 000（元）

（2）"购买商品、接受劳务支付的现金"项目的金额＝58 000＋12 000＋20 000－6 000＝84 000（元）

（3）"支付给职工以及为职工支付的现金"项目的金额＝48 000－9 000－7 000＝32 000（元）

（4）"购建固定资产、无形资产和其他长期资产支付的现金"项目的金额＝26 000＋15 000＋9 000＝50 000（元）

（5）"投资支付的现金"项目的金额＝14 500－300＝14 200（元）

（6）"吸收投资收到的现金"项目的金额＝72 000－5 000＝67 000（元）

（7）"偿还债务支付的现金"项目的金额＝60 000（元）

（8）"分配股利、利润或偿付利息支付的现金"项目的金额＝6 000＋40 000＝46 000（元）

会计政策、会计估计变更和差错更正 | 第十六章

一、学习目的与要求

通过本章学习，了解会计政策变更和重大前期差错的报表调整方法；熟悉会计政策变更、会计估计变更、前期差错的概念；理解会计政策变更、会计估计变更的区别；掌握会计政策变更追溯调整法和未来适用法、会计估计变更未来适用法的会计处理，掌握重大前期差错更正追溯重述法的会计处理。

二、重要概念

会计政策　　会计处理方法　　会计政策变更　　追溯调整法
未来适用法　　会计估计　会计估计变更　　前期差错　追溯重述法

三、重点与难点

重点：会计政策变更追溯调整法和未来适用法、会计估计变更未来适用法的会计处理。
难点：会计政策变更的追溯调整法、重大前期差错的追溯重述法。

四、内容概要解析

（一）会计政策及会计政策变更

1. 会计政策变更条件

（1）法律或国家统一的会计制度等行政法规、规章的要求；

（2）会计政策的变更可以使会计信息变得更相关、更可靠。

2. 不属于会计政策变更的情况

（1）当期发生与以前有本质区别的全新业务采用新的会计政策；

（2）初次发生的业务采用新的会计政策；

（3）的确是同一业务前后所用的会计政策不一致，但这一业务不是重要业务，按重要性原则的要求，可以不视为会计政策变更来处理。

3. 会计政策变更的会计处理

（1）追溯调整法是指对某项交易或事项变更会计政策，视同该项交易或事项初次发生时即采用变更后的会计政策，并以此对财务报表相关项目进行调整的方法。即视同该业务从一开始用的就是新政策，并依此思路将以前政策下的所有会计核算指标重新处理。

（2）未来适用法是指将变更后的会计政策应用于变更日及以后发生的交易或者事项，或者在会计估计变更当期和未来期间确认会计估计变更影响数的方法。

（3）方法的选择。

① 企业依据法律或国家统一的会计制度等行政法规、规章的要求变更会计政策，分别以下情况处理：

第一，国家如果明确规定了处理方法的则按照规定处理即可；

第二，国家未做明确规定的，按追溯调整法处理。

② 会计政策变更能够提供更可靠、更相关的会计信息的，应当采用追溯调整法处理，将会计政策变更累积影响数调整列报前期最早期初留存收益，其他相关项目的期初余额和列报前期披露的其他比较数据也应当一并调整，但确定该项会计政策变更累积影响数不切实可行的除外。

③ 确定会计政策变更对列报前期影响数不切实可行的，应当从可追溯调整的最早期间期初开始应用变更后的会计政策。在当期期初确定会计政策变更对以前各期累积影响数不切实可行的，应当采用未来适用法处理。

（4）追溯调整法的处理步骤。

① 计算会计政策变更的累计影响数。

所谓会计政策变更的累计影响数，是指假设与会计政策变更相关的交易或事项在初次发生时即采用新的会计政策，而得出的变更年度期初留存收益应有的金额，与现有的金额之间的差额，会计政策变更的累积影响数，是对变更会计政策所导致的对净损益的累积影响，以及由此导致的对利润分配和未分配利润的累积影响金额，但不包括分配的利润或股利。

第一步，根据新的会计政策重新计算受影响的前期交易或事项；

第二步，计算两种会计政策下的差异；

第三步，计算差异的所得税影响金额；

第四步，确定前期中的每一期的税后差异；

第五步，计算会计政策变更的累积影响数。

在实务操作中，为了能够明晰地对比出两种会计政策的差异，可以同时列示出两种会计政策下的业务处理，通过直接对比的方式来发现业务处理的差异并找出调整分录。

② 进行相关的账务处理。

③ 调整会计报表相关项目。

一是会计政策变更的累积影响数应包括在当年的会计报表的期初留存收益中；二是对于比较会计报表诸项目也应按新的会计政策口径来调整。常见的影响项目是：比较会计报表期间的期初留存收益和当年的利润分配和期末留存收益。

（5）未来适用法的处理程序。

在未来适用法下，不需要计算会计政策变更产生的累积影响数，也无需重编以前年度的财务报表。企业会计账簿记录及财务报表上反映的金额，变更之日仍保留原有的金额，不因会计政策变更而改变以前年度的既定结果，并在现有金额的基础上再按新的会计政策进行核算。

虽然未来适用法不要求对以前的会计指标进行追溯调整，但应在会计政策变更当期比较出会计政策变更对当期净利润的影响数，并披露于报表附注。

（6）会计政策变更的报表披露。

① 会计政策变更的性质、内容和原因。

② 当期和各个列报前期财务报表中受影响的项目名称和调整金额。

③ 无法进行追溯调整的，说明该事实和原因以及开始应用变更后的会计政策的时点、具体应用情况。

（二）会计估计及会计估计变更

1. 会计估计变更采用未来适用法，处理思路：

（1）如果会计估计的变更仅影响变更当期，有关估计变更的影响应于当期确认；

（2）如果会计估计的变更既影响变更当期又影响未来期间，有关估计变更的影响在当期及以后各期确认；

（3）为了保证一致性，会计估计变更的影响数应计入变更当期与前期相同的项目中。

2. 会计估计变更和会计政策变更无法分清时，应按会计估计变更处理。

3．会计估计变更的报表披露

会计估计变更的内容和原因、会计估计变更对当期和未来期间的影响数、会计估计变更的影响数不能确定的，披露这一事实和原因。

（三）前期差错更正

前期差错通常包括计算错误、应用会计政策错误、疏忽或曲解事实以及舞弊产生的影响以及存货、固定资产盘盈等。是指重要的前期差错以及虽然不重要但故意造成的前期差错。

前期差错的重要程度，应根据差错的性质和金额加以具体判断。例如，企业的存货盘盈，应将盘盈的存货计入当期损益。对于固定资产盘盈，应当查明原因，采用追溯重述法进行更正。

1．前期差错的分类

计算错误、应用会计政策错误、疏忽或曲解事实以及舞弊产生的影响。

2．前期差错的更正原则

（1）企业应当采用追溯重述法更正重要的前期差错，但确定前期差错累积影响数不切实可行的除外。

追溯重述法，是指在发现前期差错时，视同该项前期差错从未发生过，从而对财务报表相关项目进行更正的方法。

（2）当确定前期差错影响数不切实可行的，可以从可追溯重述的最早期间开始调整留存收益的期初余额，财务报表其他相关项目的期初余额也应当一并调整，也可以采用未来适用法。

（3）发生在资产负债表日后期间的前期差错应按资产负债表日后事项处理。

3．前期差错更正的报表附注披露

前期差错的性质；各个列报前期财务报表中受影响的项目名称和更正金额；无法进行追溯重述的，说明该事实和原因以及对前期差错开始进行更正的时点、具体更正情况。

五、同步练习

（一）单项选择题

1．下列关于会计估计及其变更的表述中，正确的是（　　）。

    A．会计估计应以最近可利用的信息或资料为基础

    B．对结果不确定的交易或事项进行会计估计会削弱会计信息的可靠性

    C．会计估计变更应根据不同情况采用追溯重述或追溯调整法进行处理

    D．某项变更难以区分为会计政策变更和会计估计变更的，应作为会计政策变更处理

2．关于会计政策变更，下列表述中正确的是（　　）。

    A．企业的会计政策，一经确定不得变更

    B．对于初次发生的交易或事项采用新的会计政策，属于会计政策变更，但采用未来适用法处理

    C．会计政策变更涉及损益时，应该通过"以前年度损益调整"科目核算

    D．连续、反复的自行变更会计政策，应按照前期差错更正的方法处理

3．关于企业会计政策的选用，下列情形中不符合相关规定的是（　　）。

    A．因原采用的会计政策不能可靠地反映企业的真实情况而改变会计政策

    B．会计准则要求变更会计政策

    C．为减少当期费用而改变会计政策

    D．因执行企业会计准则将对子公司投资由权益法核算改为成本法核算

4．会计政策是指（　　）。

    A．企业在会计确认、计量和报告中所采用的原则、基础和会计处理方法

    B．企业在会计确认中所采用的原则、基础和会计处理方法

    C．企业在会计计量中所采用的原则、基础和会计处理方法

D．企业在会计报告中所采用的原则、基础和会计处理方法

5．某上市公司发生的下列交易或事项中，属于会计政策变更的是（　　　）。

A．因固定资产改良将其折旧年限由 8 年延长至 10 年

B．期末对按业务发生时的汇率折算的外币长期借款余额按期末市场汇率进行调整

C．年末根据当期发生的暂时性差异所产生的递延所得税负债调整本期所得税费用

D．发出存货的计价方法由先进先出法改为加权平均法

6．开源公司适用的所得税税率为 25%，2×12 年 1 月 1 日首次执行会计准则，将开发费用的处理由直接计入当期损益改为有条件资本化。2×12 年发生符合资本化条件的开发费用 1 200 万元。税法规定，资本化的开发费用计税基础为其资本化金额的 150%。则开源公司 2×12 年不正确的会计处理是（　　　）。

A．该业务属于会计政策变更

B．资本化开发费用的计税基础为 1 800 万元

C．资本化开发费用形成可抵扣暂时性差异

D．资本化开发费用应确认递延所得税资产 150 万元

7．会计政策变更时，会计处理方法的选择应遵循的原则是（　　　）。

A．必须采用未来适用法

B．在追溯调整法和未来适用法中任选其一

C．必须采用追溯调整法

D．会计政策变更累积影响数可以合理确定时应采用追溯调整法，不能合理确定时采用未来适用法

8．下列各项中，不属于会计估计的是（　　　）。

A．固定资产的初始计量

B．建造合同完工进度的确定

C．固定资产预计使用寿命、净残值和折旧方法的确定

D．预计负债最佳估计数的确定

9．甲企业拥有的一台自 2008 年 1 月 1 日开始计提折旧的设备，其原值为 27 500 元，预计使用年限为 5 年，预计净残值为 500 元，采用年数总和法计提折旧。从 2×10 年起，该企业将该固定资产的折旧方法改为平均年限法，设备的预计使用年限由 5 年改为 4 年，设备的预计净残值由 500 元改为 200 元。该设备 2×10 年的折旧额为（　　　）元。

A．3 100　　　　　B．5 550　　　　　C．3 250　　　　　D．4 000

10．对于某项会计变更，如果难以区分其属于会计政策变更还是会计估计变更，则企业正确的处理是（　　　）。

A．将其视为前期差错处理　　　　　B．将其视为会计政策变更处理

C．将其视为会计估计变更处理　　　　D．将其视为资产负债表日后调整事项处理

11．开源公司 2×12 年实现净利润 6 600 万元。该公司 2×13 年发生或发现的下列交易或事项中，会影响其资产负债表"未分配利润"项目年初余额的是（　　　）。

A．发现 2×12 年少计管理费用 1 000 万元

B．发现 2×12 年少提折旧费用 0．005 万元

C．为 2×12 年售出的产品提供售后服务发生支出 600 万元

D．收到 2×12 年先征后返的增值税 18 万元

12．下列各项中，属于会计差错的是（　　　）。

A．固定资产达到预定可使用状态后，相关的借款费用计入当期损益

B．固定资产达到预定可使用状态后，相关借款费用计入该固定资产成本

C．在同一年度开始和完成的劳务在劳务完成时确认收入

D. 开始和完成分属不同年度的劳务，且在资产负债表日提供劳务交易的结果能够可靠估计的，应采用完工百分比法确认收入

13. 对下列前期差错更正的会计处理，说法不正确的是（　　）。

A. 对于不重要的前期差错，应作为本期事项处理

B. 确定前期差错影响数不切实可行的，只能采用未来适用法

C. 企业应当在重要的前期差错发现当期的财务报表中，调整前期比较数据

D. 对于不重要的前期差错，企业不需要调整财务报表相关项目的期初数，但应调整发现当期的相关项目

（二）多项选择题

1. 下列关于会计政策及其变更的表述中，正确的有（　　）。

A. 会计政策涉及会计原则、会计基础和具体会计处理方法

B. 变更会计政策表明以前会计期间采用的会计政策存在错误

C. 变更会计政策能够更好地反映企业的财务状况和经营成果

D. 本期发生的交易或事项与前期相比具有本质差别而有用新的会计政策，不属于会计政策变更

2. 某股份有限公司对下列各项业务进行的会计处理中，符合现行会计准则规定的有（　　）。

A. 由于物价持续下跌，将发出存货的核算方法由原来的加权平均法改为先进先出法

B. 由于银行提高了借款利率，当期发生的财务费用过高，将超出财务计划的利息暂作资本化处理

C. 由于产品销路不畅，销售收入减少，固定费用相对过高，将固定资产折旧方法由原年数总和法改为平均年限法

D. 由于客户财务状况改善，将坏账准备的计提比例由原来的5%降为1%

3. 下列各项，不需要采用追溯调整法进行会计处理的有（　　）。

A. 无形资产因预计使用年限发生变化而变更其摊销年限

B. 低值易耗品摊销方法的改变

C. 固定资产因经济利益实现方式发生变化而变更其折旧方法

D. 采用成本模式计量的投资性房地产改按公允价值模式计量

4. 下列各项中，年度财务报表附注中应当披露的信息有（　　）。

A. 重要的会计政策　B. 会计政策变更　C. 重要的会计估计　　D. 会计估计变更

5. 下列各项中，属于会计估计变更的有（　　）。

A. 固定资产的净残值率由9%改为7%

B. 存货的期末计价由成本法改为成本与可变现净值孰低法

C. 坏账准备的提取比例由15%降低为10%

D. 法定盈余公积的提取比例由15%降低为10%

6. 下列各项中，应采用未来适用法处理的有（　　）。

A. 企业因账簿超过法定保存期限而销毁，引起会计政策变更累积影响数只能确定账簿保存期限内的部分

B. 企业账簿因不可抗力因素而毁坏，引起累积影响数无法确定

C. 会计政策变更累积影响数能够确定，但法律或行政法规要求对会计政策的变更采用未来适用法

D. 会计估计变更

7. 根据《企业会计准则第 28 号——会计政策、会计估计变更和差错更正》的规定，企业发生会计估计变更时，应在会计报表附注披露的内容有（　　）。

A．会计估计变更的内容和原因　　　　B．会计估计变更的累积影响数

C．会计估计变更对当期的影响数　　　D．会计估计变更对未来期间的影响数

8．企业发生的如下情形中，一般属于会计差错的有（　　　）。

　　A．计算错误　　　　　　　　　　　B．应用会计政策错误

　　C．疏忽或曲解事实以及舞弊产生的影响　D．固定资产盘盈

9．下列事项均发生于以前期间，应作为前期差错更正的有（　　　）。

　　A．由于技术进步，将电子设备的折旧方法由直线法变更为年数总和法

　　B．根据规定对资产计提减值准备，考虑到利润指标超额完成太多，多提了存货跌价准备

　　C．由于经营指标的变化，缩短长期待摊费用的摊销年限

　　D．会计人员将财务费用 200 万元误算为 2 000 万元

10．下列有关会计差错的处理中，正确的有（　　　）。

　　A．对于当期发生的重要的会计差错，调整当期项目的金额

　　B．对发现以前年度影响损益的重要会计差错应当调整发现当期的期初留存收益

　　C．对于比较会计报表期间的重要会计差错，编制比较报表应调整各该期间的净损益及其他相关项目

　　D．对于年度资产负债表日至财务报告批准报出日发现的报告年度的重要会计差错，应作为资产负债表日后的调整事项处理

（三）判断题

1．将以经营性租赁方式租入的固定资产通过变更合同转为融资租赁固定资产，属于会计政策变更。（　　　）

2．会计实务中，有时很难区分会计政策变更和会计估计变更。如果难以区分为会计政策变更或会计估计变更，则应按会计政策变更进行处理。（　　　）

3．本期发生的交易或事项与以前相比具有本质差别而采用新的会计政策，不属于会计政策变更。（　　　）

4．会计估计变更仅影响变更当期，对以前期间以及未来期间均没有影响。（　　　）

5．会计估计变更的影响数，均应于当期及以后各期确认。（　　　）

6．会计估计变更仅影响变更当期的，其影响数应在变更当期予以确认；既影响变更当期又影响未来期间的，其影响数应当在变更当期和未来期间确认。（　　　）

7．固定资产的盘亏、盘盈均属于前期差错。（　　　）

8．确定前期差错影响数不切实可行的，可以从可追溯重述的最早期间开始调整留存收益的期初余额，财务报表其他相关项目的期初余额也应当一并调整，不得采用未来适用法。（　　　）

（四）计算及账务处理题

资料：开源公司 2×12 年、2×13 年分别以 500 万元和 130 万元的价格从股票市场购入 A、B 两只股票（假设不考虑购入股票发生的交易费用），市价一直高于购入成本。公司采用成本与市价孰低法对购入股票进行计量。公司从 2×14 年起将 A、B 两只股票划分为交易性金融资产，并按照公允价值对其进行计量，公司保存的会计资料比较齐备，可以通过会计资料追溯计算。假设所得税税率为 25%，公司按净利润的 10% 提取法定盈余公积，按净利润的 5% 提取任意盈余公积。两种方法计量的交易性金融资产账面价值如下表所示。

两种方法计量的交易性金融资产账面价值　　　　　　单位：万元

项目	成本与市价孰低	2×12 年年末公允价值	2×13 年年末公允价值
A 股票	500	550	550
B 股票	130	—	160

要求：

（1）计算 2×14 年上述会计政策变更的累积影响数；

（2）编制该公司 2×12 年和 2×13 年会计政策变更的相关会计分录；

（3）对 2×14 年上述会计政策变更报表项目的调整做出说明。

项目	时间	公允价值	成本与市价孰低	税前差异	所得税影响	税后差异
A 股票	2×12 年末					
B 股票	2×13 年末					
合计	合计					

参考答案

（一）单项选择题

1	2	3	4	5	6	7	8	9	10	11	12	13
A	D	C	A	D	D	D	A	B	C	A	B	B

（二）多项选择题

1	2	3	4	5	6	7	8	9	10
ACD	AD	ABC	ABCD	AC	BCD	ACD	ABCD	BCD	ABCD

（三）判断题

1	2	3	4	5	6	7	8
×	×	√	×	×	√	×	×

（四）计算及账务处理题

（1）计算 2×14 年上述会计政策变更的累积影响数。

改变交易性金融资产计量方法后的累积影响数　　　　　单位：万元

项目	时间	公允价值	成本与市价孰低	税前差异	所得税影响	税后差异
A 股票	2×12 年末	550	500	50	12.5	37.5
B 股票	2×13 年末	160	130	30	7.5	22.5
合计	合计	710	630	80	20	60

上述会计政策变更的累积影响数为 60 万元。

（2）编制该公司 2×12 年和 2×13 年会计政策变更的相关分录。

对 2×12 年有关事项的调整分录：

① 对 2×12 年有关事项的调整分录：

借：交易性金融资产——公允价值变动　　　　500 000

　　贷：利润分配——未分配利润　　　　　　　　375 000

　　　　递延所得税负债　　　　　　　　　　　　125 000

或分别编制以下分录：

借：交易性金融资产——公允价值变动　　　　500 000

　　贷：公允价值变动损益　　　　　　　　　　　500 000

借：所得税费用　　　　　　　　　　　　　　125 000（500 000×25%）

贷：递延所得税负债	125 000	

借：公允价值变动损益　　　　　　　　　　　500 000

　　贷：本年利润　　　　　　　　　　　　　　375 000

　　　　所得税费用　　　　　　　　　　　　　125 000

借：本年利润　　　　　　　　　　　　　　　375 000

　　贷：利润分配——未分配利润　　　　　　　375 000

② 调整利润分配：

借：利润分配——未分配利润　　　　56 250（375 000×15%）

　　贷：盈余公积——法定盈余公积　　　　　　37 500

　　　　　　　　——任意盈余公积　　　　　　18 750

对 2×13 年有关事项的调整分录：

① 调整交易性金融资产：

借：交易性金融资产——公允价值变动　　　　300 000

　　贷：利润分配——未分配利润　　　　　　　225 000

　　　　递延所得税负债　　　　　　　　　　　 75 000

② 调整利润分配：

借：利润分配——未分配利润　　　　33 750（225 000×15%）

　　贷：盈余公积——法定盈余公积　　　　　　22 500

　　　　　　　　——任意盈余公积　　　　　　11 250

（3）对 2×14 年上述会计政策变更的报表项目调整做出说明。

开源公司在列报 2×14 年财务报表时，应调整 2×14 年资产负债表有关项目的年初余额、利润表有关项目的上年金额及所有者权益变动表有关项目的上年金额和本年金额也应进行调整。

① 资产负债表项目的调整

调增交易性金融资产年初余额 800 000 元（A、B 股票的公允价值变动损益）；调增递延所得税负债年初余额 200 000 元（A、B 股票产生的应纳税暂时性差异）；调增盈余公积年初余额 90 000 元（10%的法定盈余公积、5%的任意盈余公积）；调增未分配利润年初余额 510 000 元。

② 利润表项目的调整

调增公允价值变动收益上年金额 300 000 元（B 股票 2×13 年公允价值变动损益）；调增所得税费用上年金额 75 000 元（B 股票应纳税暂时性差异产生的所得税费用）；调增净利润上年金额 225 000 元。

③ 所有者权益变动表项目的调整

调增会计政策变更项目中盈余公积上年金额 56 250 元，未分配利润上年金额 318 750 元，所有者权益合计上年金额 375 000 元。

调增会计政策变更项目中盈余公积本年金额 33 750 元，未分配利润本年金额 191 250 元，所有者权益合计本年金额 225 000 元。

资产负债表日后事项 | 第十七章

一、学习目的与要求

通过本章学习，了解资产负债表日后事项涵盖的期间，熟悉资产负债表日后事项的概念及其类型，掌握资产负债表日后调整事项和非调整事项的会计处理。

二、重要概念

1．资产负债表日后事项，是指资产负债表日至财务报告批准报出日之间发生的有利或不利事项。

2．资产负债表日后调整事项，是指对资产负债表日已经存在的情况提供了新的或进一步证据的事项。

3．资产负债表日后非调整事项，是指表明资产负债表日后发生的情况的事项。

三、重点与难点

重点：资产负债表日后事项中调整事项和非调整事项的处理。

难点：资产负债表日后事项中调整事项的会计处理。

四、内容概要解析

（一）资产负债表日后事项

1．资产负债表日

资产负债表日是指会计年度末和会计中期期末。其中，年度资产负债表日是指公历12月31日；会计中期通常包括半年度、季度和月度等，会计中期期末相应地是指公历半年末、季末和月末等。

2．财务报告批准报出日

财务报告批准报出日是指董事会或类似机构批准财务报告报出的日期。

3．有利或不利事项

资产负债表日后事项准则所称"有利或不利事项"，是指资产负债表日后对企业财务状况和经营成果具有一定影响（既包括有利影响也包括不利影响）的事项。如果某些事项的发生对企业财务状况和经营成果无任何影响，那么，这些事项既不是有利事项也不是不利事项，也就不属于准则所称资产负债表日后事项。

4．资产负债表日后事项涵盖的期间是自资产负债表日次日起至财务报告批准报出日止的一段时间，具体是指报告期下一期间的第一天至董事会或类似机构批准财务报告对外公布的日期。

（二）调整事项

1．调整事项的特点

（1）在资产负债表日已经存在，资产负债表日后得以证实的事项；

（2）对按资产负债表日存在状况编制的财务报表产生重大影响的事项。

2．调整事项的判断

某一事项究竟是调整事项还是非调整事项，主要取决于该事项表明的情况在资产负债表日或资产负债表日以前是否已经存在。若该情况在资产负债表日或之前已经存在，则属于调整事项；反之，则属于非调整事项。

3．调整事项的内容

调整事项，通常包括：①资产负债表日后诉讼案件结案，法院判决证实了企业在资产负债表日已经存在现时义务，需要调整原先确认的与该诉讼案件相关的预计负债，或确认一项新负债；②资产负债表日后取得确凿证据，表明某项资产在资产负债表日发生了减值或者需要调整该项资产原先确认的减值金额；③资产负债表日后进一步确定了资产负债表日前购入资产的成本或售出资产的收入；④资产负债表日后发现了财务报表舞弊或差错。

4．调整事项的会计处理

年度资产负债表日后发生的调整事项，应具体分别以下情况进行处理。

（1）涉及损益的事项，通过"以前年度损益调整"科目核算。调整增加以前年度利润或调整减少以前年度亏损的事项，记入"以前年度损益调整"科目的贷方；调整减少以前年度利润或调整增加以前年度亏损的事项，记入"以前年度损益调整"科目的借方。

涉及损益的调整事项，发生在资产负债表日所属年度（即报告年度）所得税汇算清缴前的，应调整报告年度应纳税所得额、应纳所得税税额；发生在报告年度所得税汇算清缴后的，应调整本年度（即报告年度的次年）应纳所得税税额。

由于以前年度损益调整增加的所得税费用，记入"以前年度损益调整"科目的借方，同时贷记"应交税费——应交所得税"等科目；由于以前年度损益调整减少的所得税费用，记入"以前年度损益调整"科目的贷方，同时借记"应交税费——应交所得税"等科目。

调整完成后，将"以前年度损益调整"科目的贷方或借方余额，转入"利润分配——未分配利润"科目。

（2）涉及利润分配调整的事项，直接在"利润分配——未分配利润"科目核算。

（3）不涉及损益及利润分配的事项，调整相关科目。

（4）通过上述账务处理后，还应同时调整财务报表相关项目的数字，包括：①资产负债表日编制的财务报表相关项目的期末数或本年发生数；②当期编制的财务报表相关项目的期初数或上年发生数；③经过上述调整后，涉及报表附注内容的，还应当做出相应调整。

（三）非调整事项

非调整事项，通常包括：（1）资产负债表日后发生重大诉讼、仲裁、承诺；（2）资产负债表日后资产价格、税收政策、外汇汇率发生重大变化；（3）资产负债表日后因自然灾害导致资产发生重大损失；（4）资产负债表日后发行股票和债券以及其他巨额举债；（5）资产负债表日后资本公积转增资本；（6）资产负债表日后发生巨额亏损；（7）资产负债表日后发生企业合并或处置子公司。

五、同步练习

（一）单项选择题

1．下列关于资产负债表日后事项的说法中，不正确的是（　　）。

A．资产负债表日是指会计年度末和会计中期期末

B．资产负债表日仅指日后期间的有利事项

C．资产负债表日后事项可以分为调整事项和非调整事项

D．资产负债表日后事项涵盖的期间是自资产负债表日后至财务报告批准报出日止的一段时间

2．下列有关资产负债表日后事项的表述中，不正确的是（　　）。

A．调整事项是对报告年度资产负债表日已经存在的情况提供了进一步证据的事项

B. 非调整事项是报告年度资产负债表日及之前其状况不存在的事项

C. 调整事项涉及损益调整时均应通过"盈余公积""利润分配"科目进行账务处理

D. 重要的非调整事项只需在报告年度财务报表附注中披露

3. 甲企业 2×11 年 1 月 20 日向乙企业销售一批商品，已进行收入确认的有关账务处理；同年 2 月 1 日，乙企业收到货物后验收不合格要求退货，2 月 10 日甲企业收到退货。甲企业年度资产负债表批准报出日是 4 月 30 日。甲企业对此业务的正确处理是（　　）。

A. 作为 2×10 年资产负债表日后事项的调整事项

B. 作为 2×10 年资产负债表日后事项的非调整事项

C. 作为 2×11 年资产负债表日后事项的调整事项

D. 作为 2×11 年当期正常的销售退回事项

4. 某公司在资产负债表日后期间，发生的下列事项中，属于调整事项的是（　　）。

A. 发生巨额亏损

B. 以资本公积转增资本

C. 企业日后期间发现报告年度购入一项固定资产仍未入账

D. 企业合并

5. 在资产负债表日至财务报告批准报出日之间发生的下列事项中，不属于资产负债表日后调整事项的是（　　）。

A. 已证实某项资产发生了减损

B. 已确认销售的货物被退回

C. 外汇汇率发生较大变动

D. 已确定将要支付赔偿额大于该赔偿在资产负债表日的估计金额

6. 开源公司在年度财务报告批准报出日之前发现了报告年度的重大会计差错，需要做的会计处理是（　　）。

A. 按照资产负债表日后调整事项的处理原则做出相应调整

B. 作为发现当期的会计差错更正

C. 按照资产负债表日后非调整事项的处理原则做出说明

D. 在发现当期报表附注中做出披露

7. 报告年度售出并已确认收入的商品于资产负债表日后期间退回时，正确的处理方法是（　　）。

A. 冲减发生退货当期的主营业务收入

B. 调整报告年度年初未分配利润

C. 调整报告年度的主营业务收入和主营业务成本

D. 计入前期损益调整项目

8. 下列发生于资产负债表日后期间的事项中，属于调整事项的是（　　）。

A. 日后期间发现报告年度重大会计差错

B. 外汇汇率发生较大变动

C. 在日后期间满足收入确认条件的商品销售业务

D. 公司本报告年度的财务报告审计费

9. 开源公司 2×12 年 3 月在上年度财务会计报告批准报出前发现一台管理用固定资产未计提折旧，属于重大差错。该固定资产系 2×10 年 6 月接受汇鸿公司捐赠取得。根据开源公司的折旧政策，该固定资产 2×10 年应计提折旧 100 万元，2×11 年应计提折旧 200 万元。假定开源公司按净利润的 10%提取法定盈余公积，不考虑所得税等其他因素，开源公司 2×11 年度资产负债表"未分配利润"项目"年末数"应调减的金额为（　　）万元。

A. 90　　　　　　　B. 180　　　　　　　C. 200　　　　　　　D. 270

（二）多项选择题

1．下列关于日后事项的表述中，正确的有（　　　）。

A．资产负债表日后事项既包括有利事项也包括不利事项，但两者处理原则不同

B．在日后期间发生的所有事项均需要调整报告年度的财务报表

C．日后调整事项是在资产负债表日已经存在，在日后期间得以证实的事项

D．日后调整事项是对编制的财务报表产生重大影响的事项

2．下列年度资产负债表日至财务报告批准报出日之间发生的事项中，属于资产负债表日后事项的有（　　　）。

A．按期履行报告年度签订的商品购销合同

B．对企业财务状况产生重大影响的外汇汇率大幅度变动

C．出售重要的子公司

D．火灾造成重大损失

3．企业发生的资产负债表日后非调整事项，通常包括的内容有（　　　）。

A．资产负债表日后发生重大诉讼、仲裁、承诺

B．资产负债表日后资产价格、税收政策、外汇汇率发生重大变化

C．资产负债表日后因自然灾害导致资产发生重大损失

D．资产负债表日后发行股票和债券以及其他巨额举债

4．A公司2×10年度财务报表于2×11年4月20日批准对外报出。该公司2×11年1月1日至4月20日之间发生的下列事项中，需要对2×10年度财务报表进行调整的有（　　　）。

A．因2×11年1月份汇率发生大幅波动致使该公司外币货币性项目出现重大汇兑差额

B．2×11年2月15日，董事会制定了2×10年度股利分配方案

C．A公司2×10年已确认收入的一笔销售业务因产品质量问题发生销售折让

D．2×11年2月发现一批存货在报告年度资产负债表日已严重贬值

5．关于资产负债表日后事项，下列说法中不正确的有（　　　）。

A．资产负债表日后事项中的调整事项，涉及损益调整的，直接通过"利润分配——未分配利润"科目核算

B．在资产负债表日已确认预计负债的或有事项在日后期间转化为确定事项时，应依据资产负债表日后事项准则做出相应处理

C．资产负债表日后事项的调整事项，虽然已经调整了相关报表项目，但仍应在财务报告附注中进行披露

D．资产负债表日后事项是指所有发生在资产负债表日后期间的不利事项

6．20×8年开源公司为汇鸿公司的500万元债务提供70%的担保，汇鸿公司因到期无力偿还债务被起诉，至12月31日，法院尚未做出判决，开源公司根据有关情况预计很可能承担部分担保责任，且金额能够可靠计量，20×9年2月6日开源公司财务报告批准报出之前法院做出判决，开源公司承担全部担保责任，需为汇鸿公司偿还债务的70%，开源公司已执行，以下开源公司的处理中，正确的有（　　　）。

A．20×8年12月31日对此预计负债披露

B．20×8年12月31日对此或有负债披露

C．20×8年12月31日按照很可能承担的担保责任确认预计负债

D．20×9年2月6日按照资产负债表日后调整事项处理，调整会计报表相关项目

7．在资产负债表日后至财务报告批准报出日之间发生的下列事项中，不属于资产负债表日后非调整事项的有（　　　）。

A．以资本公积转增股本

    B. 发现了财务报表舞弊

    C. 发现原预计的资产减值损失严重不足

    D. 实际支付的诉讼赔偿额与原预计金额有较大差异

（三）判断题

1. 资产负债表日后出现的情况引起的固定资产或投资的减值，属于非调整事项。（　　　）

2. 资产负债表日后事项包括有利事项与不利事项，但是对资产负债表日后的有利和不利事项应该采用不同原则进行处理。（　　　）

3. A 公司为上市公司，要求对外提供季度财务报告。则其提供第二季度的财务报告时，资产负债表日为 6 月 30 日。（　　　）

4. 资产负债表日后出现的情况引起的固定资产或投资的减值，属于非调整事项。（　　　）

5. 对资产负债表日后事项中的调整事项，涉及损益的事项，直接通过"利润分配——未分配利润"科目核算。（　　　）

6. 资产负债表日前已符合收入确认条件的商品销售，在日后期间发生销售折让的，应该调整报告年度财务报表相关项目的金额。（　　　）

7. 企业在资产负债表日后至财务报告批准报出日之间发生巨额亏损，这一事项与企业资产负债表日存在状况无关，不应作为非调整事项在财务报表附注中披露。（　　　）

8. 资产负债表日至财务报告批准报出日之间发现的资产减损事项，既可能是调整事项，也可能是非调整事项。（　　　）

9. 某上市公司在资产负债表日后期间出售重要子公司属于日后调整事项。（　　　）

（四）计算及账务处理题

开源公司为一般纳税企业，适用的增值税税率为 17%，采用资产负债表债务法核算所得税，所得税税率为 25%，按净利润的 10% 提取法定盈余公积。开源公司 2×13 年度财务报告于 2×14 年 4 月 30 日批准报出，2×13 年度所得税汇算清缴日为 2×14 年 5 月 30 日。2×14 年 1 月 1 日至 4 月 30 日，开源公司发生了如下事项。

（1）2 月 1 日，开源公司收到通知，其销售给汇鸿公司的一批商品外观设计上存在缺陷，未达到合同验收标准，汇鸿公司要求开源公司在价格上（不含增值税税额）给予 5% 的折让。开源公司同意了汇鸿公司的要求并于当日向汇鸿公司开具红字增值税专用发票。该批商品系开源公司于 2×13 年 12 月 23 日销售给汇鸿公司，不含税售价为 200 万元，增值税税额为 34 万元，开源公司已于销售时确认收入，截至 2×13 年底款项尚未收到。

（2）2 月 10 日开源公司接到通知，其债务人南海公司已宣告破产。开源公司预计南海公司所欠 1 000 万元购货款只能收回 75%。开源公司在 2×13 年 12 月已得知该公司出现严重财务困难，并已经计提坏账准备 30 万元。

（3）2 月 24 日，开源公司获悉其债务人星河公司在 2×14 年 2 月 20 日发生重大安全生产事故，面临巨额罚款及赔偿，星河公司所欠应收账款 400 万元预计只能收回 30%。该项应收账款系开源公司 2×13 年向星河公司销售一套大型机器设备所产生的。截至 2×13 年 12 月 31 日，星河公司经营状况良好，开源公司未对该笔应收账款计提坏账准备。

（4）3 月 2 日，中江公司致函开源公司，称开源公司 2×13 年 12 月销售的一批产品存在质量问题，要求退货。该批产品售价 500 万元，成本 200 万元，开源公司已于 2×13 年 12 月确认收入，截至 2×14 年 3 月 2 日尚未收到相关款项。开源公司经检验，发现该产品确有质量问题，开源公司于 3 月 4 日同意退货，并于当日收到中江公司退回的产品、向中江公司开具红字增值税专用发票。

（5）3 月 15 日，开源公司董事会通过股利分配方案，拟对 2×13 年度利润进行分配。

（6）3 月 31 日因火灾导致开源公司资产发生重大损失 4 500 万元。

（7）2×13 年 2 月，开源公司与庚公司签订一项劳务合同，合同总价款为 2 000 万元，预计合同总成本为 1 500 万元，开源公司采用完工百分比法（按已完成工作的测量确定完工百分比）核算该项合同的收入和成本。至 2×13 年 12 月 31 日，开源公司确定的完工进度为 40%，并据此确认相关损益。2×14 年 4 月 5 日，开源公司经修订的进度报表表明原估计有误，2×13 年实际完工进度应为 45%，款项未结算。

（8）3 月 20 日，开源公司于 2×13 年 12 月 20 日销售给己公司的一批商品无条件退货期届满，己公司对该批商品的质量和性能表示满意。按销售合同约定，该批商品的售价为 1 000 万元，开源公司承诺己公司在 3 个月内对该批商品的质量和性能不满意，可以无条件退货。

其他资料：不考虑除增值税及所得税以外的其他相关税费。

要求：

（1）指出上述事项中哪些属于资产负债表日后调整事项，哪些属于非调整事项，注明序号即可；

（2）对资产负债表日后调整事项，编制相关调整会计分录（汇总调整"以前年度损益调整"科目金额），并分项说明开源公司 2×13 年企业所得税纳税申报调整情况。

参考答案

（一）单项选择题

1	2	3	4	5	6	7	8	9
B	C	D	C	C	A	C	A	D

（二）多项选择题

1	2	3	4	5	6	7
CD	BCD	ABCD	CD	ACD	ACD	BCD

（三）判断题

1	2	3	4	5	6	7	8	9
√	×	√	√	×	√	×	√	×

（四）计算及账务处理题

【参考答案】

（1）事项（1）（2）（4）和（7）为调整事项，事项（3）（5）（6）（8）为非调整事项。

（2）编制相关调整分录：

① 事项（1）

借：以前年度损益调整——调整主营业务收入　　　　　100 000

　　　应交税费——应交增值税（销项税额）　　　　　17 000

　　贷：应收账款　　　　　　　　　　　　　　　　　　117 000

借：应交税费——应交所得税　　　　　　　　　　　25 000

　　贷：以前年度损益调整——调整所得税费用　　　　　25 000

② 事项（2）

借：以前年度损益调整——调整资产减值损失　　2 200 000（10 000 000×25%－300 000）

　　贷：坏账准备　　　　　　　　　　　　　　　　　2 200 000

借：递延所得税资产　　　　　　　　　　　　　　550 000

　　贷：以前年度损益调整——调整所得税费用　　　　　550 000

③ 事项（3）

非调整事项

④ 事项（4）

借：以前年度损益调整——调整主营业务收入   5 000 000

  应交税费——应交增值税（销项税额） 850 000

   贷：应收账款   5 850 000

借：库存商品   2 000 000

   贷：以前年度损益调整——调整主营业务成本   2 000 000

借：应交税费——应交所得税   750 000

   贷：以前年度损益调整——调整所得税费用   750 000

⑤ 事项（5）

非调整事项

⑥ 事项（6）

该笔业务，会计作为资产负债表日后非调整事项处理。企业所得税，不涉及 2×13 年应纳税所得额的调整，扣除责任人和保险公司赔偿后的余额直接计入 2×14 年应纳税所得额中。

⑦ 事项（7）

借：应收账款   1 000 000

   贷：以前年度损益调整——调整主营业务收入   1 000 000（20 000 000×5%）

借：以前年度损益调整——调整主营业务成本 750 000

   贷：劳务成本   750 000

借：以前年度损益调整——调整所得税费   62 500

   贷：应交税费——应交所得税   62 500

⑧ 事项（8）

不需要处理。

借：利润分配——未分配利润   3 408 750

  盈余公积   378 750

   贷：以前年度损益调整——调整本年利润   3 787 500

第六篇 特殊业务

或有事项 | 第十八章

一、学习目的与要求

通过本章学习，应了解或有事项的概念和特征；熟悉或有负债和或有资产的披露；理解预计负债的确认、计量、披露；掌握或有事项的会计处理。

二、重要概念

或有事项 或有负债 或有资产 预计负债 亏损合同 重组

三、重点与难点

重点：或有事项的概念；或有事项确认负债的条件及其计量；或有事项确认资产的条件及其计量；预计负债的概念；未决诉讼及债务担保的会计处理；亏损合同的会计处理；重组义务的会计处理；或有事项的列报等。

难点：亏损合同的会计处理。

四、内容概要解析

（一）或有事项的概念

或有事项，是指过去的交易或者事项形成的，其结果须由某些未来事项的发生或不发生才能决定的不确定事项。

（二）或有负债和或有资产

1. 或有负债的概念

（1）过去的交易或者事项形成的潜在义务，其存在须通过未来不确定事项的发生或不发生予以证实。

（2）过去的交易或者事项形成的现实义务，履行该义务不是很可能导致经济利益流出企业或该义务的金额不能可靠计量。

2. 或有资产的概念

过去的交易或者事项形成的潜在资产，其存在须通过未来不确定事项的发生或不发生予以证实。

（三）预计负债的确认

与或有事项相关的义务（经济利益流出）同时满足3条，应确认为预计负债：

1. 该义务是企业承担的现时义务；

2. 履行该义务很可能导致经济利益流出企业；

3．该义务的金额能可靠计量。

（四）预计负债的计量

1．连续范围、等概率：最佳估计数＝中间值＝(A+B)/2

2．单个项目：最佳估计数＝最可能金额

3．多个项目：最佳估计数＝∑各项金额×发生概率（即：加权平均数）

（五）或有事项的会计处理

1．未决诉讼和未决仲裁

借：管理费用——诉讼费

    营业外支出——赔偿支出、违约金

    贷：预计负债

2．债务担保

借：营业外支出——债务担保损失

    营业外支出——赔偿支出、违约金

    营业外支出——罚息支出（如贷款延付期间的利息）

    贷：预计负债

3．产品质量保证

借：销售费用——产品质量保证（三包费用）

    贷：预计负债

4．亏损合同

在履行合同义务过程中，如发生的成本预期将超过与合同相关的未来流入的经济利益，待执行合同即变成了亏损合同。

（1）与亏损合同有关的义务若不需要支付补偿就可撤销，不得确认预计负债；

（2）待执行合同变成亏损合同时：

第一，有合同标的资产，先进行减值测试并确认减值损失。

① 预计亏损不超过该减值损失，则不确认预计负债；

② 预计亏损超过该减值损失，则超过部分确认为预计负债。

第二，没有合同标的资产的，满足规定条件时确认为预计负债，预计负债的金额为执行合同损失和撤销合同损失的较低者。

（3）分录

借：营业外支出——履行亏损合同造成的损失

    贷：预计负债

5．重组义务

（1）重组是指企业制定和控制的，将显著改变企业组织形式、经营范围或经营方式的计划实施行为。

（2）企业承担重组义务，同时满足或有事项三项确认条件时，确认"预计负债"。

下列情况同时存在时，表明企业承担了重组义务：第一，有详细、正式的重组计划，包括重组涉及的业务、主要地点、需要补偿的职工人数及其岗位性质、预计重组支出、计划实施时间等；第二，该重组计划已对外公告。

（3）计量：与重组有关的直接支出，计入"预计负债"。

（六）预计负债的披露

1．预计负债的种类、形成原因以及经济利益流出不确定性的说明；

2．期初、期末余额和本期变动情况；

3．预期补偿金额和本期已确认的预期补偿金额。

（七）或有负债的披露

1. 确认：或有负债不确认，但符合条件应披露。

2. 披露：不包括极小可能导致经济利益流出企业的或有负债。

（八）或有资产的披露

1. 确认：或有资产不确认，但符合条件应披露。

2. 披露：披露很可能给带来经济利益的或有资产。

五、同步练习

（一）单项选择题

1. 企业因对外担保事项可能产生的负债，在担保涉及诉讼的情况下，下列说法中正确的是（　　）。

　　A. 因为法院尚未判决，企业没有必要确认为预计负债

　　B. 虽然法院尚未判决，但企业估计败诉的可能性为 50%，则应确认相应的预计负债

　　C. 虽然法院尚未判决，但是企业估计败诉的可能性大于胜诉的可能性，且损失金额能够合理估计的，则应确认相应的预计负债

　　D. 虽然企业一审已被判决败诉，但正在上诉，不应确认为预计负债

2. 企业因或有事项确认预计负债时，对于由第三方补偿的金额，其单独确认的条件是（　　）。

　　A. 发生的概率大于 0% 但小于或等于 50%

　　B. 发生的概率大于 5% 但小于或等于 50%

　　C. 发生的概率大于 50% 但小于或等于 95%

　　D. 发生的概率大于 95% 但小于 100%

3. 或有事项具有不确定性，下列关于"不确定性"的理解，正确的是（　　）。

　　A. 或有事项的不确定性是指或有事项的发生具有不确定性

　　B. 或有事项虽然具有不确定性，但该不确定性能由企业控制

　　C. 固定资产计提折旧时，涉及对其残值和使用年限的分析和判断具有一定的不确定性，这种不确定性与或有事项具有的不确定性是完全相同的

　　D. 或有事项具有不确定性，是指或有事项的结果是否发生具有不确定性或者发生的具体时间或金额具有不确定性

4. A 公司 2011 年 8 月收到法院通知被某单位提起诉讼，要求 A 公司赔偿违约造成的经济损失 130 万元，至本年末，法院尚未做出判决。A 公司对于此项诉讼，预计有 51% 的可能性败诉，如果败诉需支付对方赔偿 90 至 120 万元，并支付诉讼费用 5 万元。A 公司 2011 年 12 月 31 日需要做的处理是（　　）。

　　A. 不能确认负债，作为或有负债在报表附注中披露

　　B. 确认预计负债 110 万元，同时在报表附注中披露有关信息

　　C. 确认预计负债 105 万元，同时在报表附注中披露有关信息

　　D. 不能确认负债，也不需要在报表附注中披露

5. 甲公司和乙公司签订销售合同销售 A 商品 10 件，合同约定的销售价格是每件 80 元。由于合同签订后原材料价格上涨，甲公司生产 A 商品的成本上涨为每件 100 元。如果甲公司单方撤销合同，应支付乙公司违约金 300 元，A 商品尚未生产。在满足预计负债的确认条件下，甲公司应确认预计负债的金额为（　　）元。

　　A. 200　　　　　　B. 300　　　　　　C. 500　　　　　　D. 100

（二）多项选择题

1. 下列有关或有事项的会计处理中，符合现行会计制度规定的有（　　）。

　　A. 或有事项的结果可能导致经济利益流入企业的，应对其予以披露

    B. 或有事项的结果很可能导致经济利益流入企业的，应对其予以披露

    C. 或有事项的结果很可能导致经济利益流出企业但不符合确认条件的不需要披露

    D. 或有事项的结果很可能导致经济利益流出企业但无法可靠计量的需要对其予以披露

    E. 或有事项的结果很可能导致经济利益流出企业且符合确认条件的应作为预计负债确认

2. 下列关于或有事项的说法错误的有（　　　）。

    A. 或有负债与或有资产是同一事项的两个方面，存在或有负债，就一定存在或有资产

    B. 因或有事项而确认的负债应在资产负债表中单列项目反映

    C. 或有事项对企业可能产生有利影响，也可能产生不利影响

    D. 或有负债指的只是潜在义务

3. 关于或有事项的表述中，正确的有（　　　）。

    A. 企业清偿因或有事项而确认的负债所需支出的全部或部分款项预期由第三方或其他方补偿的，在该补偿很可能收到时，应确认为资产

    B. 企业确认的预期可获得补偿的金额不应超过相关预计负债的金额

    C. 所需支出存在一个连续范围，且该范围内各种结果发生的可能性相同时，最佳估计数应按照该范围的中间值确定

    D. 所需支出不存在连续范围，涉及单个项目的，最佳估计数按照最可能发生金额确定

4. 下列属于可能获得补偿的情况有（　　　）。

    A. 企业收到的政府因拆迁而给予的赔偿

    B. 在某些索赔诉讼中，通过反诉方式对索赔人或第三方另行提出赔偿的要求

    C. 在债务担保业务中，企业在履行担保义务的同时，向被担保方提出的额外追偿要求

    D. 发生交通事故等情况时，可以从保险公司获得合理的赔偿

5. 大洋企业因或有事项很可能赔偿 A 公司 120 万元，同时，因该或有事项大洋企业基本确定可以从 B 公司获得 80 万元的补偿金，大洋企业正确的会计处理有（　　　）。

    A. 确认营业外支出 40 万元和预计负债 120 万元

    B. 确认营业外支出和预计负债 40 万元

    C. 确认其他应收款 80 万元

    D. 不确认其他应收款

6. 下列事项中，属于或有事项的有（　　　）。

    A. 售后商品担保　　　　　　　　　B. 对其他单位的债务担保

    C. 待决诉讼　　　　　　　　　　　D. 可能发生的汇率变动

7. 下列关于或有事项的说法中，不正确的有（　　　）。

    A. 企业不应确认或有资产和或有负债

    B. 待执行合同转为亏损合同时，企业拥有合同标的资产的，应当对标的资产进行减值测试并确认预计负债

    C. 或有事项是过去的交易或事项形成的一种状况，其结果须通过未来不确定事项的发生或不发生予以证实

    D. 与或有事项有关的义务的履行很可能导致经济利益流出企业，就应将其确认为一项负债

（三）判断题

1. 或有负债仅指潜在义务，因其不符合负债的确认条件，不能在会计报表内予以确认。（　　　）

2. 或有资产是指过去的交易或事项所形成的潜在的资产，其存在需要通过未来不确定事项的发生或不发生予以证实。（　　　）

3. 某公司董事会决定关闭一个事业部。如果有关决定尚未传达到受影响的各方，也未采取任何措施实施该项决定，表明该公司没有承担重组义务，但应确认预计负债。（　　　）

4. 待执行合同属于一种特殊的合同，其与企业日常涉及的商品买卖合同、劳务合同、租赁合同无关。（ ）

5. 企业清偿预计负债所需支出全部或部分预期由第三方补偿的，补偿金额在基本确定收到时，可以作为确认预计负债的抵减，也可以作为一项资产单独确认。（ ）

6. 企业在计算预计负债时不考虑与履行该现时义务所需金额的相关未来事项。（ ）

7. 企业的或有负债和或有资产在满足一定条件时可以转化为负债或资产。（ ）

（四）计算及账务处理题

中信公司 20×8 年 1 月 1 日与某外贸公司签订了一项产品销售合同，约定在 20×8 年 2 月 15 日以每件产品 100 元的价格向外贸公司提供 10 000 件 A 产品，若不能按期交货，中信公司需要支付 300 000 元的违约金。这批产品在签订合同时尚未开始生产，但公司开始筹备原材料以生产这批产品时，原材料价格突然上涨，预计生产每件产品的成本升至 125 元。

要求：

（1）试分析该合同对中信公司而言是否为亏损合同？

（2）中信公司是否应该继续履行该合同？

（3）根据讨论结果做出中信公司的相关会计处理。

（五）案例分析题

宏达公司为农机生产和销售企业，20×9 年 12 月 31 日"预计负债——产品质量保证——农机"科目年末余额为 20 万元。2×10 年第一季度、第二季度、第三季度、第四季度分别销售农机 100 台、200 台、220 台和 300 台，每台售价为 20 万元。对购买其产品的消费者，宏达公司做出如下承诺：农机售出后三年内如出现非意外事件造成的农机故障和质量问题，宏达公司免费负责保修（含零部件更换）。根据以往的经验，发生的保修费一般为销售额的 1%～2%。假定宏达公司 2×10 年四个季度实际发生的维修费用分别为 16 万元、44 万元、64 万元和 56 万元（假定上述费用以银行存款支付 50%，另 50% 为耗用的材料，不考虑增值税因素）。

要求：

（1）编制每个季度发生产品质量保证费用的会计分录；

（2）分季度确认产品质量保证负债金额并编制相关会计分录；

（3）计算每个季度末"预计负债——产品质量保证"科目的余额。

参考答案

（一）单项选择题

1	2	3	4	5
C	D	D	B	A

（二）多项选择题

1	2	3	4	5	6	7
BDE	AD	BCD	BCD	AC	ABC	BD

（三）判断题

1	2	3	4	5	6	7
×	√	×	×	×	×	√

（四）计算及账务处理题

（1）中信公司生产产品的成本为每件 125 元，而售价为每件 100 元，每销售 1 件产品亏损 25 元，共计损失 250 000 元。因此，这项销售合同是一项亏损合同。

（2）如果撤销合同，中信公司需要支付 300 000 元的违约金。如果履行合同，中信公司共损失 250 000 元。所以中信公司应该继续履行合同。

（3）中信公司履行亏损合同的相关会计处理。

① 由于该合同变为亏损合同时不存在标的资产，中信公司应当按照履行合同造成的损失与违约金两者中的较低者确认一项预计负债：

借：营业外支出	250 000
贷：预计负债	250 000

② 待产品生产完成后，将已确认的预计负债冲减产品成本（完工转销时）：

借：预计负债	250 000
贷：库存商品	250 000

③ 待产品销售时：

A．确认收入

借：银行存款	1 000 000
贷：主营业务收入	1 000 000

B．结转成本

借：主营业务成本	1 000 000
贷：库存商品	1 000 000

（五）案例分析题

（1）第一季度

发生产品质量保证费用：

借：预计负债——产品质量保证——农机	160 000
贷：银行存款	80 000
原材料	80 000

应确认的产品质量保证负债金额＝100×20×[(1%＋2%)÷2]＝30（万元）

借：销售费用——产品质量保证——农机	300 000
贷：预计负债——产品质量保证——农机	300 000

第一季度末，"预计负债——产品质量保证——农机"科目余额＝20＋30-16＝34（万元）

（2）第二季度

发生产品质量保证费用：

借：预计负债——产品质量保证——农机	440 000
贷：银行存款	220 000
原材料	220 000

应确认的产品质量保证负债金额＝200×20×[(1%＋2%)÷2]＝60（万元）

借：销售费用——产品质量保证——农机	600 000
贷：预计负债——产品质量保证——农机	600 000

第二季度末，"预计负债——产品质量保证——农机"科目余额＝34＋60-44 ＝50（万元）

（3）第三季度

发生产品质量保证费用：

借：预计负债——产品质量保证——农机	640 000
贷：银行存款	320 000
原材料	320 000

应确认的产品质量保证负债金额＝220×20×[(1%＋2%)÷2]＝66（万元）

借：销售费用——产品质量保证——农机　　　　　　　　　　　　660 000

　　贷：预计负债——产品质量保证——农机　　　　　　　　　　660 000

第三季度末，"预计负债——产品质量保证——农机"科目余额＝50＋66-64＝52（万元）

（4）第四季度

发生产品质量保证费用：

借：预计负债——产品质量保证——农机　　　　　　　　　　　　560 000

　　贷：银行存款　　　　　　　　　　　　　　　　　　　　　　280 000

　　　　原材料　　　　　　　　　　　　　　　　　　　　　　　280 000

应确认的产品质量保证负债金额＝300×20×[(1%＋2%)÷2]＝90（万元）

借：销售费用——产品质量保证——农机　　　　　　　　　　　　900 000

　　贷：预计负债——产品质量保证——农机　　　　　　　　　　900 000

第四季度末，"预计负债——产品质量保证——农机"科目余额＝52＋90-56＝86（万元）。

非货币性资产交换 | 第十九章

一、学习目的与要求

通过本章学习，应了解货币性资产与非货币性资产的概念和内容；理解非货币性资产交换的计量模式和计量原则；掌握非货币性资产交换的会计处理。

二、重要概念

货币性资产　非货币性资产　非货币性资产交换　商业实质

三、重点与难点

重点：货币性资产和非货币性资产的概念；涉及补价的非货币性资产交换的判断；非货币性资产交换具有商业实质的条件；按公允价值计量的非货币性资产交换的会计处理；按账面价值计量的非货币性资产交换的会计处理。

难点：涉及补价的非货币性资产交换的判断；按公允价值计量的非货币性资产交换的会计处理。

四、内容概要解析

（一）基础概念

1. 货币性资产，是指企业持有的货币资金和将以固定或可确定的金额收取的资产，包括现金、银行存款、应收账款、应收票据以及准备持有至到期的债券投资等。

2. 非货币性资产，是指货币性资产以外的资产，包括存货、固定资产、无形资产、长期股权投资、不准备持有至到期的债券投资等。

3. 非货币性资产交换，是指交易双方主要以存货、固定资产、无形资产和长期股权投资等非货币性资产进行的交换。该交换不涉及或只涉及少量的货币性资产（即补价）。

（二）认定

认定涉及少量货币性资产的交换为非货币性资产交换，通常以补价占整个资产交换金额的比例低于25%作为参考。

1. 若补价÷整个资产交换金额<25%，则属于非货币性资产交换。

（1）支付的货币性资产÷换入资产的公允价值（或换出资产公允价值与支付货币性资产之和）<25%

（2）收到的货币性资产÷换出资产的公允价值（或换入资产公允价值与收到货币性资产之和）<25%

2. 若补价÷整个资产交换金额≥25%的，视为以货币性资产取得非货币性资产，适用其他相关准则。

（三）商业实质的判断条件

满足下列条件之一的非货币性资产交换具有商业实质：

1. 换入资产的未来现金流量在风险、时间和金额方面与换出资产显著不同。

2. 换入资产与换出资产的预计未来现金流量现值不同，且其差额与换入资产和换出资产的公允价值相比是重大的。

（四）以公允价值计量的非货币性资产交换的会计处理

1. 适用条件

非货币性资产交换同时满足下列两个条件的，应当以公允价值和应支付的相关税费作为换入资产的成本，公允价值与换出资产账面价值的差额计入当期损益：

（1）该项交换具有商业实质；

（2）换入资产或换出资产的公允价值能够可靠地计量。

2. 计量原则

非货币性资产交换具有商业实质且公允价值能可靠计量的，应当以换出资产的公允价值作为确定换入资产成本的基础，但有确凿证据表明换入资产的公允价值更加可靠的除外。

（1）换出资产公允价值和应支付的相关税费作为换入资产的成本；

（2）换出资产公允价值与账面价值的差额确认资产转让损益。

（五）以换出资产账面价值计量的非货币性资产交换的会计处理

1. 适用条件

未同时满足准则规定的两个条件的非货币性资产交换，即（1）该项交换不具有商业实质；（2）虽具有商业实质但换入资产和换出资产的公允价值均不能可靠计量。

2. 计量原则

应当以换出资产的账面价值和应支付的相关税费作为换入资产的成本，不确认损益。

五、同步练习

（一）单项选择题

1. 2010 年 10 月，东大公司以一台当年购入的设备与恒通公司的一项专利权交换。设备的账面原值为 20 万元，折旧为 4 万元，已提减值准备 2 万元，公允价值 10 万元。东大公司另向恒通公司支付银行存款 6 万元。假设该交换具有商业实质，增值税税率为 17%。东大公司应确认的资产转让损失为（ ）万元。

    A. 4   B. 12   C. 8   D. 1

2. 企业进行具有商业实质且公允价值能够可靠计量的非货币性资产交换，同一事项可能同时影响双方换入资产入账价值的因素是（ ）。

    A. 企业支付的补价或收到的补价   B. 企业为换出资产支付的运杂费

    C. 企业换出资产计提的资产减值准备   D. 企业换出资产的账面价值

3. 甲公司为增值税一般纳税人，于 2010 年 12 月 5 日以长期股权投资和专利权，与乙公司的交易性金融资产进行非货币性资产交换，甲公司换出长期股权投资的账面原价为 80 万元，已计提减值准备 10 万元，公允价值为 70 万元，专利权的账面原价为 50 万元，已摊销金额为 20 万元，公允价值为 60 万元，未计提过减值准备，乙公司换出交易性金融资产的账面价值为 100 万元，公允价值为 130 万元，假设该交换具有商业实质，则甲公司换入交易性金融资产的入账价值为（ ）万元。

    A. 132   B. 130   C. 102   D. 112

4. 2011 年 3 月 24 日，甲公司以一台设备与乙公司交换一批库存商品，该设备系 2009 年 4 月购入，原价为 300 万元，已提折旧为 80 万元，固定资产减值准备为 10 万元，公允价值为 250 万元；乙公司库存商品的账面价值为 160 万元，公允价值（计税价格）为 200 万元，适用的增值税税率为 17%。甲公司于交换当日收到乙公司支付的银行存款 58. 5 万元（其中补价 50 万元，增值税销项税和进项税差额 8. 5 万元）。假定该交换具有商业实质，不考虑除增值税以外的其他相关税费。甲公司在该项非货币性资产交换时应确认的资产转让收益为（ ）万元。

    A. 16   B. 30   C. 40   D. 50

5. A 公司以一项无形资产换取 B 公司一项固定资产，A 公司无形资产账面价值为 50 万元，B 公司固定资产的账面价值为 38 万元，固定资产和无形资产的公允价值均不能可靠计量，A 公司向 B 公司收取 8 万元的银行存款，不考虑增值税等其他相关税费，则 A 公司换入固定资产的入账价值为（   ）万元。

    A. 44   B. 38   C. 50   D. 42

（二）多项选择题

1. 下列各项目中，属于非货币性资产的有（   ）。

    A. 交易性金融资产   B. 持有至到期投资

    C. 可供出售金融资产   D. 长期股权投资

2. 甲公司与乙公司（均为一般纳税企业）进行非货币性资产交换，具有商业实质且其换入或换出资产的公允价值能够可靠地计量，以下可能影响甲公司换入资产入账价值的项目有（   ）。

    A. 乙公司支付的补价   B. 甲公司为换入资产支付的相关税费

    C. 甲公司换出资产的公允价值   D. 甲公司换出资产支付的增值税

3. 非货币性资产交换同时换入多项资产的，在确定各项换入资产的成本时，下列说法中不正确的有（   ）。

    A. 非货币性资产交换不具有商业实质，或者虽具有商业实质但换入资产的公允价值不能可靠计量的，应当按照换入各项资产的原账面价值占换入资产原账面价值总额的比例，对换入资产的成本总额进行分配，确定各项换入资产的成本

    B. 均按各项换入资产的账面价值确定

    C. 均按各项换入资产的公允价值确定

    D. 非货币性资产交换不具有商业实质，或者虽具有商业实质但换入资产的公允价值不能可靠计量的，应当按照换入各项资产的公允价值占换入资产公允价值总额的比例，对换入资产的成本总额进行分配，确定各项换入资产的成本

4. 下列关于非货币性资产交换的表述中，正确的有（   ）。

    A. 非货币性资产交换可以涉及少量的货币性资产，但货币性资产占整个资产交换金额的比例最高不能超过 25%

    B. 在交易不具有商业实质的情况下，支付补价的企业，应按换出资产账面价值加上支付的补价和为换入资产发生的相关税费，作为换入资产的成本

    C. 在交易具有商业实质的情况下，收到补价的企业，按换出资产账面价值减去补价，加上应支付的相关税费，作为换入资产的入账价值

    D. 在交易具有商业实质的情况下，收到补价的企业，按换出资产公允价值减去补价，加上为换入资产发生的相关税费，作为换入资产的入账价值

5. 在非货币性资产交换中，以换出资产的公允价值和应支付的相关税费作为换入资产的入账价值，其应同时满足的条件有（   ）。

    A. 该项交换具有商业实质

    B. 换入资产或换出资产的公允价值能够可靠地计量

    C. 换入资产的公允价值大于换出资产的公允价值

    D. 换入资产的公允价值小于换出资产的公允价值

6. 下列交易中，属于非货币性交易的有（   ）。

    A. 以账面价值 400 万元的股票和票面金额 200 万元的应收票据换取公允价值为 750 万元的机床

    B. 以账面价值为 560 万元，公允价值为 600 万元的厂房换取一套电子设备，另收取补价 140 万元

    C. 以账面价值为 560 万元，公允价值为 600 万元的专利技术换取一套电子设备，另支付补价 160 万元

　　D. 以账面价值为 560 万元，公允价值为 600 万元的厂房换取一套电子设备，另收取补价 200 万元

　　（三）判断题

　　1. 非货币性资产交换具有商业实质、换出资产的公允价值能够可靠计量，但是换入资产的公允价值不能可靠计量，以换出资产的公允价值为基础确定换入资产的总成本。（　　）

　　2. 非货币性资产交换具有商业实质，且换入资产的公允价值能够可靠计量的，应当按照换入各项资产的原账面价值占换入资产原账面价值总额的比例，对换入资产的成本总额进行分配，确定各项换入资产的成本。（　　）

　　3. 当具有商业实质且换入或换出资产的公允价值能够可靠计量的情况下，换出的长期股权投资账面价值和公允价值之间的差额，计入营业外收支。（　　）

　　4. 不具有商业实质且换入资产的公允价值不能可靠计量的非货币性资产交换，在同时换入多项资产的情况下，确定各项换入资产的入账价值时，需要按照换入各项资产的原账面价值占换入资产原账面价值总额的比例，确定各项换入资产的成本。（　　）

　　5. 某企业以其不准备持有至到期的国库券换入一幢房屋以备出租，该项交易具有商业实质。（　　）

　　6. 以账面价值 500 万元，准备持有至到期的长期债券投资换入 A 公司公允价值为 490 万元的专利技术，并支付补价 10 万元，该项非关联交易属于非货币性资产交换。（　　）

　　7. 非货币性资产交换不具有商业实质、或换入资产和换出资产的公允价值均不能可靠计量的，以换出资产账面价值总额为基础确定换入资产的总成本。（　　）

　　（四）计算题

　　甲公司以生产经营用的客车和货车交换乙公司生产经营用的 C 设备和 D 设备。甲公司换出：客车原值 45 万元，已计提折旧 3 万元，公允价值 45 万元；货车原值 37.50 万元，已计提折旧 10.50 万元，公允价值 30 万元。乙公司换出：C 设备原值 22.50 万元，已计提折旧 9 万元，公允价值 15 万元；D 设备原值 63 万元，已计提折旧 7.50 万元，公允价值 80 万元。甲公司另向乙公司支付银行存款 23.4 万元（其中补价 20 万元，增值税进销差额 3.4 万元）。假定该项交换具有商业实质。

　　要求：计算甲公司取得的 C 设备的入账价值。

　　（五）案例分析题

　　1. 20×8 年 9 月，贝尔公司以生产经营过程中使用的一台设备交换 B 打印机公司生产的一批打印机，换入的打印机作为固定资产管理。贝尔、B 公司均为增值税一般纳税人，适用的增值税税率为 17%。设备的账面原价为 150 万元，在交换日的累计折旧为 45 万元，公允价值为 100 万元。打印机的账面价值为 110 万元，在交换日的市场价格为 90 万元，计税价格等于市场价格。B 公司向贝尔公司支付银行存款 11.7 万元（其中补价 10 万元，增值税进销差额 1.7 万元）。B 公司换入贝尔公司的设备是生产打印机过程中需要使用的设备。

　　假设贝尔公司此前没有为该设备计提资产减值准备，整个交易过程中，除支付运杂费 15 000 元外，没有发生其他相关税费。假设 B 公司此前也没有为库存打印机计提货跌价准备，其在整个交易过程中没有发生除增值税以外的其他税费。

　　要求：

　　编制贝尔公司和 B 公司以公允价值计量的非货币资产交换的会计分录。

　　2. 星海公司公司和宏进公司均为增值税一般纳税企业，适用的增值税税率均为 17%。2011 年 3 月 1 日，星海公司与宏进公司进行资产交换，星海公司将其持有的库存商品、交易性金融资产、专利权同宏进公司的原材料、固定资产（厂房）进行交换，星海公司持有的库存商品的账面价值为 100 万元，不含增值税的公允价值为 150 万元，交易性金融资产的账面价值为 180 万元，公允价值为 200 万元，专利权的账面原价为 400 万元，已累计摊销的金额 100 万元，已计提减值准备为 20 万元，公允

价值为 260 万元；宏进公司原材料的账面价值为 300 万元，不含增值税的公允价值为 350 万元，固定资产的账面原价为 500 万元，已计提折旧为 200 万元，公允价值为 230 万元，同时，星海公司支付给宏进公司银行存款 4 万元（其中包括收取补价 30 万元，支付进项税和销项税的差额 34 万元），假定该交换具有商业实质，星海公司换入原材料、固定资产仍作为原材料和固定资产核算，宏进公司换入的库存商品、交易性金融资产和专利权均作为库存商品、交易性金融资产和无形资产核算。

要求：

（1）计算星海、宏进公司换入资产的总成本；

（2）计算星海、宏进公司各项换入资产的入账价值；

（3）编制星海、宏进公司相关的会计分录。

参考答案

（一）单项选择题

1	2	3	4	5
A	A	B	C	D

（二）多项选择题

1	2	3	4	5	6
ACD	ABC	BCD	ABD	AB	BC

（三）判断题

1	2	3	4	5	6	7
√	×	×	√	√	×	√

（四）计算题

[解析]：

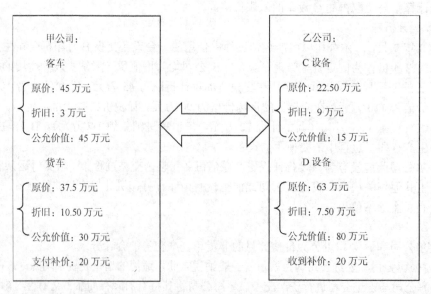

该项资产交换涉及收付货币性资产，即补价 20 万元。对甲公司而言，支付补价 20 万元÷换入资产公允价值（15+80）万元＝21.1%<25%。因此，该项交换属于非货币性资产交换。

该资产交换具有商业实质；同时，资产的公允价值都能够可靠地计量，符合以公允价值计量的条件。甲公司和乙公司均应当以公允价值为基础确定换入资产的成本。

方法一：甲公司换入资产的总成本＝换出资产的公允价值（45＋30）＋应支付的相关税费（−3.4）＋支付的银行存款23.4＝95（万元）

注意：甲公司应支付的相关税费＝换出资产交纳的增值税销项税额−换入资产可抵扣的增值税进项税额＝(45+30)×17%−(15+80)×17%＝−3.4（万元），即甲公司可以抵扣增值税3.4万元，而甲公司另向乙公司支付银行存款23.4万元（其中补价20万元，增值税进销差额3.4万元），即甲公司的增值税已经通过乙公司支付了。

所以，相当于甲公司真正支付的相关税费是0，真正支付的补价是20万元。

方法二：甲公司换入资产的总成本＝换出资产的公允价值（45＋30）＋真正支付的相关税费0+真正支付的补价（23.4−3.4）＝95（万元）

换入C设备的入账价值＝15/(15+80)×95＝15（万元）。

（五）案例分析题

1．[解析]：

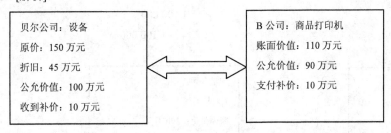

该项资产交换涉及收付货币性资产，即补价10万元。对贝尔公司而言，收到的补价10万元÷换出资产公允价值100万元＝10%＜25%。因此，该项交换属于非货币性资产交换，B公司的情况也类似。

本例是以存货换入固定资产，对贝尔公司来讲，换入的打印机是经营过程中必需的资产，对B公司来讲，换入的设备是生产打印机过程中必须使用的机器，两项资产交换后对换入企业的特定价值显著不同，两项资产的交换具有商业实质；同时，两项资产的公允价值都能够可靠地计量，符合以公允价值计量的两个条件，因此，贝尔公司和B公司均应当以换出资产的公允价值为基础，确定换入资产的成本，并确认产生的损益。

（1）贝尔公司的账务处理如下：

① 贝尔公司固定资产转入清理

借：固定资产清理	1 050 000	
累计折旧	450 000	
贷：固定资产——设备		1 500 000

② 贝尔公司支付运杂费15 000元

借：固定资产清理	15 000	
贷：银行存款		15 000

贝尔公司"固定资产清理"的账面价值（借方余额）＝106.5（万元）

③ 贝尔公司换入资产的增值税进项税额＝90×17%＝15.3（万元）

贝尔公司换出设备的增值税销项税额＝100×17%＝17（万元）

贝尔公司换入资产的成本＝换出资产公允价值100+应支付的相关税费0−收到的补价10＝90（万元）

贝尔公司换入资产的成本＝100+(17−15.3)−11.7＝90（万元）

贝尔公司固定资产转让损失（营业外支出）＝账面价值106.5−公允价值100＝6.5（万元）

借：固定资产——打印机	900 000	
应交税费——应交增值税（进项税额）	153 000	
银行存款	117 000	
营业外支出	65 000(1 065 000−1 000 000)	

  贷：固定资产清理   1 065 000

    应交税费——应交增值税（销项税额）   170 000

（2）B 公司的账务处理如下：

① B 公司换入资产的增值税进项税额＝100×17%＝17（万元）

B 公司换出设备的增值税销项税额＝90×17%＝15.3（万元）

B 公司换入资产的成本＝换出资产公允价值90+应支付的相关税费0+支付的补价10＝100（万元）

B 公司换入资产的成本＝90+11.7+（15.3-17）＝100（万元）

借：固定资产——设备   1 000 000

  应交税费——应交增值税（进项税额）   170 000

  贷：主营业务收入   900 000

    应交税费——应交增值税（销项税额）   153 000

    银行存款   117 000

② 借：主营业务成本   1 100 000

  贷：库存商品   1 100 000

2．[解析]：

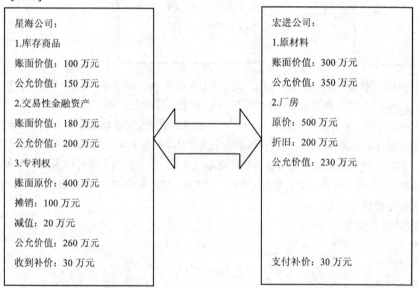

星海公司：
1.库存商品
账面价值：100 万元
公允价值：150 万元
2.交易性金融资产
账面价值：180 万元
公允价值：200 万元
3.专利权
账面原价：400 万元
摊销：100 万元
减值：20 万元
公允价值：260 万元
收到补价：30 万元

宏进公司：
1.原材料
账面价值：300 万元
公允价值：350 万元
2.厂房
原价：500 万元
折旧：200 万元
公允价值：230 万元

支付补价：30 万元

  该项资产交换涉及收付货币性资产，即补价 30 万元。对星海公司而言，收到的补价 30 万元÷换出资产公允价值 610 万元＝4.91%＜25%。因此，该项交换属于非货币性资产交换，宏进公司的情况也类似。

  本例中资产交换具有商业实质；同时，资产的公允价值都能够可靠地计量，符合以公允价值计量的两个条件，因此，星海公司和宏进公司均应当以换出资产的公允价值为基础，确定换入资产的成本，并确认产生的损益。

  （1）计算双方换入资产的总成本：

  星海公司换入资产的总成本＝换出资产公允价值 610+应支付的相关税费 0-收到的补价 30＝580（万元）

  宏进公司换入资产的总成本＝换出资产公允价值 580+应支付的相关税费 0+支付的补价 30＝610（万元）

  星海公司换入资产的总成本＝换出资产公允价值 610+应支付的相关税费（150×17%-350×17%）+支付的银行存款 4＝580（万元）

  宏进公司换入资产的总成本＝换出资产公允价值 580+应支付的相关税费（350×17%-150×17%）-收到的银行存款 4＝610（万元）

  （2）计算双方换入的各项资产的入账价值：

  ① 星海公司的各项资产的入账价值：

换入的固定资产应分配的价值＝230/580×580＝230（万元）

换入的原材料应分配的价值＝350/580×580＝350（万元）

② 宏进公司的各项资产的入账价值：

换入的库存商品应分配的价值＝150/610×610＝150（万元）

换入的交易性金融资产应分配的价值＝200/610×610＝200（万元）

换入的无形资产应分配的价值＝260/610×610＝260（万元）

（3）编制相关的会计分录：

① 星海公司的账务处理：

借：原材料	3 500 000
固定资产	2 300 000
应交税费——应交增值税（进项税额）	595 000
累计摊销	1 000 000
无形资产减值准备	200 000
营业外支出——处置非流动资产损失	200 000
贷：主营业务收入	1 500 000
应交税费——应交增值税（销项税额）	255 000
交易性金融资产	1 800 000
投资收益	200 000
无形资产	4 000 000
银行存款	40 000
借：主营业务成本	1 000 000
贷：库存商品	1 000 000

② 宏进公司的账务处理：

借：固定资产清理	3 000 000
累计折旧	2 000 000
贷：固定资产	5 000 000
借：库存商品	1 500 000
应交税费——应交增值税（进项税额）	255 000
交易性金融资产	2 000 000
无形资产	2 600 000
银行存款	40 000
营业外支出——处置非流动资产损失	700 000
贷：其他业务收入	3 500 000
应交税费——应交增值税（销项税额）	595 000
固定资产清理	3 000 000
借：其他业务成本	3 000 000
贷：原材料	3 000 000

<h1>债务重组 | 第二十章</h1>

一、学习目的与要求

通过本章学习，应了解债务重组的方式；熟悉债务重组的概念；理解各种债务重组方式下债务人债务重组利得和债权人债务重组损失的确定；掌握各种债务重组方式下债权人和债务人的会计处理。

二、重要概念

债务重组　债务重组利得　债务重组损失

三、重点与难点

重点：各种债务重组方式下债务人债务重组利得和债权人债务重组损失的确定；修改其他债务条件下或有应付金额、或有应收金额的处理；各种债务重组方式下债权人和债务人的会计处理。

难点：修改其他债务条件下或有应付金额、或有应收金额的处理；各种债务重组方式下债权人和债务人的会计处理。

四、内容概要解析

（一）债务重组的定义

债务重组，是指在债务人发生财务困难的情况下，债权人按照其与债务人达成的协议或者法院的裁定做出让步的事项。

（二）以现金清偿债务

1．债务人的会计处理

以现金清偿债务的，债务人应当将重组债务的账面价值与实际支付现金之间的差额，计入"营业外收入——债务重组利得"。

2．债权人的会计处理

以现金清偿债务的，债权人应当将重组债权的账面价值与收到的现金之间的差额，计入当期损益。借方差额计入"营业外支出——债务重组损失"，贷方差额计入"资产减值损失"。

（三）以非现金资产清偿债务

1．债务人的会计处理

债务人以非现金资产清偿债务的，债务人应当在满足金融负债终止确认条件时，终止确认重组债务，且应当将重组债务的账面价值与转让的非现金资产公允价值之间的差额确认为债务重组利得，作为营业外收入，计入当期损益。

2．债权人的会计处理

债权人应当对受让的非现金资产按其公允价值入账，重组债权的账面余额与受让的非现金资产的公允价值之间的差额，确认为债务重组损失，作为营业外支出，计入当期损益。

（四）债务转为资本

1. 债务人的会计处理

以债务转为资本方式进行债务重组的，债务人应当在满足金融负债终止确认条件时，终止确认重组债务，并将债权人放弃债权而享有的股份面值总额（或享有的股权份额）确认为股本（或实收资本）；股权的公允价值总额与股本（或实收资本）之间的差额确认为股本溢价（或资本溢价）计入资本公积。重组债务账面价值超过股权的公允价值总额的差额，作为债务重组利得计入当期营业外收入。

2. 债权人的会计处理

以债务转为资本方式进行债务重组的，债权人应当在满足金融资产终止确认条件时，终止确认重组债权，并将因放弃债权而享有股份的公允价值确认为对债务人的投资，重组债权的账面余额与股份的公允价值之间的差额确认为债务重组损失，计入营业外支出。债权人已对债权计提减值准备的，应当先将该差额冲减减值准备，减值准备不足以冲减的部分，作为债务重组损失计入营业外支出。发生的相关税费，分别按照长期股权投资或者金融工具确认计量的规定进行处理。

（五）修改其他债务条件

1. 不涉及或有应付（或应收）金额的债务重组

（1）债务人的会计处理

对于不涉及或有应付金额的债务重组，债务人应将修改其他债务条件后债务的公允价值作为重组后债务的入账价值。重组债务的账面价值与重组后债务的入账价值之间的差额计入损益。

（2）债权人的会计处理

对于不涉及或有应收金额的债务重组，债权人应当将修改其他债务条件后债权的公允价值作为重组后债权的入账价值，重组债权的账面余额与重组后债权账面价值之间的差额确认为债务重组损失，计入当期损益。如果债权人已对该项债权计提了减值准备，应当首先冲减已计提的减值准备，减值准备不足以冲减的部分，作为债务重组损失，计入营业外支出。

2. 涉及或有应付（或应收）金额的债务重组

（1）债务人的会计处理

涉及或有应付金额的债务重组，对于债务人而言，修改后的债务条款如涉及或有应付金额，符合预计负债确认条件的，债务人应当将该或有应付金额确认为预计负债。重组债务的账面价值与重组后债务的入账价值和预计负债之和的差额作为债务重组利得，计入营业外收入。或有应付金额在随后会计期间没有发生的，企业应当冲销已确认的预计负债，同时确认营业外收入。

（2）债权人的会计处理

涉及或有应收金额的债务重组，对于债权人而言，修改后的债务条款中涉及或有应收金额的，债权人不应当确认或有应收金额，不得将其计入重组后债权的账面价值。或有应收金额，是指需要根据未来某种事项出现而发生的应收金额，而且该未来事项的出现具有不确定性。或有应收金额属于或有资产，或有资产不予确认。只有在或有应收金额实际发生时，才计入当期损益。

（六）以上三种方式的组合方式

以资产、将债务转为资本等方式清偿某项债务的一部分，并对该项债务的另一部分以修改其他债务条件进行债务重组。

1. 债务人的会计处理

在这种方式下，债务人应先以支付的现金、转让的非现金资产的公允价值、债权人因放弃债权而享有的股权的公允价值冲减重组债务的账面价值，余额与将来应付金额进行比较，据此计算债务重组利得。债权人因放弃债权而享有的股权的公允价值与股本（或实收资本）的差额作为资本公积；非现金资产的公允价值与其账面价值的差额作为转让资产损益，于当期确认。

2. 债权人的会计处理

债权人应先以收到的现金、受让的非现金资产的公允价值、因放弃债权而享有的股权的公允价值冲减重组债权的账面价值，余额与将来应收金额进行比较，据此计算债务重组损失。

五、同步练习

（一）单项选择题

1. 债务重组时，以修改其他债务条件进行债务重组的，债权人将来应收金额小于重组债权的账面价值的差额，应（　　）。

    A. 计入管理费用   B. 计入当期营业外支出

    C. 冲减财务费用   D. 冲减投资收益

2. 下列有关债务重组的说法中，正确的是（　　）。

    A. 在债务重组中，若涉及多项非现金资产，应以非现金资产的账面价值为基础进行分配

    B. 在债务转为资本的偿债方式下，债权人应在债务重组日，应当将享有股权的实际成本确认为对债务人的投资

    C. 修改其他债务条件后，若债权人未来应收金额大于应收债权的账面价值，但小于应收债权账面余额的，应按未来应收金额大于应收债权账面价值的差额，冲减已计提的坏账准备和应收债权的账面余额

    D. 在混合重组方式下，债务人和债权人在进行账务处理时，一般先考虑以现金清偿，然后是以非现金资产或以债务转为资本方式清偿，最后才是修改其他债务条件

3. A公司与B公司进行债务重组，重组协议规定，就应收B公司账款100万元，B公司以一批商品抵偿债务。商品的成本为60万元，计税价（公允价值）为80万元，增值税税率为17%，商品已交给甲公司。则B公司在该债务重组中应计入营业外收入的金额为（　　）万元。

    A. 6.4   B. 30   C. 0   D. 22.5

4. 一般情况下，债务人以现金清偿某项债务的，则债权人应将重组债权的账面余额与收到现金之间的差额，计入（　　）。

    A. 营业外收入   B. 管理费用   C. 资本公积   D. 营业外支出

5. 下列各项中，能够按照《企业会计准则第12号——债务重组》的规定进行会计处理的是（　　）。

    A. 债务人发行的可转换债券按正常条件转换为股权

    B. 债务人破产清算时以低于债务账面价值的现金清偿债务

    C. 债务人发生财务困难的情况下以一项价值低于债务账面价值的固定资产抵偿债务

    D. 债务人借入新债以偿还旧债

6. 甲公司有一笔应收乙公司的账款150 000元，由于乙公司发生财务困难无法按时支付，双方协商进行债务重组。重组协议规定，乙公司以其持有的丙上市公司10 000股普通股抵偿该账款。甲公司对该应收账款已计提坏账准备9 000元。债务重组日，丙公司股票市价为每股11.5元，相关债务重组手续办理完毕。假定不考虑相关税费。债务重组日，甲公司应确认的债务重组损失和乙公司应确认的债务重组利得分别为（　　）元。

    A. 26 000和26 000   B. 26 000和35 000

    C. 35 000和26 000   D. 35 000和35 000

7. 甲公司2011年2月4日销售给乙公司一批商品，价税合计234 000元，协议规定乙公司于2011年7月31日支付全部货款。2011年7月31日，由于乙公司经营困难，无法支付全部的货款，双方协商进行债务重组。下面情况不符合债务重组定义的是（　　）。

    A. 甲公司同意乙公司以200 000元偿付全部的债务

    B. 甲公司同意乙公司以一台设备偿还全部债务的75%，剩余的债务不再要求偿还

C. 甲公司同意乙公司延期至 2011 年 12 月 31 日支付全部的债务并加收利息，但不减少其偿还的金额

D. 甲公司同意乙公司以一批库存原材料偿还全部债务，该库存原材料公允价值为 180 000 元

（二）多项选择题

1. 某股份有限公司清偿债务的下列方式中，属于债务重组的有（　　）。

A. 根据转换协议将应付可转换公司债券转为资本

B. 以公允价值低于债务金额的非现金资产清偿

C. 延长债务偿还期限并加收利息

D. 以低于债务账面价值的银行存款清偿

2. 下列关于债务重组会计处理的表述中，正确的有（　　）。

A. 债务人以非现金资产抵偿债务的，债务人将重组债务的账面价值大于转让非现金资产的公允价值的差额计入资本公积

B. 债务人以债转股方式抵偿债务的，债权人将重组债务的账面价值大于相关股份公允价值的差额计入资产减值损失

C. 债务人以债转股方式抵偿债务的，债务人将重组债务的账面价值大于相关股份的公允价值的差额计入营业外收入

D. 债务人以修改其他债务条件进行债务重组的，债权人涉及或有应收金额的，不予以确认，实际发生时，计入当期损益

3. 债务人以现金清偿债务的情况下，债权人进行账务处理可能涉及的科目有（　　）。

A. 库存现金　　　　B. 营业外支出　　　C. 营业外收入　　D. 资产减值损失

4. 下列有关债务重组的说法中，不正确的有（　　）。

A. 在债务重组中，若涉及多项非现金资产，应以非现金资产的公允价值为基础进行分配

B. 修改其他债务条件后，债权人涉及或有应收金额的，计入重组后债权的入账价值

C. 修改其他债务条件后，若债权人未来应收金额大于应收债权的账面价值，但小于应收债权账面余额的，应将未来应收金额大于应收债权账面价值的差额，计入资本公积

D. 在混合重组方式下，债务人和债权人在进行账务处理时，一般先考虑以现金清偿，然后是以非现金资产或以债务转为资本方式清偿，最后才是修改其他债务条件

5. 关于以非现金资产清偿债务，下列说法中正确的有（　　）。

A. 非现金资产属于增值税应税项目的，则债务重组利得应为转让非现金资产的含税公允价值与重组债务账面价值的差额

B. 债务人以固定资产清偿债务，应将固定资产的公允价值与该项固定资产账面价值的差额作为转让固定资产的损益处理；清理费用应冲减债务重组利得

C. 债务人以债券清偿债务时，应将相关金融资产的公允价值与账面价值的差额，作为转让金融资产的利得或损失处理；相关金融资产的公允价值与重组债务的账面价值的差额，作为债务重组利得

D. 债务人以库存材料清偿债务，应视同销售进行核算，取得的收入作为主营业务收入处理

6. 以债务转为资本的方式进行债务重组时，以下处理方法正确的有（　　）。

A. 债务人应将债权人因放弃债权而享有的股份的面值总额确认为股本或实收资本

B. 债务人应将股份公允价值总额与股本或实收资本之间的差额确认为资本公积

C. 债权人应当将享有股份的公允价值确认为对债务人的投资

D. 债权人已对债权计提减值准备的，应当先将重组债权的账面余额与股份的公允价值之间的差额冲减减值准备，冲减后尚有余额的，计入营业外支出（债务重组损失）；冲减后减值准备仍有余额的，应予转回并抵减当期资产减值损失

7. 下列关于债务重组将债务转为资本的说法中，正确的有（　　　）。

A. 债务人应当将债权人放弃债权而享有股份面值的总额确认为股本或实收资本，股份的公允价值的总额与股本之间的差额确认为债务重组的利得

B. 债务人应当将债权人放弃债权而享有的股份面值的总额确认为股本或实收资本，股份公允价值和股本之间的差额确认为资本公积

C. 重组债务的账面价值与股份的公允价值总额之间的差额计入当期损益

D. 重组债务的账面价值与股份面值总额之产的差额计入当期损失

8. 在延期付款清偿债务并附或有支出条件的情况下，下列说法正确的有（　　　）。

A. 修改后的债务条款如涉及或有应付金额，且该或有应付金额符合预计负债确认条件的，债务人应当将该或有应付金额确认为预计负债。重组债务的账面价值，与重组后债务的入账价值和预计负债金额之和的差额，计入当期损益

B. 修改后的债务条款中涉及或有应收金额的，债权人不应当确认或有应收金额，不得将其计入重组后债权的账面价值

C. 或有应付金额在随后会计期间没有发生的，企业应当冲销已确认的预计负债，同时确认营业外收入

D. 修改其他债务条件的，债权人应当将修改其他债务条件后的债权的公允价值作为重组后债权的账面价值

9. 修改其他债务条件时，以下债权人可能产生债务重组损失的有（　　　）。

A. 无坏账准备时，债权人重组债权的账面余额大于将来应收金额

B. 无坏账准备时，债权人重组债权的账面余额小于将来应收金额

C. 有坏账准备时，债权人放弃的部分债权小于已经计提的坏账准备

D. 有坏账准备时，债权人放弃的部分债权大于已经计提的坏账准备

10. 下列关于债务重组会计处理的表述中，正确的有（　　　）。

A. 债权人将很可能发生的或有应收金额确认为应收债权

B. 债权人收到的原未确认的或有应收金额计入当期损益

C. 债务人将很可能发生的或有应付金额确认为预计负债

D. 债务人确认的或有应付金额在随后不需支付时转入当期损益

（三）判断题

1. 或有应付金额在随后会计期间没有发生的，企业应当冲销已确认的预计负债，同时确认营业外收入。（　　　）

2. 修改其他债务条件进行债务重组的，债务人不能确认债务重组收益。（　　　）

3. 对于附或有应付条件的债务重组，债务重组利得为重组债务的账面价值与重组后债务的入账价值之间的差额，这部分利得应计入当期损益（营业外收入）。（　　　）

4. 附或有条件的债务重组，未支付的或有支出，待结算时应将其全部转入资本公积。（　　　）

5. 将债务转为资本的，债权人应当将享有股份的公允价值确认为对债务人的投资，重组债权的账面余额与股份的公允价值之间的差额，比照以非现金资产清偿债务的债务重组会计处理规定进行处理。债权人已对债权计提减值准备的，应当先将该差额冲减减值准备，冲减后尚有余额的，计入营业外支出（债务重组损失）；冲减后减值准备仍有余额的，应予转回并抵减当期资产减值损失。（　　　）

6. 减少债务本金、降低利率、免去应付未付的利息、延长偿还期限并减少债务的账面价值等重组方式属于修改其他债务条件的债务重组方式。（　　　）

7. 以现金清偿债务的，债务人应当将重组债务的账面价值与实际支付现金之间的差额，计入资本公积。（　　　）

8. 只要债权人对债务人的债务做出了让步，不管债务人是否发生财务困难，都属于准则所定义的债务重组。（　　）

（四）计算及账务处理题

1. 2×10 年 4 月 1 日，恒通公司销售一批商品给大华公司，销售货款总额为 300 万元（含增值税）。恒通公司于同日收到大华公司开出承兑的一张票面金额为 300 万元、期限为 6 个月、票面年利率为 8% 的商业汇票。恒通公司与大华公司按月计提该商业汇票的利息。2×10 年 10 月 1 日，大华公司未能兑付到期票据，恒通公司将应收票据本息余额转入应收账款，不再计提利息。2×10 年 12 月 5 日，双方经协商进行债务重组，签订的债务重组协议内容如下。

（1）大华公司以其持有的一项拥有完全产权的房产以公允价值抵偿部分债务。该房产在大华公司的账面原价为 100 万元，已计提折旧 30 万元，已计提减值准备 5 万元，公允价值为 60 万元。

（2）恒通公司同意豁免大华公司债务本金 40 万元及 2×10 年 4 月 1 日至 2×10 年 9 月 30 日已计提的全部利息。

（3）将剩余债务的偿还期限延长至 2×11 年 12 月 31 日。在债务延长期间，剩余债务余额按年利率 5% 收取利息，本息到期一次偿付。

（4）该协议自 2×10 年 12 月 31 日起执行。

债务重组日之前，恒通公司对上述债权未计提坏账准备。上述房产的所有权变更、部分债务解除手续及其他有关法律手续已于 2×10 年 12 月 31 日完成。恒通公司将取得的房产作为固定资产进行核算和管理。

大华公司于 2×11 年 12 月 31 日按上述协议规定偿付了所欠债务。

要求：根据上述资料，做出恒通公司和大华公司相关账务处理。

2. 宏达公司从乙公司购入原材料 500 万元（含增值税额），由于财务困难无法归还，2010 年 12 月 31 日进行债务重组。经协商，宏达公司在两年后支付本金 400 万元，利息按 5% 计算，每年年末支付；同时规定，如果 2011 年宏达公司有盈利，从 2012 年起则按 8% 计息。债务重组时，宏达公司预计其 2011 年很可能实现盈利。乙公司已对该项债权计提坏账准备 50 万元。

2011 年末，宏达公司编制的利润表表明其在 2011 年实现盈利 400 万元。假设利息按年支付。

要求：根据上述资料，做出宏达、乙公司相关账务处理。

（五）案例分析题

20×3 年 6 月 30 日，红星公司从某银行取得年利率 10%、三年期的贷款 1 000 000 元。现因红星公司发生财务困难，各年贷款利息均未偿还，遂于 20×5 年 12 月 31 日进行债务重组，银行同意延长到期日至 20×9 年 12 月 31 日，利率降至 7%，免除积欠利息 250 000 元，本金减至 800 000 元，利息按年支付，但附有一条件：债务重组后，如红星公司自第二年起有盈利，则利率回复至 10%，若无盈利，利率仍维持 7%。债务重组协议于 20×5 年 12 月 31 日签订。假定实际利率等于名义利率。

要求：

1. 计算红星公司债务重组利得；

2. 做出红星公司 20×5 年至 20×9 年每年 12 月 31 日的会计分录。注意分如下两种情况进行分析：

（1）情况一：假设红星公司自债务重组后的第二年起仍没有盈利，或有应付金额待债务结清时一并结转；

（2）情况二：假设红星公司自债务重组后的第二年起盈利。

参考答案

（一）单项选择题

1	2	3	4	5	6	7
B	D	A	D	C	B	C

（二）多项选择题

1	2	3	4	5	6	7	8	9	10
BD	CD	ABD	ABC	AC	ABCD	BC	ABCD	AD	BCD

（三）判断题

1	2	3	4	5	6	7	8
√	×	×	×	√	√	×	×

（四）计算及账务处理题

1.

（1）恒通公司（债权人）的账务处理：

计算恒通公司 2×10 年 12 月 31 日该重组债权的账面余额

恒通公司应收债权的余额＝300×（1＋8%×6÷12）＝312（万元）

恒通公司重组后债权的账面价值＝312-60-40-12＝200（万元）

恒通公司应确认的损失＝312-60-200＝52（万元）

借：固定资产   600 000

  应收账款——债务重组   2 000 000

  营业外支出——债务重组损失   520 000

   贷：应收账款   3 120 000

（2）大华公司（债务人）的账务处理：

大华公司重组后债务的入账价值＝200（万元）

固定资产处置损失＝100-30-5-60＝5（万元）

债务重组利得＝312-200-60＝52（万元）

借：固定资产清理   650 000

  累计折旧   300 000

  固定资产减值准备   50 000

   贷：固定资产   1 000 000

借：应付账款   3 120 000

  营业外支出——处置非流动资产损失 50 000

   贷：固定资产清理   650 000

    应付账款——债务重组   2 000 000

    营业外收入——债务重组利得 520 000

（3）恒通公司和大华公司 2×11 年 12 月 31 日债权、债务实际清偿时的会计处理：

① 恒通公司的会计分录：

借：银行存款   2 100 000

   贷：应收账款——债务重组   2 000 000

    财务费用   100 000（2 000 000×5%）

② 大华公司的会计分录：

借：应付账款——债务重组   2 000 000

  财务费用   100 000（2 000 000×5%）

   贷：银行存款   2 100 000

2.

（1）宏达公司（债务人）的会计处理：

经分析，债务重组日该项或有应付金额符合确认负债的条件，应确认为预计负债。

预计负债＝400×(8%-5%)＝12（万元）

2010 年 12 月 31 日进行债务重组：

借：应付账款	5 000 000
贷：应付账款——债务重组	4 000 000
预计负债	120 000
营业外收入——债务重组利得	880 000

2011 年 12 月 31 日支付利息：

借：财务费用	200 000 (4 000 000×5%)
贷：银行存款	200 000

2012 年 12 月 31 日还清债务：

借：应付账款——债务重组	4 000 000
财务费用	200 000 (4 000 000×5%)
预计负债——债务重组	120 000
贷：银行存款	4 320 000

如果 2011 年宏达公司编制的利润表表明未实现盈利，则宏达公司 2012 年 12 月 31 日偿还债务的会计处理为：

借：应付账款——债务重组	4 000 000
财务费用	200 000 (4 000 000×5%)
贷：银行存款	4 200 000
借：预计负债	120 000
贷：营业外收入	120 000

（2）乙公司（债权人）的会计处理：

2010 年 12 月 31 日进行债务重组：

借：应收账款——债务重组	4 000 000
坏账准备	500 000
营业外支出——债务重组损失	500 000
贷：应收账款	5 000 000

2011 年 12 月 31 日收到利息：

借：银行存款	200 000 (4 000 000×5%)
贷：财务费用	200 000

2012 年 12 月 31 日收回欠款：

借：银行存款	4 320 000
贷：应收账款	4 000 000
财务费用	320 000 (4 000 000×8%)

如果 2011 年宏达公司编制的利润表表明未实现盈利，则乙公司 2012 年 12 月 31 日收回欠款的会计处理为：

借：银行存款	4 200 000
贷：应收账款	4 000 000
财务费用	200 000 (4 000 000×5%)

（五）案例分析题

第一，计算债务重组利得

长期借款的账面余额	1 250 000
减：重组贷款的公允价值	800 000
或有应付金额	72 000 [800 000×(10%-7%)×3]

债务重组利得 378 000

第二，会计分录

（1）20×5 年 12 月 31 日债务重组时：

借：长期借款 1 250 000

 贷：长期借款——债务重组 800 000

  预计负债 72 000

  营业外收入——债务重组利得 378 000

（2）20×6 年 12 月 31 日支付利息时：

借：财务费用 56 000

 贷：银行存款 56 000（800 000×7%）

情况一：假设红星公司自债务重组后的第二年起仍没有盈利，20×7 年 12 月 31 日和 20×8 年 12 月 31 日支付利息时

借：财务费用 56 000

 贷：银行存款 56 000

假设红星公司自债务重组后的第二年起仍没有盈利，假设或有应付金额待债务结清时一并结转。（即：或有应付金额在随后会计期间没有发生的，企业应当冲销已确认的预计负债，同时确认营业外收入）

20×9 年 12 月 31 日

借：长期借款——债务重组 800 000

 财务费用 56 000

 贷：银行存款 856 000

借：预计负债 72 000

 贷：营业外收入 72 000

情况二：假设红星公司自债务重组后的第二年起盈利，20×7 年 12 月 31 日和 20×8 年 12 月 31 日支付利息时，红星公司应按 10%的利率支付利息，则每年需支付利息 80 000 元（800 000×10%），其中含或有应付金额 24 000 元。（即：或有应付金额在随后会计期间实际发生）

借：财务费用 56 000

 预计负债 24 000

 贷：银行存款 80 000

20×9 年 12 月 31 日支付最后一次利息 80 000 元和本金 800 000 元时

借：长期借款——债务重组 800 000

 财务费用 56 000

 预计负债 24 000

 贷：银行存款 880 000

模拟试题（一）

一、单项选择题（共 20 小题，每题 1 分，共计 20 分）

答题要求：在每小题列出的四个选项中只有一个选项是符合题目要求的，请将其代码填写在题后的括弧中。错选、多选或未选均不得分。

1. 甲公司将 A 材料加工成既定产品出售。2015 年 12 月 31 日，A 材料成本 340 万元，市场价格为 280 万元，预计销售发生的相关税费为 10 万元，用 A 材料生产的产成品的可变现净值高于成本。则 2015 年末 A 材料的账面价值应为（　　　）。

　　A. 340 万元　　　　　B. 290 万元　　　　　C. 280 万元　　　　　D. 270 万元

2. 年末应收账款余额 50 000 元，调整前"坏账准备"账户有借方余额 1 000 元，坏账估计率为 5%。则本年末应计提的坏账准备为（　　　）。

　　A. 1 000 元　　　　　B. 2 500 元　　　　　C. 1 500 元　　　　　D. 3 500 元

3. 2015 年 6 月 1 日企业将一张带息应收票据送银行贴现。该票据面值 1 000 000 元，2015 年 5 月 31 日已计提利息 1 000 元，尚未计提利息 1 200 元；银行贴现息为 900 元。则该票据贴现时对企业 6 月份损益的影响金额为（　　　）。

　　A. 减少财务费用 2 300 元　　　　　　　　B. 增加财务费用 2200 元

　　C. 增加财务费用 1 200 元　　　　　　　　D. 减少财务费用 300 元

4. 企业认购普通股 10 000 股作为可供出售金融资产核算和管理，每股面值 1 元，实际支付买价共计 12 000 元，其中包括已宣告分派但尚未支付的现金股利 600 元；另外支付相关税费 100 元。据此该批股票的入账价值应为（　　　）。

　　A. 12 100 元　　　　　B. 12 000 元　　　　　C. 11 500 元　　　　　D. 11 400 元

5. 2015 年 1 月 1 日，A 公司以 2 300 万元取得 B 公司 30%的股权，能对 B 公司施加重大影响，取得投资时被投资单位可辨认净资产的公允价值为 8 000 万元。B 公司 2015 年度共实现净利润 2 000 万元。不考虑其他因素，则 2015 年末 A 公司该项长期股权投资的账面价值为（　　　）万元。

　　A. 2 900　　　　　B. 2 400　　　　　C. 4 300　　　　　D. 3 000

6. 下列业务引起资产与所有者权益同时增加的是（　　　）。

　　A. 购进材料货款未付　　　　　　　　　　B. 收回客户所欠货款

　　C. 投资人追加投资　　　　　　　　　　　D. 从银行借入短期借款

7. 某企业为增值税一般纳税人。本月购入原材料增值税专用发票注明价款 200 万元，增值税税额为 34 万元。另发生运杂费 1.6 万元，途中保险费用 0.4 万元。该原材料入账价值为（　　　）万元。

　　A. 200　　　　　B. 234　　　　　C. 202　　　　　D. 236

8. 对于企业出售无形资产实现的收益，应当计入（　　　）。

　　A. 其他业务收入　　　B. 营业外收入　　　C. 主营业务收入　　　D. 本年利润

9. 因解除与生产工人的劳动关系给予的补偿，应借记（　　　）。

　　A. 应付职工薪酬　　　B. 生产成本　　　C. 制造费用　　　D. 管理费用

10. 某企业在本月份缴纳了本月的增值税 20 000 元，该企业在贷记"银行存款"科目的同时，应借记（　　　）。

　　A. 应交税费——未交增值税

　　B. 应交税费——应交增值税（已交税金）

　　C. 应交税费——应交增值税（转出未交增值税）

　　D. 应交税费——应交增值税（转出多交增值税）

11. 采用溢价方式发行股票，"股本"科目登记的金额为（　　）。

    A．发行股票价格乘以股份总数　　　　　　B．实际收到的款项

    C．实际收到款项加付给券商发行费用　　　D．每股股票面值乘以股份总数

12. 甲企业 2013 年 11 月发生的费用有：计提车间管理人员工资费用 100 万元，发生管理部门人员工资 60 万元，支付广告宣传费用 80 万元，筹集外币资金发生汇兑损失 20 万元，支付固定资产维修费用 30 万元。则该企业当期的期间费用总额为（　　）万元。

    A．190　　　　　　B．260　　　　　　C．280　　　　　　D．290

13. A 公司以一台自用设备（2013 年初购入，适用增值税税率 17%）抵偿 B 公司重组债务 200 000 元，设备账面净值 120 000 元，公允价值 140 000 元，偿债设备应视同销售缴纳增值税为 23 800 元。B 公司对该项债权已计提坏账准备 20 000 元，则本项债务重组中，B 公司发生的债权重组损失是（　　）。

    A．16 200 元　　　B．36 200 元　　　C．40 000 元　　　D．60 000 元

14. 下列各项中，应予以资本化处理的借款利息支出是（　　）。

    A．开发无形资产借入长期借款所发生的全部利息支出

    B．购建固定资产借入长期借款，在资产达到预定可使用状态前发生的利息支出

    C．日常生产经营借入长期借款的利息支出

    D．进行长期投资借入长期借款的利息支出

15. 2013 年末，甲存货成本 20 万元，计提跌价损失 2 万元。则年末该项存货的计税基础是（　　）。

    A．0 万元　　　　　B．2 万元　　　　　C．18 万元　　　　　D．20 万元

16. 工业企业发生的下列各项收入中，不影响企业营业利润的是（　　）。

    A．商品销售收入　　　　　　　　　　　B．固定资产出租收入

    C．不适用原材料的销售收入　　　　　　D．无形资产出售净收益

17. 下列所有者权益项目中，与企业损益无关的是（　　）。

    A．资本公积　　　B．法定盈余公积　　　C．未分配利润　　　D．任意盈余公积

18. 丁公司 2013 年 8 月销售生产的商品确认销售成本 200 万元，销售原材料确认销售成本 20 万元，本月发生现金折扣 3 万元。不考虑其他因素，丁公司 2013 年 8 月计入到其他业务成本的金额为（　　）万元。

    A．200　　　　　　B．220　　　　　　C．20　　　　　　D．23

19. 采用间接法计算经营活动的现金流量净额时，应从净利润中扣除的项目是（　　）。

    A．投资损失　　　　　　　　　　　　　B．处置固定资产的收益

    C．计提的坏账准备　　　　　　　　　　D．计提的固定资产折旧

20. 甲企业 2013 年 9 月"原材料"账户期末余额为 400 000 元，"库存商品"账户的期末余额为 300 000 元，"周转材料"账户期末余额为 150 000 元，"生产成本"账户期末余额为 80 000 元，"存货跌价准备"账户期末余额为 40 000 元，则 9 月资产负债表中"存货"项目的期末金额应填列（　　）元。

    A．890 000　　　　　B．850 000　　　　　C．1 290 000　　　　　D．810 000

| 本　题 |
| 得　分 |

二、多项选择题（共 5 小题，每题 2 分，共计 10 分）

答题要求：在每小题列出的选项中有两个或两个以上选项是符合题目要求的，请将其代码填在题后的括弧中。错选、多选、少选或未选均不得分。

1. 对下列各项的会计处理，符合现行会计规范的有（　　）。

    A．因固定资产进行了改良，将其折旧年限由 8 年延长至 10 年

    B．因物价持续下跌，发出存货计价由原来的加权平均法改为先进先出法

    C．由于客户财务状况改善，将坏账准备计提比例由原来的 5%降为 2%

    D．银行贷款利率调高使企业财务费用增加，企业将超出的利息暂作资本化处理

    E．由于产品销路不畅，产品销售收入减少，固定费用相对过高，企业将固定资产折旧方法由原年数总和法改为平均年限法

2. 下列各项属于职工薪酬内容的有（　　）。

 A. 计时工资   B. 住房公积金   C. 辞退补偿

 D. 失业保险费   E. 给职工免费提供的住房折旧费

3. 下列属于企业实收资本增加途径的有（　　）。

 A. 接受投资者追加投资   B. 将债务转为资本

 C. 接受现金捐赠   D. 用资本公积转增资本

 E. 用盈余公积转增资本

4. 工业企业发生的下列交易和事项中，应视同销售计算缴纳增值税的有（　　）。

 A. 将产品对外投资   B. 将产品分配给投资者

 C. 将原材料用于在建工程   D. 将产品对外捐赠

 E. 将委托加工物资用于在建工程项目

5. 下列业务发生时，应确认为企业当年营业收入的有（　　）。

 A. 12 月 30 日发出商品一批，价款 50 万元，委托 C 公司代销

 B. 5 月 20 日销售不适用原材料一批，价款 20 万元已收到并存入银行

 C. 9 月 30 日销售产品一批，价款 15 万元。但购货单位的财务状况已经严重恶化，货款估计收回的可能性很小

 D. 12 月 28 日销售产品一批，发票已经开出，价款 80 万元已于 2 个月前预收。购货单位决定下年初再提货

 E. 12 月 25 日销售产品一批，价款 100 万元。同日收到购货单位交来的同等金额、3 个月到期的商业汇票一张

三、判断题（共 10 小题，每题 1 分，共计 10 分）

答题要求：请在题后的括弧中填入判断结果，认为正确的用"√"表示，错误的用"×"表示。每小题判断结果正确的得 1 分，判断结果错误、不判断的均不得分。

1. 企业采用双倍余额递减法计提的年折旧额比采用直线法计提的年折旧额大。（　　）

2. 收入既包括企业自身活动获得的经济利益流入，也包括企业的所有者向企业投入资本导致的经济利益流入。（　　）

3. 需要缴纳消费税的委托加工物资，由受托方代收代缴的消费税，如果收回后用于连续生产，消费税应计入委托加工物资的成本。（　　）

4. 制造费用与管理费用不同，本期发生的管理费用直接影响当期损益，而本期发生的制造费用不一定影响本期的损益。（　　）

5. 企业持有的长期股权投资发生减值的，减值损失一经确认，即使以后期间价值得以回升，也不得转回。（　　）

6. 企业无法收回的应收账款，将其账面余额转入"营业外支出"科目。（　　）

7. 企业固定资产的预计报废清理费用，可作为弃置费用，按其现值计入固定资产成本，并确认为预计负债。（　　）

8. 企业对于无法合理确定使用寿命的无形资产，应将其成本在不超过 10 年的期限内摊销。（　　）

9. 企业进行非货币性资产交换时，换出资产的公允价值与其账面价值之间的差额，应当计入营业外收入或营业外支出。（　　）

10. 企业为购建符合资本化条件的资产而取得专门借款支付的辅助费用，应在支付当期全部予以资本化。（　　）

四、计算题（共 2 小题，每题 5 分，共计 10 分）

答题要求：须列出计算过程。

1. 某增值税一般纳税企业 10 月初 A 材料有关账户余额如下：

"原材料"借方余额 475 000；"材料成本差异"借方余额 2 000。当月发生如下业务：

（1）5 日，购入 A 材料 100 000 元，增值税 17 000 元，计划成本 101 000 元；

（2）12 日，购入 A 材料 200 000 元，增值税 34 000 元，计划成本 206 000 元；

（3）24 日，购入 A 材料 220 000 元，增值税 37 400 元，计划成本 218 000 元；

（4）31 日汇总本月发出 A 材料计划成本 400 000 元。

购入材料均取得增值税专用发票。

要求：（1）计算本月 A 材料材料成本差异率；

（2）计算本月发出材料和期末结存材料实际成本。

2．2015 年 1 月 2 日甲公司以 1 980 万元购入一批同日发行的 3 年期、到期一次还本、按年付息的公司债券计划持有至到期，该批债券票面利率 5%、实际利率 5.38%，面值总额为 2 000 万元，付息日为每年的 1 月 2 日。甲公司于每年末采用实际利率法确认投资收益。购入时发生的其他相关费用略。

要求：

（1）计算甲公司购入时发生的债券溢价或折价（即利息调整额）；

（2）采用实际利率法确认甲公司 2015 年度投资收益、分摊的债券溢价或折价及应收利息；

（3）计算 2015 年末该项债券投资的账面价值。

五、业务核算题（共 5 小题，每小题 10 分，共计 50 分）

答题要求：根据资料编制会计分录；凡要求计算的项目，应列出计算过程；有明细科目的列明必要的明细科目。

1．1 月 2 日 H 公司从建行借入三年期借款 1 000 万元用于生产线工程建设，利率 8%，利息于各年末支付。其他资料如下。

（1）工程于 1 月 1 日开工，当日公司按协议向建筑承包商乙公司支付工程款 300 万元。第一季度该笔借款的未用资金取得存款利息收入 4 万元。

（2）第二季度该笔借款未用资金取得存款利息收入 4 万元。

（3）7 月 1 日公司按规定支付工程款 400 万元。第三季度，公司用该笔借款的闲置资金 300 万元购入交易性证券，获得投资收益 9 万元存入银行。季末收回本金 300 万元及投资收益 309 万元存入银行。

（4）10 月 1 日公司支付工程进度款 400 万元。

（5）至年末，该项工程尚未完工。

要求：

（1）按季计算应付的借款利息以及其中应予资本化的金额；

（2）编制年初借款、第 1 季末计提利息、年末支付利息的会计分录。

2．2015 年 1 月 3 日 D 公司采用分期收款方式向乙公司销售大型设备一套，合同约定销售价格为 2 000 万元，分 5 年于每年 12 月 31 日等额收取。该大型设备成本为 1 560 万元。现销方式下，该设备的销售价格为 1 600 万元。增值税额于销售设备时全额收现。实际利率或折现率为 7.93%。

要求：

（1）编制 2015 年 1 月 3 日销售设备时的有关会计分录；

（2）计算该项设备分期收款销售各期实现的融资收益并填入下表（精确到 0.01）。

××设备未实现融资收益计算表

金额：万元

期数	各期收款①	确认融资收入②	已收本金③	摊余余额④
1				
2				
3				
4				
5				

（3）根据上表计算的结果，编制 2015 年 12 月 31 日收取货款及确认已实现融资收益的会计分录。

3. A 公司为增值税一般纳税人，适用的增值税税率为 17%，商品、原材料售价中不含增值税。假定销售商品、原材料和提供劳务均符合收入确认条件，其成本在确认收入时逐笔结转，不考虑其他因素。2015 年 4 月，A 公司发生如下交易或事项。

（1）销售商品一批，按商品标价计算的金额为 200 万元，由于是成批销售，甲公司给予客户 10%的商业折扣并开具了增值税专用发票，款项尚未收回。该批商品实际成本为 150 万元。

（2）向本公司行政管理人员发放自产产品作为福利，该批产品的实际成本为 8 万元，市场售价为 10 万元。

（3）向乙公司转让一项软件的使用权，一次性收取使用费 20 万元并存入银行，且不再提供后续服务。

（4）销售一批原材料，增值税专用发票注明售价 80 万元，款项收到并存入银行。该批材料的实际成本为 59 万元。

（5）将以前会计期间确认的与资产相关的政府补助在本月分配计入当月收益 300 万元。

（6）确认本月设备安装劳务收入。该设备安装劳务合同总收入为 100 万元，预计合同总成本为 70 万元，合同价款在前期签订合同时已收取。采用完工百分比法确认劳务收入。截至本月末，该劳务的累计完工进度为 60%，前期已累计确认劳务收入 50 万元、劳务成本 35 万元。

（7）以银行存款支付管理费用 20 万元，财务费用 10 万元，营业外支出 5 万元。

要求：

（1）逐笔编制 A 公司上述交易或事项的会计分录（"应交税费"科目要写出明细科目及专栏名称）；

（2）计算 A 公司 4 月的营业收入、营业成本、营业利润、利润总额。

4. 大华公司为一般纳税企业，适用的增值税税率为 17%，期末存货采用成本与可变现净值孰低法计价。2014 年 9 月 26 日大华公司与 M 公司签订销售合同：由大华公司于 2015 年 3 月 6 日向 M 公司销售笔记本电脑 10 000 台，每台 1.5 万元。2014 年 12 月 31 日大华公司库存笔记本电脑 14 000 台，单位成本 1.41 万元。2014 年 12 月 31 日市场销售价格为每台 1.3 万元，预计销售税费均为每台 0.05 万元。大华公司于 2015 年 3 月 6 日向 M 公司销售笔记本电脑 10 000 台，每台 1.5 万元；于 2015 年 4 月 6 日销售笔记本电脑 100 台，市场销售价格为每台 1.2 万元。货款均已收到。

要求：

（1）编制计提存货跌价准备会计分录，并列示计算过程（以万元为单位）；

（2）编制有关销售业务的会计分录。

5. 甲上市公司于 2013 年 1 月设立，采用资产负债表债务法核算所得税费用，适用的所得税税率为 25%，该公司 2013 年利润总额为 6 000 万元，当年发生的交易或事项中，会计规定与税法规定存在差异的项目如下。

（1）2013 年 12 月 31 日，甲公司应收账款余额为 5 000 万元，对该应收账款计提了 500 万元坏账准备。税法规定，企业计提的坏账损失不允许税前扣除，应收款项发生实质性损失时才允许税前扣除。

（2）按照销售合同规定，甲公司承诺对销售的 X 产品提供 3 年免费售后服务。甲公司 2013 年销售的 X 产品预计在售后服务期间将发生的费用为 400 万元，已计入当期损益。税法规定，与产品售后服务相关的支出在实际发生时允许税前扣除。甲公司 2013 年没有发生售后服务支出。

（3）甲公司 2013 年以 4 000 万元取得一项到期还本付息的国债投资，作为持有至到期投资核算，该投资实际利率与票面利率相差较小，甲公司采用票面利率计算确定利息收入，当年确认国债利息收入 200 万元，计入持有至到期投资账面价值，该国债投资在持有期间未发生减值。税法规定，国债利息收入免征所得税。

（4）2013 年 12 月 31 日，甲公司 Y 产品的账面余额为 2 600 万元，根据市场情况对 Y 产品计提跌价准备 400 万元，计入当期损益。税法规定，该类资产在发生实质性损失时允许税前扣除。

（5）2013 年 4 月，甲公司自公开市场购入基金，作为交易性金融资产核算，取得成本为 2 000 万元，2013

年 12 月 31 日该基金的公允价值为 4 100 万元, 公允价值相对账面价值的变动已计入当期损益, 持有期间基金未进行分配, 税法规定。该类资产在持有期间公允价值变动不计入应纳税所得额, 待处置时一并计算应计入应纳税所得额的金额。

其他相关资料:

(1) 假定预期未来期间甲公司适用的所得税税率不发生变化;

(2) 甲公司预计未来期间能够产生足够的应纳税所得额用以抵扣可抵扣暂时性差异。

要求:

(1) 确定甲公司上述交易或事项中资产、负债在 2013 年 12 月 31 日的计税基础, 同时比较其账面价值与计税基础, 计算所产生的应纳税暂时性差异或可抵扣暂时性差异的金额;

(2) 计算甲公司 2013 年应纳税所得额、应交所得税、递延所得税和所得税费用(金额单位用万元表示);

(3) 编制甲公司 2013 年确认所得税费用的会计分录。

模拟试题(一)参考答案

一、单项选择题(共 20 小题, 每题 1 分, 共计 20 分)

1	2	3	4	5	6	7	8	9	10	11	12	13	14	15	16	17	18	19	20
A	D	D	C	D	C	C	B	D	B	D	A	A	B	D	D	A	C	B	A

二、多项选择题(共 5 小题, 每题 2 分, 共计 10 分)

1	2	3	4	5
AC	ABCDE	ABDE	ABDE	BDE

三、判断题(共 10 小题, 每题 1 分, 共计 10 分)

1	2	3	4	5	6	7	8	9	10
×	×	×	√	√	×	×	×	×	×

四、计算题(共 2 小题, 每题 5 分, 共计 10 分)

1.

5 日购入材料成本差异 = 100 000-101 000 = -1 000(元)

12 日购入材料成本差异 = 200 000-206 000 = -6 000(元)

24 日购入材料成本差异 = 220 000-218 000 = 2 000(元)

材料成本差异率 = [2 000+(-1 000-6 000+2 000)]÷(475 000+101 000+206 000+218 000) = -0.3%

发出材料分配差异 = 400 000×(-0.3%) = -1 200(元)

发出材料实际成本 = 400 000-1 200 = 398 800(元)

结存材料应分配差异 = -3 000-(-1 200) = -1 800(元)

结存材料实际成本 = 600 000-1 800 = 598 200(元)

2. (1) 购入时发生的折价(即利息调整额) = 20 000 000-19 800 000 = 200 000(元)

(2) 实际利率法下:

2015 年度的投资收益 = 19 800 000×5.38% = 1 065 240(元)

2015 年度应收利息 = 20 000 000×5% = 1 000 000(元)

2015 年度分摊的债券折价 = 1 065 240-1 000 000 = 65 240(元)

(3) 2015 年末该项债券投资的账面价值 = 19 800 000+65 240 = 19 865 240(元)

五、业务核算题（共 5 小题，每小题 10 分，共计 50 分）

1．（1）按季计算应付的借款利息以及其中应予资本化的金额。

第一季度：应付的借款利息＝10 000 000×8%/4＝200 000（元）

应资本化金额＝200 000−40 000＝160 000（元）

第二季度：应付的借款利息＝10 000 000×8%/4＝200 000（元）

应资本化金额＝200 000−40 000＝160 000（元）

第三季度：应付的借款利息＝10 000 000×8%/4＝200 000（元）

应资本化金额＝200 000−90 000＝110 000 元

第四季度：应付的借款利息＝10 000 000×8%/4＝200 000（元）

专门借款资本化金额＝200 000（元）

（2）编制年初借款、第 1 季末计提利息、年末支付利息的会计分录。

① 年初借款：

借：银行存款	10 000 000	
贷：长期借款		10 000 000

② 第 1 季末计提利息：

借：在建工程	160 000	
银行存款	40 000	
贷：应付利息		200 000

③ 年末支付利息：

借：应付利息	800 000	
贷：银行存款		800 000

2．（1）2015 年 1 月 3 日销售设备时：

借：长期应收款	20 000 000	
银行存款	2 720 000	
贷：主营业务收入		16 000 000
未实现融资收益		4 000 000
应交税费——应交增值税		2 720 000
借：主营业务成本	15 600 000	
贷：库存商品		15 600 000

（2）计算该项设备分期收款销售各期实现的融资收益：

××设备未实现融资收益计算表

金额：万元

期数	各期收款①	确认融资收入②	已收本金③	摊余余额④
1	400	126.88	273.12	1 326.88
2	400	105.22	294.78	1 032.10
3	400	81.85	318.15	713.95
4	400	56.62	343.38	370.57
5	400	29.43	370.57	0
	2 000	400	1 600	

（3）2015 年 12 月 31 日收取货款及确认已实现的融资收益时：

借：银行存款	4 000 000	
贷：长期应收款		4 000 000
借：未实现融资收益	1 268 800	
贷：财务费用		1 268 800

3．（1）编制相关会计分录：

① 借：应收账款　　　　　　　　　　　　　　　　　　　　2 106 000
　　　贷：主营业务收入　　　　　　　　　　　　　　　　　　1 800 000
　　　　　应交税费——应交增值税（销项税额）　　　　　　　306 000

借：主营业务成本　　　　　　　　　　　　　　　　　　　1 500 000
　　贷：库存商品　　　　　　　　　　　　　　　　　　　　1 500 000

② 借：管理费用　　　　　　　　　　　　　　　　　　　　117 000
　　　贷：应付职工薪酬　　　　　　　　　　　　　　　　　　117 000

借：应付职工薪酬　　　　　　　　　　　　　　　　　　　117 000
　　贷：主营业务收入　　　　　　　　　　　　　　　　　　100 000
　　　　应交税费——应交增值税（销项税额）　　　　　　　17 000

借：主营业务成本　　　　　　　　　　　　　　　　　　　80 000
　　贷：库存商品　　　　　　　　　　　　　　　　　　　　80 000

③ 借：银行存款　　　　　　　　　　　　　　　　　　　　200 000
　　　贷：其他业务收入　　　　　　　　　　　　　　　　　　200 000

④ 借：银行存款　　　　　　　　　　　　　　　　　　　　936 000
　　　贷：其他业务收入　　　　　　　　　　　　　　　　　　800 000
　　　　　应交税费——应交增值税（销项税额）　　　　　　　136 000

借：其他业务成本　　　　　　　　　　　　　　　　　　　590 000
　　贷：原材料　　　　　　　　　　　　　　　　　　　　　590 000

⑤ 借：递延收益　　　　　　　　　　　　　　　　　　　　3 000 000
　　　贷：营业外收入　　　　　　　　　　　　　　　　　　　3 000 000

⑥ 借：预收账款　　　　　　　　　　　　　　　　　　　　10 000 000
　　　贷：主营业务收入　　　　　　　　　　　　　　　　　　10 000 000

借：主营业务成本　　　　　　　　　　　　　　　　　　　7 000 000
　　贷：劳务成本　　　　　　　　　　　　　　　　　　　　7 000 000

⑦ 借：管理费用　　　　　　　　　　　　　　　　　　　　200 000
　　　财务费用　　　　　　　　　　　　　　　　　　　　100 000
　　　营业外支出　　　　　　　　　　　　　　　　　　　　50 000
　　　贷：银行存款　　　　　　　　　　　　　　　　　　　　350 000

（2）A 公司 4 月的营业收入、营业成本、营业利润、利润总额计算如下：

营业收入＝180＋10＋20＋80＋1 390＝300（万元）

营业成本＝150＋8＋59＋70＝287（万元）

营业利润＝390－287－11.7－20－10＝61.3（万元）

利润总额＝61.3＋390－5＝446.3（万元）

4．由于大华公司持有的笔记本电脑数量 14 000 台多于已经签订销售合同的数量 10 000 台。因此，销售合同约定数量 10 000 台，应以销售合同约定的销售价格作为计量基础，超过的部分 4 000 台可变净值应以一般销售价格作为计量基础。

（1）

① 有合同部分：

可变现净值＝10 000×1.5－10 000×0.05＝14 500（万元）

账面成本＝10 000×1.41＝14 100（万元）

计提存货跌价准备金额＝0

② 没有合同的部分：

可变现净值＝4 000×1.3－4 000×0.05＝5 000（万元）

账面成本＝4 000×1.41＝5 640（万元）

计提存货跌价准备金额＝5 640－5 000＝640（万元）

会计分录：

借：资产减值损失——计提的存货跌价准备　　　　　　　　　6 400 000

　　贷：存货跌价准备　　　　　　　　　　　　　　　　　　　　　　6 400 000

（2）2015 年 3 月 6 日向 M 公司销售笔记本电脑 10 000 台：

借：银行存款　　　　　　　　　　　　　　　　　　　　175 500 000

　　贷：主营业务收入　　　　　　　　　　　　　　　　　　　150 000 000

　　　　应交税费——应交增值税（销项税额）　　　　　　　　25 500 000

借：主营业务成本　　　　　　　　　　　　　　　　　　141 000 000

　　贷：库存商品　　　　　　　　　　　　　　　　　　　　　141 000 000

2015 年 4 月 6 日销售笔记本电脑 100 台：

借：银行存款　　　　　　　　　　　　　　　　　　　　　1 404 000

　　贷：主营业务收入　　　　　　　　　　　　　　　　　　　　1 200 000

　　　　应交税费——应交增值税（销项税额）　　　　　　　　　204 000

借：主营业务成本　　　　　　　　　　　　　　　　　　　1 410 000

　　贷：库存商品　　　　　　　　　　　　　　　　　　　　　1 410 000

因销售应结转的存货跌价准备＝640÷5 640×141＝16（万元）

借：存货跌价准备　　　　　　　　　　　　　　　　　　　　160 000

　　贷：主营业务成本　　　　　　　　　　　　　　　　　　　　160 000

5.（1）确定甲公司资产、负债在 2013 年 12 月 31 日的计税基础，计算所产生的应纳税暂时性差异或可抵扣暂时性差异的金额；

① 应收账款账面价值＝5 000－500＝4 500（万元）

应收账款计税基础＝5 000（万元）

应收账款形成的可抵扣暂时性差异＝5 000－4 500＝500（万元）

② 预计负债账面价值＝400（万元）

预计负债计税基础＝400－400＝0

预计负债形成的可抵扣暂时性差异＝400（万元）

③ 持有至到期投资账面价值＝4 200（万元）

计税基础＝4 200（万元）

国债利息收入形成的暂时性差异＝0

注释：对于国债利息收入属于免税收入，因此要纳税调整。同时，持有至到期投资计税基础＝未来可以税前扣除的金额＝4 200 万元，所以在国债到期收回投资时，纳税所得＝收入－扣除项目＝4 200－4 200＝0。所以对于国债投资，其账面价值＝计税基础。

④ 存货账面价值＝2 600－400＝2 200（万元）

存货计税基础＝2 600（万元）

存货形成的可抵扣暂时性差异＝400（万元）

⑤ 交易性金融资产账面价值＝4 100（万元）

交易性金融资产计税基础＝2 000（万元）

交易性金融资产形成的应纳税暂时性差异＝2 100（万元）

（2）计算甲公司 2013 年应纳税所得额、应交所得税、递延所得税和所得税费用

① 应纳税所得额＝6 000＋500＋400＋400−2 100−200＝5 000（万元）

② 应交所得税：5 000×25%＝1 250（万元）

③ 递延所得税＝递延所得税负债的增加额−递延所得税资产的增加额

$\qquad$＝2 100×25%−(500＋400＋400)×25%＝525−325＝200（万元）

④ 所得税费用：1 250＋200＝1 450（万元）

（3）甲公司 2013 年确认所得税费用的会计分录

借：所得税费用	14 500 000	
递延所得税资产	3 250 000	
贷：应交税费——应交所得税		12 500 000
递延所得税负债		5 250 000

模拟试题（二）

一、单项选择题（共 20 小题，每题 1 分，共计 20 分）

答题要求：在每小题列出的四个选项中只有一个选项是符合题目要求的，请将其代码填写在题后的括弧中。错选、多选或未选均不得分。

1. 明确会计反映的特定对象，界定会计核算空间范围的基本假设是（   ）。

   A. 会计主体   B. 持续经营   C. 会计分期   D. 货币计量

2. 2015 年 2 月初 D 公司（一般纳税人）购入一台设备自用，进货发票上列示价款 42 000 元，增值税 7 140 元，运输途中保险费 1 000 元。则该设备的入账价值应为（   ）。

   A. 42 000 元   B. 43 000 元   C. 49 140 元   D. 50 140 元

3. 甲公司以一台自用设备（2009 年初购入，适用增值税税率 17%）抵偿 B 公司重组债务 200 000 元，设备账面净值 120 000 元、公允价值 140 000 元，偿债设备应视同销售缴纳增值税 23 800 元。本项债务重组中，甲公司应确认的债务重组收益是（   ）。

   A. 36 200 元   B. 59 600 元   C. 60 000 元   D. 80 000 元

4. 某企业为增值税一般纳税人。本月购入原材料增值税专用发票注明价款 200 万元，增值税税额 34 万元。另发生运杂费 1.6 万元，途中保险费用 0.4 万元。该原材料入账价值为（   ）万元。

   A. 200   B. 234   C. 202   D. 236

5. 甲公司采用成本与可变现净值孰低法的单项比较法确定期末存货的价值。假定 2013 年 11 月末 A、B、C 三种存货的成本和可变现净值分别为：A 存货成本 40 000 元，可变现净值 34 000 元；B 存货成本 60 000 元，可变现净值 64 000 元；C 存货成本 112 000 元，可变现净值 100 000 元。该公司 11 月末存货的价值为（   ）元。

   A. 186 000   B. 198 000   C. 190 000   D. 194 000

6. 2013 年 9 月 1 日，甲公司按每股 8.5 元的价格从二级市场购入乙公司每股面值 1 元的股票 10 万股作为交易性金融资产，并支付交易费用 3.5 万元。股票购买价格中包含了每股 0.5 元已宣告但尚未领取的现金股利。甲公司购入股票的初始确认金额为（   ）万元。

   A. 87.5   B. 82.5   C. 85   D. 80

7. 2013 年 1 月 1 日，甲公司从活跃市场上购入丙公司于 2012 年 1 月 1 日发行的面值 800 000 元、期限 5 年、票面利率 5%、每年 12 月 31 日付息、到期还本的债券作为持有至到期投资，实际支付的购买价款（包括交易费用）为 828 500 元，该价款中包含已到付息期但尚未支付的利息 50 000 元，持有至到期的初始确认金额为（   ）元。

   A. 800 000   B. 778 500   C. 828 500   D. 878 500

8. 可供出售金融资产期末公允价值的变动，应当计入（   ）。

   A. 投资收益   B. 公允价值变动损益   C. 其他综合收益   D. 资本公积——股本溢价

9. 同一控制下企业合并形成的长期股权投资，初始投资成本是指（   ）。

   A. 股权投资的公允价值   B. 支付合并对价的账面价值

   C. 支付合并对价的公允价值   D. 占被投资方净资产账面价值的份额

10. 有限责任公司追加投资时，新加入投资者缴付的出资额大于按约定比例计算的、在注册资本中所占份额，差额应计入（   ）。

   A. 实收资本   B. 营业外收入   C. 资本公积   D. 盈余公积

11. 下列各项中，应予以资本化处理的借款利息支出是（   ）。

   A. 开发无形资产借入长期借款所发生的全部利息支出

B. 购建固定资产借入长期借款，在资产达到预定可使用状态前发生的利息支出

C. 日常生产经营借入长期借款的利息支出

D. 进行长期投资借入长期借款的利息支出

12. 下列各项中，不属于职工薪酬内容的是（　　）。

　　A. 医疗保险费等社会保险费　　　　　B. 住房公积金

　　C. 工会经费和职工教育经费　　　　　D. 职工出差补贴

13. 企业确认的下列收益中，按照我国现行税法规定免交所得税的是（　　）。

　　A. 国债利息收入　　　　　　　　　　B. 公司债券利息收入

　　C. 出售股票净收益　　　　　　　　　D. 出售无形资产净收益

14. 采用溢价方式发行股票，"股本"科目登记的金额为（　　）。

　　A. 发行股票价格乘以股份总数　　　　B. 实际收到的款项

　　C. 实际收到款项加付给券商发行费用　D. 每股股票面值乘以股份总数

15. 甲企业2013年11月发生的费用有：计提车间管理人员工资费用100万元，发生管理部门人员工资60万元，支付广告宣传费用80万元，筹集外币资金发生汇兑损失20万元，支付固定资产维修费用30万元。则该企业当期的期间费用总额为（　　）万元。

　　A. 190　　　　　　B. 260　　　　　　C. 280　　　　　　D. 290

16. 企业经营业务发生的下列税款中，与企业（一般纳税人）损益无关的是（　　）。

　　A. 所得税　　　B. 消费税　　　C. 印花税　　　D. 增值税

17. 下列固定资产不能计提折旧的是（　　）。

　　A. 已单独计价入账的土地　　　　　　B. 大修理期间的固定资产

　　C. 季节性停产的固定资产　　　　　　D. 未使用的固定资产

18. 工业企业的下列活动形成的经济利益流入中，不构成其收入的是（　　）。

　　A. 销售产成品　　　　　　　　　　　B. 转让无形资产使用权

　　C. 销售原材料　　　　　　　　　　　D. 销售固定资产

19. 按《公司法》规定，法定盈余公积金累计已达到注册资本（　　）时可不再提取。

　　A. 20%　　　B. 25%　　　C. 10%　　　D. 50%

20. 下列经济事项中，能使企业经营活动的现金流量发生变化的是（　　）

　　A. 发放股票股利　　B. 缴纳增值税　　C. 赊销商品　　D. 购买工程物资

本题得分	

二、多项选择题（共5小题，每题2分，共计10分）

答题要求：在每小题列出的选项中有两个及两个以上选项是符合题目要求的，请将其代码填写在题后的括弧中。错选、多选或未选均不得分，少选一半分。

1. 企业发生下列库存存货盘亏或毁损中，应将净损失计入管理费用的有（　　）。

A. 定额内自然损耗　　　　　　　　　B. 收发计量差错造成的盘亏

C. 管理不善造成的毁损　　　　　　　D. 自然灾害造成的毁损

E. 意外事故造成的毁损

2. 企业持有的下列股权投资中，应划分为长期股权投资的有（　　）。

A. 具有控制的权益性投资　　　　　　B. 具有共同控制的权益性投资

C. 具有重大影响的权益性投资　　　　D. 公允价值不能可靠计量的小份额权益性投资

E. 公允价值能够可靠计量的小份额权益性投资

3. 下列各项会计政策中，我国现行企业会计准则不允许采用的有（　　）。

A. 坏账的核算采用直接转销法　　　　B. 发出存货计价采用后进先出法

C. 资产负债表日无形资产按摊余成本计量　D. 对联营企业的长期股权投资采用权益法核算

E. 资产负债表日持有至到期投资按摊余成本计量

4. 下列关于内部研发无形资产的说法，正确的有（　　）。

A. 研究阶段的支出应全部费用化

B. 开发阶段的支出应全部资本化

C. 无法区分研究阶段与开发阶段的，相关支出应全部费用化

D. 研究阶段的支出满足一定条件时，也可以资本化

E. 开发阶段的支出，只有符合相关条件的才能资本化

5. 下列可用于弥补企业亏损的一般途径有（　　）。

A. 用资本公积补亏　　　　　　　　B. 用注册资本补亏

C. 用盈余公积补亏　　　　　　　　D. 用以后盈利年度的税前利润补亏

E. 用以后盈利年度的税后利润补亏

三、判断题（共 10 小题，每题 1 分，共计 10 分）

答题要求：请在题后的括弧中填入判断结果，认为正确的用"√"表示，错误的用"×"表示。每小题判断结果正确的得 1 分，判断结果错误、不判断的均不得分。

1. 我国企业会计准则要求，存货的期末计价应采用成本与可变现净值孰低法其中，成本是指存货的重置成本。（　　）

2. 交易性金融资产需要计提减值准备。（　　）

3. 如果票面利率低于市场利率，则债券溢价发行。（　　）

4. 企业以发行权益性证券的方式取得长期股权投资，应当按照所发行权益性证券的面值作为初始投资成本。（　　）

5. 双倍余额递减法计算折旧开始时并不考虑预计的净残值。（　　）

6. 我国的无形资产既包括可辨认的，也包括不可辨认的。（　　）

7. 企业购入股票所支付价款中，如包含已宣告但尚未领取的现金股利，交易性金融资产应作为应收股利单独核算，长期股权投资应计入初始投资成本（　　）

8. 预计负债可以是现时义务，也可以是潜在义务。（　　）

9. 固定资产出售或报废的净损益都应计入营业外收入或支出。（　　）

10. 所有者权益变动表是反映企业一定报告期间所有者权益变动情况的报表。（　　）

四、计算题（共 2 小题，每题 5 分，共计 10 分）

答题要求：须列出计算过程。

1. E 公司 2015 年 12 月 31 日有关账户的余额如下：

应收账款-甲　15 000 元（借）　　　应付账款-A　30 000 元（贷）

预收账款-丙　20 000 元（贷）　　　预付账款-C　10 000 元（借）

预收账款-丁　13 000 元（借）　　　预付账款-D　18 000 元（贷）

持有至到期投资 450 000 元（借），其中 1 年内到期的金额 250 000 元。

要求：计算 E 公司本年末资产负债表中下列项目的金额：

（1）"应收账款"项目；

（2）"应付账款"项目；

（3）"预收账款"项目；

（4）"预付账款"项目；

（5）"持有至到期投资"项目。

2. 2015 年度 W 公司的会计核算资料如下：

（1）年初购入存货一批，成本 20 万元，年末提取减值损失 5 万元。

（2）一台设备原价 150 万元，累计折旧 50 万元；税法规定的累计折旧额为 90 万元。

（3）本年确认罚款支出 5 万元，尚未支付。

要求：

（1）计算确定上述各项资产或负债的账面价值与计税基础；

（2）逐笔分析是否产生与公司所得税核算有关的暂时性差异；如有，请计算确定各项暂时性差异的类型及金额。

五、业务核算题（共5小题，第1、2题每题8分，第3题10分，第4、5题每题12分，共计50分）

| 本　题 |
| 得　分 |

答题要求：根据资料编制会计分录；凡要求计算的项目，应列出计算过程；有明细科目的列明必要的明细科目。

1．乙公司为增值税一般纳税人，2015年2月8日销售商品一批，不含税价款100万元，增值税税率为17%，商品成本70万元；合同规定的现金折扣条件为2/10、1/20、n/30。2月15日购货方按规定付款。4月2日该批商品因质量问题被全部退回，货款尚未退还给购货方。不考虑其他税费，也不考虑增值税的现金折扣。

要求：根据上述资料，编制销售商品、收取货款以及收到退货的会计分录。

2．H公司2015年有关交易性金融资产资料如下：

（1）1月10日，以每股6.5元的价格购入F公司每股面值1元的股票10 000股，作为交易性金融资产，并支付税金和手续费500元。

（2）4月5日，F公司宣告2014年度股利分配方案，每股分派现金股利0.1元。

（3）6月30日，F公司股票市价为每股7.5元。

（4）9月25日，H公司将F公司股票出售，收到出售价款86 000元。

假定H公司每年6月30日和12月31日对外提供财务报告。

要求：根据以上资料，编制有关会计分录，列示必要的明细科目。

3．L公司为购建厂房于2015年1月3日按面值发行2年期债券，债券面值1 000 000元，票面利率10%，每年1月1日付息。取得发行收入款1 000 000元存入银行。假设不考虑发行费。该项工程采用出包方式，于2015年初动工，当年底达到可使用状态；2015年1月3日和7月1日分别支付工程进度款500 000元，暂时闲置资金存放银行，银行存款月利率为0.5%。

要求：

（1）编制2015年度债券发行的会计分录；

（2）编制1月3日和7月1日支付工程进度款的会计分录（只编制一笔即可）；

（3）计算2015年度利息及利息资本化的金额，并编制计提与支付利息的会计分录；

（4）计算2016年度利息，并编制计提利息与债券到期偿付本息的会计分录。

4．N公司2015年度发生如下业务：

（1）6月15日，购入原材料一批，取得的增值税专用发票上注明的原材料价款100 000元，增值税税额为17 000元，发票等结算凭证已经收到，款项已经支付，材料尚在运输途中。

（2）根据月末编制的"发出材料汇总表"本月领用原材料的实际成本为600 000元。其中，基本生产领用350 000元，辅助生产领用150 000元，车间一般耗费80 000元，管理部门领用20 000元。

（3）根据月末编制的"工资结算汇总表"本月应付工资薪酬总额为500 000元，其中：应付生产工人工资为300 000元，应付车间管理人员工资为40 000元，应付行政管理人员工资为50 000元，应付财务部门人员工资40 000元，应付销售部门人员工资70 000元。

（4）上月赊购商品一批，应付账款50 000元。本月因在折扣期内付款而取得2%的现金折扣收入，款项已通过银行支付。

（5）4月贴现的商业承兑汇票下月8日到期，到期值800 000元。现得知付款企业涉及一宗诉讼，银行存款全部被冻结，估计到时无法偿付上项汇票款。

（6）销售商品一批，价款50 000元、增值税8 500元。已得知购货方资金周转发生困难，难以及时支付货款，但为了减少库存，同时也为了维持与对方长期以来建立的商业关系，最终将商品销售给了对方并开具专用发票。该批商品成本为35 000元。

（7）经批准用盈余公积 200 000 元转增资本，相关手续已办妥。

（8）回购本公司发行的普通股股票 50 000 股，每股回购价 16 元；同时按照法定程序注销该批股票。经查，该批股票面值为每股 1 元，原发行价每股 12 元。

要求：根据以上资料，编制有关会计分录，列示必要的明细科目。

5．M 公司 2015 年度损益类账户发生额资料如下（单位：元），假定没有其他纳税调整事项，所得税税率为 25%：

科目	借方	贷方
主营业务收入		1 990 000
主营业务成本	630 000	
其他业务收入		500 000
其他业务成本	150 000	
营业税金及附加	780 000	
管理费用	50 000	
销售费用	60 000	
财务费用	170 000	
资产减值损失	50 000	
投资收益		850 000
公允价值变动损益		450 000
营业外收入		100 000
营业外支出	40 000	
所得税费用	490 000	

要求：

（1）将损益类科目转入"本年利润"科目；

（2）结转本年实现净利润；

（3）按税后利润的 10%提取法定盈余公积；

（4）分配普通股股东现金股利 40 万元；

（5）将已分配利润转入"利润分配——未分配利润"明细账户。

模拟试题（二）参考答案

一、单项选择题（共 20 小题，每题 1 分，共计 20 分）

1	2	3	4	5	6	7	8	9	10	11	12	13	14	15	16	17	18	19	20
A	B	A	C	C	D	B	C	D	C	B	D	A	D	A	D	A	D	D	B

二、多项选择题（共 5 小题，每题 2 分，共计 10 分）

1	2	3	4	5
ABC	ABCD	AB	ACE	CDE

三、判断题（共 10 小题，每题 1 分，共计 10 分）

1	2	3	4	5	6	7	8	9	10
×	×	×	×	√	×	×	×	√	√

四、计算题（共 2 小题，每题 5 分，共计 10 分）

1．

（1）"应收账款"项目＝15 000＋13 000＝28 000（元）

（2）"应付账款"项目＝30 000＋18 000＝48 000（元）

（3）"预收账款"项目＝20 000（元）

（4）"预付账款"项目＝10 000（元）

（5）"持有至到期投资"项目＝450 000–250 000＝200 000（元）

2．（1）

2009 年末，存货的账面价值＝20–5 ＝15（万元），计税基础为 20 万元；

2009 年末，设备的账面价值＝150–50＝100（万元），计税基础＝(150–90)＝60（万元）；

2009 年末，其他应付款的账面价值为 5 万元，计税基础＝5–0＝5（万元）。

（2）

第一笔业务中，该项存货的暂时性差异＝15–20＝–5（万元），产生可抵扣暂时性差异，金额为 5 万元；

第二笔业务中，该项设备的暂时性差异＝100–60＝40（万元），产生应纳税暂时性差异，金额为 40 万元；

第三笔业务中，该项负债的账面价值与计税基础相同，不产生暂时性差异。

五、业务核算题（共 5 小题，第 1、2 题每题 8 分，第 3 题 10 分，第 4、5 题每题 12 分，共计 50 分）

1．（1）销售商品时：

借：应收账款	1 170 000
贷：主营业务收入	1 000 000
应交税费——应交增值税（销项税额）	170 000
同时：借：主营业务成本	700 000
贷：库存商品	700 000

（2）收到货款时：

借：银行存款	1 150 000
财务费用	20 000
贷：应收账款	1 170 000

（3）确认退货时：

借：主营业务收入	1 000 000
应交税费——应交增值税（销项税额）	170 000
贷：应付账款	1 150 000
财务费用	20 000

同时：

借：库存商品	700 000
贷：主营业务成本	700 000

2．（1）2015 年 1 月 10 日，购入股票：

借：交易性金融资产——F 公司股票（成本）	65 000
投资收益	500
贷：银行存款	65 500

（2）2015 年 4 月 5 日，F 公司宣告分派现金股利：

借：应收股利	1 000
贷：投资收益	1 000

（3）2015 年 6 月 30 日，确认公允价值变动损益：

借：交易性金融资产——F 公司股票（公允价值变动）	10 000
贷：公允价值变动损益	10 000

（4）2015 年 9 月 25 日，将 F 公司股票出售：

借：银行存款	86 000
贷：交易性金融资产——F 公司股票（成本）	65 000
——F 公司股票（公允价值变动）	10 000
投资收益	11 000

借：公允价值变动损益   10 000

  贷：投资收益   10 000

3．（1）2015 年 1 月 3 日发行债券：

借：银行存款   1 000 000

  贷：应付债券——面值   1 000 000

（2）2015 年 1 月 3 日支付工程款：

借：在建工程   500 000

  贷：银行存款   500 000

（3）2015 年 12 月 31 日计提利息：

  应付利息＝1 000 000×10%＝100 000（元）

  利息资本化金额＝100 000−500 000×0.5%×6＝100 000−15 000＝85 000（元）

借：在建工程   85 000

  应收利息   15 000

  贷：应付利息   100 000

2016 年 1 月 1 日支付 2015 年度利息时：

借：应付利息   100 000

  贷：银行存款   100 000

收到专门借款未用资金 2015 年度的活期存款利息时：

借：银行存款   15 000

  贷：应收利息   15 000

（4）2016 年应付债券利息 100 000 元，当年 12 月 31 日计提利息：

借：财务费用   100 000

  贷：应付利息   100 000

2017 年 1 月 3 日债券到期偿付本金及最后一年利息时：

借：应付债券——面值   1 000 000

  应付利息   100 000

  贷：银行存款   1 100 000

4．（1）6 月 15 日，支付款项。

借：在途物资   100 000

  应交税费——应交增值税（进项税额）   17 000

  贷：银行存款   117 000

（2）借：生产成本——基本生产成本   350 000

     ——辅助生产成本   150 000

    制造费用   80 000

    管理费用   20 000

    贷：原材料   600 000

（3）借：生产成本   300 000

    制造费用   40 000

    管理费用   90 000

    销售费用   70 000

    贷：应付职工薪酬   500 000

（4）借：应付账款   50 000

    贷：银行存款   49 000

财务费用		1 000

（5）借：应收账款　　800 000

　　　贷：预计负债　　800 000

（6）借：发出商品　　35 000

　　　贷：库存商品　　35 000

同时：

借：应收账款　　8 500

　　贷：应交税费——应交增值税（销项税额）　　8 500

（7）借：盈余公积　　200 000

　　　贷：实收资本　　200 000

（8）回购时：

借：库存般　　800 000

　　贷：银行存款　　800 000

按法定程序批准注销时：

借：股本　　50 000

　　资本公积　　550 000

　　盈余公积　　200 000

　　贷：库存股　　800 000

5.（1）借：主营业务收入　　1 990 000

　　　　其他业务收入　　500 000

　　　　投资收益　　850 000

　　　　公允价值变动损益　　450 000

　　　　营业外收入　　100 000

　　　　贷：本年利润　　3 890 000

借：本年利润　　2 420 000

　　贷：主营业务成本　　630 000

　　　其他业务成本　　150 000

　　　营业税金及附加　　78 000

　　　管理费用　　50 000

　　　销售费用　　60 000

　　　财务费用　　170 000

　　　营业外支出　　40 000

　　　所得税费用　　490 000

（2）借：本年利润　　1 470 000

　　　贷：利润分配——未分配利润　　1 470 000

（3）借：利润分配——提取法定盈余公积　　147 000

　　　贷：盈余公积——法定盈余公积　　147 000

（4）借：利润分配——应付现金股利　　400 000

　　　贷：应付股利　　400 000

（5）借：利润分配——未分配利润　　547 000

　　　贷：利润分配——提取法定盈余公积　　147 000

　　　　利润分配——应付现金股利　　400 000

模拟试题（三）

本 题 得 分	

一、单项选择题（共20小题，每题1分，共计20分）

答题要求：在每小题列出的四个选项中只有一个选项是符合题目要求的，请将其代码填写在题后的括弧中。错选、多选或未选均不得分。

1. 下列项目中，属于资产负债表中流动负债项目的是（　　）。

    A. 长期借款　　　　B. 递延所得税负债　　C. 应付利润　　　　D. 应付债券

2. 对融资租入的固定资产应视同自有固定资产管理和核算，体现的会计核算原则是（　　）。

    A. 实质重于形式　　B. 谨慎性　　　　　C. 真实性　　　　　D. 重要性

3. 企业到期的应收票据无法收回，则应将其本息一起转入（　　）。

    A. 应收账款　　　　B. 坏账损失　　　　C. 财务费用　　　　D. 其他应收款

4. 企业发生的下列存款业务，不通过"其他货币资金"账户核算的是（　　）。

    A. 银行本票存款　　B. 银行汇票存款　　C. 信用证保证金存款　D. 存入转账支票

5. 某一般纳税企业委托加工一批应税消费品，产品收回后直接用于出售，拨付的原材料成本10 000元，支付加工费1 000元，增值税170元，受托方代扣代交消费税1 500元，则该批委托加工产品入账成本为（　　）。

    A. 11 000元　　　　B. 11 170元　　　　C. 11 500元　　　　D. 12 500元

6. 企业折价购买长期债券归类为持有至到期投资核算，每期实际的投资收益为（　　）。

    A. 票面应计利息

    B. 票面应计利息加折价摊销

    C. 票面应计利息减折价摊销

    D. 折价摊销

7. A公司4月15日签发一张为期90天的商业汇票。按日计算汇票到期日，该汇票的到期日应为（　　）。

    A. 7月13日　　　　B. 7月14日　　　　C. 7月15日　　　　D. 7月20日

8. 长期股权投资采用成本法核算，被投资企业宣告发放现金股利时，投资企业应借记"应收股利"，贷记（　　）。

    A. 长期股权投资　　B. 本年利润　　　　C. 资本公积　　　　D. 投资收益

9. 企业转让无形资产使用权取得的收入，会计上应确认为（　　）。

    A. 营业外收入　　　B. 营业收入　　　　C. 其他业务收入　　D. 投资收益

10. A公司涉及一起诉讼，根据以前的经验及公司所聘请律师的意见判断，该公司在该诉讼中胜诉的可能性有30%，败诉的可能性有70%。如果败诉，A公司将要支付60万~80万元的赔偿款。据此，A公司应在期末资产负债表中确认预计负债金额（　　）。

    A. 60万元　　　　　B. 70万元　　　　　C. 80万元　　　　　D. 140万元

11. 企业现有注册资本2 000万元，法定盈余公积余额1 000万元，则可用于转增企业资本的数额为（　　）。

    A. 200万元　　　　B. 400万元　　　　C. 500万元　　　　D. 1 000万元

12. 溢价发行债券时，债券溢价金额实质上是发行企业（　　）。

    A. 由于未来多付利息而预先收回的补偿　　B. 由于未来少付利息而预先对投资者的补偿

    C. 由于未来多得利息而预先支付的代价　　D. 由于未来少得利息而预先取得的补偿

13. 企业日常活动中取得的营业收入不包括（　　）。

    A. 销售商品的收入　B. 提供劳务的收入　C. 让渡资产使用权的收入　D. 获取的赔偿收入

14. A公司属于小规模纳税企业，本月销售商品价税合计393 048元，则本月应交增值税为（　　）。

    A. 7 338.46元　　　B. 11 448元　　　　C. 30 600元　　　　D. 180 000元

15. 企业销售商品已经发出，但尚未满足销售收入确认的条件，应将发出商品的成本转入下列科目核算（　　）。

A．在途物资　　　　B．主营业务成本　　　C．发出商品　　　　D．其他业务成本

16．下列业务发生时，能引起企业现金流量净额变动的是（　　　）。

A．将现金存入银行　　　　　　　　　　　B．用银行存款清偿30万元债务

C．用存货抵偿债务　　　　　　　　　　　D．用银行存款购入一批债券，计划持有三个月

17．企业实现的净利润是指（　　　）。

A．利润总额减本年已分配利润　　　　　　B．营业利润减期间费用

C．营业利润减所得税费用　　　　　　　　D．利润总额减所得税费用

18．某企业本月末"原材料"账户期末余额为200 000元，"库存商品"账户的期末余额为100 000元，"生产成本"账户余额20 000元，"存货跌价准备"账户期末余额为3 000元，则本月资产负债表中"存货"项目的期末金额应填列（　　　）元。

A．300 000　　　　B．320 000　　　　C．297 000　　　　D．317 000

19．编制利润表主要是依据有关损益类账户的（　　　）。

A．本期发生额　　　　　　　　　　　　　B．期末余额

C．本期发生额或期末余额　　　　　　　　D．期末余额或期初余额

20．现金等价物通常是指购买后在以下期间内即到期的债券投资（　　　）。

A．1个月　　　　B．3个月　　　　C．6个月　　　　D．12个月

二、多项选择题（共5小题，每题2分，共计10分）

本　题	
得　分	

答题要求：在每小题列出的选项中有两个及两个以上选项是符合题目要求的，请将其代码填写在题后的括弧中。错选、多选或未选均不得分，少选得一半分。

1．一般纳税企业外购原材料，下列项目一般不计入原材料采购成本（　　　）。

A．价外增值税　　B．运输途中合理损耗　　C．采购人员差旅费

D．运输途中非常损失　　　　　　　　　　E．入库前挑选整理费

2．下列各项属于借款费用内容的有（　　　）。

A．借款利息　　B．外币借款汇兑差额　　C．借款承诺费

D．债券发行费　　　　　　　　　　　　　E．应付债券溢价或折价的摊销

3．下列各项目中属于营业外支出的有（　　　）。

A．固定资产盘亏　　B．无法收回的应收账款　　C．罚款支出

D．转让固定资产净损失　　　　　　　　　E．捐赠支出

4．本期发生的下列交易和事项，不影响企业当期经营活动产生的现金流量的有（　　　）。

A．上缴所得税　　B．出售固定资产收到现金　　C．支付生产工人工资

D．用存货偿还短期借款　　　　　　　　　E．收到被投资单位分配的现金股利

5．采用权益法核算时，下列能够引起"长期股权投资"账户金额增加的业务有（　　　）。

A．被投资单位当年实现净利润　　　　　　B．被投资单位宣告分派股票股利

C．被投资单位接受资产捐赠　　　　　　　D．被投资单位当年发生亏损

E．被投资单位宣告分配现金股利

三、判断题（共10小题，每题1分，共计10分）

本　题	
得　分	

要求：请在题后的括弧中填入判断结果，认为正确的用"√"表示，错误的用"×"表示。每小题判断结果正确的得1分，判断结果错误、不判断的均不得分。

1．企业当月增加的固定资产当月应当开始计提折旧，当月减少的固定资产则当月不再计提折旧。（　　　）

2．委托其他单位代销商品，销售收入的确认时间一般为发出商品时。（　　　）

3．某项金融资产在初始确认时划分为交易性金融资产后，如果持有意图发生改变，可以重分类为其他类金融资产核算。（　　　）

4．企业折价发行债券意味着其实际利率高于票面利率。（　　　）

5．企业留存收益主要包括法定盈余公积和任意盈余公积。（　　　）

6．"本年利润"账户期末贷方余额表示截至本期末为止本年累计实现利润。（　　　）

7．企业"预付账款"账户明细账如有贷方余额的，应在资产负债表"应付账款"项目中填列。（　　　）

8．在计算企业营业利润时，营业收入是指主营业务收入、其他业务收入和投资收益。（　　　）

9．企业自行研制开发取得的无形资产，研制开发所发生的各项费用支出，应予资本化计入无形资产成本。（　　　）

10．经营活动现金流量直接法填列，是指以本期净利润为起算点，调整不涉及现金的收入、费用和营业外收支等有关项目的增减变动，计算出经营活动的现金流量。（　　　）

本　题	
得　分	

四、计算题（共 2 小题，每题 5 分，共计 10 分）

答题要求：须列出计算过程。

1．甲公司 A 材料明细账如下，请用先进先出法计算本期发出 A 材料的成本和月末结存材料成本。

A 材料明细账

2015 年		摘要	收入			发出			结存		
月	日		数量	单价	金额	数量	单价	金额	数量	单价	金额
1	1	期初结存							500	6.20	3 100
	2	发出				200					
	8	购进	600	6.50	3 900						
	12	发出				700					
	20	购进	900	6.40	5 760						
	30	本月合计									

2．

Z 公司 2015 年有关资料如下：

（1）资产负债表有关项目的余额为：

"交易性金融资产——股票投资"年初数 66 000 元，年末数 0 元；

"应收票据"（含增值税）年初数 630 000 元，年末数 140 000 元；

"应收账款"（含增值税）年初数 2 400 000 元，年末数 960 000 元；

"存货"年初数 180 000 元，年末数 150 000 元；

"短期借款"年初数 0 元，年末数 300 000 元；

"应付票据"（含增值税）年初数 350 000 元，年末数 170 000 元；

"应付账款"（含增值税）年初数 240 000 元，年末数 290 000 元；

"应付股利"年初数 450 000 元，年末数 200 000 元。

（2）利润表及所有者权益变动表有关资料如下：

本年销售收入 5 600 000 元，销售成本 3 000 000 元；

投资收益（均为出售交易性金融资产——股票投资的获利）9 000 元；

营业外收入（均为处置固定资产净收益）180 000 元；

向所有者分配现金股利 780 000 元。

（3）其他有关资料：

本年销项增值税为 952 000 元，本年购进存货发生进项增值税 561 000 元；

应收甲公司货款 46 800 元，因甲公司破产而无法收回，本年末已将其确认为坏账损失；

"坏账准备"账户年初余额 120 000 元，年末余额 48 000 元；

本年出售的固定资产，原价 1 200 000 元，累计折旧 450 000 元；

本年出售交易性金融资产——股票投资及固定资产均已收到现金；

除上述情况外，应收、应付款项均以现金结算，存货款计提减值准备。

不考虑企业本年度发生的其他交易和事项。

要求：计算 Z 公司 2015 年度现金流量表中下列项目的金额。

（1）销售商品、提供劳务收到的现金。

（2）购买商品、接受劳务支付的现金。

（3）收回投资收到的现金。

（4）分配股利、利润或偿付利息支付的现金。

（5）处置固定资产、无形资产和其他长期资产收回的现金净额。

（6）取得借款收到的现金。

五、业务核算题（共 6 小题，第 1、3、4、5、6 题每题 8 分，第 2 题 10 分，共计 50 分）

答题要求：根据资料编制会计分录；凡要求计算的项目，应列出计算过程；有明细科目的列明必要的明细科目。

1. 甲公司坏账损失采用备抵法核算，坏账准备提取比例为应收账款余额的 1%，于每年末计提，2014 年初坏账准备账户余额为 5 000 元（贷方）。

（1）2014 年 8 月，甲公司应收乙公司货款 3 000 元无法收回，确认为坏账损失，经批准予以转销。

（2）2014 年末公司应收账款账户余额为 600 000 元，年末计提坏账准备。

（3）2015 年 9 月 15 日，公司上年度已冲销的乙公司 3 000 元坏账又全部收回存入银行。

（4）2015 年末公司应收账款余额为 500 000 元，年末计提坏账准备。

要求：编制全部有关会计分录。

2. D 企业为增值税一般纳税企业，材料按实际成本进行日常核算。经营产品适用增值税税率为 17%，2015 年 7 月初，"应交增值税（进项税额）"明细账户有借方余额 350 000 元、"未交增值税"明细账户贷方余额为 220 000 元。本月发生如下业务：

（1）购入一台设备自用，增值税专用发票上的设备价款为 1 200 000 元，增值税税额为 204 000 元。款项已通过银行支付；

（2）缴纳上月未交增值税 220 000 元；

（3）购入原材料一批，增值税专用发票上的材料价款为 560 000 元，增值税税额为 95 200 元。材料已经验收入库；货款尚未支付；

（4）在建工程领用产品一批，成本 80 000 元，售价 120 000 元；

（5）自行研发一项专利领用原材料 2 000 元，增值税 340 元。该项材料费用符合资本化条件；

（6）对外进行长期股权投资转出产品一批，售价 300 000 元，成本 160 000 元。该项交易具有商业实质；

（7）本月销售商品，售价共计 4 000 000 元；

（8）本月按规定可予抵扣的进项税额为 540 000 元。计算并结转本月未交增值税。

要求：对上述业务编制相应的会计分录（"应交税费"账户要求写出明细科目）。

3. X 公司 2015 年 5 月 10 日销售给 Y 公司一批商品，增值税发票注明价款为 50 000 元，增值税税额为 8 500 元。Y 公司购入后作为原材料入账，并已验收入库。双方协商的现金折扣条件为"3/10，1/20，n/30"，假定计算折扣时不考虑增值税。Y 公司实际于 5 月 18 日支付给华联公司货款，双方均采用总价法进行相关的会计处理。

要求：编制下列有关会计分录。

（1）X 公司 2015 年 5 月 10 日销售商品时；5 月 18 日收到 Y 公司货款。

（2）Y 公司 2015 年 5 月 10 日购买材料时；5 月 18 日支付 X 公司货款。

4. 甲股份有限公司发生与长期股权投资有关的业务资料如下：

（1）2014 年 1 月 1 日，公司以银行存款 1 800 万元购入乙公司 30%有表决权的股份，对乙公司的财务和经营政策具有重大影响，采用权益法核算。2014 年 1 月 1 日，乙公司可辨认净资产公允价值为 5 000 万元，投资当日乙公司各项可辨认资产和负债的公允价值与账面价值相同。

（2）2014 年度乙公司财务报表显示其当年实现净利润 200 万元，乙公司可供出售金融资产期末公允价值增值利得 30 万元。双方当年未发生任何内部交易。

（3）2015 年 2 月 15 日，乙公司宣告发放 2014 年度现金股利共计 120 万元，并于当年 3 月 10 日实际发放，甲公司收到股利存入银行。

（4）2015 年度乙公司财务报表显示其当年实现净亏损 100 万元。

要求：以万元为单位，编制有关会计分录，列示必要的明细科目。

5. 2015 年 1 月 5 日，A 公司赊销一批材料给 B 公司，含税价为 105 000 元。2016 年 7 月 1 日，B 公司发生财务困难，无法按合同规定偿还债务，经双方协议，A 公司同意 B 公司用产品抵偿上项账款。该产品市价 80 000 元，增值税税率为 17%，产品成本 70 000 元。A 公司为该笔应收账款计提的坏账准备为 5 000 元，B 公司对抵债存货已计提跌价准备 5 000 元，产品已于 7 月 1 日运往 A 企业。

要求：

（1）计算债务人获得的债务重组收益；

（2）分别编制 A 公司和 B 公司与上述业务有关的会计分录。

6. 华联公司"利润分配——未分配利润"账户年初余额为贷方 100 万元，本年实现利润总额 600 万元，没有需要纳税调整事项，所得税税率为 25%，公司决定按 10%计提法定盈余公积，10%计提任意盈余公积，公司董事会决定向股东分配现金利润 200 万元。

要求：以万元为单位，编制有关会计分录，列示必要的明细科目。

（1）计提本年应交所得税，并将所得税费用转入本年利润账户。

（2）年末将税后净利润转入"利润分配——未分配利润"账户。

（3）按规定计提法定盈余公积和任意盈余公积。

（4）公司董事会决定向股东分配现金利润，予以结转。

（5）年末结转已分配的净利润。

模拟试题（三）参考答案

一、单项选择题（共 20 小题，每题 1 分，共计 20 分）

1	2	3	4	5	6	7	8	9	10	11	12	13	14	15	16	17	18	19	20
C	A	A	D	D	B	B	B	B	C	A	C	A	D	B	C	B	D	A	B

二、多项选择题（共 5 小题，每题 2 分，共计 10 分）

1	2	3	4	5
ACD	ABCDE	ACDE	BDE	AC

三、判断题（共 10 小题，每题 1 分，共计 10 分）

1	2	3	4	5	6	7	8	9	10
×	×	×	√	×	√	√	×	×	×

四、计算题（共 2 小题，每题 5 分，共计 10 分）

1. 2 日发出成本＝200×6.20＝1 240（元）

12 日发出成本＝300×6.20＋400×6.50＝4 460（元）

本期发出材料成本合计＝1 240＋4 460＝5 700（元）

期末结存原材料成本＝200×6.50＋900×6.40＝7 060（元）

2.（1）销售商品、提供劳务收到的现金

＝5 600 000＋952 000＋（630 000－140 000）＋[2 400 000＋120 000－（960 000＋48 000）－46 800]

＝8 507 200（元）

（2）购买商品、接受劳务支付的现金

＝3 000 000＋561 000＋（350 000－170 000）＋（240 000－290 000）－（180 000－150 000）＝3 661 000（元）

（3）收回投资收到的现金＝66 000＋9 000＝75 000（元）

（4）分配股利、利润或偿付利息支付的现金

＝780 000＋（450 000－200 000）＝1 030 000（元）

（5）处置固定资产、无形资产和其他长期资产收回的现金净额

＝1 200 000－450 000＋180 000＝930 000（元）

（6）取得借款收到的现金＝300 000－0＝300 000（元）

五、业务核算题（共6小题，第1、3、4、5、6题每题8分，第2题10分，共计50分）

1.

（1）借：坏账准备 3 000

  贷：应收账款——甲公司 3 000

（2）本年度应补提的坏账准备金额为：6 000－2 000＝4 000（元）

借：资产减值损失 4 000

 贷：坏账准备 4 000

（3）借：应收账款——甲公司 3 000

  贷：坏账准备 3 000

借：银行存款 3 000

 贷：应收账款——甲公司 3 000

（4）本年度应冲销多提的坏账准备金额为 9 000－5 000＝4 000（元）

借：坏账准备 4 000

 贷：资产减值损失 4 000

2.

（1）借：固定资产 1 200 000

  应交税费——应交增值税（进项税额） 204 000

  贷：银行存款 1 404 000

（2）借：应交税费——未交增值税 220 000

  贷：银行存款 220 000

（3）借：原材料 560 000

  应交税费——应交增值税（进项税额） 95 200

  贷：应付账款 655 200

（4）在建工程领用自产产品视同销售计算的增值税＝120 000×17%＝20 400（元）

借：在建工程 140 400

 贷：主营业务收入 120 000

  应交税费——应交增值税（销项税额） 20 400

同时：

借：主营业务成本 80 000

 贷：库存商品 80 000

（5）借：研发支出——资本化 2 340

  贷：原材料 2 000

   应交税费——应交增值税（进项税额转出） 340

（6）对外投资转出产品视同销售计算的增值税＝300 000×17%＝51 000（元）

借：长期股权投资 351 000

 贷：主营业务收入 300 000

  应交税费——应交增值税（销项税额） 51 000

同时：

借：主营业务成本   160 000

  贷：库存商品   160 000

（7）本期销售产品应交销项增值税＝4 000 000×17%＝680 000（元）

借：银行存款（应收账款等）   4 680 000

  贷：主营业务收入   4 000 000

    应交税费——应交增值税（销项税额） 680 000

 （8）本月未交增值税＝本月销项税额–本月可抵扣进项税额＋进项税额转出

       ＝（20 400＋51 000＋680 000）－540 000＋340＝211 740（元）

借：应交税费——应交增值税（转出未交增值税） 211 740

  贷：应交税费——未交增值税   211 740

3．（1）X 公司编制的会计分录。

① 5 月 10 日销售商品时：

借：应收账款——Y 公司   58 500

  贷：主营业务收入   50 000

    应交税费——应交增值税（销项税额）   8 500

② 5 月 18 日收到 Y 公司的货款时：

借：银行存款   57 000

  财务费用   1 500

  贷：应收账款——Y 公司   58 500

（2）Y 公司编制的会计分录

① 5 月 10 日购买材料时：

借：原材料   50 000

  应交税费——应交增值税（进项税额）   8 500

  贷：应付账款——X 公司   58 500

② 5 月 18 日支付给华联公司货款时：

借：应付账款——X 公司   58 500

  贷：银行存款   57 000

    财务费用   1 500

4．（1）购入时：

借：长期股权投资——乙公司（成本）   18 000 000

  贷：银行存款   18 000 000

（2）按权益法确认投资收益 200×30%＝60（万元）

借：长期股权投资——乙公司（损益调整）   600 000

  贷：投资收益   600 000

借：长期股权投资——乙公司（所有者权益其他变动） 90 000

  贷：其他综合收益   90 000

（3）乙公司宣告发放 2014 年度现金股利：

借：应收股利   360 000

  贷：长期股权投资——乙公司（损益调整）   360 000

    甲公司收到股利

借：银行存款   360 000

  贷：应收股利   360 000

（4）2015 年乙公司当年亏损 100 万元

借：投资收益   300 000

    贷：长期股权投资——乙公司（损益调整）   300 000

5.

（1）债务人 B 公司重组债务的账面价值＝105 000（元）

    抵债产品视同销售应交的增值税＝80 000×17%＝13 600（元）

    B 公司获得的债务重组收益＝105 000−80 000−13 600＝11 400（元）

（2）会计分录如下：

债务人 B 公司：

借：应付账款   105 000

    贷：主营业务收入   80 000

        应交税费——应交增值税（销项税额）   13 600

        营业外收入   11 400

同时：

借：存货跌价准备   5 000

    主营业务成本   65 000

    贷：库存商品   70 000

债权人 A 公司：

借：在途物资   80 000

    应交税费——应交增值税（进项税额）   13 600

    坏账准备   5 000

    营业外支出   6 400

    贷：应收账款   105 000

6.

（1）所得税＝600×25%＝150（万元）

借：所得税费用   1 500 000

    贷：应交税费——应交所得税   1 500 000

借：本年利润   1 500 000

    贷：所得税费用   1 500 000

（2）借：本年利润   4 500 000

      贷：利润分配——未分配利润   4 500 000

（3）借：利润分配——提取法定盈余公积   450 000

            ——提取任意盈余公积   450 000

      贷：盈余公积——法定盈余公积   450 000

             ——任意盈余公积   450 000

（4）借：利润分配——应付现金股利   2 000 000

      贷：应付股利   2 000 000

（5）借：利润分配——未分配利润   2 900 000

      贷：利润分配——提取法定盈余公积   450 000

                ——提取任意盈余公积   450 000

                ——应付现金股利   2 000 000